Jornada Ágil e Digital

Antonio Muniz
Analia Irigoyen
(organizadores)

Jornada Ágil e Digital

Unindo práticas e frameworks que potencializam
o mindset colaborativo e a experimentação

Rio de Janeiro
2019

Copyright© 2019 por Brasport Livros e Multimídia Ltda.

Todos os direitos reservados. Nenhuma parte deste livro poderá ser reproduzida, sob qualquer meio, especialmente em fotocópia (xerox), sem a permissão, por escrito, da Editora.

1ª edição: 2019
Reimpressão: 2020

Editor: Sergio Martins de Oliveira
Gerente de Produção Editorial: Marina dos Anjos Martins de Oliveira
Editoração Eletrônica: Abreu's System
Capa: Trama Criações

Técnica e muita atenção foram empregadas na produção deste livro. Porém, erros de digitação e/ou impressão podem ocorrer. Qualquer dúvida, inclusive de conceito, solicitamos enviar mensagem para **editorial@brasport.com.br**, para que nossa equipe, juntamente com o autor, possa esclarecer. A Brasport e o(s) autor(es) não assumem qualquer responsabilidade por eventuais danos ou perdas a pessoas ou bens, originados do uso deste livro.

J82   Jornada ágil e digital : unindo práticas e *frameworks* que potencializam o
mindset colaborativo e a experimentação / Antonio Muniz, Analia Irigoyen
(organizadores).– Rio de Janeiro: Brasport, 2019.
396 p. ; il ; 17 x 24 cm.

Inclui bibliografia.
ISBN 978-85-7452-947-9

1. Mindset. 2. Agilidade. 3. Motivação. 4. Produtividade. I. Muniz, Antonio.
II. Irigoyen Analia. III. Título.

CDU 65.011.4:004

Catalogação na fonte: Bruna Heller (CRB10/2348)

Índice para catálogo sistemático:
Produtividade, eficiência, sucesso 65.011.4
Meio digital 004

BRASPORT Livros e Multimídia Ltda.
Rua Teodoro da Silva, 536 A – Vila Isabel
20560-005 Rio de Janeiro-RJ
Tels. Fax: (21)2568.1415/3497.2162
e-mails: marketing@brasport.com.br
vendas@brasport.com.br
editorial@brasport.com.br
www.brasport.com.br

Dedicatória e agradecimentos

Dedico o segundo livro colaborativo aos amores da minha vida: meus filhos Lucas e Luisa e minha esposa Keila. Agradeço o incentivo e amor dos meus irmãos Simone, Paulo e Sandra, meus pais (*in memoriam*) Iracema e José Prado, minha madrinha, Alice Maria (*In memoriam*). Agradeço minha grande amiga-irmã Analia por sua dedicação na revisão e todos os coautores que entenderam o nosso propósito colaborativo e em especial ao amigo Rafael Targino pelas excelentes sugestões para melhorar a estruturação do livro. Agradeço aos líderes e amigos da SulAmérica por todas as oportunidades de aprendizado e em especial aos executivos Cristiano Barbieri e Patrícia Coimbra, que dedicaram tempo de uma agenda concorrida para conhecer o trabalho da nossa comunidade e escrever prefácios espetaculares, que enriqueceram ainda mais o conteúdo para nossos leitores. Agradeço a todos os familiares e amigos que colaboraram direta ou indiretamente para o sucesso dessa jornada. Agradeço aos milhares de alunos pela grande receptividade ao meu trabalho e pela troca de experiências que me tornam uma pessoa melhor a cada dia.

Antonio Muniz
Idealizador, organizador e coautor da Jornada Ágil e Digital

Dedico mais este livro às minhas filhas, Carolina e Daniela, ao meu sócio companheiro de vida David Zanetti, ao meu sócio irmão, Mariano Montoni, à minha mãe Liliana (*in memoriam*), ao meu pai Ricardo, aos meus irmãos: Gabriela, Ricardo e Diego, à minha amiga-irmã Roberta, ao meu amigo-tecnológico de quem sou fã Fernando Bichara, aos meus sobrinhos: Rafaela, Bernardo e Mariana, e às minhas afilhadas, Raquel e Alice: os maiores presentes de Deus na minha vida. Agradeço muito ao Antonio Muniz, um irmão que ganhei nessa jornada, que me contagia com suas ideias maravilhosas, e a todos os colaboradores por esse fantástico encontro, principalmente às amigas que ganhei de presente Joana Carrasco e Talita Moreira, companheiras incansáveis durante toda a elaboração do livro. Um agradecimento especial ao amigo Rafael Targino, pela contribuição fundamental na estrutura do livro. Foi outra jornada de bastante dedicação e aprendizado, que continua fazendo grande diferença na minha vida profissional e pessoal.

Analia Irigoyen
Organizadora e coautora da Jornada Ágil e Digital

Sobre os organizadores

Antonio Muniz
Entusiasta de agilidade, automação, *DevOps*, inovação, *Lean*, mentoria de carreira, OKR e transformação digital. Curto muito trocar experiências em *workshops* corporativos e comunidades, congressos, cursos de MBA, graduação, certificação e concursos. Sou graduado em tecnologia na Unigranrio, com especialização em gestão de TI na FGV e mestrado em gestão pelo Ibmec. Fui aprovado nas certificações *Exin DevOps Professional, Exin DevOps Master, Exin Lean IT, Scrum Master,* SAFe *Agilist,* PMP, ITIL, Cobit, MCSE e MCT. Trabalho com *DevOps* na SulAmérica, leciono no Ibmec, PUC--MG e AdaptNow. Sou idealizador e coautor de três livros colaborativos ("Jornada DevOps", "Jornada Ágil e Digital" e "Jornada Ágil de Qualidade") e cofundador da comunidade Jornada Colaborativa. Curto gravar videoaulas dos assuntos pelos quais tenho paixão em compartilhar.

Contatos: <munizprofessor@gmail.com> e
<https://www.linkedin.com/in/muniz-antonio2/>

Analia Irigoyen
Apaixonada por melhoria contínua, agilidade, *DevOps* e *gamification*. Sócia fundadora da ProMove Soluções (<www.promovesolucoes.com>), mestre em Engenharia de Sistemas e Computação pela Universidade Federal do Rio de Janeiro (2009), pós--graduada em Análise, Projeto e Gerência de Sistemas pela PUC-RJ (1999) e graduada em Informática pela Universidade Federal Fluminense (1996). Possui experiência na coordenação de projetos, gerência e implantação de fábricas de software e inovação. É consultora na implantação de processos aderentes a normas ISO/IEC 9001, ISO/IEC 20000, ISO/IEC 27001, ISO/IEC 29110 em conjunto com métodos ágeis (*Scrum*, XP, *Lean, Kanban,* LeSS) e aos modelos de qualidade CMMI-Dev e CMMI-SVC, MPS para software e serviços. Atuou na concepção/desenvolvimento de um *framework* na linguagem Java. Além disso, apresentou dois painéis na RioInfo sobre a TI diante da crise global (2009) e fábricas de software (2007). Apresentou, nos congressos *European*

VIII Jornada Ágil e Digital

Systems & Software Process Improvement and Innovation (EuroSPI, Finlândia, 2007), *International Conference on Software Engineering* (ICSE, Minneapolis, 2007), PMI (Lima, Peru, 2009), Quatic (Portugal, 2010), *Scrum Gathering* do Rio de Janeiro (2015, 2016, 2017 e 2018), *Scrum Gathering* de Portugal (2016) e *DevOps Days* no Rio de Janeiro (2018), assuntos como CMMi e MPS, melhoria contínua, *gamification*, engenharia e gerência ágil, *mindset* ágil e *DevOps*. É certificada *Exin DevOps Professional*, PMP, CSM, CSPO, *Management* 3.0, *Lean-Kanban University* – KMP I e II, *BlackBelt* em *Lean Six Sigma*, *Management* 3.0, *LeSS Practitioner*, implementadora credenciada e avaliadora líder intermediária do modelo MPS software e serviços; Auditora Líder ISO/IEC 9001, ISO/IEC 20000 e ISO/IEC 29110 pela ABNT.

Contatos: <analia@promovesolucoes.com> e
<https://www.linkedin.com/in/analiairigoyen/>

A essência da transformação digital

Estamos provavelmente vivendo uma das maiores transformações de comportamento humano da história – nunca foi visto um volume de bilhões de pessoas mudar tanto seu comportamento em um espaço de tempo tão pequeno, como observamos nos últimos dez anos.

Essa mudança foi causada na essência por uma revolução digital que faz constantemente o custo da tecnologia cair e o poder de processamento e de fazer novas coisas sempre aumentar. No ano 2000, para se ter poder de processamento para uma *startup* tecnológica precisava-se de US$ 50 milhões; hoje se cria algo na nuvem com ótimo poder de processamento com US$ 5 mil.

Com a invenção ou massificação do conceito atual dos *smartphones* pela Apple em 2007, que permitiu a criação da possibilidade de qualquer pessoa ou empresa criar um *app* e acessar milhões de pessoas, um novo fenômeno apareceu: o consumidor começou a ter muitas opções e se tornou muito informado – isso é o que chamamos de empoderamento do consumidor.

Com o empoderamento do consumidor e a tecnologia disponível e barata, muitos empreendedores observaram que poderiam criar novas soluções para oferecer a esses "novos" consumidores, que, no geral, não tinham opções e recebiam um tratamento de baixa qualidade.

Quando isso é feito de forma surpreendente, encantadora e atinge rapidamente um grande número de consumidores, gera a tal da disrupção, a ruptura, a forte mudança que transforma como as pessoas consomem um determinado produto ou serviço, e várias grandes e médias empresas mundo afora têm sofrido consequências dessa disrupção. Não há hoje em dia indústria ou empresa que não sofra impactos ou não se beneficie da transformação digital.

X Jornada Ágil e Digital

Como os clientes têm mudado em uma velocidade muito forte e a tecnologia e a inteligência artificial a cada dia nos mostram caminhos novos, as empresas que historicamente são lentas para decidir, oferecem poucas opções ao cliente e têm aversão a experimentar e errar, para sobreviverem, devem se preparar e rápido.

As empresas devem se tornar grandes máquinas ágeis de experimentação e proximidade com o cliente, pois, mesmo que o cliente mude rapidamente, elas poderão liderar a mudança ou se adaptar rapidamente. Não há mais espaço para projetos que só entregam valor em alguns anos; e principalmente não há mais espaço para quem não entende que quem está no comando é o consumidor.

Mas as empresas são feitas do quê? De pessoas, e estas vivem em torno de uma cultura corporativa que gerou o sucesso que trouxe as empresas até aqui, ou seja, a cultura que as trouxe até aqui é provavelmente a cultura que deve ser fortemente transformada para que as empresas se adaptem e se preparem para tempos digitais.

É possível, sim, transformar a cultura das empresas para um mundo mais ágil e de mudanças constantes, mas isso exigirá que essa mudança faça parte do coração da estratégia das empresas, que seja prioridade de todos, pois uma transformação de empresa não é feita por poucos, só é feita com sucesso quando a grande maioria dos executivos, líderes e funcionários da empresa se engaja, como um vírus. À medida que é atingida, essa pessoa se torna um novo agente de transformação que age diferente dali em diante, mas, principalmente, que converte novas pessoas.

Quando o Antonio Muniz me convidou para escrever esse pequeno texto para o livro, fiquei muito feliz por dois motivos: o tema tem total relação com tudo que estamos vivendo e vendo na nossa transformação na SulAmérica e no mercado brasileiro e principalmente porque o Antonio Muniz vem atuando, seja como um dos nossos líderes, seja escritor ou professor, como um verdadeiro transformador de pessoas e de cultura.

Cristiano Barbieri
Vice-Presidente na SulAmérica: estratégia digital, inovação e tecnologia

A transformação digital depende das pessoas

Todas as transformações do mundo foram de gente para gente... vivemos mais uma transformação que tem como grande diferença o impacto exponencial da tecnologia em tudo. Cabe a todos nós embarcarmos nessa mudança, reaprendermos a cada momento e refletirmos sobre como queremos usar essa tecnologia, de forma ética e com impacto positivo para a sociedade e o planeta.

Para soluções de valor, temos que trabalhar em times, com muita diversidade, cocriando e em versões que serão sempre "beta".

Muniz é um super curador de grandes parceiros e ideias, com um propósito gigante de apoiar as pessoas nessa jornada de transformação.

O conteúdo é rico em referências, experiências e ferramentas, que nos convida a querer praticar diferente, cada vez mais.

As organizações e a sociedade nada mais são do que pessoas agindo e interagindo. Cada um tem uma importância enorme em afetar e influenciar quem está próximo, fazendo a sua rede girar em uma dinâmica diferente, para que ninguém fique para trás.

É muito bom estar em uma companhia que está viva, caminhando com coragem para fazer a diferença na sociedade e trazendo todos da sua cadeia de valor junto. E se ela tem força para continuar essa jornada é porque temos pessoas, como o Muniz e muitos outros, que caminham lado a lado, prontos para inspirar e ajudar.

Aproveite muito o aprendizado que este lindo trabalho em equipe traz e torne-se também colaborador deste trabalho bonito, conectando ainda mais redes de transformação.

Parabéns a todos os coautores pela iniciativa e vontade em fazer mais para muitos.

Patrícia Coimbra
Vice-Presidente na SulAmérica: Capital Humano, Administrativo e Sustentabilidade

A transformação depende da colaboração

Aceitei, com grande prazer, o convite da Analia para escrever esta breve introdução. A verdade é que, nesse mundo de tantas transformações, tenho a oportunidade de trabalhar e conviver com pessoas como ela. Uma profissional extremamente dedicada, com a mente totalmente aberta e que, desde que a conheci por volta de 2009, sempre acreditou em agilidade, qualidade, melhoria contínua, processo e inovação. Essa "Jornada Ágil e Digital" diz muito do que os autores acreditam e sempre buscaram trazer para o nosso dia a dia.

Para Analia, mais do que um novo desafio, essa é mais uma experiência incrível, além de aprender muito, trabalhar organizando livros colaborativos a faz crescer profissionalmente e pessoalmente.

Por ser um termo amplo, muitas pessoas acabam acreditando que tudo o que é digital pode ser denominado como transformação digital. O conteúdo do livro mostra que essa é uma mudança muito mais profunda, portanto o termo precisa ser utilizado com mais critério.

Estamos conhecendo os principais aspectos dessa transformação, mas já vivemos mudanças profundas em nossas vidas, nas organizações e na nossa sociedade graças a ela.

O propósito deste livro é apresentar os principais pilares da transformação digital, mostrar que as organizações precisam adotar modelos ágeis de gestão e estar cada vez mais preparadas para as mudanças decorrentes dela e, principalmente, valorizar o papel das pessoas, dentro e fora das organizações, pois a transformação é viva e presente em diferentes situações do mundo moderno.

O conteúdo apresenta e discute as habilidades do futuro, a velocidade com que acontecem as mudanças, o modelo mental e as crenças que precisam ser derrubadas, a segurança psicológica para um processo de transformação. É um material bem completo e me parece um documento necessário e até obrigatório para contextualizar todos os elementos envolvidos nesse universo da transformação digital.

Este livro fala disso e por isso é tão inteligente, porque nos apresenta análises e diferentes formas de comunicar devidamente esquematizadas e conselhos práticos e organização de tópicos e situações comuns do dia a dia. A inspiração dos autores é o compartilhamento de conceitos, ideias e experiências, ter a oportunidade de lidar com diferentes tipos de pessoas e novas formas de explicitar o conhecimento.

Por fim, agradeço aos autores pelo convite para escrever essas poucas palavras e desejar muito sucesso nesse projeto.

Paulo Armando
Diretor na Radix Engenharia e Software

Apresentação da Jornada Ágil e Digital

Por que se fala tanto em transformação digital atualmente? Por que precisamos de líderes inspiradores e confiáveis para impactar as pessoas com o verdadeiro *mindset* colaborativo e foco em experimentação? Por que cada pessoa do time precisa ter atitude de dono do resultado final e não ficar limitado em silos? Por que o *mindset* comando e controle está na contramão da transformação ágil e digital?

Considerando a infinidade de ferramentas, técnicas e *frameworks* existentes, como não se apaixonar por aqueles assuntos que conhecemos e aplicar a solução inadequada? Como não cair na tentação da famosa frase de Mark Twain: "quem sabe usar somente martelo, acha que tudo é prego"?

O propósito deste livro é destacar as principais referências para entender a transformação digital, apresentando métodos ágeis que podem ser aplicados em todas as áreas de conhecimento, visando colaborar também para quem não trabalha diretamente com TI. Não é nosso objetivo aprofundar todos os assuntos, mas servir como um guia das principais práticas, técnicas e métodos que sejam aderentes em diversas situações.

Uma boa analogia é usar o livro como uma caixa de ferramentas, e a Figura 0.1 apresenta uma estrutura com alguns exemplos dessa diversidade de modelos que podemos aplicar em cada momento dos projetos, produtos, serviços e operações.

A transformação ágil e digital depende de líderes que tenham capacidade de inspirar os times com um propósito desafiador. Por outro lado, as equipes precisam desenvolver habilidades que ultrapassem os limites de sua especialização e tenham o comportamento de dono. Considero que para o sucesso dessa jornada é necessário um trabalho conjunto para avançar da esquerda para a direita na Tabela 0.1.

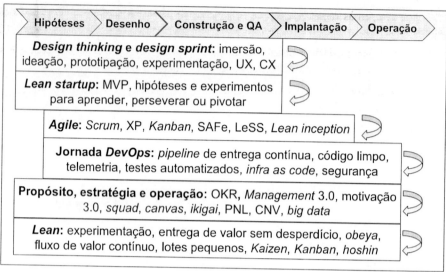

Figura 0.1 A jornada ágil e digital abraça diversos modelos e práticas.
Fonte: MUNIZ, 2019.

Tabela 0.1. Diferenças entre a cultura tradicional e a cultura ágil e digital.
Fonte: MUNIZ, 2019.

Cultura comando e controle	Cultura ágil e digital
Todos têm medo e vergonha de falhar	Confiança, experimentação, MVP
Poder do cargo basta para ser chefe	Líder inspira propósito para time
Chefe tem que ter todas as respostas	Time auto-organizado, holacracia
Chefe é o mais inteligente do time	Diversidade do time enriquece visão
Plano demorado tem que ser perfeito	Aprendizado rápido e adaptabilidade
Especialista x generalista	Perfil em forma de T, E ou M
Competição entre departamentos	Colaboração multifuncional
Grandes departamentos para controle	Cliques no *app* (Uber, bancos)
Equipe grande é símbolo de poder	Equipes em redes, *squads*
Objetivos *top-down* (BSC)	Objetivos compartilhados (OKR)
SAC quer se livrar do cliente	Empatia, *customer success*, NPS

No livro "Vai lá e faz", Thiago Mattos estabelece uma comparação entre o *mindset* industrial e digital que reforça a necessidade de iniciar a jornada de mudança:

1. *Mindset* **industrial**: linear, repetitivo, segmentado e previsível.
2. *Mindset* **digital**: não linear, multidisciplinar, conectado e exponencialmente imprevisível.

Como a adaptação às mudanças cada vez mais aceleradas é um dos princípios do *mindset* ágil e digital, destaco a seguir uma tabela comparativa bastante interessante sobre as possibilidades infinitas que foram abertas com o uso exponencial da nuvem. Os custos de processamento e armazenamento estão cada vez menores e permitem que todos tenham oportunidades de concorrer, sem muito investimento, com empresas gigantes, o que seria impossível no modelo tradicional. Se a ideia for realmente boa, é possível que uma *startup* criada em uma garagem alcance milhões ou bilhões de clientes em pouco tempo, como é o caso do WhatsApp.

**Tabela 0.2. Uso de software antes e depois da nuvem.
Fonte: adaptado de STEINMAN; MURPHY; MEHTA, 2017.**

Descrição	Antes da nuvem	Depois da nuvem
Propriedade	Aplicativo	Aluguel/assinatura
Preço médio	US$ 2 milhões	*Free* a US$ 20 mil por mês
Hardware (equipamentos)	Servidores	Incluído na assinatura
	Rede	Incluído na assinatura
	Armazenamento	Incluído na assinatura
Preço do hardware	US$ 2 milhões	Incluído na assinatura
Prazo de instalação	Nove a 24 meses	Imediato a seis meses
Pessoas	Muitas	Poucas
Disponibilidade	Escritório	Em qualquer lugar

A troca de experiências com os amigos de várias organizações e comunidades mostra que todos precisamos assumir nossa jornada pessoal de adaptação contínua. Entender os motivos necessários para a mudança de *mindset* é um passo muito importante, mas não será em um estalar de dedos que nossos comportamentos serão atualizados, diferentemente do que ocorre quando instalamos novos aplicativos nos *smartphones*.

Pensando em entender um pouco melhor a realidade atual, fiz uma pesquisa com mais de 500 pessoas de comunidades e organizações diversas. Destacarei os resultados de duas perguntas a seguir.

O resultado da pergunta sobre mudança de *mindset* pode ser consultado na figura a seguir e confirmou o que tenho observado na prática nas comunidades e nos *workshops* que tenho realizado em todo o Brasil, em que todos precisam se atualizar continuamente, mas principalmente a gerência média, que ainda costuma ser cobrada por resultados de curto prazo e muitas vezes não fica claro seu papel nas equipes auto-organizadas.

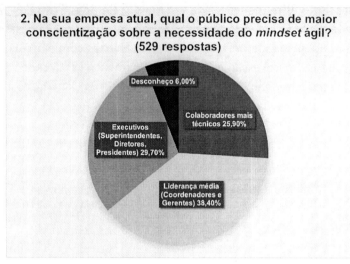

Figura 0.2. Distribuição das respostas para "Qual o público que precisa de maior conscientização para o *mindset* ágil?".
Fonte: elaborado pelo autor.

O resultado da pergunta sobre modelo ou *framework* mais usado pode ser consultado na figura a seguir e confirmou que o *Scrum* é o método mais usado nas organizações para colaborar com o *mindset* ágil.

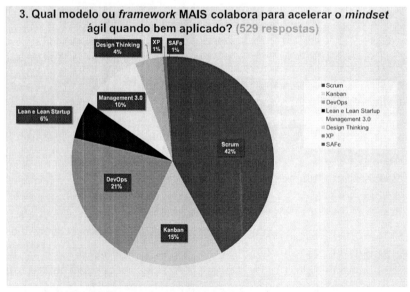

Figura 0.3. Distribuição das respostas para "Qual modelo/*framework* mais colabora para acelerar o *mindset* ágil nas organizações?".
Fonte: elaborado pelo autor.

Por falar em comunidade, a história deste livro começou durante o *workshop* Jornada Ágil e Digital no Rio de Janeiro, dia 25 de maio de 2019, com quase 50 pessoas de várias organizações e comunidades, que se propuseram a passar um sábado animado para trocar experiências sobre transformação digital, agilidade e mudança de *mindset*.

Os times estavam tão receptivos que pensei naquele momento o quanto poderíamos impactar positivamente mais pessoas caso transformasse o conteúdo abordado no *workshop* em um livro, que tem um grande poder de alcance, seja nas livrarias e principalmente no formato digital.

Enquanto os times realizavam as atividades com a ajuda da equipe de facilitadores da nossa comunidade Jornada Colaborativa (Analia Irigoyen, Bruno Jardim, Joana Carrasco, Fabiana Ravaneda, Raphael Boldrini), comecei a refletir sobre como poderia aproveitar a incrível experiência do livro "Jornada DevOps", que escrevemos aplicando práticas ágeis com 33 pessoas de perfis e experiências diversas, e talvez iniciar a aventura do segundo livro.

No final do dia, aglomeraram-se espontaneamente diversos participantes e facilitadores para falar da experiência do *workshop* e veio o *click* de propor uma meta ambiciosa: quem estaria disposto a mergulhar nesse novo sonho colaborativo para entregar os capítulos em dois meses, aplicando a prática de equipes auto-organizadas? Muitos aceitaram na hora e fiquei super empolgado!

Considerando que o conteúdo que trabalhamos era muito extenso (8h de *workshop* + 15h de videoaula), convidei novos amigos que conheci em várias cidades no *workshop* Jornada *DevOps*, eventos e palestras. Para ter ainda mais diversidade no time, aceitamos todas as sugestões da própria equipe com novos integrantes e ultrapassamos a marca de 60 pessoas no grupo WhatsApp do livro.

A decisão de não limitar a quantidade de pessoas no time foi muito enriquecedora, porém aumentou a responsabilidade na revisão final e ligação lógica dos assuntos. Fiquei mais tranquilo com essa decisão porque já tinha convidado a super Analia, amiga-irmã que ganhei no livro "Jornada DevOps", para dividir a revisão final e fiquei ainda mais fã dessa pessoa incrível, com toda sua dedicação e profissionalismo.

Tenho grande satisfação de ter iniciado o movimento que uniu pessoas incríveis que somaram elevada experiência de mercado, colaboração e novas amizades. No final das contas, toda transformação digital depende da transformação de pessoas com a essência colaborativa e o trabalho multidisciplinar para o sucesso do cliente.

Aproveite esse conteúdo incrível e desejo que enriqueça ainda mais a sua jornada!

Antonio Muniz
Idealizador e organizador da Jornada Ágil e Digital

Sumário

PARTE I. POR QUE É NECESSÁRIO INICIAR A JORNADA ÁGIL E DIGITAL

1. Transformação digital e automação **3**

Pessoas 4
Tecnologia 5
Cultura digital 6
Referências 7

2. Pilares da transformação digital **9**

Referências 15

3. Era de mudanças ou mudança de era? **16**

Referências 19

PARTE II. POR QUE MUDAR O *MINDSET* REQUER ESFORÇO

4. Organizações comando e controle **23**

Referências 27

5. O cérebro é avesso a mudanças **28**

Referências 32

6. Crenças fixas limitam novas habilidades **33**

Referências 37

PARTE III. DISCIPLINAS VITAIS DURANTE A JORNADA ÁGIL E DIGITAL

7. Pensamento *Lean* **41**

Breve história sobre o modelo Sistema Toyota de Produção/*Lean* 41
Razões para a utilizar o pensamento *Lean* 42
Pensamento *Lean* 43
Estabelecendo a estratégia *Lean* 49
Referências 50

XXII Jornada Ágil e Digital

8. Segurança psicológica	51
Referências	57
9. Uso da comunicação não violenta para potencializar a comunicação empática	59

Case: CNV como aliada na gestão da comunicação (times) ... 62
  Contextualização e situação problema ... 62
  Ações realizadas ... 63
  Resultados alcançados e aprendizados ... 69
Case: CNV como aliada na gestão da comunicação (família) ... 70
  Contextualização e situação-problema ... 70
  Ações realizadas ... 70
  Resultados alcançados e aprendizados ... 70
Referências ... 71

10. Inteligência emocional ... **73**
  Sentimentos x emoções ... 74
  Conhecendo as emoções ... 75
  Comece hoje mesmo ... 77
  Referências ... 79

11. Múltiplas inteligências ... **80**
  Lógica/Matemática ... 82
  Linguística ... 82
  Musical ... 83
  Espacial ... 83
  Corporal-cinestésica ... 84
  Intrapessoal ... 84
  Interpessoal ... 84
  Naturalista ... 85
  Existencial ... 86
  Referências ... 87

12. Motivação 3.0 ... **88**
  Autonomia ... 91
  Excelência ... 92
  Propósito ... 92
  Viva o seu propósito ... 93
  A entrada de novos profissionais e a interferência na motivação ... 93
  Motivação com *gamification* ... 94
    Contextualização e situação problema ... 94
    Ações realizadas ... 95
    Resultados alcançados e aprendizados ... 98
  Referências ... 99

Sumário **XXIII**

13. *Mindset* de crescimento...... 100
O que é *mindset*? 100
Mindset fixo 102
Mindset de crescimento 103
Como se desenvolve o *mindset* de crescimento? 104
Mindset nas empresas 105
Referências 108

14. O poder do hábito 109
Referências 115

15. O conceito de andragogia aplicado à otimização de equipe ágil ... 116
Referências 121

16. Programação Neurolinguística (PNL) 122
O que é Programação Neurolinguística (PNL) e para que serve 122
Técnicas 125
    Autossugestão ou sugestão para si mesmo 125
    Auto-hipnose 126
    Criação de âncoras 127
Referências 130

17. *Ikigai* e *mindfulness* 131
Mindfulness 133
Referências 134

18. Equipes generalistas em T, E ou I 135
Diferenças entre os perfis I-*shaped*, T-*shaped* e E-*shaped* 135
Profissionais T-*shaped* 136
Como fortalecer o traço "horizontal" 137
Times generalistas T-*shaped* 138
Referências 140

19. Perfil intraempreendedor e *ownership* 141
Valorize o inconformismo 144
Valorize as ideias não só pelos números, mas pela paixão com que são expostas 144
Crie um ambiente propício para a criatividade 145
Valorize a colaboração e os pedidos de ajuda 145
Capacite seu time no negócio para que tenham a visão fim a fim (*end to end*) 146
Forneça todos os recursos necessários (métodos, processos, *frameworks* e dados) 146
Senso de dono (*ownership*) 147
Referências 147

XXIV Jornada Ágil e Digital

20. A importância do *pitch* para as iniciativas digitais.......................... 149

Referências... 152

PARTE IV. *FRAMEWORKS*, FERRAMENTAS E TÉCNICAS PARA APOIAR A JORNADA ÁGIL

21. *Management* 3.0.. 157

Entendendo a abordagem evolutiva da gestão... 157

Management 1.0.. 157

Management 2.0.. 157

Management 3.0.. 158

Então, o que é *Management* 3.0?.. 158

Management 3.0 – Práticas.. 161

Novas abordagens – Os cinco princípios do *Management* 3.0................. 163

Exemplos de práticas do *Management* 3.0 aplicadas.............................. 164

Contexto e cenário... 164

Ações realizadas... 165

Resultados esperados e lições aprendidas... 167

Case Management 3.0... 167

Referências.. 169

22. Ciclo ágil com *DevOps*... 170

Melhoria contínua é a chave... 172

Medir, visualizar, agir e o ciclo se repete.. 173

Observabilidade... 174

Referências.. 177

23. OKR.. 178

Defina um objetivo concreto, mensurável e inspirador.............................. 179

Desvincule o objetivo de metas financeiras.. 180

Defina os resultados-chave.. 180

Analise os resultados... 181

Faça de novo.. 181

Referências.. 183

24. *Customer Success* e *Net Promoter Score*.. 184

Net Promoter Score (NPS)... 186

Referências.. 187

25. *Scrum*.. 189

Scrum em um time de restaurante.. 195

Contextualização e situação problema.. 195

Ações realizadas... 196

Resultados alcançados... 199

Referências.. 201

Sumário **XXV**

26. *Kanban* **202**

O que é o método *Kanban?* 202
Valores *Kanban* 203
Princípios *Kanban* 203
    Princípios da gestão da mudança 203
    Princípios da entrega de serviços 204
O trabalho do conhecimento 204
Sistemas de valor 204
Métricas *Kanban* 206
As seis práticas gerais do *Kanban* 208
As cadências do *Kanban* 208
Como começar com o *Kanban* 209
    Systems Thinking Approach To Introducing Kanban (STATIK) 210
Revisão 210
Referências 211

27. Agilidade na engenharia **212**

Contexto e cenário 212
Ações realizadas 213
Resultados alcançados e aprendizados 215

28. Agilidade em uma empresa pública **217**

Contextualização e situação problema 217
    Primeiros passos 217
Ações realizadas 218
Escalada 220
Resultados alcançados 222
Próximos desafios 223

29. *Agile* PMO **226**

Contexto 226
O que é um *Agile* PMO? 227
Modelo AMO 230
    Setup 231
    Execução 232
    Inspeção 233
Referências 235

30. *Extreme Programming* (XP) **236**

Feedback 236
Comunicação 237
Simplicidade 237
Coragem 238
Cliente presente 239
Jogo do planejamento 240
Stand up meeting (reunião diária em pé) 240

XXVI Jornada Ágil e Digital

Código coletivo e padronizado 241
Programação em pares 241
Referências 242

31. *Big data* com *DevOps* 243
Princípios do *DataOps* 247
Pipeline DataOps 248
Caso de uso de *DataOps* no mercado financeiro 250
Tecnologias utilizadas 250
Experimentar (*Sandbox*) 251
Desenvolver 252
Orquestrar 253
Testar 254
Referências 255

32. SAFe e LeSS 257
SAFe 257
Sua estrutura 258
Os papéis 259
Os princípios 259
LeSS 260
Princípios e estruturas 260
LeSS *framework* 262
Dois *frameworks* de escalonamento ágil 262
O que é diferente no LeSS? 263
Referências 264

PARTE V. *FRAMEWORKS*, FERRAMENTAS E TÉCNICAS PARA APOIAR A JORNADA DIGITAL

33. *Lean startup* 269
O que é ser *Lean?* 269
Um exemplo de gatilhos (uma dor ou *insight*) para a imersão no método
da *startup* enxuta 270
Visão, validação e experimentação 271
Ciclo construir-medir-aprender 273
Integrações e *insights* 274
Referências 276

34. *Lean inception* 277
O método 277
Colaboração é a chave para o aprendizado 278
As dinâmicas 279
Resultados 280
Dificuldades em um ambiente não ideal 280
Como aplicar 281

Lean Inception na prática ... 282
Contexto ... 282
Ações realizadas ... 282
Mapeamento do fluxo atual ... 286
Referências ... 287

35. *Design Sprint* ... **289**
Design Sprint 2.0 ... 290
Design Sprint 3.0 ... 290
Referências ... 292

36. *Design thinking* ... **293**
A *persona* ... 294
Praticando a empatia ... 295
As fases do *design thinking* ... 296
Imersão ... 296
Análise e síntese ... 297
Ideação ... 297
Prototipação ... 297
Case agendamento eletrônico ... 300
Formulário de solicitação de agendamento: usando Google Forms
+ Google Spreadsheet + Google Apps Script ... 301
Métricas ... 302
Referências ... 303

37. *Customer Experience* (CX) ... **305**
Descobrindo valor ... 305
A economia da experiência ... 306
Guestologia ... 308
Construindo a experiência ... 309
Jornada do *guest* ... 310
Referências ... 311

38. Orientação a produto ... **312**
Referência ... 317

39. Utilização do *canvas* ... **318**
Canvas: a origem ... 318
Canvas: derivações ... 318
Canvas de projeto e algumas dicas ... 319
Referências ... 320

40. Transformações exponenciais ... **321**
Organizações exponenciais ... 322
Transformação exponencial ... 324
Referências ... 326

XXVIII Jornada Ágil e Digital

PARTE VI. COMO EFETUAR AS MUDANÇAS NECESSÁRIAS PARA A JORNADA ÁGIL E DIGITAL

41. Os modelos de gestão de mudança e a importância das pessoas... 329
A importância das pessoas em um processo de mudanças.............................. 330
Referências 331

42. Uma abordagem ágil para mudanças... 332
Analisando o contexto e identificando as principais insatisfações................... 333
Analisando a concordância e suporte das pessoas em relação a mudanças...... 334
Conquistando os primeiros adeptos.. 335
    Priorizando os primeiros experimentos 336
Executando os experimentos e avaliando os resultados 338
A mudança não precisa ser dolorosa 339
Referências 339

43. Como alcançar a sua transformação com Toyota *kata* 341
O que é *kata*? 341
O *kata* de melhoria (*improvement kata*) 343
O *kata* de *coaching* (*coaching kata*) 344
Como utilizar o Toyota *kata* em sua transformação e jornada ágil.................. 344
    Definindo o objetivo... 345
    Definindo os desafios.. 345
    Desdobrando em objetivos menores 346
    Definindo a situação atual, fechando os acordos e os ciclos de *feedback*. 346
Conclusão... 347
Referências 348

44. O papel do *Agile Coach* e do engenheiro *DevOps*........................ 349
Case: coach para mudança de *mindset* de um time para melhoria
    de qualidade.. 354
Referências 355

Sobre os coautores 357

Material Complementar... 369

PARTE I. POR QUE É NECESSÁRIO INICIAR A JORNADA ÁGIL E DIGITAL

1. Transformação digital e automação

Antonio Muniz
Tatiana Escovedo
Vanesa Bustamante
Rodrigo Moutinho

Transformação digital é a *buzzword* do momento em empresas dos mais diversos segmentos do mercado e destaca a necessidade de digitalizar e automatizar os processos para alcançar resultados mais eficientes, rápidos e confiáveis. Observe na figura a seguir que existem diversas iniciativas tecnológicas que apoiam a transformação digital, visto que essa convergência permite resultados exponenciais.

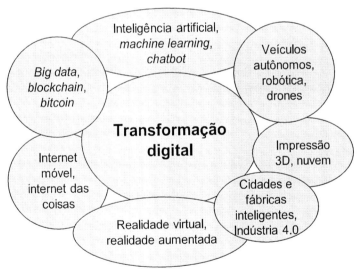

Figura 1.1. Iniciativas que apoiam a transformação digital.
Fonte: MUNIZ, 2019.

Segundo David Rogers (2017), a transformação digital não tem a ver somente com tecnologia, mas com novas maneiras de pensar, e torna-se necessário que o negócio atualize a sua mentalidade estratégica muito mais do que a sua infraestrutura de TI. São necessárias uma visão holística da estratégia de negócios e a capacidade de reimaginar e reinventar o negócio em si. Assim, é importante tratar a **transformação digital como uma jornada humana**, na qual as atividades mecânicas são transferidas para a máquina, liberando o ser humano para investir seu potencial em atividades mais nobres, que exijam criatividade e inspiração. Se não quiser ficar para trás, o ser humano precisa deixar de temer a mudança e adquirir a habilidade e os conhecimentos para trabalhar nessa nova realidade.

Segundo a EMC (PETROV, 2019), estima-se que cerca de 90% dos dados armazenados na web foram gerados apenas nos últimos dois anos e que em 2020 teremos cerca de 40 trilhões de *gigabytes* de dados (40 *zettabytes*). Essas e outras estatísticas reforçam cada vez mais a necessidade de digitalização e automação dos processos, buscando maior efetividade, uma vez que se torna impossível para um ser humano analisar esses dados por si só, sendo necessário contar com técnicas de *analytics* e inteligência artificial.

Nesse sentido, Satya Nadella, atual CEO da Microsoft, acredita que a sua missão é empoderar cada pessoa e organização do planeta, a fim de alcançar sempre mais. Em seu livro, "Aperte o F5" (2018), ele fala da importância de desaprender velhos hábitos tanto quanto aprender novas competências e também da importância da mudança vir de dentro, reforçando o papel humano na jornada da transformação digital e a necessidade de nos reinventarmos para acompanharmos as mudanças. Ainda segundo Nadella, para que as empresas se abram para essa transformação, é necessário engajar sua base de clientes, empoderar os funcionários, otimizar as operações e transformar os produtos, serviços e modelos de negócio.

Diante de tudo isso, é importante ressaltar que a transformação digital deixou de ser uma tendência; ela é uma realidade que se impõe não só para as empresas como para as pessoas. Surge então a necessidade de inovar e adotar novas tecnologias objetivando um *mindset* digital que nos permitirá sermos mais flexíveis, ágeis e adaptáveis diante desse mundo complexo.

Como começar essa transformação? Apesar dessa transformação digital ser sustentada por diversos pilares, é importante iniciar pelos fundamentais: **pessoas**, **tecnologia** e **cultura digital**.

Pessoas

A adoção do *mindset* digital é fundamental para melhorar a produtividade nas empresas e é fator decisivo para conseguir adaptar projetos e negócios, isso porque as pessoas se tornam mais ágeis e possuem uma maior capacidade de reagir a mudanças (DUOMO, 2018).

Na mesma linha de pensamento de Duomo, Tiago Magnus (2018) destaca que não só as empresas, mas também as pessoas precisam ser criativas para se reinventar rapidamente com as novas habilidades necessárias para essas mudanças e precisam pensar coletivamente para que a colaboração aconteça.

Essas pessoas, que também são consumidoras, segundo Guilherme Borini (2017), estão cada vez mais conectadas e exigentes em relação à qualidade dos produtos e aos serviços oferecidos, tornando vital para as organizações entender a sua jornada, o seu comportamento, bem como suas necessidades e expectativas.

Contudo, como atrair pessoas criativas para nossas empresas? Karen Greenbaum, CEO da AESC, afirmou que atrair e reter os melhores talentos para que sejam os agentes da transformação digital é o grande desafio das empresas.

Para enfrentar esse desafio, as empresas precisam se submeter à mudança cultural relevante, na qual o investimento no capital humano, a flexibilização das estruturas hierárquicas, a diversidade e as novas metodologias de trabalho criam um ambiente de colaboração, criatividade e inovação.

Tecnologia

Segundo a Comstor (CANAL COMSTOR, 2019), sem tecnologia não há transformação digital. Foi ela quem nos forçou a evoluir e nos trouxe até aqui. Tiago Magnus adiciona que a tecnologia deve também possibilitar a digitalização e a automatização de tarefas que levariam muito tempo se feitas manualmente.

Como parte desse novo cenário tecnológico surgem: o *big data*, que permite a análise comportamental antes da tomada de decisão; a *cloud computing*, massificando o acesso à tecnologia de ponta; a **internet das coisas**, que pode interligar tudo através de dispositivos; e o *analytics*, fazendo a análise de dados e a predição de eventos.

Em 2011, uma reportagem da *Forbes* já ilustrava um cenário mais dinâmico no mercado, afirmando que "agora toda empresa é uma empresa de software" (KIRKPATRICK, 2011). Poderíamos afirmar em 2019 que toda empresa é uma empresa de automação ou tecnologia?

Cultura digital

Não podemos nos esquecer de que a adoção do *mindset* digital é ainda mais importante para as lideranças, que deverão estabelecer um novo jeito de pensar, ser e agir no ambiente de trabalho, explorando novas fronteiras e encarando novos desafios.

E, mais ainda, a cultura deve ser ajustada rapidamente de dentro para fora da organização, a fim de que prospere nessa era digital, priorizando a colaboração entre as pessoas, o uso inteligente da tecnologia e a liderança transformadora (MAGNUS, 2018).

Para ilustrar essa necessidade de mercado, a história deixa alguns exemplos claros de que o *mindset* ágil é fundamental para a evolução contínua de qualquer negócio. A famosa empresa de locação de DVDs, a Blockbuster, foi criada em 1985 e em 2007 atingiu 8 mil lojas em 26 países, com mais de 70 milhões de associados (FOLHA ONLINE, 2007). Menos de uma década depois, a empresa foi à falência, sendo engolida por uma empresa muito mais nova: a Netflix, criada em 1997. A Netflix revolucionou o mercado de entretenimento, disponibilizando todo o conteúdo via internet, através de *streamings,* tornando obsoleto o negócio de consumos de DVDs (ÉPOCA NEGÓCIOS, 2017).

As empresas não só precisam ir atrás desta evolução contínua como também precisam aceitar essa mudança ágil exigida pelo mercado. Um exemplo clássico que representa esse cenário é a Kodak. Fundada em 1888 (HAMMERSCHMIDT, 2012), revolucionou o mercado da época com a criação de uma câmera portátil que facilitou o acesso de todos à fotografia. Na década de 1990 chegou a produzir câmeras digitais, mas não teve a mesma velocidade e inovação dos concorrentes, entrando com pedido de concordata em 2012 para reorganizar seus negócios. Outra empresa ícone do mesmo segmento, a Polaroid, também ficou pelo caminho, indo à falência em 2008 (HAMMERSCHMIDT, 2012), deixando cada vez mais claro que, sem que haja inovação contínua, ter sucesso em uma determinada época não garante o futuro da empresa.

Seguindo para a história mais recente, fica nítida a diferença das empresas mais inovadoras do mercado. Todas só alcançaram seus níveis atuais de sucesso fazendo o uso inteligente da tecnologia e da automação de software, com uma necessidade constante de atualizações, melhorias de usabilidade, criação de novas funcionalidades, inovação! Tudo isso exige agilidade intensa para não ficar para trás ou ser engolido por uma nova *startup* que acabou de surgir no mercado, resolvendo problemas que talvez outras empresas ainda nem começaram a pensar.

A ineficiência e os problemas dos táxis em todo o mundo, por exemplo, deram origem à maior empresa de transporte do mundo: a Uber. A empresa, que de certa forma não tem nenhum carro próprio para realizar o serviço, hoje ajuda motoristas a encontrar passageiros que precisam de transporte. Com muita tecnologia e apenas 10 anos de vida (fundada em 2009), chegou a ser avaliada em 120 bilhões de dólares por analistas do mercado em 2019, um pouco antes de abrir seu capital na bolsa de valores (DEMARTINI, 2018). Uma empresa desse tamanho não consegue existir sem automação. São mais de 4 mil microsserviços próprios para serem monitorados (CLOUD NATIVE COMPUTING FOUNDATION, s.d.) e assim garantir que os 91 milhões de usuários e quase 4 milhões de motoristas ativos por mês, segundo dados de 2018 (UBER, s.d.), não tenham problemas com sua experiência de uso do serviço.

Várias outras empresas também revolucionaram setores do mercado. Com o uso da tecnologia, hoje, a Airbnb é a maior empresa de hotéis do mundo sem ter nenhum imóvel. O Facebook é o maior produtor de notícias e conteúdo do mundo sem ter funcionários criando esse conteúdo diretamente. Empresas como Netflix revolucionaram a indústria de filmes e Spotify a indústria da música.

Referências

BORINI, Guilherme. Transformação digital começa pelas pessoas e não pela tecnologia. **IT Forum 365**, 01 jun. 2017. Disponível em: <https://itforum365. com.br/transformacao-digital-comeca-pelas-pessoas-e-nao-pela-tecnologia/>. Acesso em: 30 ago. 2019.

CANAL COMSTOR. **3 Pilares para a Transformação Digital.** 17 jan. 2019. Disponível em: <https://blogbrasil.comstor.com/3-pilares-para-a-transformacao-digital>. Acesso em: 30 ago. 2019.

CLOUD NATIVE COMPUTING FOUNDATION. **Case Study:** Uber. How Uber Is Monitoring 4,000 Microservices with Its Open Sourced Prometheus Platform. Disponível em: <https://www.cncf.io/uber-case-study/>. Acesso em: 30 ago. 2019.

DEMARTINI, Felipe. Uber é avaliada em US$ 120 bilhões e pode abrir ações no ano que vem. **CanalTech**, 16 out. 2018. Disponível em: <https://canaltech.com.br/ bolsa-de-valores/uber-e-avaliado-em-us-120-bilhoes-e-pode-abrir-acoes-no-ano-que-vem-124860/>. Acesso em: 30 ago. 2019.

DUOMO. **Mindset digital:** o que é e por que todas as empresas precisam entender. 19 ago. 2019. Disponível em: <https://duomoeducacao.com.br/blog/mindset-

8 Jornada Ágil e Digital

digital-o-que-e-e-por-que-todas-as-empresas-precisam-entender/>. Acesso em: 30 ago. 2019.

HAMMERSCHMIDT, Roberto. O triste fim da Kodak. **TecMundo**, 05 jan. 2012. Disponível em: <https://www.tecmundo.com.br/kodak/17306-o-triste-fim-da-kodak.htm>. Acesso em: 30 ago. 2019.

KIRKPATRICK, David. Now Every Company Is a Software Company. **Forbes**, Nov. 30, 2011. Disponível em: <https://www.forbes.com/sites/techonomy/2011/11/30/now-every-company-is-a-software-company/#7cc7a632f3b1>. Acesso em: 04 set. 2019.

LOJAS Americanas compra rede de franquias Blockbuster no Brasil. **Folha Online**, 24 jan. 2007. Disponível em: <https://www1.folha.uol.com.br/folha/dinheiro/ult91u113959.shtml>. Acesso em: 30 ago. 2019

MAGNUS, Tiago. Os verdadeiros pilares da transformação digital. **Transformação Digital**, 17 set. 2018. Disponível em: <https://transformacaodigital.com/os-verdadeiros-pilares-da-transformacao-digital/>. Acesso em: 30 ago. 2019.

MUNIZ, Antonio. Videoaula Jornada Ágil e Digital. Udemy, 2019.

NADELLA, Satya. **Aperte o F5:** a transformação da Microsoft e a busca de um futuro melhor para todos. São Paulo: Benvirá, 2018.

NETFLIX: em 20 anos, 90% do que as pessoas vão assistir estará online. **Época Negócios**, 27 fev. 2017. Disponível em: <https://epocanegocios.globo.com/Empresa/noticia/2017/02/epoca-negocios-netflix-em-20-anos-90-do-que-as-pessoas-vao-assistir-estara-online.html>. Acesso em: 30 ago. 2019.

PETROV, Christo. Big Data Statistics 2019. **Techjury**, Mar. 22, 2019. Disponível em: <https://techjury.net/stats-about/big-data-statistics/>. Acesso em: 30 ago. 2019.

ROGERS, David L. **Transformação Digital:** repensando o seu negócio para a era digital. São Paulo: Autêntica Business, 2017.

UBER. **Company info.** Disponível em: <https://www.uber.com/en-PK/newsroom/company-info/>. Acesso em: 30 ago. 2019.

2. Pilares da transformação digital

Antonio Muniz

Nosso grande desafio para mudança é atualizar o *mindset* acostumado com o pensamento linear onde a evolução ocorria aos poucos e demorava anos. Reflita sobre a reportagem de capa do Jornal do Comércio em 1904: "Ônibus entrou na casa humilde e foi apanhar a **velhinha de 42 anos**" Hoje é impensável classificar assim uma pessoa dessa idade, mas esse era o normal naquela época, em que a expectativa de vida era de 37 anos. Observe a seguir outras reportagens mais recentes com pessoas de 97 anos e 120 anos, que nem cita mais a palavra velhinha.

Figura 2.1. Manchetes de jornal.
Fonte: GAZETA DO BAIRRO (2018).

Qual a relação disso com a transformação ágil e digital? Assim como a expectativa de vida, que demorou muitos anos para aumentar de forma tão significativa, as grandes revoluções demoravam um tempo enorme para ocorrer em um mundo estável com produtos que se mantinham líderes de mercado durante anos. A mudança, que demorava anos para ocorrer em um mundo estável, agora leva dias nesse mundo digital e totalmente imprevisível.

O primeiro passo para mudar esse *mindset* é conhecer como funciona a nova realidade. Como não existe definição única sobre os pilares para a transformação digital, abordarei a seguir os principais autores e publicações sobre esse tema tão importante para organizações e profissionais de todos os segmentos.

No livro "A quarta revolução industrial" (2016), Klaus Schwab, fundador e presidente do Fórum Econômico Mundial, estabelece três razões que justificam que a transformação digital é totalmente diferente de tudo que já vivemos até o momento:

1. **Velocidade:** em vez do ritmo linear das revoluções anteriores, a transformação digital é exponencial. Um aplicativo de sucesso pode ser usado por bilhões de pessoas em pouquíssimo tempo.
2. **Amplitude e profundidade:** a revolução digital leva a mudanças sem paradigmas na economia, nos negócios, na sociedade e nas pessoas.
3. **Impacto sistêmico:** transforma sistemas entre países, empresas e sociedades.

Observe na figura a seguir que o tempo está cada vez menor para uma tecnologia ou produto alcançar 50 milhões de usuários.

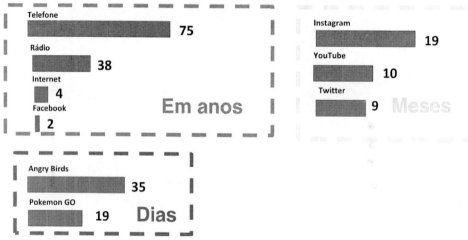

Figura 2.2. Tempo para alcançar 50 milhões de usuários.
Fonte: MUNIZ, 2019.

David Rogers destaca, no livro "Transformação Digital" (2017), que as tecnologias digitais estão redefinindo as regras de como as empresas devem operar no mercado. O sucesso depende de cinco domínios:

1. **Clientes**: em vez do mercado de massa, as redes de clientes se conectam dinamicamente e constroem ou destroem a reputação das empresas e das marcas.
2. **Competição**: em vez de clareza acerca de quais empresas são concorrentes, o maior parceiro de negócios pode se tornar o maior concorrente. A Netflix é um grande cliente da Amazon no serviço de nuvem (AWS), mas isso não impediu o lançamento do serviço concorrente chamado Amazon Prime Video. A Disney deixou de fornecer conteúdo para a Netflix para lançar seu próprio serviço de *streaming*, com menor preço para o cliente.
3. **Dados**: diferentemente dos tradicionais dados, as interações dos clientes ocorrem dentro e fora da empresa em formatos não estruturados e criam o *big data* complexo de gerenciar (redes sociais, dispositivos móveis, sensores, sistemas, etc.).
4. **Inovação**: diferentemente dos métodos tradicionais, que somente lançavam os produtos quando eram totalmente acabados, a meta agora é lançar o mais breve possível o MVP (mínimo produto viável), visando estimular o aprendizado contínuo e potencializar a experimentação com base no *feedback* imediato do valor entregue ao cliente.
5. **Valor**: em vez de se acomodar com a satisfação do cliente no produto atual, as empresas devem buscar evolução constante para se antecipar às mudanças impostas pelo mercado ou necessidade do cliente. Muitos julgaram uma loucura quando a Amazon lançou o livro digital, pois mataria suas vendas do livro físico, porém foi criado um mercado ainda maior com essa decisão.

A figura a seguir representa uma parte da troca de mensagens no Twitter no dia 21 de maio 2019 após o comentário do padre Fábio de Melo sobre seu problema com o serviço de um grande banco. Após uma seguidora sugerir a troca do banco, vários concorrentes aproveitaram o *post* para fazer propaganda com comentários em tom de brincadeira e com grande alcance, considerando os milhões de seguidores do padre Fábio de Melo.

12 Jornada Ágil e Digital

Figura 2.3. Comentário de cliente insatisfeito viralizando no Twitter.

Os autores do livro "Organizações exponenciais" (2015) apresentam conclusões importantes sobre como as empresas digitais conseguem ser dez vezes melhores, mais rápidas e mais baratas do que as organizações tradicionais. Neste livro, os autores destacam os 6 Ds de Peter Diamandis (DIAMANDIS; KOTLER, 2016) sobre a aceleração que estamos vivendo com as tecnologias digitais:

1. **Digitalizado:** representa o primeiro passo das organizações exponenciais.
2. **Disfarçado:** nesse período existe um crescimento invisível com a duplicação de números pequenos (0,01, 0,02, 0,04, 0,08, 0,016...). Porém, chega um momento que as duplicações alcançam o joelho da curva exponencial e fica claro para todos que o resultado é fantástico. O exemplo clássico é que 30 passos lineares alcançam em média 30 metros, enquanto 30 passos exponenciais alcançam 1 bilhão de metros ou 26 voltas na Terra.
3. **Disruptivo:** refere-se à inovação que cria um mercado e abala outro já existente. As câmeras digitais acabaram com o mercado da Kodak.
4. **Desmaterializar:** significa a substituição de equipamentos físicos por alternativas digitais. Com o uso de aplicativos nos *smartphones*, eliminou-se a necessidade de vários equipamentos, como GPS, câmera de vídeo, lanterna, agenda telefônica, espelho, calculadora, *walkman*, etc.
5. **Desmonetizar:** os produtos antigos são eliminados e desmonetizados.
6. **Democratizar:** nesse estágio final, é possível que algumas pessoas se juntem em uma garagem com uma boa ideia de aplicativo para atingir bilhões de clientes, totalmente diferente do passado, em que seria necessário ser uma empresa de grande porte com milhares de funcionários espalhados pelo mundo para alcançar esse resultado.

A inteligência artificial (IA) é um pilar importante para a transformação digital. Seguem situações de seu uso atualmente, incluindo alguns exemplos listados no site da famosa universidade do futuro Singularity:

1. Algoritmo de pesquisas no Google.
2. Regras que desviam mensagens para o *spam* de sua caixa de entrada.
3. Seleção de anúncios que você recebe nos sites e redes sociais.
4. Identificação das pessoas nas suas fotos do Facebook.
5. Recomendação de produtos que você compra na Amazon, filmes que você assiste no Netflix e músicas do Spotify, que possui mais de 30 milhões de opções.
6. Carros autônomos, que já existem em várias cidades.
7. Assistentes virtuais que executam sistemas de IA em linguagem natural estão poupando médicos e enfermeiros de 17% a 20% do tempo, reduzindo as visitas desnecessárias e sobrecarga de fluxo de trabalho.
8. Novas implementações de IA estão sendo usadas para descobrir lacunas no atendimento ao paciente, protegendo-o de descuidos com agendamento e tratamento.
9. Diagnósticos de câncer com taxa de acerto de 90%, em comparação a 50% dos médicos.
10. Estima-se que o uso da inteligência artificial para agilizar o fluxo administrativo geral de trabalho nos hospitais possa proporcionar uma economia anual de US$ 18 bilhões.
11. Na pesquisa farmacêutica, a IA está sendo usada para acelerar novos remédios.
12. Em 2011 o IBM Watson venceu os humanos no conhecido programa norte-americano de perguntas e respostas Jeopardy.

Se por um lado o avanço das tecnologias digitais permite resultados incríveis para as organizações, cria-se também uma grande preocupação com o desemprego em todo o mundo. Por exemplo, o motorista de Uber está aproveitando a oportunidade de trabalhar por conta própria e salvando-se do grande desemprego no país, mas está se preparando para assumir novas posições no mercado quando os carros autônomos se popularizarem?

Pesquisa da PricewaterhouseCoopers (PWC, s.d.) indica que até 2030 os robôs substituirão 38% dos empregos nos Estados Unidos, 30% no Reino Unido e 21% no Japão, principalmente nos setores de transporte, armazenamento, manufatura e varejo, porém afetando também trabalhos mais criativos como criação de textos jornalísticos, que já podem ser escritos por software.

O Fórum Econômico Mundial considera que 65% das crianças que estudam no ensino fundamental atualmente trabalharão em atividades que ainda não existem e recomenda fortemente que todos se preparem com as dez habilidades do futuro, descritas a seguir:

1. **Flexibilidade cognitiva:** capacidade de ampliar o modelo mental, tendo flexibilidade para imaginar diferentes caminhos para resolver problemas.
2. **Negociação:** como as atividades repetitivas serão automatizadas, torna-se necessário desenvolver ainda mais as habilidades sociais, até para os profissionais mais técnicos.
3. **Orientação para servir:** refere-se à capacidade de ajudar outras pessoas e adaptar os produtos e serviços oferecidos à realidade dos clientes.
4. **Julgamento e tomada de decisões:** com a imensidão de dados, os profissionais terão de examinar números, descobrir *insights* e utilizar o *big data* para tomar as melhores decisões estratégicas.
5. **Inteligência emocional:** permite reconhecer e avaliar nossas emoções e das outras pessoas, assim como o estabelecimento de empatia com esses sentimentos para alcançar os resultados desejados.
6. **Coordenação com os outros:** refere-se ao estabelecimento de conexão e colaboração entre equipes, visando trabalhar com pessoas de personalidades distintas, saber se comunicar e lidar com as diferenças.
7. **Gestão de pessoas:** o lado humano é o aspecto mais complexo e importante nas organizações, e as pessoas produzem resultados quando se sentem acolhidas e respeitadas. Essa habilidade tem relação direta com a inteligência emocional.
8. **Criatividade:** refere-se à capacidade de conectar informações aparentemente diferentes e construir ideias inovadoras para entregar resultados diferenciados.
9. **Pensamento crítico:** capacidade de usar a lógica e o raciocínio para questionar determinados problemas, identificar e ponderar as vantagens e desvantagens, considerando soluções de acordo com a necessidade encontrada em cada cenário.
10. **Resolução de problemas complexos:** habilidade que é aprimorada com o passar dos anos e refere-se à capacidade de solucionar problemas em ambientes reais. Espera-se que o profissional tenha elasticidade mental para resolver problemas inéditos e cada vez mais complexos.

Referências

DIAMANDIS, Peter H. ; KOTLER, Steven. **Bold**: how to go big, create wealth and impact the world. New York: Simon & Schuster Paperbacks, 2016.

GAZETA DO BAIRRO. **A "Velhinha" de 42 anos.** 28 set. 2018. Disponível em: <http://gazetadobairro.com.br/velhinha-de-42-anos/>. Acesso em: 09 out. 2019.

ISMAIL, Salim; MALONE, Michael S.; GEEST, Yuri Van. **Organizações exponenciais:** por que elas são 10 vezes melhores, mais rápidas e mais baratas que a sua (e o que fazer a respeito). Rio de Janeiro: Alta Books, 2015.

MATTOS, Thiago. **Vai lá e faz:** como empreender na era digital e tirar ideias do papel. Caxias do Sul: Belas Letras, 2017.

MUNIZ, Antonio. Videoaula Jornada Ágil e Digital. Udemy, 2019.

MUNIZ, Antonio. Workshop Jornada Ágil e Digital, 2019.

PWC. **Estudo da PwC analisa o impacto da tecnologia no mercado de trabalho até 2030**. Disponível em: <https://www.pwc.com.br/pt/sala-de-imprensa/noticias/estudo-pwc-analisa-impacto-da-tecnologia-no-mercado-de-trabalho-ate-2030.html>. Acesso em: 09 out. 2019.

ROGERS, David L. **Transformação Digital:** repensando o seu negócio para a era digital. São Paulo: Autêntica Business, 2017.

SCHWAB, Klaus. **A Quarta Revolução Digital.** São Paulo: Edipro, 2016.

SINGULARITY UNIVERSITY. Site. Disponível em: <https://su.org/>. Acesso em: 30 ago. 2019.

WORLD ECONOMIC FORUM. Site. Disponível em: <https://www.weforum.org/>. Acesso em: 30 ago. 2019.

3. Era de mudanças ou mudança de era?

Antonio Muniz
Vanesa Bustamante

> *A revolução digital já está acontecendo e não vai ter surpresas, vai ter surpreendidos.*
> Francisco Ferruggia

Diversas referências consideram que as mudanças aceleradas que vivemos estão apenas iniciando. Chris Anderson, editor-chefe da Wired, diz que não vivemos uma era de mudanças, mas uma mudança de era. No livro "Vai lá e faz" (2017), Tiago Mattos apresenta um estudo citando outros autores, incluindo Alvin Toffler, que concordam que estamos apenas iniciando a terceira onda de mudanças, conforme gráfico a seguir.

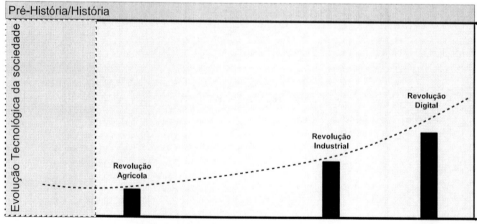

Figura 3.1. Início da revolução industrial.
Fonte: adaptado de MATTOS, 2017.

As mudanças ocorrem de forma exponencial: o mundo mudou, o comportamento humano mudou, a forma como nos relacionamos com a tecnologia mudou.

Novos modelos de negócio, como Airbnb, Uber, Netflix, Spotify, entre outros, chegaram de forma disruptiva e inovadora mudando totalmente o *status quo* e obrigando as empresas tradicionais a sair da zona de conforto.

Além disso, hoje as pessoas estão em um mundo totalmente conectado onde é possível fazer cada vez mais coisas sem intermediadores. O movimento *maker* (as redes de relacionamento e a cultura de colaboração) permite que pessoas comuns consigam vender e promover suas ideias, tenham acesso aos investidores e ganhem visibilidade antes nunca vista.

As novas gerações ensinam aos seus pais, tios e avós, mudando a forma como aprendemos e reaprendemos. Surgem novas profissões que dez anos atrás não existiam, tais como: motorista de aplicativo, blogueiro, operador de drones, cientista de dados, UX e UI, especialista em marketing digital, entre outras.

Diante de tantas mudanças, faz-se necessário adotar um novo *mindset*: adequar os métodos de trabalho para entregar valor mais rápido ao cliente e repensar a forma como nos comunicamos e interagimos com eles (Figura 3.2).

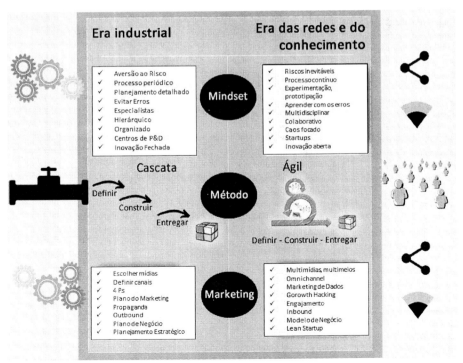

Figura 3.2. Era industrial x era das redes e do conhecimento.
Fonte: adaptado de MARKETING ANALÍTICO, 2019.

18 Jornada Ágil e Digital

Contudo, quais são essas mudanças? Strix, em seu artigo "Nova era digital: entenda o que mudou" (2017), detalha as mudanças do *mindset* industrial para o digital:

- ✓ **Empresas consolidadas desapareceram ou perderam força**: redes como a Blockbuster viram seu modelo de negócio falir com a chegada do Netflix como uma opção para democratizar e legalizar o *streaming*.
- ✓ **As *startups* arrumaram inimigos**: com a proliferação dos *smartphones* e a procura cada vez maior da comodidade, aplicativos como Uber e Airbnb acabaram sendo um incômodo enorme para os taxistas e redes hoteleiras.
- ✓ **O mercado de nichos ganhou força**: canais como o YouTube possuem uma programação vasta, que atende a diversos públicos de todas as idades, desde crianças até idosos.
- ✓ **Pessoas desconhecidas se tornaram celebridades**: antigamente, bandas e cantores precisavam ser descobertos por alguma gravadora para ter seu trabalho divulgado; hoje em dia, conseguem chegar a diversas pessoas em poucas horas.
- ✓ **As marcas se tornaram mais próximas do público**: antes havia espaço para publicidade em rádio, televisão e revistas; hoje a interação ocorre através das redes sociais, WhatsApp, etc.
- ✓ **As filas diminuíram, principalmente quando falamos de prestação de serviços**: em tempos onde as pessoas estão sempre apressadas, parece inadmissível perder tempo em filas. Como exemplo, temos a proliferação de aplicativos de bancos e lojas virtuais trazendo conforto e comodidade ao consumidor.

Neste mundo, que acelera exponencialmente, as pessoas também mudaram seus hábitos, a maneira como se relacionam e também a forma como lidam com as incertezas.

Hoje temos uma população ansiosa que está aprendendo a lidar com as informações e as ferramentas às quais tem acesso.

Segundo Strix (2017), o celular está sempre conosco. Ao mesmo tempo que estamos conectados com tudo e com todos, sofremos de falta de concentração devido à quantidade de distrações que nos fazem perder o foco.

Diante desse cenário, devemos desenvolver novas habilidades como liderança, pensamento crítico, inteligência emocional e criatividade. Elas serão fundamentais não apenas para sobreviver nessa era de mudanças, como também para nos destacar nessa nova era: a digital.

Referências

ISMAIL, Salim; MALONE, Michael S.; GEEST, Yuri Van. **Organizações exponenciais:** por que elas são 10 vezes melhores, mais rápidas e mais baratas que a sua (e o que fazer a respeito). Rio de Janeiro: Alta Books, 2015.

MARKETING ANALÍTICO. **[Infográfico] Era Industrial x Era do Conhecimento.** 17 maio 2019. Disponível em: <https://marketinganalitico.com.br/infografico-era-industrial-x-era-do-conhecimento/>. Acesso em: 29 ago. 2019.

MATTOS, Thiago. **Vai lá e faz:** como empreender na era digital e tirar ideias do papel. Caxias do Sul: Belas Letras, 2017.

MUNIZ, Antonio. Videoaula Jornada Ágil e Digital. Udemy, 2019.

MUNIZ, Antonio. Workshop Jornada Ágil e Digital, 2019.

ROGERS, David L. **Transformação Digital:** repensando o seu negócio para a era digital. São Paulo: Autêntica Business, 2017.

STRIX. Nova era digital: entenda o que mudou. **Uaiz,** 28 set. 2017. Disponível em: <https://uaiz.opopular.com.br/blog/nova-era-digital-entenda-o-que-mudou/>. Acesso em: 30 ago. 2019.

PARTE II. POR QUE MUDAR O *MINDSET* REQUER ESFORÇO

4. Organizações comando e controle

Antonio Muniz
Analia Irigoyen
Vanesa Bustamante

> *A maior habilidade de um líder é identificar aptidões e desenvolver*
> *competências extraordinárias em pessoas comuns.*
> *Abraham Lincoln*

Nos dias atuais, muitas empresas ainda têm enraizado na sua cultura organizacional o modelo de liderança "comando e controle".

Nesse estilo de liderança, manda quem pode e obedece quem tem juízo, ou seja, o gestor tem total controle sobre os funcionários. É ele quem determina o que vai ser feito, como será feito, quando será feito e quem fará o trabalho.

Esse comportamento dos gestores acaba extinguindo a criatividade, a proatividade e a tomada de decisão por parte dos funcionários, que se sentem totalmente sem autonomia para poder opinar e sugerir como trabalhar.

Em mais de uma oportunidade vemos pessoas optando por não expor ideias relevantes justamente por terem a convicção de que não serão ouvidas e/ou levadas a sério. Nesse processo a empresa perde um mundo de oportunidades, além de correr o risco de ter pessoas acomodadas e desmotivadas trabalhando nela por não sentirem que têm voz ativa.

Esse tipo de cultura organizacional funcionou bem na época da Revolução Industrial, mas já não se aplica à era do conhecimento, onde, além de executar as atividades com precisão, é importante pensar e descobrir novas formas de fazer as coisas; e perde mais relevância quando falamos da nova era digital, onde processos repetitivos vão dar espaço para a automação e vamos cada vez mais depender de novas ideias, de criatividade e de inovação para entregar valor aos nossos clientes e à nossa sociedade.

Diante desse cenário, é natural que surja a necessidade de rever as estruturas hierárquicas dentro das organizações e também o papel dos gestores, que passam a atuar como líderes e agentes de mudança.

Luiz Grecco, em seu artigo "Liderança comando e controle: seus dias estão contados" (2017), afirma que não há mais espaço para os "dinossauros".

Ele faz menção aos gestores autocráticos que acreditam que nenhum subordinado pode ter uma ideia melhor do que a deles. Repetem como um mantra o famoso "quem não estiver satisfeito, que peça as contas". Isso faz com que suas organizações, seus clientes e seus acionistas sejam prejudicados.

No artigo "As premissas do Sistema Comando e Controle" (O2 ONLINE, s.d.) temos retratadas algumas premissas do sistema comando e controle:

- ✓ **Propósito:** premissa de que empresas existem para atender aos objetivos financeiros de seus donos (ou maximizar retorno para acionistas).
- ✓ **Estrutura:** premissa de que empresas devem ter uma hierarquia vertical (organograma) na qual a pessoa mais importante é o dono ou acionista. Quem está em cima decide os rumos e objetivos financeiros, quem está embaixo executa.
- ✓ **Funcionamento:** premissa de que empresas funcionam como máquinas (suas atividades devem ser superespecializadas, tudo pode ser medido com números e a causa e o efeito são lineares).
- ✓ **Pessoas:** premissa de que as pessoas são "recursos humanos" que devem ser encaixados nas funções, nos cargos ou nos processos que constituem a máquina.
- ✓ **Motivação:** premissa de que os "recursos humanos" produzem mais quando submetidos a incentivos financeiros ou ameaças de perdas desses incentivos.
- ✓ **Liderança:** No comando e controle, liderar significa gerir, e a gestão é exercida pela figura do gerente ou gestor. Este é escolhido por um superior hierárquico para garantir que a máquina funcione como planejado e gere os resultados esperados.

As características de organizações comando e controle listadas anteriormente estão também relacionadas ao conhecimento e à grande necessidade de trabalhos repetitivos (MUNIZ, 2019).

Conforme retratado pela Figura 4.1, as ideias brilhantes partiam do CEO da empresa (presidente ou executivo chefe), os detentores do conhecimento, e eram colocadas em prática pelos seus subordinados.

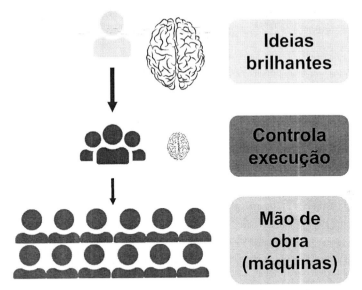

Figura 4.1. O líder em uma organização comando e controle.
Fonte: MUNIZ, 2019.

Nesse sentido, o conhecimento estava disponível ou acessível apenas para poucas pessoas. Há algum tempo, a ida a palestras e congressos ou o acesso a mestrados e doutorados eram investimentos muito altos, que normalmente só poderiam ser feitos por famílias abastadas ou pelas grandes empresas. O trabalho repetitivo era o foco das organizações, e quanto mais produtivos fossem seus colaboradores mais lucro era obtido.

Diante dessas premissas, surgiram ferramentas e processos que até hoje são utilizados na "gestão de recursos humanos", tais como: organogramas, cargos e salários, metas fixas, bônus e incentivo, avaliação de desempenho, etc.

Com a crescente automação de processos repetitivos e a necessidade de criatividade exponencial de transformação digital dos negócios, a criatividade se tornou o centro das atenções. E isso fez com que o movimento de transformação cultural e organizacional nas empresas crescesse em busca do empoderamento dos colaboradores, da democratização das informações, da criatividade, da inovação, do intraempreendedorismo e da mudança do *mindset* das lideranças, que passam a atuar mais como *coaches*/mentores e menos como controladores.

Sobre essas mudanças Luiz Grecco declara que, para produzir resultados positivos para os negócios, os novos líderes devem ter um conjunto de habilidades que esteja

26 Jornada Ágil e Digital

alinhado com a equipe. Isso deve ocorrer porque o papel desse novo líder é o de inspirar e liderar a equipe em um esforço colaborativo.

O foco passa a ser nas pessoas.

Esther Derby (ULTREMARE, 2012), *Agile Coach* e autora de livros sobre gerenciamento e técnicas ágeis, relata que quando o poder não está concentrado em um grupo de pessoas (gestores), existe muito mais possibilidade de parceria, criatividade e fortalecimento da liderança.

Em tempos de transformação digital, vemos as empresas investindo cada vez mais na gestão colaborativa, no incentivo de novas ideias. A forma como recrutamos e engajamos os talentos também mudará. Hoje ouvimos cada vez mais a palavra propósito sendo associada a trabalhar por aquilo que nos move, aquilo com o que nos identificamos e que gere valor para os clientes e para a sociedade.

A liderança passa a ter um papel fundamental, incentivando uma cultura de experimentação e inovação, criando um ambiente psicologicamente seguro que permita aprender rápido e considerar os erros como oportunidade de melhoria em um ciclo de evolução contínua.

As relações de confiança e transparência, com uma comunicação clara e direta sem interferência hierárquica, possibilitarão que a equipe se sinta "dona do processo" do início ao fim, aumentando o seu engajamento e o seu comprometimento.

Outro fator importante é a diversidade de perfis trabalhando junto nas empresas – geração X, Y, *millennials*, etc. Nesse contexto, é fundamental que o líder reconheça as diferenças e consiga extrair o melhor de cada colaborador dentro de suas características, buscando empatia, convergência de opiniões e motivação do time.

Por fim, devemos ter uma consciência de que o relacionamento deverá ser cada vez mais humanizado. As conexões entre liderança e equipe são fundamentais: o que antes seria um gestor autocrático que determina o que fazer agora dá espaço a uma liderança baseada no ensino. O líder passa a ser um mentor, um professor.

Cada vez mais a forma como agimos é um fator determinante para ganhar o respeito e a admiração dos colaboradores e assim criar conexões duradouras dentro das empresas.

Com essas mudanças, as pessoas se sentirão cada vez mais motivadas e engajadas, dando espaço para o intraempreendedorismo.

Referências

GRECCO, Luiz. **Liderança 'comando e controle':** seus dias estão contados. 03 Jul. 2017. Disponível em: <https://www.linkedin.com/pulse/lideran%C3%A7a-comando-e-controle-seus-dias-est%C3%A3o-contados-grecco-pmp/>. Acesso em: 30 ago. 2019.

MANPOWERGROUP. **Qual deve ser o perfil do líder na era digital?** 02 out. 2018. Disponível em: <https://blog.manpowergroup.com.br/qual-deve-ser-o-perfil-do-lider-na-era-digital/>. Acesso em: 30 ago. 2019.

MUNIZ, Antonio. Workshop Jornada Ágil e Digital, 2019.

O2 ONLINE. **As premissas do Sistema Comando e Controle.** Disponível em: <http://www.organicas.org/2/premissas-sistema-comando-controle/>. Acesso em: 30 ago. 2019.

ULTREMARE, Fernando. Comando e controle: distribuindo o poder para fortalecer a liderança. **InfoQ**, 25 jan. 2012. Disponível em: <https://www.infoq.com/br/news/2012/01/poder-lideranca/>. Acesso em: 30 ago. 2019.

5. O cérebro é avesso a mudanças

Bruno Brochado Ribeiro
Bruno de Oliveira Jardim
Wagner Cruz Drumond

Em 1970, Paul MacLean, psiquiatra e neurocientista americano, apresentou uma teoria chamada Teoria do Cérebro Trino, que mostra pela primeira vez nosso cérebro como uma estrutura dividida em três partes distintas: Neocórtex, Sistema Límbico e Cérebro Reptiliano (Figura 5.1).

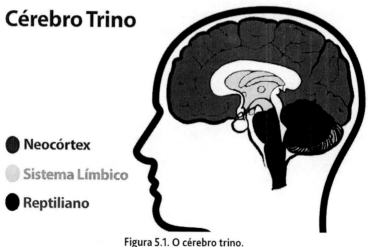

Figura 5.1. O cérebro trino.
Fonte: adaptado de MACLEAN, 1990.

O Neocórtex, presente nos mamíferos e principalmente nos seres humanos, é a estrutura mais recente na nossa fisiologia. Tem como principal responsabilidade o raciocínio lógico, a criatividade, a imaginação e a solução de problemas e nos diferencia dos animais pela capacidade de tomada de decisões, utilizando fatores ambientais e variáveis. É por causa do Neocórtex, por exemplo, que somos capazes de ler, escrever e nos comunicar de forma verbal.

O Sistema Límbico, também conhecido como cérebro emocional, por sua vez, é responsável por nossas emoções, pelo aprendizado, pela memória e pelo nosso comportamento social. Ele é extremamente importante para a manutenção de neuro hormônios relacionados às emoções, como, por exemplo, a ocitocina, que nos traz a sensação de prazer. Sempre que visitamos uma memória ou uma emoção relacionada a ela, estamos ativando o nosso sistema límbico.

No sistema límbico há também uma área chamada Amígdala Cerebelar, responsável principalmente pela regulação dos nossos comportamentos agressivos e sexuais.

Existe um fenômeno chamado "sequestro da amígdala", que se refere ao fato de que, em uma determinada situação de pressão, estresse ou até mesmo raiva, uma pessoa pode reagir no impulso e de forma agressiva.

Imagine que você tenha tido um dia super estressante, está cansado, teve seis reuniões desgastantes com clientes durante o dia, o seu chefe pediu um relatório de última hora e você saiu do trabalho às dez da noite. Você chega em casa e a primeira coisa que ouve do seu marido ou esposa é "você chegou tarde, hein!".

Nesse momento, antes que o estímulo chegue ao Neocórtex, área racional do cérebro, você é "sequestrado" pelo emocional e responde: "eu não tenho a vida fácil que você tem não!". Basta esse momento para desencadear um processo que, dependendo do estado emocional do outro lado, pode se tornar uma grande discussão.

Pouco tempo depois vem a chamada "ressaca emocional", na qual o estímulo chega ao seu lado racional e você reflete sobre o que fez, geralmente percebendo que exagerou na sua reação, mas nesse momento já é tarde demais, porque palavras não voltam atrás.

Trabalhar a inteligência emocional ajuda bastante no conhecimento e no controle dos gatilhos e dos processos emocionais que ativam esse lado agressivo, permitindo que você tenha maior autocontrole e saiba lidar com tais situações, como veremos mais à frente no capítulo sobre inteligência emocional.

Por último, temos o Cérebro Reptiliano, ou cérebro basal, nossa estrutura mais antiga. Ele é responsável pelas funções vitais, como respiração e digestão, e pelo instinto de sobrevivência; por isso é o mais rápido (Figura 5.2).

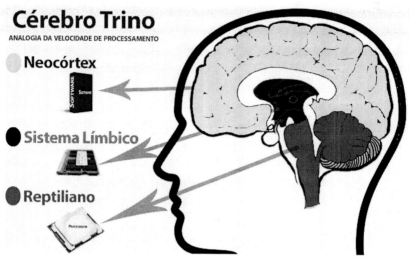

Figura 5.2. Analogia da velocidade de processamento.
Fonte: adaptado de MACLEAN, 1990.

O Cérebro Reptiliano é responsável pela maioria das decisões e ações inconscientes do ser humano. Pense comigo: você precisa pensar para comer, controlar o seu batimento cardíaco ou respirar? Claro que não, isso é algo que você faz de forma natural e inconsciente graças ao Cérebro Reptiliano. Ele controla todas as funções orgânicas automáticas, sendo um importante agente no caso de sentimentos, comportamentos e emoções instintivos.

O seu instinto de sobrevivência é algo que vem através de uma carga genética desde os primórdios da humanidade, quando para sobreviver existiam três principais ações a serem tomadas: **atacar**, **congelar** ou **fugir**.

Dessa forma, sob qualquer ameaça, o nosso Cérebro Reptiliano age de forma instintiva nos direcionando a essas opções, liberando uma bomba de adrenalina e cortisol que vão lhe dar mais energia para correr ou atacar aquele que o ameaça.

Tudo isso faz sentido em uma era na qual você era presa ou predador, porém os dias são outros, mas as nossas reações continuam sendo as mesmas.

Se você estiver em uma reunião e um cliente o ameaçar, mesmo que verbalmente, seus instintos são os mesmos: atacá-lo de volta (em alguns casos, até fisicamente), congelar (não conseguir agir por medo ou insegurança) ou fugir e sair dessa situação (Figura 5.3).

O mesmo pode ocorrer em uma entrevista de emprego ou até mesmo quando você recebe uma fechada no trânsito.

A boa notícia é que é possível lidar com esses instintos e aprender a minimizar seus impactos quando a ameaça é algo inerente ao nosso cotidiano. Se melhorarmos o nível de consciência e trabalharmos no controle da nossa mente, o Cérebro Reptiliano terá menos controle sobre nossas ações.

Técnicas de inteligência emocional e de ancoragem, oriundas da Programação Neurolinguística, podem ajudá-lo a estar preparado para quando essas situações acontecerem.

Assim, em um cenário de ameaça verbal como o citado antes, você estará apto a trazer a conversa para um nível racional sem elevar o tom, pois o seu cérebro já estará preparado para aquela situação e não agirá mais de forma inconsciente.

Figura 5.3. Ações instintivas impulsionadas pelo cérebro reptiliano.
Fonte: adaptado de MACLEAN, 1990.

Na estrutura do Cérebro Reptiliano também se encontra o gânglio basal, responsável pelo registro de hábitos, do qual vamos falar mais à frente e que tem grande responsabilidade na tarefa de sobreviver com o menor gasto de energia possível.

Por isso, quando falamos que o cérebro reptiliano é avesso às mudanças, estamos apenas dizendo que ele vai fazer de tudo para "proteger" você, ou seja, mantê-lo na zona de conforto, com menos risco e menos gasto de energia, pois o sentimento dominante nele é o medo.

Transformar o seu *mindset* é como começar a ir à academia: no início é incômodo porque o músculo só cresce quando suas fibras se rompem e isso é dolorido. O seu cérebro vai criar mil razões para impedi-lo, mas depois de um tempo, 21 dias consecutivos, segundo Charles Duhigg, em seu livro "O Poder do Hábito" (2012), esse esforço muda porque o seu cérebro começa a entender que isso faz parte da sua rotina e se torna um hábito.

Lembre-se: uma mente expandida jamais
retorna a seu estado original.
Albert Einstein

Referências

DUHIGG, Charles. **O Poder do Hábito:** por que fazemos o que fazemos na vida e nos negócios. Rio de Janeiro: Objetiva, 2012.

FRANÇA, Sulivan. **A Elite do Coaching no Brasil:** Neurocoaching – como o coaching interage com seu cérebro. São Paulo: SF Publicações Editoriais, 2013.

GOLEMAN, Daniel. **Inteligência Emocional:** a teoria revolucionária que define o que é ser inteligente. Rio de Janeiro: Objetiva, 2012.

MACLEAN, Paul D. **The Triune Brain in Evolution:** role in paleocerebral functions. New York: Springer, 1990.

MUNIZ, Antonio. Workshop Jornada Ágil e Digital, 2019.

6. Crenças fixas limitam novas habilidades

André Luis Guilhon Chaves
Bruno de Oliveira Jardim
Meny Aparecida S. Ribas

Eu quero desaprender para aprender de novo.
Raspar as tintas com que me pintaram.
Desencaixotar emoções, recuperar sentidos.
Rubem Alves

O ponto alto da nossa discussão é pensar em como o *"mindset* digital" pode agregar para as nossas relações interpessoais e intrapessoais. Entretanto, o pré-requisito para que isso aconteça é abandonar a nossa "zona de conforto" (um conjunto de comportamentos e atividades que fazem parte de uma rotina e que diminuem seus níveis de estresse e ansiedade).

Você já parou para pensar que hoje a nossa vida seria bem diferente se não fossem por alguns aplicativos? O "Fitness and Bodybuilding" está revolucionando as academias, o "Duolingo" se transformou no principal concorrente das escolas de língua, o "Waze" mudou a configuração do trânsito das principais capitais. E qual a lição que tiramos desses empreendimentos? Que os seus idealizadores não se prenderam às crenças fixas!

As crenças fixas (também chamadas de crenças limitantes) estão relacionadas aos acontecimentos passados que, de alguma forma, nos marcaram, como coisas que podemos ter ouvido, experiências negativas vividas por nós ou experiências atuais que acabam por consolidar essas crenças, limitando nossas ações.

Quem já não vivenciou em algum momento da sua vida situações difíceis e complicadas? E, nessas condições, quem já não teve pensamentos negativos associados à possibilidade de não conseguir superar o desafio ou então desejar desistir de tudo, seja em um problema familiar ou em uma oportunidade profissional desafiante?

A ciência comprova que pensamentos negativos produzidos pelo nosso subconsciente podem nos impedir de agir, nos mantendo estáticos em uma zona mais confortável, nos convencendo a acreditar que é melhor não fazer nada, pois, teoricamente, não seríamos capazes de agir.

O pensamento fixo interfere diretamente no modo como você visualiza as coisas ao seu redor e como convence você de que a visão negativa criada pelo seu subconsciente é a visão mais apropriada naquele momento. Muitas vezes o seu pensamento fixo é o que realmente impede você de crescer na vida, e você provavelmente não percebe essa influência. A sua mente aceita o rótulo negativo, pois é mais fácil e cômodo considerar adequada a opção de que você não deve fazer nada que o exponha a uma situação de dificuldade.

Quando somos confrontados pelo "novo", de acordo com Arthur Schopenhauer (2005), esnobamos, rejeitamos, até que chega um momento que nada podemos fazer contra a novidade. O autor ainda afirma que "toda verdade passa por três estágios: no primeiro, ela é ridicularizada. No segundo, é rejeitada com violência. No terceiro, é aceita como evidente por si própria".

Há uma palavra no vocábulo grego que é traduzida como **metanoia** (μετανοεῖν). Ela significa mudança de pensar e sentir, no caminho da perfeição. Trata-se da expansão da consciência. Então, para o crescimento pessoal e profissional, abandonar as crenças fixas é uma questão de ordem, e em seu lugar a palavra de ordem passa a ser CRIATIVIDADE!

Ao romper com o conformismo de pensamento, a maneira de pensar deixa de ser cristalizada para ser atualizada continuamente. É o famoso pensar **fora da caixa**. "Pensar fora da caixa" é atitude das "metamorfoses ambulantes". Com essa atitude, somos desafiados a aprender e a desaprender, para reaprender. É não se conformar com fôrmas, mas buscar diversas formas para transformar. É ser maleável para pivotar, recalcular a rota e ser ágil para se adaptar.

O "não pensar fora da caixa" gera atrofiamento permanente. A massa encefálica fica endurecida, sem nenhuma capacidade de se reinventar. Negamos as "formas" e nos contentamos com as "fôrmas".

O processo de **metanoia** implica em desconstruir para poder construir um espaço mais amplo para a nossa consciência. Não há como expandir a consciência sem derrubar as paredes que a delimitam, tais como: preconceitos, pressupostos e pseudoverdades nas quais nos agarramos.

Isso é fundamental para o processo de aprendizagem, pois aprender envolve uma mudança da mente e não apenas a aquisição de informações. É como brincar de Lego. Precisamos desmontar o que foi feito para refazê-lo de modo a aproveitar melhor tanto o espaço quanto o que cada peça tem a oferecer. A desconstrução precede a reconstrução, e nessa hora entra em cena a criatividade.

Nesse processo de reconstrução podemos até usar as mesmas peças, mas em lugares diferentes. O que antes era fundamental passa a ser periférico e vice-versa. Veja, há coisas que precisamos descartar, pois não servem mais. Contudo, há coisas que a gente apenas muda de lugar, basta redirecionar o pensamento e buscar a combinação certa.

Todos nós somos convidados diariamente a encontrar soluções criativas para resolvermos os nossos problemas. E fique tranquilo, pois a criatividade não é uma "mágica", ela pode ser trabalhada e conquistada por meio de ferramentas e técnicas específicas. Tudo é uma questão de "educar" o cérebro para absorver novas possibilidades ou reinventar outras a partir de sua história já vivida. O limite de armazenamento no "*hard drive* do cérebro" é infinito!

E nesse ponto você pode se perguntar: mas como faço para abandonar esse "homem velho" e sair da "minha caixa", que parece ter sido feita sob medida para mim? A resposta é bem menos complexa do que você imagina. E pensando nisso listamos algumas dicas:

1. Fuja da rotina! As ideias interessantes aparecem quando "quebramos a nossa rotina" – isso significa aceitar desafios de fazer as mesmas coisas diariamente, porém, de forma diferente.
2. Estude áreas diferentes da sua área de atuação. Quem disse, por exemplo, que um gestor de negócios não pode entender de tecnologia de informação? Agindo assim você conseguirá agregar conhecimento à sua profissão.
3. Aprenda uma nova língua. Isso ajudará a formar novas conexões mentais e contribuirá com novas formas de pensar.
4. Tome gosto por viver rodeado de pessoas criativas, aprecie a companhia de amigos e familiares, promova encontros sociais.
5. Encontre sempre tempo para apreciar o que é "belo": a natureza, uma boa música, uma exposição de arte, um bom filme.
6. Faça amizade com pessoas que não atuam profissionalmente na mesma área que você: os diferentes se complementam e geram valor.

7. Aprenda a ouvir, pratique a empatia e descubra a riqueza do que as pessoas que convivem com você têm a lhe oferecer.
8. Seja um bom observador: reconhecer as formas de pensar dos outros ajuda no processo criativo.
9. Siga pessoas nas redes sociais que de fato poderão agregar para o seu autodesenvolvimento, seja "seletivo e exigente" com o seu "tempo livre".
10. Leia algo que esteja completamente fora do seu escopo usual – por exemplo, se você adora ficção, escolha um bom romance.
11. Tome nota de todas as suas ideias. Tenha o hábito de registrar os seus pontos de melhoria, o que você sente necessidade de mudar. O grande benefício desta prática é o autoconhecimento: se você se conhece, sabe onde o seu "calo aperta", não é mesmo?

Esses são apenas alguns pontos, e poderíamos citar inúmeros outros. Entretanto, eles poderão servir como um excelente ponto de partida para sair da inércia e desejar mudanças. E não tenha medo e nem pressa. Aprenda a valorizar o seu processo de mudança!

Há algo que diferencia o homem de todo o resto dos seres vivos: o poder criativo da imaginação. Não podemos conduzir nossas atividades com base no piloto automático, é preciso envolver nossa criatividade. Cada demanda da vida exige uma análise específica e uma resposta personalizada e, assim, reconhecer que existem outras maneiras de fazer o que se faz ou viver como se vive. Tudo isso precisa ser acompanhado pela humildade.

Além dessas dicas, queremos encerrar este capítulo com um conselho que se resumirá em apenas uma palavra: RESILIÊNCIA. Jamais desista de vivenciar as transformações positivas que a vida tem para lhe proporcionar. A nossa vida é um ciclo de melhoria contínua! Evite as crenças limitantes que podem estar atrapalhando sua vida (Figura 6.1), tais como: "passei da idade para isso", "tenho medo de falhar", "é tarde demais", "não consigo aprender isso", "a vida é complicada demais", "não tenho tempo para nada".

Crenças fixas limitam novas habilidades 37

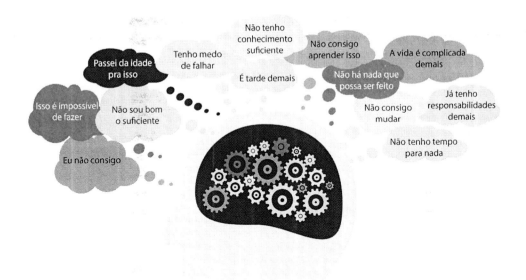

Figura 6.1. Crenças limitantes que podem estar atrapalhando sua vida.
Fonte: adaptado de AMARAL, s.d.

Referências

AMARAL, Karla. **Crenças Limitantes – Como Eliminar Crenças Limitantes**. S.d. Disponível em: <https://resolviempreender.com/como-eliminar-crencas-limitantes/>. Acesso em: 29 ago. 2019.

DAVID, Susan. **Agilidade Emocional:** abra sua mente, aceite as mudanças e prospere no trabalho e na vida. São Paulo: Cultrix, 2018.

DWECK, Carol S. **Mindset:** a nova psicologia do sucesso. Rio de Janeiro: Objetiva, 2017.

SCHOPENHAUER, Arthur. **O mundo como vontade e representação**. São Paulo: Unesp, 2005.

PARTE III. DISCIPLINAS VITAIS DURANTE A JORNADA ÁGIL E DIGITAL

7. Pensamento *Lean*

Cristiane de Almeida Costa Simons

Breve história sobre o modelo Sistema Toyota de Produção/*Lean*

O desenvolvimento deste modelo começa nos anos 50, quando a economia japonesa estava debilitada e a Toyota, uma empresa de pequeno porte, tinha um programa de produção de 1.000 carros por mês. Se fabricasse mais, não conseguiria vender. A situação mudou completamente no início do século XXI, ficando como segundo maior fabricante mundial, atrás apenas da General Motors (MAXIMIANO, 2009).

Qual foi o segredo? Nos anos 50, os acionistas e executivos da Toyota criaram o Sistema Toyota de Produção, com base em dois princípios: eliminação de desperdícios e produção de veículos com qualidade (MAXIMIANO, 2009).

O movimento pela qualidade, como ficou conhecido, transferiu o foco primário da melhoria dos processos da eficiência produtiva para a agregação de valor para o cliente. Taiichi Ohno e Shigeo Shingo, na Toyota, e outros profissionais no Japão adotaram ideias de qualidade e melhoria contínua, desenvolvendo o Sistema Toyota de Produção, assentando as bases para a filosofia *Lean* dos dias atuais (BELL; ORZEN, 2013).

Entretanto, não espere que um especialista em Sistema Toyota de Produção (STP) analise gráficos e tabelas ou as grandes economias de custos; ele irá diretamente ao *gemba* (local onde o trabalho é realizado) e acompanhará o processo do início ao fim, procurando interrupções no fluxo – ou seja, perdas (LIKER; HOSEUS, 2009).

Lean é a filosofia de gestão inspirada em práticas e resultados do Sistema Toyota de Produção. Oferece, além dos aspectos operacionais já anteriormente mencionados, qualidade de vida no trabalho, aprendizagem organizacional, administração empreendedora e administração do conhecimento.

Razões para a utilizar o pensamento *Lean*

É certo que hoje o mundo é pautado por uma realidade que é conhecida como VUCA, termo que surgiu na década de 90 no ambiente militar norte-americano (ARNOLD III, 1991). A sigla é utilizada para descrever quatro características presentes na atualidade: **volatilidade, incerteza, complexidade** e **ambiguidade.**

Tabela 7.1. VUCA. Fonte: ARNOLD III, 1991.

Volatilidade: o volume das mudanças e a agilidade com a qual elas têm ocorrido tornam muito difícil prever cenários como era feito tempos atrás.	**Incerteza:** embora haja uma imensa disponibilidade de informações atualmente, parte significativa delas não possui utilidade alguma para uma melhor compreensão do futuro. Mudanças disruptivas pressupõem a construção de novos paradigmas.
Complexidade: a conectividade e a interdependência são fatores que ampliam a complexidade. Os modelos tradicionais de gestão de riscos e tomada de decisão não são suficientes para lidar com o número de variáveis desses contextos interconectados.	**Ambiguidade:** caracteriza-se a ambiguidade pela falta de clareza e/ou concretude de determinada informação, possibilitando uma gama indeterminada de interpretações dessa informação e/ou análise de situações complexas. Os impactos de uma transformação disruptiva não podem ser analisados com base no histórico e em experiências anteriores, pois é um novo cenário. Isso dá margem a múltiplas interpretações igualmente pertinentes.

Portanto, para esse novo mundo cada vez mais ágil e digital, o pensamento tradicional de geração de estoque de produtos ou a disponibilização de serviços que são simplesmente oferecidos ao mercado e às empresas sem ao menos compreender os seus consumidores não têm se mostrado o melhor caminho para essa transformação.

Nesse sentido, para o caminho da transformação ágil e digital existem alguns paradigmas a serem reformulados. São eles:

Tabela 7.2. Pensamento *Lean*. Fonte: adaptado de BELL; ORZEN, 2013.

Pensamento tradicional	Pensamento novo
Backlog de desejos da organização	*Backlog* de problemas dos clientes
Manter a mesma estratégia sem receber a resposta do mercado	Responder ao mercado com produtos e serviços em constante evolução
Criar e administrar estoque	Evitar estoque
Não revisitar soluções e processos	Melhoria contínua
Não aceitar erros	Comemorar erros

O pensamento novo é a base fundamental para estabelecer a cultura *Lean* na sua organização.

> *Todas as pessoas cumprindo seu dever ao máximo de suas capacidades podem gerar uma grande força quando são reunidas, e uma série dessas forças pode gerar um círculo de força.*
> Kiichiro Toyoda, fundador da Toyota Motor Company (LIKER; HOSEUS, 2009).

Pensamento *Lean*

Além das ferramentas, é necessário compreender que no *Lean* princípios refletem valores permanentes, orientam o comportamento e promovem uma cultura.

Os princípios começam na base da pirâmide, criando um alicerce sólido (Figura 7.1).

Figura 7.1. Pensamento *Lean*.
Fonte: adaptado de BELL; ORZEN, 2013.

Respeito pelas pessoas, busca pela perfeição e consciência de propósito: são alicerces que devem estar claros para todos os colaboradores, para que sejam refletidos no trabalho diário. Mudanças no comportamento rotineiro mudam a cultura. A responsabilidade da liderança é criar um ambiente que permita que os funcionários desenvolvam habilidades de solução de problemas, possam sentir-se donos do seu trabalho e assumir a responsabilidade pela melhoria contínua. Exercendo o respeito

44 Jornada Ágil e Digital

às pessoas, apresentam uma reserva ilimitada de criatividade, permitindo melhorar o trabalho e melhorar a si próprias.

Comportamento proativo: sentir orgulho de executar um trabalho, assumindo a responsabilidade de resolver problemas e lutar pela qualidade na origem.

Voz do cliente: ouvir constantemente a voz do cliente permitirá que você seja mais responsivo e ágil, criando vantagem competitiva e liderança de mercado.

Puxado e JIT (*Just in Time*): evita desperdício, permitindo aumento na capacidade de uma organização de responder às mudanças com poucos transtornos.

Cultura: desenvolver uma base sólida que inspire respeito, comportamento proativo, inovação e aprendizado constante avançará muito rumo à excelência operacional sustentável.

Estabelecendo o pensamento *Lean* e utilizando algumas das ferramentas aqui apresentadas resultaria em uma melhoria do desempenho, em virtude dos estímulos comportamentais estarem permanentes na organização.

Proposta de ferramentas *Lean* para a transformação ágil e digital através de três passos:

Tabela 7.3. Três passos para a transformação digital *Lean*. Fonte: a autora.

Conhecer o produto	Pilares para estabelecer a estratégia	Melhoria contínua
Mapeamento de fluxo de valor	VOC Indicadores Diagrama de Pareto *Kanban* *Gemba*	Formulário A3

Não há necessidade de aplicação sequencial das ferramentas que serão apresentadas.

Conhecer o produto: mapeamento do fluxo de valor representa graficamente as interdependências dos processos, fornecendo informações úteis para que possam ser desenvolvidas contramedidas inovadoras para atacar a causa-raiz dos problemas. Durante esse processo, devem ser identificados desperdícios, irregularidades e sobrecargas.

Após esse mapeamento, o foco passa a ser processos ou funcionalidades que agreguem valor.

Na tabela a seguir estão representados os pilares para estabelecer a estratégia:

Tabela 7.4. Pilares para estabelecer a estratégia. Fonte: adaptado de SHOOK, 2008.

VOC – Voz do Cliente	Indicadores	Diagrama de Pareto	*Kanban*	*Gemba*
É importante responder à questão: "o que o cliente valoriza, quer e precisa?" atendendo às necessidades reais do cliente.	Obter números referentes ao mapeamento do fluxo de valor direcionará o que será mais relevante tanto de definição de solução como aplicabilidade e melhoria contínua.	Este diagrama permite priorizar os problemas de acordo com a gravidade, considerando o princípio de Pareto, isto é, 80% das consequências são decorrentes de 20% das causas. Investindo na eliminação ou melhora dos 20% direciona os investimentos para um melhor custo x benefício.	É um dispositivo de sinalização que puxa o fluxo de trabalho ao longo de um processo em um ritmo controlável.	Resume-se: "vá olhar, vá ver" para poder tomar decisões baseadas em fatos, e não em sentimentos.

Melhoria contínua – Formulário A3

O que é um "A3"? Refere-se a uma folha de papel de tamanho A3. O *insight* da Toyota há anos foi que cada problema que uma organização enfrenta pode e deverá ser capturado em uma única folha de papel, possibilitando que todos os envolvidos enxerguem o problema por meio da mesma óptica.

Contudo, o formato de formulário A3 pode ser adaptado para atender aos requisitos de cada problema organizacional (SHOOK, 2008).

Espera-se que um formulário A3 obtenha os seguintes elementos:

46 Jornada Ágil e Digital

Tabela 7.5. Elementos do formulário A3. Fonte: SHOOK, 2008.

Elementos	O que se espera de cada elemento	Questionamentos
Título:	Define o problema, tema ou questão	Sobre o que você está falando?
Responsável/Data:	Identifica quem é "responsável" pelo problema ou questão e a data da última revisão.	Quem é responsável pelo problema?
Contexto:	Estabelece o contexto de negócio e a importância do problema.	Por que você está falando sobre isso?
Condições atuais:	Descreve o que se sabe atualmente sobre o problema ou questão.	Como estão as coisas hoje? Qual é o problema?
Objetivos/Metas:	Identifica o resultado desejado.	Que resultados específicos são exigidos?
Análise:	Analisa a situação e as causas subjacentes que criaram a lacuna entre a situação atual e o resultado desejado.	Qual é a causa-raiz do problema? – Selecione a ferramenta de análise de problemas mais simples que mostre claramente a relação causa e efeito.
Contramedidas propostas:	Propõe algumas ações corretivas ou contramedidas para abordar o problema, preencher a lacuna ou atingir um objetivo.	Qual é a sua proposta para atingir a situação futura, a condição alvo? Como suas contramedidas recomendadas afetam a causa-raiz para atingir a meta?
Plano:	Indica um plano de ação de quem fará o quê e quando para atingir o objetivo.	Que atividades serão necessárias para a implementação e quem será responsável pelo quê e quando? Quais são os indicadores de desempenho ou de progresso?
Acompanhamento:	Cria um processo de revisão, acompanhamento e aprendizado e antecipa problemas remanescentes.	Que problemas podem ser antecipados? – Assegure um PDCA contínuo. – Capture e compartilhe o aprendizado.

Perguntas adicionais que orientarão o responsável durante a elaboração (SHOOK, 2008):

✓ Quais são algumas contramedidas possíveis?
✓ Como você decidirá que contramedidas propor?
✓ Como você vai obter concordância de todos os envolvidos?
✓ Qual é o plano de implementação – quem, o quê, quando, onde, como?
✓ Como você saberá se suas contramedidas funcionam?
✓ Que problemas de acompanhamento você pode prever? Que problemas podem ocorrer durante a implementação?
✓ Como você vai capturar e compartilhar o aprendizado?

Preencher o formulário A3 demanda da organização o pensamento *Lean* apresentado inicialmente, complementando com as ferramentas *Lean* para responder aos questionamentos.

Título, contexto e condições atuais
Com o problema selecionado, para entender o contexto e condições atuais utilize a ferramenta *Gemba*.

Gemba é uma palavra japonesa que significa "lugar real" e descreve o local onde acontece o trabalho de criação de valor. Nessa jornada alguns itens já predeterminados no A3 podem ser revistos como resultado dessa imersão, como título, contexto e condições atuais.

Em essência, o *Gemba* reflete uma filosofia de empirismo – vá ao *Gemba* para descobrir a verdade (SHOOK, 2008).

VOC (voz do cliente) e indicadores para complementar levantamento de condições atuais são ferramentas poderosas. Com elas é possível extrair o *lead time* de um determinado fluxo de valor em um segmento elencando irregularidades, desperdício ou gargalo.

Serve para identificar situações de custo elevado, entrega altamente variável e baixa qualidade.

Meta e análise
Refinar a meta e a análise não deve ser uma questão pouco explorada; uma ferramenta simples como os cinco porquês pode identificar a causa-raiz do problema.

Os cinco porquês é um método simples de perguntar "por que?" repetidamente até que se descubra a causa-raiz do problema.

Outra ferramenta que auxiliará na ordem dos questionamentos é o Diagrama de Pareto. Uma vez classificados, é possível identificar 80% dos problemas mais recorrentes nos quais aplicar contramedidas em curto prazo. Assim, os envolvidos percebem logo o início das mudanças.

A essa altura entende-se que o responsável pelo formulário A3 conseguirá apresentar um conjunto de metas razoáveis com base nos *feedbacks* do *Gemba*, VOC, indicadores de custo, qualidade e entregas, todos os passos analisados nas respostas dos cincos porquês.

Perguntas adicionais a esta etapa do formulário (SHOOK, 2008):

- ✓ Você identificou o problema real?
- ✓ Você pode mostrar a defasagem entre a meta e a situação real?
- ✓ Você foi para o *Gemba*, observou e conversou com as pessoas que executam o trabalho para dominar completamente a situação atual?
- ✓ Você esclareceu os verdadeiros objetivos de negócio?
- ✓ Você identificou as informações corretas para dar suporte à análise?
- ✓ Você isolou a causa-raiz dos principais componentes da defasagem?
- ✓ Você captou esse material da forma mais clara e concisa, isto é, de uma forma que esclareça os problemas verdadeiros, identifique questões analíticas e sugira contramedidas diretas?

Contramedidas propostas

A pergunta a ser feita, neste momento, seria: por que usar contramedidas, em vez de soluções, nos formulários A3? Entende-se que "contramedida" responde diretamente às condições existentes, ao passo que "solução" aparenta algo estático, e a solução em si pode criar um novo problema. Ressalto o pensamento *Lean* de melhoria contínua (SHOOK, 2008).

Para os diferentes itens analisados podem surgir um conjunto de contramedidas, e nem todas terão o mesmo nível de relevância para a organização. Sugere-se complementar as contramedidas com informações como:

- ✓ Matriz de avaliação: excelente, bom, questionável (possivelmente adequado) e ruim.
- ✓ Benefício.
- ✓ Importância para o negócio.
- ✓ Tamanho do mercado.

Apresentar todas as contramedidas segue o pensamento *Lean* e o respeito pelas pessoas, nas quais todas as contramedidas são apresentadas para que possam ser avaliadas e exploradas.

Plano e acompanhamento

Nestes itens a proposta é utilização do PDCA (*Plan, Do, Check, Act* em inglês e Planejar, Fazer, Verificar, Agir em português) (SHOOK, 2008).

O ciclo PDCA tem quatro estágios:

- ✓ **Planejar:** determinar os problemas existentes nas condições atuais, definir metas para um processo e as mudanças necessárias para atingi-las com ações e submetas. Pense em "hipótese".
- ✓ **Fazer:** tentar as mudanças ou o novo processo. Pense em "experimentar, tentar".
- ✓ **Verificar:** avaliar os resultados. Perguntar o que foi aprendido. Pense em "estudar e refletir".
- ✓ **Agir:** incorporar o aprendizado no novo processo. Padronizar e estabilizar a mudança e começar novamente. Pense em "ajustar e padronizar".

Veja que no PDCA é possível experimentar, ou seja, a contramedida pode, durante a execução, apresentar algum erro – e a organização que identifica seus erros rapidamente pode corrigi-los na mesma velocidade, permitindo melhorar continuamente.

Na execução do plano o *Kanban* também pode ser utilizado para apresentar o andamento das atividades. Sugere-se que ao final de cada linha *Kanban* sejam adicionadas colunas de resultado como:

- ✓ **Avaliação:** superou as expectativas, atendeu às expectativas e exige novo PDCA.
- ✓ **Plano x real:** o plano de metas x a realidade do plano do aplicado.

Estabelecendo a estratégia *Lean*

Concluindo, espera-se que o leitor veja como qualquer organização pode estabelecer o pensamento e a utilização das ferramentas *Lean*, direcionando seus processos para agregar valor, evitar desperdício e responder aos seus clientes de forma rápida e confiável com qualidade.

As ferramentas anteriormente apresentadas foram selecionadas para que sua organização inicie a transformação ágil digital, porém existem outras ferramentas *Lean* que possibilitarão complementar esse trabalho.

Fica ressaltado que estabelecer a cultura *Lean* possibilitará perpetuar esse pensamento na organização e permitirá o aprendizado empírico.

Referências

ARNOLD III, Archibald V. **Strategic Visioning**: what it is and how it's done. Carlisle Barracks, PA: U.S. Army War College, 1991, End notes.

BELL, Steven C.; ORZEN, Michael A. **TI Lean**: capacitando e sustentando sua transformação Lean. São Paulo: Lean Institute Brasil, 2013.

BYRNE, Art. **Lean Turnaround**: a grande virada. São Paulo: Lean Institute Brasil, 2014.

LIKER, Jeffrey K.; HOSEUS, Michael. **A Cultura Toyota**: a alma do modelo Toyota. Porto Alegre: Bookman, 2009, p. 33.

MAXIMIANO, Antonio Cesar Amaru. **Introdução à Administração**. São Paulo: Atlas, 2009, p. 41.

SHOOK, John. **Gerenciando para o aprendizado**: usando o processo de gerenciamento A3 para resolver problemas, promover alinhamento, orientar e liderar. São Paulo: Lean Institute Brasil, 2008.

WIKIPÉDIA. **Diagrama de Pareto**. Disponível em: <https://pt.wikipedia.org/wiki/Diagrama_de_Pareto>. Acesso em: 05 set. 2019.

8. Segurança psicológica

Joana Carrasco Teixeira Lopes
Lucas Tito
Talita Martins Moreira

Desde muito tempo, o objetivo das organizações é o aumento da produtividade e da eficiência de forma a maximizar seus lucros. Grandes pesquisadores, como Taylor, Ford e Fayol, foram reconhecidos por estudar maneiras de alcançar tal propósito aumentando o desempenho nas tarefas.

Nesse cenário, o foco era voltado para variáveis como: tempo, recursos, estrutura organizacional e faturamento. A segregação entre as áreas era frequente e cada um olhava exclusivamente para a sua atividade, sem visibilidade do todo. Consequentemente, a maneira predominante de trabalho envolvia tarefas com características manuais e pouca ou nenhuma utilização da inteligência e criatividade. Falhas e erros? Inaceitáveis e devidamente penalizados.

Hoje vivemos uma realidade diferente. Entramos em uma era digital onde, mais do que operacional, o trabalho é intelectual. Essa mudança de paradigma tem como principal agente de transformação o avanço tecnológico, que vem modificando a forma como os indivíduos interagem entre si e com o ambiente no qual estão inseridos. Como reflexo dessa transformação, podemos observar uma necessidade de adaptação do mercado, onde é exigido das empresas um modelo de negócio que suporte as constantes mudanças e evoluções oriundas dessa nova realidade. Para isso, é necessário prover um ambiente que incentive experimentações ágeis e progressivas.

Uma das maiores ambições humanas é ter o sentimento de felicidade, e para tal devemos buscá-lo em diferentes ambientes que permeiam nossa vida: familiar, círculo de amizades, trabalho, etc.

Segundo Amy Edmondson (2008), estudos recentes realizados por Sonja Lyubomirsky, Ed Diener e Laura King demonstram que a felicidade é algo que impacta diretamente em nosso sucesso, em quase qualquer área de nossas vidas. Pessoas felizes não são felizes pelo seu sucesso – e o mais impressionante: pessoas felizes têm maior probabilidade de sucesso, ou seja, a felicidade é o meio e o sucesso é a consequência.

Quando falamos do mundo corporativo, funcionários felizes se tornam mais produtivos. Por essa razão, a felicidade é uma métrica excepcional, que deve ser levada em conta para aumentar a produtividade e consequentemente a receita da organização.

Parte da construção desse sentimento de felicidade é dada pela segurança psicológica dos indivíduos dado o ambiente no qual estão inseridos. De acordo com a Figura 8.1, os indivíduos podem estar inseridos em quatro zonas:

- ✓ **Zona de conforto:** o funcionário está com o nível de segurança psicológica excelente, porém sua motivação e responsabilidade deixam a desejar, tornando-o assim um trabalhador raso.
- ✓ **Zona de apatia:** os níveis de segurança psicológica estão baixos, a responsabilidade e a motivação estão aquém do desejável, tornando assim o indivíduo triste, desmotivado e sem ânimo para inovar e desenvolver suas atividades.
- ✓ **Zona de ansiedade:** o indivíduo possui bastante motivação e responsabilidade, quer inovar, implantar novas práticas. No entanto, a segurança psicológica do ambiente de trabalho dele é bastante negativa, tornando o funcionário ansioso e sem força para realizar tudo o que realmente deseja.
- ✓ **Zona de aprendizado:** é considerada o melhor cenário, visto que o indivíduo se sente seguro, feliz, capaz de inovar, consegue arriscar sabendo que, caso aconteça qualquer problema, ele não será criticado, humilhado e ridicularizado no seu ambiente de trabalho porque as falhas serão vistas como oportunidades de aprendizado, desenvolvendo assim cada vez mais o seu trabalho.

Figura 8.1. Balanceando segurança psicológica e motivação.
Fonte: adaptado de EDMONDSON, 2008.

Segundo a professora Amy Edmondson, da *Harvard Business School*, a segurança psicológica de uma equipe é caracterizada por confiança interpessoal e respeito mútuo, onde as pessoas se sintam confortáveis como são. Sua tese inicial era de que quanto mais alta era a segurança psicológica, maior era a incidência dos erros. Para comprovar, Amy realizou um experimento com alguns ambientes hospitalares. Solicitou que membros de oito unidades analisassem os ambientes, avaliando o grau de segurança psicológica e a frequência dos erros existentes. Os resultados encontrados confirmaram a suspeita da professora.

Nos hospitais em que os funcionários sabiam que seus erros seriam perdoados, eles se sentiam mais à vontade para relatar os seus próprios erros. Entretanto, nos hospitais em que a segurança psicológica era baixa, as falhas não eram relatadas, eram omitidas; dessa forma, não havia contabilização de problemas.

Vale ressaltar que, ao observar os números do referido estudo, pode parecer que ambientes seguros contribuem para o aumento dos erros, visto que as pessoas não são punidas por seus atos, enquanto em ambientes que não seguem essa lógica têm menos erros. Isso é uma falácia, visto que a quantidade medida de erros é impactada diretamente pela ação dos colaboradores de "falar ou não falar" de seus erros.

Neste capítulo, denominamos de ambiente psicologicamente seguro (APS) aquele em que os membros não se sentem coagidos, amedrontados e se sentem confortáveis com seus papéis, seu time e seus líderes. Para tal, é necessário encarar as falhas como oportunidade de melhoria.

Esse conceito de APS não só parece ser incrível, como realmente é. Por isso que muitas empresas vêm tentando aplicar técnicas para transformar o ambiente de trabalho em um lugar seguro para ter relações e extrair o melhor das pessoas, afinal de contas é em um ambiente onde nos sentimos confortáveis que demonstramos livremente toda nossa capacidade criativa.

Como prova dessa tentativa, podemos mencionar as famosas *startups* que têm trazido grande aprendizado com seu lema "fail fast, learn fast" (erre rápido, aprenda rápido). Para essas empresas, que já foram concebidas dentro do cenário de transformação ágil digital, esse *mindset* é muito mais natural e fluido em sua implementação. No entanto, para empresas já estabelecidas há bastante tempo no mercado e que se mostram lucrativas, a transformação ágil digital pode ser mais demorada dada a resistência na cultura organizacional. Note, porém, que a mudança não é impossível.

A Google, uma das dez empresas mais valiosas do mundo, que foi fundada há mais de 20 anos e faz parte da Alphabet Inc. e está na terceira posição de uma lista das empresas mais valorizadas em 2019, abraça os erros como oportunidades para melhoria. Um caso que reforça essa visão foi o ocorrido em 2018, quando um erro de um estagiário fez a organização perder aproximadamente 10 milhões de dólares. Hoje a Google estimula que seus funcionários encontrem os erros e os corrijam, sem puni-los, conforme citado em reportagem da revista *IstoÉ Dinheiro* (2018).

Essa segurança nos permite, enquanto profissionais, expressar nossas opiniões sem sermos julgados, questionar o chefe e discordar, caso seja necessário, sem que isso possa vir a influenciar na relação da equipe.

Como resultado, obtém-se um sentimento de felicidade, coleguismo, confiança, pertencimento e geração de impacto na organização de ponta a ponta. O problema que antes era de um setor hoje é visto como uma problemática empresarial. Dessa forma, as empresas estão preferindo um ambiente mais descontraído, leve, onde o colaborador se sinta motivado e seguro. Seguro no sentido também de falar: "Ei, eu errei". Porque o erro também ensina e pode gerar bons frutos. Como diz aquele famoso ditado, "errar é humano".

Segundo artigo da Health & Care (2018), uma das consequências da falta de segurança psicológica, causada por um ambiente tóxico, que foi constatada pelo psicanalista alemão Herbert J. Freudenberger, é a síndrome de *burnout* ou síndrome do esgotamento profissional (SEP), descrita pela primeira vez em 1974. O termo "burnout" vem da junção de "burn" (queima) e "out" (fora), que no caso representa trabalho. Essa síndrome é diagnosticada como um estresse e se assemelha bastante à depressão. Seus principais sintomas são: variação de humor, dores físicas, ansiedade, pessimismo, baixa autoestima, desejo de isolamento, falta de prazer, distúrbios do sono e dificuldade de concentração. Mais recentemente, a síndrome foi adicionada a um dos documentos mais importantes na área da saúde: a classificação internacional de doenças, de responsabilidade da Organização Mundial de Saúde (OMS).

Agora que entendemos a diferença de um APS para o seu oposto, ambiente tóxico, Segundo Wilding (2018), o *checklist* a seguir pode ser usado para verificar se o seu ambiente é seguro ou não. Quanto maior a semelhança dos casos apresentados com o seu ambiente de trabalho, maior a probabilidade de ele ser considerado tóxico.

1. **Tirania.** "Você deveria ficar contente por ter um trabalho como este", "Promoção? Fique feliz que ainda não foi demitida", "Como você não sabe isso?",

"Fulano faz essa tarefa em menos tempo, acho que você tem que fazer no mesmo tempo ou em um tempo menor. Portanto, dedique-se mais". Existem inúmeras frases que demonstram um ambiente nocivo, que se baseiam em intimidar o funcionário. Por mais que venham acompanhadas de palavras bonitas e um sorriso no rosto, acredite, esse ambiente é totalmente prejudicial para a empresa e para a saúde dos funcionários.

2. **Má comunicação.** Se você precisa de informações para realizar seu trabalho e não as têm, se a comunicação com seus colegas e gestor é uma tarefa não agradável, causando medo ou insegurança, se você não recebe *feedback* e quando o recebe não é algo positivo, então este pode ser um forte indício de que o ambiente é tóxico. A comunicação é um dos principais pilares em um ambiente de trabalho. É necessário ter boa relação, e devemos lutar por ela, para que o ambiente seja seguro.

3. **Atitudes não positivas.** Se frequentemente você passa por situações de deboche, ironia ou assédio moral, então seu ambiente não é saudável. Pare e pense em como as pessoas reagem umas com as outras, verifique quantas sorriem, quantas estão realmente felizes e não fazem o que fazem porque precisam fazer. Acumular frustrações é uma maneira impressionantemente efetiva de minar atitudes positivas e deixar o ambiente desagradável.

4. **Competitividade e dramas de escola.** Pode parecer besteira, mas se existem muitos grupos exclusivos, se as pessoas não se misturam, se há muito murmurinho, fofoca, rumores de corredor e você se sente não agradando as pessoas ou muitas delas não agradam você, então a conclusão é óbvia: seu trabalho é tóxico e você não é obrigado a ficar nele. Já passou do tempo em que éramos obrigados a ficar em um ambiente com adolescentes rebeldes e desagradáveis que praticam *bullying*.

5. **Improdutividade.** Reuniões parecem desnecessárias? Nada do que é combinado é feito e novas reuniões são requisitadas? Os prazos são arbitrários? Os processos estão desarticulados com a estratégia da empresa? As coisas parecem não ir para a frente? Então cuidado, isso pode ser indício de uma liderança fraca e provavelmente não é culpa sua ou do seu time.

6. **Poder e controle.** Seu chefe parece sempre estar à espreita? Você se sente observado e não podendo pisar na bola? Sempre há um lembrete de quem manda? Não há reconhecimento e você não recebe o crédito pelas coisas que faz? E, além disso tudo, a liderança não ouve os funcionários ou diz que está aberta a conversas, mas nunca está disponível? Então você tem um chefe tirânico, corra!

7. **Somatização.** Seu estômago está embrulhado, suas mãos tremem, a cabeça dói, as costas doem pela tensão no trabalho, você tem perda do sono, ansiedade frequente, batimentos cardíacos irregulares e sofre todos os dias ao ir trabalhar?

56 Jornada Ágil e Digital

Isso pode significar que toda a toxina do trabalho está sendo somatizada pelo seu corpo, reduzindo sua qualidade de vida e afetando diretamente a sua saúde.

É importante observar, quando nos sentirmos infelizes, se é o ambiente que é tóxico ou se existem questões dentro de nós que precisam ser analisadas e trabalhadas para que possamos estar em um bom ambiente de trabalho e seguro. Falaremos sobre isso mais adiante, no capítulo de inteligência emocional.

Ainda que você se encontre em um ambiente tóxico, ou seja, não APS, é possível tomar ações para não sucumbir e tentar ter um dia a dia melhor. Observe os pontos a seguir e tente praticar no seu cotidiano. Eles serão importantes para guiá-lo a tomar decisões favoráveis, para tornar os cenários melhores e lidar melhor consigo mesmo. Alguns deles foram retirados de uma matéria da *Forbes* (ARIES, 2017) e de um artigo no *New York Times* (ALDERMAN, 2016).

1. **Respire corretamente.** Muitas pessoas respiram pela boca e se esquecem de que essa função é do nariz. Quem deve estar estufado é o diafragma e não o peito, os ombros também não devem se elevar durante o ato de respirar. A respiração impacta nos seus batimentos cardíacos e no seu senso de impulsividade, já que ajuda a se concentrar em algo que não a sua emoção ou sensação imediata. A observação da respiração também pode ser utilizada como um exercício de meditação que irá ajudá-lo a tranquilizar seus pensamentos e emoções.

2. **Priorize seus desejos e tenha uma lista que reflita os itens que tornem sua vida sustentável.** Foque não no melhor do mundo, mas no que pode ser alcançado a curto prazo e o ajude a ficar bem e feliz, aos poucos conquiste novos itens. Tenha em mente que essa lista não é imutável e você não só pode como deve revisitá-la inúmeras vezes para remover ou colocar novos itens.

3. **Dê crédito a si mesmo.** Por menor que uma conquista seja, ela é uma conquista e é sua. Lembre-se da frase de Mario Sergio Cortella: "faça o teu melhor, na condição que você tem, enquanto você não tem condições melhores para fazer melhor ainda!"

4. **Quando algo o incomodar, não fique só incomodado.** Reflita! Ache a origem do problema, da frase, da situação... encontre a raiz da questão e analise o que pode ser mudado em você ou nos outros.

5. **Dê *feedback*, mas foque nos pontos positivos para que com o tempo façam o mesmo com você.** Críticas são construtivas quando são apresentadas com alternativas factíveis e positivas, caso contrário são reclamações. Ex.: no lugar de falar que um relatório está ruim, diga que Fulano pode trabalhar na informação X e usar o talento dela para gerar um resultado bacana, como foi

feito no episódio Y. Ou então, se for pedir uma melhora pontual que deixará você mais feliz no trabalho para seu gestor, pense em falar algo como "eu me sentiria mais confortável se pudéssemos fazer X, você acha viável? Podemos seguir assim ou tem alguma outra opção?".

6. **Identifique os laços que são benéficos, sua família, amigos podem ser bons exemplos.** Não seja indiferente com aqueles que definitivamente fazem você se sentir bem. Se não possui tais laços, busque construí-los.

7. **Permita-se novas oportunidades.** Já tentou ter um *hobby* novo? Já pensou em ter um novo emprego fora da sua área de atuação? No geral, tente pensar "fora da caixa". Caminhos não tradicionais podem ser divertidos e desafiadores.

É importante lembrar que, embora este capítulo tenha focado em ambientes organizacionais, os conceitos aqui colocados podem ser facilmente aplicados no convívio familiar ou em outros contextos. Aprenda com você mesmo e observe tudo ao seu redor. Tente entender seus sentimentos, trabalhe com eles em seu benefício e sempre que possível ajude as demais pessoas. Lembre-se: uma dose generosa de empatia, amor e respeito nunca será demais.

Referências

ALDERMAN, Lesley. Breathe. Exhale. Repeat: The Benefits of Controlled Breathing. **The New York Times**, Nov. 09, 2016. Disponível em: <https://www.nytimes.com/2016/11/09/well/mind/breathe-exhale-repeat-the-benefits-of-controlled-breathing.html/>. Acesso em: 30 ago. 2019.

ANDREASI, Diego. Segurança psicológica: a cultura das empresas de sucesso. **Administradores.com**, 06 jan. 2016. Disponível em: <https://administradores.com.br/artigos/seguranca-psicologica-a-cultura-das-empresas-de-sucesso/>. Acesso em: 30 ago. 2019.

ARIES, Emilie. 5 Steps To Take Now If You're In A Toxic Workplace. **Forbes**, Mar. 09, 2017. Disponível em: <https://www.forbes.com/sites/emiliearies/2017/03/09/5-steps-to-take-now-if-youre-in-a-toxic-workplace/#3d46d5c738c8/>. Acesso em: 30 ago. 2019.

EDMONDSON, Amy C. Strategies for Learning from Failure. **Harvard Business Review**, Apr. 2011.

EDMONDSON, Amy C. The Competitive Imperative of Learning. **Harvard Business Review**, July-Aug. 2008.

FXSSI. **Most Valuable Companies in the World – 2019**. Disponível em: <https://fxssi.com/top-10-most-valuable-companies-in-the-world/>. Acesso em: 30 ago. 2019.

GOOGLE perde US$ 10 milhões após erro de trainee durante treinamento. **IstoÉ Dinheiro**, 12 dez. 2018. Disponível em: <https://www.istoedinheiro.com.br/google-perde-us-10-milhoes-apos-erro-de-trainee-durante-treinamento/>. Acesso em: 30 ago. 2019.

HEALTH&CARE. **Síndrome de Burnout:** quais as causas e sintomas desse problema? 11 set. 2018. Disponível em: <http://nucleohealthcare.com.br/blog/2018/09/11/sindrome-de-burnout-quais-as-causas-e-sintomas-desse-problema/>. Acesso em: 30 ago. 2019.

LYUBOMIRSKY, Sonja; KING, Laura; DIENER, Ed. The Benefits of Frequent Positive Affect: does happiness lead to success? **Psychological Bulletin**, vol. 131, n. 6, 2005, p. 803-855.

MUNIZ, Antonio. Workshop Jornada Ágil e Digital, 2019.

SPREITZER, Gretchen; PORATH, Christine. Creating Sustainable Performance. **Harvard Business Review**, Jan.-Feb. 2012, p. 3-9.

WILDING, Melody. It's Not You – It's Your Job: 7 Signs of a Toxic Workplace. **MADE Magazine**, July 16, 2018. Disponível em: <https://www.made-magazine.com/its-not-you-its-your-job-7-signs-of-a-toxic-workplace/>. Acesso em: 30 ago. 2019.

WORLD HEALTH ORGANIZATION. **Classification of Diseases (ICD)**. Disponível em: <https://www.who.int/classifications/icd/en/>. Acesso em: 30 ago. 2019.

9. Uso da comunicação não violenta para potencializar a comunicação empática

Analia Irigoyen
Jaqueline Ferreira
Lucas Tito
Meny Aparecida S. Ribas[1]

Vivemos em uma era digital, com oceanos de informação, em um mundo altamente conectado e com ambientes de trabalho cada vez mais diversos. Comunicar-se de maneira efetiva passa a ser um dos grandes diferenciais competitivos de qualquer negócio, além de ser um desafio a ser vencido por qualquer profissional que deseje ter sucesso em sua carreira.

A comunicação rege as relações pessoais, profissionais e sociais. As empresas precisam se preocupar com a comunicação com os seus colaboradores, que querem se sentir seguros de que a organização está aberta para ouvi-los. A empresa também deve se preocupar com a comunicação entre seus colaboradores, disseminando que o mundo é diverso, cheio de pessoas que pensam, agem e escolhem de formas variadas. É necessário criar canais de comunicação que promovam o engajamento da equipe e consequentemente ganhos de produtividade e respeito.

No âmbito pessoal, as pessoas querem ser compreendidas, mas nem sempre estão preparadas para isso e se esquecem de que o princípio básico de uma comunicação efetiva é estar disposto a compreender o outro. Às vezes a comunicação se perde pela expectativa que se cria entre a "emissão" e a "recepção" do que se deseja "comunicar" uns aos outros.

Mas, afinal, qual o conceito de comunicação? De acordo com o Dicionário Aurélio, comunicação é a ação ou efeito de comunicar, de transmitir ou de receber ideias, conhecimento, mensagens etc., buscando compartilhar informações. Parece um

---

[1] Contatos: <jaqueoferr@gmail.com>, <analia@promovesolucoes.com>, <menyasilva@yahoo.com.br>.

processo simples, não é mesmo? Contudo, segundo uma pesquisa realizada pelo PMI (*Project Management Institute*) em 2013, 76% das empresas consideram que a falha na comunicação é o principal motivo para os projetos fracassarem. Esse levantamento foi feito com trezentas empresas de grande porte.

Agora que demonstramos a importância da comunicação e a descrevemos como um grande desafio, fica fácil entender que o nosso objetivo é contribuir para uma reflexão mais profunda que se norteará pela seguinte pergunta: como me comunico com o mundo que me cerca e como tornar minha comunicação a mais efetiva possível?

A princípio, precisamos compreender que é possível aprender ou até mesmo aprimorar algumas habilidades essenciais para se comunicar com sucesso. Falaremos então da importância da comunicação compassiva.

Rosenberg (2006) acredita que a natureza do ser humano é compassiva. A linguagem e o uso das palavras exercem um papel crucial na manutenção deste estado natural de compassividade, mesmo nas situações mais dolorosas e difíceis. Este autor acredita que a Comunicação Não Violenta (CNV) tem por objetivo resgatar esse estado natural proporcionado pelo sentimento de compaixão, por meio de uma percepção própria e dos outros com os quais convivemos e compartilhamos nossa vida cotidiana em todos os seus aspectos: familiar, social e cultural. Para isso, é fundamental a reformulação da maneira pela qual nos expressamos e ouvimos os outros. A partir dessa reformulação, nossas palavras deixarão de ser reações repetitivas e automáticas, passando a expressar conscientemente, com honestidade e clareza, o que estamos percebendo, sentindo e desejando.

A comunicação empática nos ajuda a reformular a maneira como nos expressamos e ouvimos os outros. Nossas palavras, em vez de serem reações repetitivas e automáticas, tornam-se respostas conscientes, firmemente baseadas no que estamos percebendo, sentindo e desejando. Somos levados a nos expressar com honestidade e clareza, ao mesmo tempo que damos aos outros uma atenção respeitosa e empática.

Nesse sentido, através da Comunicação Não Violenta (CNV), encontramos uma referência relevante para a perspectiva empática da comunicação, podendo ser aplicada com o objetivo de melhorar as relações interpessoais e de inspirar conexões e ações compassivas.

Sherman, Michikyan e Greenfield (2013) detalham que a CNV pode nos ajudar a evitar conflitos, bem como a resolvê-los pacificamente.

A CNV ajuda a nos concentrarmos nos sentimentos e nas necessidades que todos temos, em vez de pensarmos e falarmos segundo rótulos que desumanizam ou outros padrões habituais – que são facilmente ouvidos como exigências e como antagônicos e que contribuem para a violência contra nós mesmos, contra os outros e contra o mundo à nossa volta. A CNV capacita as pessoas a se envolverem em um diálogo criativo, de modo a torná-las capazes de elaborar suas próprias soluções plenamente satisfatórias, que podem ser oriundas de necessidades únicas, sem serem impostas por uma determinada massa autoritária ditando o que é certo ou errado sentir e o que devemos ou não fazer com o que sentimos (LE BON, 1980).

Segundo Sherman, Michikyan e Greenfield (2013), a CNV tem como base quatro partes, a fim de identificar pontos fortes e ações de melhoria na nossa comunicação, que estão descritas a seguir:

- ✓ **Observar sem julgar:** é o ato de observar o que está de fato acontecendo em uma situação – o que estamos vendo os outros dizerem ou fazerem que é enriquecedor ou não para nossa vida? O truque é ser capaz de articular essa observação sem fazer nenhum julgamento ou avaliação, é se permitir ouvir ou estar no lugar do outro mesmo não entendendo seus reais sentimentos e necessidades. Palavras que classificam e julgam estimulam a violência.
- ✓ **Sentimento:** ao observar uma ação devemos identificar como nos sentimos em relação a essa mesma ação: magoados, assustados, alegres, divertidos, irritados, etc. Ao fazer isso, una o seu sentimento à sua necessidade. Explique por que se sente assim, tendo o cuidado de não julgar ou atribuir responsabilidade ao outro, mas apenas informar que tal atitude não atendeu à sua necessidade.
- ✓ **Necessidade:** escutar é entender que as nossas necessidades e as do outro estão diretamente ligadas aos valores de cada um. Quando reconhecemos quais os sentimentos que identificamos ao observar uma ação do outro, podemos buscar com clareza as nossas necessidades para alterar, se necessário, o sentimento já detectado, ou seja, é a etapa na qual nos entendemos e estamos prontos para transformar um pensamento em algo factível no formato de pedido.
- ✓ **Pedido:** é possível que, após expressar o que observamos, sentimos e precisamos, as nossas necessidades não sejam atendidas. Então é fundamental que saibamos expressar o que de fato estamos pedindo, positivamente, procurando evitar expressões que demonstrem o que não estamos pedindo. Por exemplo, muitas vezes pedimos atenção de alguém e uma das frases possíveis para esse pedido é "você podia passar menos tempo no trabalho?". Digamos que uma semana depois essa pessoa informe a quem fez o pedido que ela se inscreveu em três *hackatons*; logo, a intenção inicial não foi alcançada. Por isso, esse

pedido de atenção seria mais bem expressado se falássemos simplesmente: "gostaríamos que você passasse mais tempo com a nossa família. Sentimos muito a sua falta". Quando a gente pede um "não fazer", as pessoas podem não entender a real necessidade por trás desse pedido ou ser resistentes ao pedido.

Tendo consciência desses quatro componentes para nos comunicar, estaremos experimentando e aprendendo a nos expressar de forma clara e honesta conosco e com o outro.

E você, está disposto a seguir esse desafio? Reconhece as suas necessidades que inspiram os seus sentimentos? Como diz Rosenberg (2006), cabe a cada um de nós decidir como vamos receber as palavras e as atitudes dos outros, bem como avaliar as nossas necessidades e expectativas específicas no momento em que se dá a recepção. A decisão por uma escolha responsável envolve não culparmos nem a nós mesmos e nem aos outros pelos nossos sentimentos.

Case: CNV como aliada na gestão da comunicação (times)

Contextualização e situação problema

O grande desafio de qualquer organização consiste na gestão eficaz de sua comunicação. E na empresa onde foi desenvolvido este estudo isso não é diferente. Um pequeno grupo da unidade de negócio desta multinacional que oferece consultoria e soluções tecnológicas foi convidado a fazer o experimento. A amostra escolhida foi representada por um time de oito pessoas que trabalham na área de tecnologia, composto por: engenheiros, analistas de software, analistas de processos, gerente, coordenador e estagiários.

Os principais motivos observados para aplicar este estudo de caso nesta empresa durante o período foram: alta rotatividade dos colaboradores e consequentemente pouca retenção de talentos, além da falta de uma política eficiente de *feedback*. Sabemos que empresas que investem em avaliações de desempenho contribuem para o autoconhecimento e consequentemente para o autodesenvolvimento do seu time. Esta empresa estava perdendo os seus "talentos" para empresas menores e *startups*. Foi então que surgiu como hipótese que a rotatividade dos colaboradores estava diretamente associada à necessidade de eles mesmos se identificarem com empresas onde a comunicação compassiva fizesse parte do cotidiano de trabalho. Ou seja, eles estavam em busca de uma autorrealização pautada em valores de colaboração, *feedback* intensivo e de uma comunicação mais empática.

Uso da comunicação não violenta para potencializar a comunicação empática **63**

Foi então que a proposta do "game" para trabalhar a gestão da comunicação por meio da implantação de uma cultura de um *feedback* mais intensivo surgiu. A estratégia utilizada foi a CNV, e caiu como "uma luva"!

A seguir, veremos as ações realizadas durante o experimento.

Ações realizadas

Para que fosse possível direcionar os problemas de *feedback* e comunicação desta empresa, o seguinte experimento foi realizado: a definição de um *game* que teve como base as etapas do processo da CNV (observar sem julgar, sentimento, necessidade e pedido). A Figura 9.1 mostra o tabuleiro com todos os ciclos do jogo.

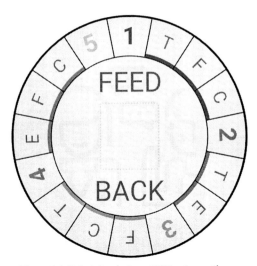

Figura 9.1. Tabuleiro do jogo CNV entre os times.
Ilustrado por Rafael Mattos.

Os ciclos são agrupados em atividades e estão representados na primeira coluna da Tabela 9.1.

As casas em cada ciclo representam as atividades que devem ser realizadas por todos os jogadores e estão representadas na segunda coluna da tabela.

Somente após o jogador executar todas as atividades do ciclo 1 ele passa para o ciclo 2, movendo o avatar a cada atividade realizada. O jogador, em vez de ganhar pontos ao realizar as atividades, recebe uma classificação.

64 Jornada Ágil e Digital

Cada atividade de um ciclo tem sua respectiva classificação. Essa relação é demonstrada na terceira coluna da tabela. As classificações têm a função de refletir o objetivo principal do jogo, que é o ganho de: empatia, compaixão, engajamento e um clima muito agradável na organização.

Tabela 9.1. Definição das atividades do jogo da CNV com os times.

Ciclos	Descrição/*Link* atividade	Classificação
Ciclo 1	**Entendendo o que é comunicação não violenta**	
T	Assistir ao vídeo da Carolina Nalon, especialista em comunicação não violenta[2].	Comprometido
F	Gestor: preencher a autoavaliação no formulário do *feedback* e a avaliação do time. Integrantes do time: preencher a autoavaliação e avaliação do gestor.	Muito comprometido
C	Quinze minutos de conversas sobre o *feedback* preenchido, lembrando das lições do que é CNV: cada integrante do time + gestor.	Engajado
Ciclo 2	**Como ter empatia?**	
T	Assistir ao vídeo da consuelodicaboa com dicas sobre empatia[3].	Comprometido
E	Compartilhe com o time experiências, artigos, textos e vídeos sobre a CNV.	Muito comprometido
Ciclo 3	**Comunicação autêntica – Parte I**	
F	Gestor: preencher a autoavaliação no formulário do *feedback* e a avaliação do time. Integrantes do time: preencher a autoavaliação e avaliação do gestor.	Comprometido
C	Quinze minutos de conversas sobre o *feedback* preenchido, lembrando das lições do que é CNV: cada integrante do time + gestor.	Engajado
T	Inscrever-se no minicurso da Carolina Nalon e assistir[4].	Super comprometido
Ciclo 4	**Comunicação autêntica – Parte II**	
E	Compartilhe com o time experiências, artigos, textos e vídeos sobre a CNV.	Muito comprometido
F	Gestor: preencher a autoavaliação no formulário do *feedback* e a avaliação do time. Integrantes do time: preencher a autoavaliação e avaliação do gestor.	Comprometido
C	Quinze minutos de conversas sobre o *feedback* preenchido lembrando das lições do que é CNV: cada integrante do time + gestor.	Engajado

---

[2] <https://www.institutonetclaroembratel.org.br/cidadania/nossas-novidades/videos/o-que-e-comunicacao-nao-violenta/?utm_source=facebook&utm_medium=timeline&utm_campaign=fbposts>.

[3] <https://www.facebook.com/watch/?v=1599846773398225>.

[4] <https://institutotie.com.br/mini-curso-gratuito-sobre-comunicacao-nao-violenta/#>.

Ciclos	Descrição/*Link* atividade	Classificação
Ciclo 5	**Compartilhar lições aprendidas e resultados com a organização**	
1	Para todos: evolua para uma comunicação profunda com você e com a sociedade, cheia de empatia, compaixão: Comunicação Não-Violenta – Marshall B. Rosenberg	–
2	Para a organização, treinamento de comunicação empática[5].	–
Desafios	Como lidar com pessoas que falam demais[6].	Especialista
	"A passividade também é uma forma de violência" "A não violência funciona quando o uso dela transforma quem a usa"[7].	Especialista

Para a atividade identificada com a letra F, foram elaboradas algumas perguntas em um formulário Excel para que comportamentos sejam refletidos e observados através das quatro etapas do processo da CNV. Foram utilizadas perguntas simples de serem respondidas, já que o objetivo das atividades principais do jogo era observar se o time estava em harmonia em relação ao processo de aprendizado da CNV. O formulário é preenchido considerando dois cenários:

✓ Pelos próprios integrantes do time, onde cada membro preenche seu próprio e de seu gestor.
✓ Pelo gestor, para si e para todos os membros do time.

Foi fundamental que todos respeitassem as atividades do tabuleiro para compreender a CNV e começar a aplicá-la no preenchimento do formulário e nas atividades de *feedback* face a face.

Para que fosse possível vislumbrar como cada membro do time está em cada parte do processo da CNV, foi usada uma interface gráfica, o fractal (Figura 9.2). O fractal apresentado por Clemente (s.d.), utilizado no desenvolvimento do nosso *game*, é um retângulo com quatro subáreas, onde cada subárea é uma parte do processo da CNV e está identificada pelo nome da etapa do processo da CNV. A cor verde do fractal representa o componente "Observar sem julgar", a cor azul do fractal representa o componente "Sentimento", a cor roxa do fractal representa o componente "Necessidade" e, por último, a cor laranja representa o componente "Pedido". Essas áreas podem ter tamanhos diferentes, e dizemos que o fractal está equilibrado quando todas as subáreas têm o mesmo tamanho. Para definir o tamanho de cada subárea, o Excel calcula automaticamente uma escala que é proveniente das respostas dadas no *checklist* para o *feedback*, ou seja, à medida que cada membro do time responde, seu fractal vai se atualizando.

---

[5] <https://institutotie.com.br/comunicacao-empatica/>.

[6] <https://www.youtube.com/watch?v=Id-QodO3qHQ>.

[7] <https://www.youtube.com/watch?v=ogp_mLzOTvs>.

Domínio	Eu comigo mesma :-)	Eu em família	Eu com amigos	TOTAL
Observar sem Julgar	3	3	6	44,44%
Sentimento	14	14	14	77,78%
Necessidade	8	7	7	81,48%
Pedido	6	6	8	74,07%

Legenda	Frequência
3	Não
2	As vezes
1	Na maioria das vezes
0	Sempre

Habilidades		Individual	Time	Coordenação
Observar sem Julgar	Você costuma empregar sua opinião de forma antiética? Ex: Caique é generoso. Pablo é falso. Frida é dramática.	1	1	2
	Você costuma realizar comparações nas suas comunicações?	1	1	2
	Você costuma negar as suas responsabilidade quando se comunica? Ex:"Tive que cancelar o médico por causa do trabalho" e "Optei por cancelar o médico para priorizar o trabalho"?	1	1	2
Sentimento	Interrompe conversas com o comportamento de sabe tudo?	2	2	2
	Ao conversar com outras pessoas minimiza a situação utilizando estatísticas? (IBGE)	3	3	3
	Costuma maximizar os seus problemas ao ouvir o problema do outro?	2	2	2
	Costuma completar a frase do outro ao se comunicar? (Adivinhador)	1	1	1
	Costuma encerrar o assunto para não escutar o problema do outro? Ex: "Vai dar tudo certo." "Vai ficar tudo bem."(Encerrador de assunto)	3	3	3
	Costuma interrogar mais do que escutar as comunicações/diálogos? (Interrogador)	3	3	3
Necessidade	Tem dificuldade em conhecer as suas necessidades?	3	2	2
	Tem dificuldade em expressar suas necessidades para o outro?	3	2	2
	Tem dificuldade em entender as necessidades do outro?	2	3	3
Pedido	Tem dificuldade de pedir o que precisa?	3	2	3
	Tem dificuldade em atender o pedido do outro?	1	2	3
	Tem dificuldade de aceitar recusas ou uma alternativa a um pedido seu?	2	2	2

Figura 9.2. Exemplo do *checklist* preenchido e o fractal representando as avaliações.
Fonte: elaborado pelos autores.

Na tabela com os percentuais da Figura 9.3, podemos observar a área de fortaleza e a área de melhoria. Quanto maior o percentual, mais a respectiva parte da CNV está sendo atendida e quanto menor o percentual melhor é a oportunidade de melhoria da respectiva parte da CNV.

	Individual	Time	Coordenação
Observar sem julgar	33,33%	33,33%	66,67%
Sentimento	77,78%	77,78%	77,78%
Necessidade	88,89%	77,78%	77,78%
Pedido	66,67%	66,67%	88,89%

Figura 9.3. Exemplo da tabela de áreas de fortalezas e melhorias representado nas observações.
Fonte: elaborado pelos autores.

Os critérios listados a seguir, contidos no formulário, são a base para o *feedback* que deve ocorrer em dois cenários, como definidos anteriormente: um para o próprio membro do time e outro para seu gestor/líder. Cada critério deve ser avaliado em três dimensões: individual (como o indivíduo se observa), time (como o indivíduo se observa no time) e organizacional (como o indivíduo se observa na organização).

A pessoa com o perfil de gestor/líder se autoavalia e deve também avaliar cada membro de seu time.

O observador pode considerar os seguintes níveis para cada critério: não/às vezes/na maioria das vezes/sempre.

Para exemplificar, vamos supor que um membro do time se chama Juca. Juca não se acha enfático com ele mesmo (individual), então ele preenche este item com a opção "Não" na coluna "Individual". Caso o Juca seja enfático com o Time na maioria das vezes, ele vai preencher "Na maioria das vezes" na outra coluna "Time". E, por último, caso Juca seja sempre enfático a nível organizacional, ele irá preencher "Sempre" na coluna "Organização".

Cada uma das respostas tem uma pontuação, que possibilita ser processada em uma fórmula matemática. Por meio de pesos e do resultado dessa fórmula, o fractal é construído. Por exemplo: o "Não" possui pontuação "3", já que significa que você tem uma boa ação com relação a este critério do *checklist*, e o "Sempre" tem a pontuação "0", já que significa que você está distante da etapa do processo de aprendizado da CNV. A linha do Juca na planilha do Excel que se refere a ser enfático ficaria com os seguintes pesos: 3, 1, 0.

Tabela 9.2. Critérios do *checklist* e componentes da CNV.

Componente da CNV	Critérios do *checklist*
Observar sem julgar	Você costuma empregar sua opinião de forma enfática? Ex.: Caíque é generoso. Pablo é falso. Frida é dramática.
	Você costuma realizar comparações nas suas comunicações?
	Você costuma negar as suas responsabilidades quando se comunica? Ex.: "tive que cancelar o médico por causa do trabalho" e "optei por cancelar o médico para priorizar o trabalho".
Sentimento	Interrompe conversas com o comportamento de sabe tudo?
	Ao conversar com outras pessoas minimiza a situação utilizando estatísticas? (IBGE)
	Costuma maximizar os seus problemas ao ouvir o problema do outro?
	Costuma completar a frase do outro ao se comunicar? (adivinhador)
	Costuma encerrar o assunto para não escutar o problema do outro? Ex.: "vai dar tudo certo", "vai ficar tudo bem" (encerrador de assunto)
	Costuma interrogar mais do que escutar nas comunicações/diálogos? (interrogador)
Necessidade	Tem dificuldade em conhecer as suas necessidades?
	Tem dificuldade em expressar suas necessidades para o outro?
	Tem dificuldade em entender as necessidades do outro?
Pedido	Tem dificuldade de pedir o que precisa?
	Tem dificuldade em atender ao pedido do outro?
	Tem dificuldade de aceitar recusas ou uma alternativa a um pedido seu?

A definição dos *badges* (conquistas intermediárias), que foram distribuídos para os jogadores, considera as seguintes regras:

1. A cada término de ciclo, cada participante pode entregar um *badge* para um outro membro do time. Esse *badge* é correspondente a uma das partes do processo da CNV.
2. No primeiro *feedback*, cada participante ganhará um *badge* do moderador do jogo caso o jogador tenha 60% ou mais em uma das subáreas de seu fractal. As subáreas do fractal se referem às partes do processo da CNV (observar sem julgar, sentimento, necessidade e pedido).
3. Ao final de cada *feedback*, os membros do time podem definir metas de melhoria, ou seja, focar em aumentar ou diminuir uma das subáreas de seu fractal. Caso o jogador consiga alcançar essa meta definida, ele ganhará um *badge* do moderador do jogo. O *badge* a ser ganho será referente à parte do processo da CNV cuja meta está refletida. Exemplo: Juca definiu que seu pedido deve passar de 40% para 50%; ao conseguir essa meta ele receberá um *badge* do tipo pedido.

A Figura 9.4 ilustra os *badges* que cada participante do time poderia ganhar.

Figura 9.4. *Badges* do jogo.
Ilustrado por Rafael Mattos.

Gostaríamos de ressaltar que o ganho de *badges* tem como único objetivo tornar o jogo interessante para os membros. Não se deve ter como foco ganhar *badges*, mas, sim, se entender e entender os demais membros, praticando uma comunicação não violenta.

Resultados alcançados e aprendizados

A comunicação é um aprendizado contínuo, e esta foi a maior contribuição do estudo para o time. Isso só se tornou possível com a valorização de uma nova cultura: a do aprendizado. Aprender sobre as diversas expressões da comunicação compassiva só se tornou possível por meio do autoconhecimento. Essa é a principal habilidade necessária para se comunicar com o outro e se expressar de maneira clara.

O grande aliado para que tivéssemos uma experiência de sucesso foi o "game", um recurso estratégico que aumentou o engajamento do time. Trabalhar a mudança com métodos ultrapassados de gestão seria um contrassenso. A forma de ambientação por meio da ludificação, os desafios das conquistas e a valorização do trabalho de equipe foram apenas um dos elementos da gamificação e que surtiram um impacto positivo: as "brincadeiras" e a atenção na forma de falar um com o outro geraram muito mais empatia, integração e colaboração entre o time.

A empresa já está utilizando novas estratégias para implementar melhoria na gestão de comunicação e até mesmo melhorando os processos de *feedback*. Sabemos que existe um vasto caminho para aprendermos a nos comunicar com empatia e com-paixão, afinal não fomos e não somos preparados para isso, não estudamos para nos comunicar de forma autêntica.

Os resultados mais impressionantes foram os relatos de colaboradores que disseram que as vantagens de aprenderem a se comunicar de maneira compassiva transcende-ram o ambiente profissional e passaram a fazer diferença em suas relações pessoais e sociais.

Nossa linguagem é ultrapassada, no entanto o mundo está em constante desen-volvimento e aprendizado, o que resulta em desencontro e falta de harmonia com a maneira que utilizamos para nos comunicar. Como diz Rosenberg, A CNV não nos obriga a permanecermos completamente objetivos, abrindo mão da ação de avaliar. Mas ela pede que mantenhamos essa separação entre avaliação e observação. Trata-se de linguagem dinâmica e que desestimula generalizações, isto é, quando a avaliação for necessária, que ela não seja estática e redutora, mas que privilegie o momento, baseando-se nas observações específicas de cada contexto.

Case: CNV como aliada na gestão da comunicação (família)

Analia Irigoyen

Contextualização e situação-problema

A CNV contribui para a melhoria dos níveis de comunicação das relações intrapessoais, interpessoais e sistêmicas e pode ser aplicada em qualquer situação e contexto.

Eu, Analia, tive a oportunidade de colaborar com a Jaqueline Ferreira na elaboração do seu Trabalho de Conclusão de Curso (TCC). Logo depois refleti: por que não melhorar a qualidade da comunicação na minha família? Afinal de contas, o grande objetivo da CNV é tornar o ambiente onde você vive e trabalha bem melhor!

O TCC da Jaqueline (pós em Gestão de Projetos na PMV) foi sobre a criação de um jogo baseado na CNV, aplicá-lo com os times com que ela estava trabalhando na época e a apresentação dos resultados obtidos. Como tenho sorte, eu e Meny fomos orientadoras dela nesse trabalho. Gostei tanto do formulário que escrevemos juntas que resolvi "jogar CNV" com as minhas duas filhas: Carol (15 anos) e Dani (11 anos).

A adolescência é uma fase complicada, principalmente nessa área de comunicação. Não conseguia me abrir e os conflitos me faziam ficar à beira de um ataque de nervos quase que diariamente. Vislumbrei nesse jogo uma forma de melhorar minha comunicação com a minha família.

Ações realizadas

Para que fosse possível direcionar os problemas de *feedback* e comunicação da minha família, as seguintes ações foram realizadas:

Usei o mesmo tabuleiro, as mesmas regras e os mesmos *badges* definidos no jogo da CNV entre times. Fiz uma pequena adaptação nos critérios do formulário e troquei as análises com foco: individual, na família e com os amigos.

Resultados alcançados e aprendizados

Após assistir os vídeos, eu e minhas filhas respondemos as perguntas do questionário pensando em três dimensões: eu comigo mesma :-), eu + família, eu + amigos. Cada uma preenchia e dava uma nota para si mesma e para a outra. Observando o fractal de cada uma, vimos como estaria a percepção de cada parte do processo da CNV de todas nós e vimos nossos pontos fortes e onde teríamos que evoluir.

Lá em casa, os resultados mais importantes ao longo do jogo foram:

- ✓ Os momentos de muita franqueza, apertos no coração e um certo desconforto, onde minhas filhas expressaram seus sentimentos: "mãe, você compara o tempo todo e isso não é legal"; "mãe, você me taxa de preguiçosa sempre, então eu nem tenho vontade de ser algo diferente"; "mãe, você me faz sentir mal quando você posta fotos minhas no Facebook".
- ✓ A oportunidade de me colocar no lugar delas e de sentir que precisava trabalhar em vários pontos da minha comunicação e atitudes.
- ✓ As minhas filhas entenderam um pouco mais sobre os meus sentimentos e se colocaram no meu lugar, refletindo sobre a comunicação entre elas, comigo e com os amigos.
- ✓ A conversa séria, mas saudável e divertida, na qual conseguimos juntas dialogar sobre assuntos difíceis, como: a relação delas com os amigos, com os professores e com a família. Foram momentos únicos, importantes e intensos.
- ✓ Mesmo depois do jogo, e ainda hoje, quando uma de nós três não se comunica de uma forma legal, falamos: "olha, vamos observar sem julgar" ou "olha o pedido, seja clara, se coloca no meu lugar" ou "o que você está sentindo mesmo?".
- ✓ Experiência maravilhosa essa de conseguir me expressar melhor, sem culpa, em casa, com os amigos e no trabalho.

Ainda permaneço em aprendizado contínuo, é uma tarefa árdua e diária (ainda tenho muitos vícios de comunicação). Muitas vezes eu escorrego, mas pelo menos agora sei qual é o caminho certo da comunicação. E você? Que tal fazer essa dinâmica em casa ou no trabalho?

Referências

CLEMENTE, Isaac. **Geometria Fractal.** Disponível em: <https://www.infoescola.com/matematica/geometria-fractal/>. Acesso em: 30 ago. 2019.

LE BON, Gustave. **Psicologia das multidões.** São Paulo: WMF Martins Fontes,1980.

PMI. **The Essential Role of Communications.** 2013.

ROSENBERG, Marshall B. **Comunicação Não violenta:** técnicas para aprimorar relacionamentos pessoais e profissionais. São Paulo: Ágora, 2006.

SHERMAN, Lauren E.; MICHIKYAN, Minas; GREENFIELD, Patricia M. The effects of text, audio, video, and in-person communication on bonding between friends. **Cyberpsychology: Journal of Psychosocial Research on Cyberspace,** vol. 7, n. 2, 2013.

10. Inteligência emocional

Joana Carrasco Teixeira Lopes
Talita Martins Moreira
Lucas Tito

O conceito foi popularizado pelo especialista Daniel Goleman, através do seu *best seller* "Inteligência Emocional: a teoria revolucionária que define o que é ser inteligente". Segundo Goleman (2012), inteligência emocional é a capacidade de identificar os nossos próprios sentimentos e o dos outros, de nos motivarmos e de gerir bem as emoções dentro de nós e nos nossos relacionamentos.

No mundo corporativo, possuir essa habilidade é um fator essencial, pois a capacidade de construir um ambiente harmonioso e produtivo promove ideias e resultados diferenciados.

Segundo Goleman (2012), a inteligência emocional se estabelece através de cinco áreas de habilidade:

- ✓ **Autoconsciência**: capacidade que possibilita reconhecer e entender suas próprias emoções e sentimentos quando eles ocorrem, além de ter consciência do que está os provocando. A falta desta habilidade nos deixa à mercê deles.
- ✓ **Autorregulação**: capacidade de lidar com as próprias emoções em nível gerencial, buscando mais produtividade, utilizando a compreensão e criatividade para atuar positivamente diante das situações, em benefício pessoal e coletivo. Isso não significa bloquear ou esconder seus verdadeiros sentimentos, mas simplesmente esperar pelo momento certo, lugar e caminho para expressar suas emoções, ou seja, de maneira mais apropriada.
- ✓ **Motivar-se**: capacidade de colocar as emoções a serviço de uma meta e centrar a atenção. Esta habilidade também está em aumentar o incentivo em si mesmo, fortalecer a confiança, a tenacidade, a flexibilidade e o otimismo. Sobretudo, refere-se à vontade interior, também conhecida como motivação intrínseca.
- ✓ **Empatia**: capacidade de perceber e compreender as emoções no outro. Para tal, é necessário mais do que o desejo do entendimento, é necessário despir-se

por vezes do seu contexto, da sua essência, das suas qualidades e defeitos, das suas limitações, da sua construção de mundo, para abraçar as mesmas características, porém de outro ponto de vista. Caso contrário, sua resposta aos sentimentos alheios será vista como julgamentos não embasados. As pessoas empáticas estão mais sintonizadas com os sutis sinais do mundo externo que indicam o que os outros precisam ou como se sentem.

✓ **Habilidades sociais:** capacidade de interagir bem com os outros. Entender a si mesmo e entender os outros são características fundamentais, no entanto também é necessário ser capaz de colocar essas informações em funcionamento durante suas interações e comunicações diárias. Algumas habilidades sociais importantes incluem a escuta ativa, comunicação verbal e não verbal.

Pronto, agora que sabemos que a inteligência emocional se estabelece através de cinco áreas, devemos nos aprofundar em como permear por todas elas. Porém, será que o fato de termos consciência dessas áreas torna mais fácil as aprimorarmos? Será que existem outras relações que devemos levar em conta nesse processo contínuo de evolução do nosso intelecto e das nossas emoções?

Você pode já ter percebido o quanto é difícil se motivar quando se está triste ou ter autoconsciência quando se está com medo. Note, então, que devemos buscar entender também nossas emoções e sentimentos para interferir positivamente na nossa inteligência.

Sentimentos x emoções

Existe diferença entre sentimentos e emoções?

Embora seja muito comum nos confundirmos em relação ao tema, a resposta é que sim, sentimentos e emoções são diferentes.

Leila destaca, em seu artigo "Você sabe a diferença entre emoção e sentimento?", que António Damásio, um neurocientista português, descreve as emoções como um programa de ações, um conjunto de respostas motoras que o cérebro faz ocorrer no corpo em decorrência de algum estímulo externo.

Já os sentimentos envolvem processos cognitivos e são resultados do pensamento abstrato. O sentimento é uma resposta à emoção e como o indivíduo se sente diante dela.

Emoções ocorrem no teatro do corpo.
Sentimentos ocorrem no teatro da mente.
Antônio Damásio (LEILA, s.d.)

Conhecendo as emoções

Falar de inteligência emocional e controle das emoções pode parecer fácil no mundo das teorias, mas sabemos que para aplicá-la na vida prática é necessário exercício diário e atenção. Para que seja possível reconhecer e mudar os nossos padrões de comportamento e compreensão, é importante entender o que são as emoções, bem como quais mensagens elas tentam passar para nós mesmos e para os outros.

Segundo António Damásio, as emoções são classificadas em primárias e secundárias.

As emoções primárias são inatas, evolutivas e partilhadas por todos. São elas:

Raiva: emoção mobilizadora que serve para acionar o nosso instinto de sobrevivência e conservação diante de uma situação de perigo real ou em potencial. Ou seja, atua para impulsionar atitudes ligadas à proteção.

É importante lembrar que essa ameaça não necessariamente representa um risco à integridade física do indivíduo. Portanto, no momento que a raiva aparecer, pergunte--se: em que estou me sentindo prejudicado por essa pessoa ou situação? Como posso atuar de forma inteligente para resolver ou me adaptar melhor ao que está acontecendo? O que posso fazer para me controlar nessa situação?

Medo: mecanismo de proteção contra perigos reais ou ameaças criadas pelo in-consciente. O medo é um excelente indicador de que existe algo a ser descoberto, enfrentado e transformado em nós. Podemos vê-lo também como uma pista para crenças limitantes que carregamos e que precisam ser reorientadas.

Exemplo: no medo de errar pode camuflar-se a crença de incompetência ou do per-feccionismo; o medo de parecer frágil pode abrigar a crença de que temos que dar conta de tudo. O medo causa a limitação de conhecer e se adaptar ao novo.

Tristeza: emoção reflexiva cujo objetivo é poupar energia para que possamos nos recuperar de uma perda ou situação traumática. Sua função é nos ajudar no processo de mudança interior, no qual nos recolhemos para que possamos nos reinventar e nos fortalecer emocionalmente.

Alegria: surge a partir de determinados estímulos positivos e é capaz de contagiar a todos que estiverem próximos. Sua função é estimular a ação e serve como recompensa para condutas benéficas, que trazem a sensação de realização.

Também existem emoções secundárias, resultantes da combinação entre emoções primárias e situações do meio no qual estamos inseridos, que derivam do convívio em sociedade. Alguns exemplos são vergonha, ansiedade, culpa e ciúme.

Figura 10.1. Controle das emoções.
Fonte: adaptado de DAVID, 2016.

Quando nos tornamos mais conscientes das nossas reações internas, conseguimos escutar nossos sentimentos e aceitá-los em nossa intimidade, sem repressão ou vergonha, criando um diálogo educativo e honesto com nosso mundo íntimo, passando a ter o controle da nossa mente e podendo administrar nossas emoções.

Compreendendo as nossas próprias dificuldades, fica mais fácil exercer o não julgamento e evitar projeções das nossas próprias sombras na figura do outro. Ou seja, o primeiro passo para quem deseja desenvolver a inteligência emocional é exercitar a coragem de conhecer a si mesmo.

> *As pessoas só nos devolvem refletida*
> *a forma como nós somos.*
> Laurent Gounelle

Segundo Albert Elis, renomado psicoterapeuta e criador da Terapia Comportamental Racional Emotiva, não é a adversidade que gera sentimentos e comportamentos, mas as interpretações que fazemos sobre elas. Dessa forma, o elo entre a situação e uma resposta resolutiva está na forma como processamos cognitivamente essas informações.

Uma das técnicas usadas na Terapia Cognitiva Comportamental para mudar a forma como nos sentimos e nos comportamos é fazer o registro diário de pensamento disfuncional (RDPD). Nesse registro você irá identificar os seus sentimentos e os pensamentos geradores desses sentimentos. A partir daí você fará uma reflexão e questionará esses pensamentos.

Quando mudamos a forma de pensar, os sentimentos negativos diminuem de intensidade e deixam de gerar tanto desconforto, sendo possível inclusive transformá-los em emoções positivas e comportamentos mais adaptativos.

Comece hoje mesmo

A planilha de RDPD, proposta por Silveira (s.d.), possui as seguintes informações: data/hora, situação, pensamentos automáticos, emoções e conclusões. Toda vez que seu humor mudar ou tiver alguma alteração em seu comportamento, registre na planilha. É muito importante colocar junto ao pensamento automático a probabilidade (de 0 até 100%) de ele realmente fazer sentido e colocar nas emoções o percentual da intensidade delas. Dessa forma, ficará mais fácil você analisar as colunas e de forma racional chegar a uma conclusão sobre como você pode melhorar. Foque na melhoria e em detectar possibilidades para tal. Faça com que seus sentimentos trabalhem para você!

Tabela 10.1. Planilha de RDPD. Fonte: SILVEIRA, s.d.

Data e hora	Situação	Emoções e sentimentos	Pensamentos automáticos	Respostas alternativas racionais	Comparação

Exemplo de preenchimento:

- ✓ **Data e hora:** 22/06/2018 22:15
- ✓ **Situação:** um colega estava revisando um código que fiz, a cada bloco ele parava e fazia um comentário. Isso foi feito em *pair*.
- ✓ **Pensamentos automáticos:** ele não vai com a minha cara (50%). Eu devo ser muito ruim mesmo (40%). Se fosse em Java, que domino mais, estaria melhor (70%).
- ✓ **Emoções:** frustração (80%), ansiedade (10%), raiva (30%).
- ✓ **Conclusões:** a culpa não é do colega, eu é que estou inseguro e não gosto que critiquem o que eu faço. Na verdade, eu posso tentar aprender algo com ele. Até que algumas coisas fazem sentido. Na presença dele eu fico incomodado e preciso descobrir o que é para tentar modificar isso em mim ou dar um *feedback* construtivo. Eu programo bem, só preciso melhorar em pequenos detalhes, já que eu fiz um sistema bem complexo, então sou capaz de melhorar nesses pequenos pontos!

Perceba que, na coluna de pensamentos automáticos, foram colocadas as probabilidades de que aquele pensamento seja considerado realmente verdade, enquanto na coluna de emoções foram colocadas o quanto essas emoções ocupavam em ordem de grandeza. As conclusões foram criadas depois de escrever a situação, os pensamentos e as emoções. Somente depois de escrever os três itens anteriores que podemos refletir e nos forçar a estarmos abertos a novas interpretações.

A inteligência emocional é uma característica completamente aprimorável dentro de cada indivíduo. Parte dela está relacionada também à maneira como nos comunicamos, e por isso recomendamos ler o capítulo sobre comunicação empática. Além disso, quando todos os indivíduos de um grupo estão engajados em praticar essa inteligência, torna-se muito mais fácil a construção de um Ambiente Psicologicamente Seguro (APS), que também tem um capítulo dedicado para si. Esses assuntos e alguns outros são de extrema importância e se entrelaçam para gerar e motivar uma transformação verdadeira e com propósito, independentemente de o contexto ser profissional ou de ser também pessoal. Experimente!

Referências

DAVID, Susan. **Emotional Agility:** get unstuck, embrace change, and thrive in work and life. New York: Avery, 2016.

ELIS, Albert; RUSSELL M. Grieger. **Handbook of rational-emotive therapy.** Vol. 2. New York: Springer, 1986.

GOLEMAN, Daniel. **Inteligência Emocional:** a teoria revolucionária que define o que é ser inteligente. Rio de Janeiro: Objetiva, 2012.

LEILA. **Você sabe a diferença entre emoção e sentimento?** CVV Brasília. Disponível em: <https://www.cvv.org.br/blog/voce-sabe-a-diferenca-entre-emocao-e-sentimento/>. Acesso em: 30 ago. 2019.

PSYCHOLOGY INSTRUCTOR. **The law of the mirror:** what you see in others is your reflection. Disponível em: <https://en.psychologyinstructor.com/the-law-of-the-mirror-what-you-see-in-others-is-your-reflection/>. Acesso em: 30 ago. 2019.

SILVEIRA, Priscila. **Planilha de Registro de Pensamentos Disfuncionais.** Disponível em: <https://www.psicologapriscila.com.br/registro-pensamentos>. Acesso em: 30 ago. 2019.

11. Múltiplas inteligências

Bruno Brochado Ribeiro
Wagner Cruz Drumond
Cláudia Renata Dana Christof
Fernanda Belmont Reis

No final do século XIX, o antropólogo inglês Francis Galton acreditava que a inteligência era uma característica hereditária. Em 1884, montou um laboratório de testes psicofísicos para estudar a relação do nível intelectual com a coordenação motora e a capacidade de percepção sensorial. O trabalho de Galton espalhou a ideia de que era possível medir a capacidade intelectual.

Giovana Girardi, em reportagem da revista *Superinteressante* ("Como a ciência define inteligência?"), relata que, em 1905, Alfred Binet, pedagogo e psicólogo francês, criou as bases do que conhecemos hoje como o teste de QI, com o objetivo de identificar crianças com problemas de aprendizado. Binet elaborou uma bateria de 30 tarefas de dificuldade progressiva. O resultado mostrava se as habilidades da criança estavam de acordo com o esperado para sua idade.

A ideia do "quociente de inteligência" foi tomando forma com as contribuições dos psicólogos Wilhelm Stern e Lewis Terman, que definiram, por meio de seus estudos, o quociente entre a idade mental e a idade cronológica.

Girardi também destaca que esses pesquisadores acreditam que os testes de QI podem apontar o fator geral (conhecido como g), uma espécie de "essência da inteligência". No entanto, outra corrente de estudiosos não acredita que exista um componente intelectual único e usa como argumento o fato de que o conceito de inteligência muda muito de acordo com a cultura.

A partir de 1950, essa concepção polarizada começou a perder espaço para a teoria de Cattell-Horn-Carroll (CHC), de habilidades cognitivas, que prevê a existência de um fator geral (o "g"), mas minimiza a importância dos testes, já que acredita em uma capacidade mental que pode surgir dentro de 10 tipos de inteligência. O modelo conquistou defensores, mas não conseguiu consenso, pois não trabalha com a possibilidade de uma pessoa ser muito habilidosa em uma categoria e inábil em outras.

Em 1983, Howard Gardner, psicólogo americano, lançou a teoria das inteligências múltiplas, que propõe a existência de inteligências independentes entre si. Para Gardner, inteligência é o potencial para solucionar problemas ou criar produtos que sejam valorizados em uma determinada cultura.

De acordo com Gardner (1995), a inteligência é apenas um potencial biopsicológico: para fazê-la florescer, você precisa de um ambiente estimulante ao longo do seu desenvolvimento. E sua carga genética, recebida dos pais, também é um fator determinante.

Dessa forma, alguém que possui dificuldades em matemática ou raciocínio lógico não necessariamente é menos inteligente do que uma pessoa que tem grande aptidão em aprender música. Quantas vezes já vimos crianças que são muito boas em artes ou educação física, mas têm dificuldades em português ou matemática?

Na pesquisa de Gardner (1995) também fica evidente que cada pessoa possui uma forma de aprendizado com base em suas inteligências predominantes. E o entendimento de cada uma delas pode ajudar pessoas, líderes e equipes a se destacarem.

Em sua teoria, a inteligência é dividida em nove tipos, como podemos ver na Figura 11.1:

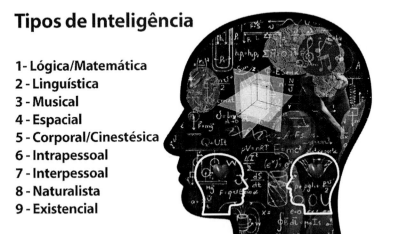

Figura 11.1. Tipos de inteligência.
Fonte: GARDNER (1995).

Lógica/Matemática

A inteligência lógica/matemática está relacionada à nossa capacidade de realizar cálculos matemáticos, analisar problemas, tomar decisões baseadas em fatos e deduções de forma metódica. Por muito tempo, foi a principal forma de se medir o quociente de inteligência (QI) de um indivíduo.

O modelo mental de pessoas que se encaixam neste perfil é focado em números e lógica. Algumas profissões, como engenheiro, cientista, analista, estatístico, se destacam por conta desta inteligência. Este modelo era predominante em indivíduos como Albert Einstein, Ada Lovelace, Isaac Newton e Galileu Galilei.

Para desenvolver esta inteligência procure fazer cálculos matemáticos, resolver problemas, montar quebra-cabeças, jogar cartas ou jogos de lógica.

Linguística

A inteligência linguística está associada à nossa capacidade de expressão, por meio da comunicação verbal e não verbal: escrita e corporal. Pessoas com esta inteligência predominante têm facilidade em aprender e escrever em outros idiomas.

De acordo com Petter (2004), a linguística pauta-se na investigação, no empirismo e na objetividade, trabalhando dados verificáveis através da observação e examinando a língua independentemente de preconceitos sociais ou culturais associados a uma visão leiga da linguagem, valorizando-a em sua forma natural sem estabelecer "certo" ou "errado". Porém, Chomsky propõe uma análise linguística menos presa aos dados e mais preocupada com a teoria, para que sejam possíveis o registro e o estudo de todo esse trabalho de observação e investigação sobre a língua enquanto objeto, caracterizando, assim, a linguística do ponto de vista descritivo/normativo. Logo, a inteligência linguística move as pessoas a aprender sempre mais, valorizando não só a linguagem coloquial como também a linguagem formal na comunicação e tornando as pessoas mais bem mais preparadas para "transitar" em quaisquer idiomas.

Pessoas com esta inteligência bem desenvolvida são ótimos comunicadores e oradores, possuindo facilidade com negociação, motivação, convencimento e ensino. As profissões comuns são jornalistas, escritores, cineastas, políticos, professores e CEOs, por exemplo.

Práticas como a leitura, interpretação e apresentação, como no teatro, são muito boas para desenvolver esta inteligência e ajudar na aptidão da oratória em público.

São exemplos de pessoas com este tipo de inteligência aflorada: J. R. R. Tolkien, Agatha Christie, J. K. Rowling, Fernando Pessoa, Machado de Assis, Mario Sergio Cortella.

Musical

Na inteligência musical identificamos as habilidades de composição, entendimento e execução de padrões musicais: timbres e ritmos. É um dos tipos de inteligência mais fácil de se reconhecer por conta das melodias criadas. É predominante em profissões como compositores, músicos e maestros.

São exemplos de pessoas com esta inteligência desenvolvida: Beethoven, Mozart, Villa Lobos, Beyoncé e Elis Regina.

Para desenvolver esta inteligência você deve praticar e escutar mais o canto ou aprender o uso de um instrumento musical.

Espacial

A inteligência espacial é apresentada principalmente pela habilidade de observar o mundo, interpretar e reconhecer espaços e movimentos, principalmente com experiências puramente visuais. Atualmente, com a era da tecnologia 3D, essas pessoas se destacam na criação de arte e objetos virtuais.

Este tipo de inteligência é predominante em escultores, cartógrafos, arquitetos, navegadores, designers e até mesmo alguns jogadores de futebol. Alguns exemplos são: Michelangelo, Oscar Niemeyer e Marco Polo.

Para desenvolver esta inteligência, trabalhe o seu lado criativo e dimensional com artes plásticas e esculturas, tente brincar com desenhos em três dimensões e jogos como Sudoku – nele você precisa entender e antecipar de forma posicional as próximas jogadas.

Corporal-cinestésica

Na inteligência corporal-cinestésica a predominância é do movimento, da capacidade de lidar com os movimentos corporais e equilíbrio, usando o corpo como uma ferramenta de expressão. É bem comum ver esta inteligência destacada em atores, dançarinos, jogadores de futebol, atletas de ginástica olímpica, entre outros.

São exemplos de pessoas com destaque nessa inteligência: Michael Jordan, Cristiano Ronaldo, Messi, Deborah Colker, Fernanda Montenegro e Lima Duarte.

Para aprimorar este tipo de inteligência pratique esportes relacionados a consciência corporal, como danças, pilates e ioga.

Intrapessoal

A inteligência intrapessoal é uma das mais raras de serem encontradas e também importantíssima nos dias de hoje. Neste tipo de inteligência se encontra a capacidade de conhecer seus vícios, crenças limitantes, preocupação e estilo de vida.

Quando falamos de capacidade de criar bons hábitos, de lidar com estresse, ansiedade e se autoconhecer, estamos falando diretamente desta inteligência.

Pessoas com esta inteligência bem desenvolvida são capazes de sair do piloto automático e trazer à consciência comportamentos naturalmente ativados pelo seu inconsciente, tendo maior capacidade de lidar com suas emoções.

Apesar de ser comum em profissões como psicólogos e *coaches*, esta inteligência é importante para todos os tipos de profissão, independentemente da idade, sexo ou cargo.

Para desenvolver esta inteligência é preciso praticar a cada dia a autorreflexão e trabalhar no seu autodesenvolvimento por meio de treinamentos comportamentais. Busque estudar assuntos como: hábitos, inteligência emocional, análise comportamental, programação neurolinguística e neurociência. Passar por um processo de *coach* também pode ajudá-lo a trabalhar o nível de autoconhecimento.

Interpessoal

A inteligência interpessoal, por outro lado, está relacionada com a capacidade de lidar com as características das demais pessoas: entender suas intenções, motivações, dores e desejos e trabalhar de forma empática se colocando em "seus sapatos".

Pessoas com esta inteligência bem desenvolvida lidam de forma fácil com trabalho em equipe e são boas comunicadoras.

São exemplos de pessoas com esta inteligência bem desenvolvida: Mahatma Gandhi, Oprah Winfrey, Madre Teresa de Calcutá e Jô Soares.

Nos dias de hoje, as empresas têm cada vez mais trabalhado no desenvolvimento desta inteligência, para que seus líderes possam lidar com a maior diversidade de pessoas possível, tornando-se parte fundamental da estratégia de muitas empresas.

Treinamentos comportamentais e *coaching* ajudam a melhorar as habilidades com negociações, mediações, persuasão e empatia. Praticar a escuta ativa, a qual você dá atenção plena a quem está falando, é uma ótima forma de gerar empatia e trabalhar na sua inteligência interpessoal.

Assim como na inteligência intrapessoal, esta característica é importante para qualquer profissão e está presente principalmente em terapeutas, professores, profissionais de RH, *coaches* e apresentadores de televisão.

Naturalista

A inteligência naturalista não era uma das primeiras sete inteligências mapeadas pelo estudo de Gardner. Contudo, o psicólogo, entendendo que era fundamental para a sobrevivência, a incluiu em sua pesquisa.

Esta inteligência reflete a capacidade de compreender padrões, comportamentos, fenômenos e objetos relacionados à natureza como plantas, animais, minerais, ou seja, toda a variedade de fauna, flora e componentes do meio ambiente.

Pessoas com esta inteligência aflorada normalmente têm facilidade de identificação de animais, plantas e até mesmo do ambiente em que se encontram. É muito comum encontrar em profissões como: biólogos, geólogos, jardineiros, meteorologistas e veterinários, por exemplo. Exemplos de pessoas com estas características são: Charles Darwin e Jacques Cousteau.

Para desenvolver esta inteligência estude mais sobre a natureza e o meio ambiente, pratique jardinagem, passeios ao ar livre em praças ou sítios.

Existencial

Assim como a inteligência naturalista, a inteligência existencial também não foi apresentada no estudo original e tem como principal característica trabalhar sobre questões espirituais e fundamentais da própria existência humana, tais como o sentido da vida, nosso propósito no mundo, por que viemos, para onde vamos, entre outros.

Ela está muito presente em pensadores, filósofos e líderes espirituais, como Jean--Paul Sartre e Dalai Lama. Técnicas como *ikigai* (MARSHALL, 2011) podem ajudar a trabalhar para encontrar um propósito de vida, associado aos seus valores e às necessidades do mundo.

Apesar de estar relacionada a questões menos tangíveis, a espiritualidade na atualidade é um dos principais fatores motivacionais tanto em empresas quanto na vida pessoal.

No final dos anos 1990, a teoria da inteligência emocional, medida pelo QE, do psicólogo Daniel Goleman, também se tornou um sucesso entre os que não acreditam no fator geral. Será, então, que é mesmo possível criar um teste que avalie todas as inteligências?

Para concluir, é importante entender que todas essas inteligências podem ser trabalhadas e desenvolvidas por cada um de nós. Esse conceito veio para mostrar que pessoas podem ser extraordinárias com predominâncias de inteligências diferentes, sendo elas responsáveis pela forma como melhor aprendemos e transmitimos as informações.

Se pensarmos em equipes de trabalho nas quais cada indivíduo é singular, possuindo predominâncias diferentes, os líderes podem ajustar a forma de comunicação para que tal equipe seja mais engajada e todos obtenham uma percepção mais correta da informação. Contudo, essa particularidade não impede que novas inteligências sejam desenvolvidas em cada indivíduo.

Lembre-se de que, independentemente da nossa idade, somos capazes de aprender e desenvolver novos hábitos. Na neurociência isso se chama neuroplasticidade, que é a capacidade fisiológica de o nosso cérebro criar novas ligações sinápticas e registrar caminhos para novos conhecimentos.

Para facilitar o entendimento, imagine que você está caminhando pelo gramado de um campo de futebol. Em um primeiro momento, ao olhar para trás você não verá nada pelo caminho que fez, mas depois de passar algumas vezes por esse mesmo caminho você verá que uma trilha está sendo deixada.

Essa analogia se assemelha ao seu cérebro criando registros sobre novos hábitos ou conhecimentos. Veremos mais sobre o assunto no capítulo "O poder do hábito".

Referências

GALTON, Francis. Hereditary talent and character. **Macmillan's Magazine**, 12, 318-27, 1865, p. 157-166.

GARDNER, Howard. **Inteligências múltiplas:** a teoria na prática. Rio de Janeiro: Penso, 1995.

GARDNER, Howard; CHEN, Jie-Qi.; MORAN, Seana. **Inteligências Múltiplas:** ao redor do mundo. Rio de Janeiro: Penso, 2009.

GIRARDI, Giovana. Como a ciência define inteligência? **Superinteressante**, 05 jul. 2018. Disponível em: <https://super.abril.com.br/ciencia/o-cerebro-numa-regua/>. Acesso em: 30 ago. 2019.

GOLEMAN, Daniel. **Inteligência Emocional:** a teoria revolucionária que define o que é ser inteligente. Rio de Janeiro: Objetiva, 2012.

HIPERCULTURA. **Inteligências múltiplas:** conheça os vários tipos de inteligência e descubra a sua. Disponível em: <https://www.hipercultura.com/inteligencia-multipla-conheca-os-varios-tipos-de-inteligencia-e-descubra-a-sua/>. Acesso em: 30 ago. 2019.

MARSHALL, Sebastian. **Ikigai.** (English Edition). The One Week Book, 2011. 303 p.

MOIÓLI, Julia. O que é a Teoria das Múltiplas Inteligências? **Superinteressante**, 04 jul. 2018. Disponível em: <https://super.abril.com.br/mundo-estranho/o-que-e-a-teoria-das-multiplas-inteligencias/>. Acesso em: 02 set. 2019.

PETTER, Margarida. Linguagem, língua, linguística. *In*: FIORIN, José Luiz (org.). **Introdução à linguística.** 5. ed. São Paulo: Contexto, 2004.

12. Motivação 3.0

Talita Martins Moreira
Analia Irigoyen
Joana Carrasco Teixeira Lopes
Jorge Fernando Damasio Leite

A abordagem proposta por Daniel Pink em seu livro "Motivação 3.0" tem o objetivo de ampliar o nosso olhar sobre questões relacionadas ao comportamento humano e suas reais motivações, trazendo reflexões e ferramentas para aprimorar as relações interpessoais, dentro e fora do mundo corporativo.

Em sua obra, Pink (2010) relata uma evolução ao longo do tempo sobre o nosso entendimento do que motiva o ser humano. Para ele, nos primórdios da civilização os impulsos que guiavam a maior parte das pessoas eram bem simples: o instinto de sobrevivência e perpetuação da espécie. Esse modelo, chamado de Motivação 1.0, funcionou muito bem até o momento em que começamos a nos desenvolver e formar sociedades mais complexas, onde as pessoas precisavam interagir e cooperar entre si. Diante desse cenário, já não seria adequado um sistema baseado somente nos instintos biológicos, pelo contrário, se fez necessário criar uma forma de contê-los em benefício do bem-estar coletivo.

Surge um novo cenário no qual passamos a compreender que nossos desejos e necessidades são importantes, porém não representam em plenitude quem nós somos. Um segundo estímulo passa a ser reconhecido: o de buscar recompensas e evitar punições. O objetivo principal nesse momento é a sobrevivência e a felicidade sem sofrimento. Essa revisão do sistema operacional foi chamada de Motivação 2.0 também por Daniel Pink (2010).

No início do século XIX, o engenheiro Frederick Winslow Taylor criou o modelo que chamou de "Administração científica" e que passou a ser amplamente utilizado. Segundo Taylor, os trabalhadores eram como peças de uma grande e complexa máquina. Se fizessem o trabalho certo, no momento certo, a máquina funcionaria perfeitamente. Para que isso acontecesse, bastava recompensar o comportamento desejado e punir o indesejado. Para Ryan e Deci (2000), esse tipo de recompensa é conhecido como **motivação extrínseca**, pois utiliza um elemento externo como incentivo para alcançar um objetivo definido com mais agilidade.

Esse método tem sido utilizado desde então, apresentando excelentes resultados em circunstâncias onde fazemos uso do lado esquerdo do cérebro: as famosas atividades repetitivas, com trabalho intelectual simples. Várias pesquisas foram realizadas comprovando sua eficácia para aumento do desempenho nesses casos específicos, conforme veremos mais à frente.

No entanto, com o passar dos anos e o crescimento da tecnologia, as atividades repetitivas que até então eram executadas por mãos humanas pouco a pouco foram sendo transferidas para guindastes, máquinas, computadores e vêm evoluindo desde então. Hoje encontramos um cenário onde o número de tarefas algorítmicas (tarefas que seguem um caminho lógico e único até sua conclusão) vem tendo seu volume cada vez mais reduzido em relação às tarefas chamadas heurísticas (tarefas que não possuem um caminho determinado e necessitam de experimentação).

Uma evidência disso é o resultado da empresa de consultoria McKinsey & Company, relatado por Daniel Pink (2010) em seu livro, que estima que atualmente nos Estados Unidos apenas 30% dos novos empregos gerados vêm de trabalho algorítmico, enquanto 70% vêm de trabalho heurístico. Isso ocorre porque os trabalhos rotineiros podem ser facilmente terceirizados e vêm sendo migrados para locais onde tenha seu custo reduzido.

Ora, então se eu tenho menos gastos com trabalhos repetitivos, basta que eu aumente os salários dos meus funcionários para que eles tenham melhores ideias e encontrem melhores soluções de negócio. Certo? Vamos descobrir juntos.

Na década de 1930, o psicólogo Karl Duncker criou um experimento para avaliação de comportamento que ficou conhecido como "problema da vela", detalhado por Pink (2010) em seu livro. Imagine que você recebeu um *kit* semelhante ao da Figura 12.1 com o seguinte desafio: fixar a vela na parede sem que a cera respingue na mesa. Como você faria?

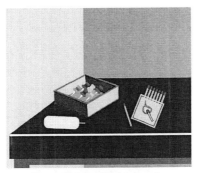

Figura 12.1. Problema da vela.
Fonte: adaptado de PINK, 2010.

Muitas pessoas tentam aquecer a base da vela e prendê-la na parede, outras tentam pregar a vela, mas a solução é bem simples. Veja na Figura 12.2.

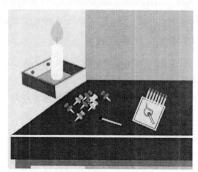

Figura 12.2. Solução do problema da vela.
Fonte: adaptado de PINK, 2010.

Ao recebermos a caixa com as tachinhas dentro somos induzidos a pensar que a função da caixa era somente guardá-las, e, com isso, demoramos um pouco mais para encontrar uma solução criativa para o problema.

"Se eu oferecesse uma recompensa, o tempo de resposta diminuiria?" Foi o que fez Sam Glucksberg na universidade de Princeton, cronometrando o tempo de dois grupos para solucionar o problema. Ao primeiro grupo ele informou que estava cronometrando somente para criar parâmetros do tempo que normalmente se leva para encontrar a saída. Para o segundo grupo foram oferecidos incentivos. O resultado é intrigante: os participantes do grupo incentivado levaram em média três minutos e meio a mais para resolver o problema.

O que ocorre é que os incentivos estreitam o nosso foco. E isso pode ser muito útil quando bem aplicado, mas em situações onde precisamos ampliar o raciocínio o efeito será contrário ao desejado. Além disso, quando realizamos uma tarefa almejando recompensas, nossa tendência é perder o interesse pela atividade imediatamente após alcançar o objetivo. É como acabar com a graça de uma brincadeira.

Muitas outras pesquisas vêm sendo realizadas nesse sentido, a fim de questionar nossos verdadeiros ideais e ampliar nosso entendimento sobre os impulsos humanos. Vem sendo observado que os maiores motivadores, aqueles que trazem sensação de prazer e alegria, aumentando o desempenho no trabalho, têm relação com questões internas como ética, congruência de valores, busca por maestria ou senso de propósito. É o que chamamos de **motivação intrínseca** (RYAN; DECI, 2000).

Tabela 12.1. Tabela com o comparativo entre os sistemas operacionais de motivação. Fonte: PINK (2010).

Motivação 1.0	Motivação 2.0	Motivação 3.0
Relacionada a necessidades biológicas e à sobrevivência.	Busca recompensas; evita punição; procura aprovação externa.	Congruência com valores; busca maestria, autonomia e propósito.
Motivação primária	Motivação extrínseca	Motivação intrínseca

Se estamos vivendo um momento no qual o tipo de trabalho está cada vez mais voltado para a criatividade, o pensamento disruptivo, as tarefas heurísticas e percebemos que o modelo de motivação utilizado pela maior parte das empresas não só não ajuda como atrapalha esse novo cenário, a pergunta que não quer calar é: como criar as condições necessárias para despertar os motivadores certos, aplicados da maneira correta?

Edward Deci e Richard Ryan criaram uma teoria denominada "teoria da autodeterminação" (SDT, na sigla em inglês). Segundo essa teoria, o ser humano possui três necessidades psicológicas inatas: competência, autonomia e conexão. Quando essas necessidades são satisfeitas, ficamos felizes e produtivos. Quando contrariadas, felicidade e produtividade despencam.

Deci e Ryan criaram, nos últimos trinta anos, uma rede de pesquisas com dezenas de estudiosos de SDT nos Estados Unidos, Canadá, Europa Ocidental, Israel e Cingapura. Esses estudiosos exploraram a autodeterminação e motivação intrínseca em diversas atividades. Eles produziram centenas de artigos, cuja maior parte aponta para a mesma conclusão: os seres humanos possuem um impulso interno inato para serem autônomos, autodeterminados e conectados uns com os outros. Ao acionar esses impulsos, as pessoas conseguem elevar sua qualidade de vida.

A seguir, vamos entender um pouco mais sobre essas necessidades e como utilizá-las positivamente.

Autonomia

Esta qualidade é tão importante na teoria SDT que, a partir da década de 80, ao avançarem com o trabalho, Deci e Ryan deixaram de categorizar o comportamento como extrínseco ou intrinsecamente motivado para categorizá-lo como controlado ou autônomo.

92 Jornada Ágil e Digital

Na era do conhecimento, é fundamental aos bons trabalhadores possuir autonomia para decidir sobre como e, muitas vezes, o que realizar dentro de suas atribuições e responsabilidades. A sensação de autonomia tem um efeito poderoso sobre o desenvolvimento e a postura individuais e promove uma série de efeitos benéficos, como aumento de produtividade e bem-estar psicológico.

Pesquisadores da Universidade Cornell estudaram 320 empresas pequenas e constataram que as empresas que ofereciam autonomia a seus funcionários cresciam a uma taxa quatro vezes maior em comparação às orientadas a controle.

Excelência

O contrário de autonomia é o controle. O controle leva à obediência e a autonomia ao engajamento. Essa distinção leva ao segundo elemento das necessidades humanas: excelência – o desejo de melhorar cada vez mais em algo relevante.

Solucionar problemas complexos exige uma mente curiosa e disposição para experimentação de novos caminhos que levarão a uma nova solução, o que envolve também a capacidade de aprender com os erros. Enquanto a motivação 2.0 buscava a obediência, a motivação 3.0 busca o engajamento. Somente o engajamento pode levar à excelência.

Propósito

Para que tenhamos um equilíbrio apropriado, além de autonomia e excelência é necessário propósito. As pessoas autônomas visam atuar de maneira excelente no mercado de trabalho, porém, para que isso realmente ocorra, é necessário que exista um objetivo maior, para que definitivamente o propósito seja atingido. Ou seja, normalmente os funcionários mais motivados, felizes e consequentemente mais produtivos atrelam seus desejos a uma causa maior.

A motivação 2.0 não enxerga o propósito como um item motivador, como algo essencial. É visto como uma "carta na manga", ou podemos dizer um belo acessório – quando for necessário utilizar, está em mãos. Entretanto, adotando essa postura, a motivação 2.0 acaba sendo negligente com quem efetivamente somos. De acordo com Csikszentmihaly (1990): "o propósito fornece energia de ativação para viver", deixando claro que é superimportante termos um propósito definido para termos ascensão em nossa vida profissional.

Já a motivação 3.0 é expressamente construída para a maximização do propósito, valorizando o propósito como algo primordial na vida de qualquer profissional.

Viva o seu propósito

"Trabalhe com aquilo que ama e não trabalhará um dia em sua vida", "Viva seu propósito"... quem nunca ouviu uma dessas frases por aí? Pois é, pode parecer bem simples, mas não é bem assim. Em muitos casos, o contexto no qual as pessoas estão inseridas é um pouco menos glamouroso e prático. Nem todos têm um propósito claro ou sabem pelo que têm paixão em trabalhar, e outros ainda não possuem todas as capacidades desenvolvidas para tal.

Para o profissional da era do conhecimento, não é suficiente saber em que se deve trabalhar, mas ter autonomia para decidir onde o trabalho agrega mais, sugerir mudanças, tomar decisões e sentir que está contribuindo para o propósito da empresa. Essa liberdade fará com que a motivação pelo trabalho e a busca pelo alinhamento dos seus valores pessoais, da empresa e da sociedade sejam constantes.

A entrada de novos profissionais e a interferência na motivação

Em uma organização, cada indivíduo que compõe o quadro de profissionais pode ser comparado a uma peça de um quebra-cabeça, onde seus conhecimentos, valores e características pessoais precisam ser compatíveis e complementares às do restante do time para criar um cenário harmônico.

Quando é percebido pela equipe ou organização que um determinado conhecimento/valor é necessário para completar esse quebra-cabeça, a primeira opção deveria ser procurar capacitar e evoluir o conhecimento de pessoas que já fazem parte do quadro. Diante da impossibilidade dessa evolução, aí sim a contratação se faz necessária. Nesse sentido, o grande desafio das empresas é fazer com que essa nova contratação não desmotive nem os times nem as pessoas individualmente: o cuidado deve ser redobrado.

Diante desse cenário delicado, o processo seletivo e a forma de recrutar vêm evoluindo ao longo do tempo. Há alguns anos, possuir uma boa formação, reputação, referências e experiências no currículo era suficiente para garantir uma vaga. Durante uma entrevista presencial os questionamentos técnicos eram superficiais e as perguntas pessoais eram restritas às situações familiares e ao endereço residencial. O principal objetivo do entrevistador era detectar algum sinal de desequilíbrio que pudesse prejudicar a imagem da empresa caso o candidato fosse contratado. Hoje em dia, as empresas querem saber mais do que isso: além de serem mais rigorosas e exigentes com as questões técnicas, elas querem entender quem é esse profissional e garantir que exista um alinhamento entre os valores da empresa, os objetivos de ambos e o momento de vida do candidato. Esse alinhamento deve ir além e ser compartilhado com o time e a liderança técnica onde o profissional será inserido. Isso porque a motivação do time e do profissional está diretamente ligada aos valores e objetivos comuns.

Em contrapartida, nós, como profissionais do conhecimento, devemos fazer a mesma avaliação sobre as empresas às quais nos candidatamos. É importante identificar se o local oferece um ambiente saudável, onde o aprendizado, o diálogo e a colaboração sejam valorizados. Havendo essa congruência de valores, o profissional e a organização terão um encaixe perfeito, assim como em um quebra-cabeça; desse modo, o resultado trará crescimento e benefício para todos.

Motivação com *gamification*

Analia Irigoyen
Talita Martins Moreira

Empresa: ProMove Soluções[8]

Contextualização e situação problema

Diante de uma era na qual existem tantos cenários de jogos e aspectos sociais que nos invadem a todo segundo, o termo *gamification* passou a fazer parte de vários outros contextos, inclusive a educação. Nesse sentido, "gamificar" ambientes de trabalho na implantação de processos pode aumentar as suas chances de sucesso, já que a motivação é um dos fatores críticos para alcançá-lo. Ainda dentro desse contexto, especialistas em Stanford que formam o *Gartner Group*, especializado em consultoria e pesquisas de TI, afirmaram em 2011 que, até 2014, 80% das organizações teriam "gamificado" pelo menos uma área de seus negócios, apostando nas empresas com perfil inovador. O fato é que as organizações ainda estão céticas sobre a eficácia

---

[8] Contato: <analia@promovesolucoes.com>.

real da *gamification* como uma ferramenta para motivar e engajar os funcionários, principalmente na engenharia de software.

Muitas das maiores marcas do mundo estão implantando *gamification*: Coca-Cola, AOL, Nissan e Nike. No Brasil, a Natura e alguns *call centers* já aderiram ao conceito. Será possível simplificar a engenharia ágil em sua mais clara essência com a motivação de um jogo?

Esses conceitos de jogos foram usados como mecanismos de motivação em empresas de *call center* e desenvolvimento de software com metodologias ágeis ou tradicionais.

Ações realizadas

Diante de uma quantidade imensa de conceitos de jogos, destacam-se a seguir os mais utilizados dentro da experiência da empresa ProMove Soluções na implantação de *gamification* no contexto da engenharia de software:

- ✓ **Jogadores** – Os colaboradores participantes do jogo.
- ✓ **Perfil de jogador** – Os papéis da empresa. Exemplo: desenvolvedor, testador, designer de interfaces.
- ✓ **Mundo** – As unidades organizacionais que estabelecem a fronteira do jogo. Exemplo: fábrica de software, *help desk*, suporte.
- ✓ **Quests** – As instâncias de jogos onde são alocadas equipes por períodos específicos. Exemplo: projeto de software, operação continuada de sustentação de software.
- ✓ **Challenges** – Desafios feitos além do trabalho esperado do jogador para implantação de inovações e melhorias.
- ✓ **Badges** – Insígnias conquistadas por mérito ou por interação externa com o jogo. Exemplo: "Pérola do mês", "Bacalhau do mês", "Descascador de Pepino", "Epic Win" (implantou software que foi aceito de primeira sem correções).
- ✓ **Pontos** – Mecanismo de *feedback* constante focado nos pontos positivos.
- ✓ **Níveis** – Registros da evolução do jogador. Exemplo: de "Estagiário baby" a "Desenvolvedor MacGyver".
- ✓ **Avatares** – Representação visual do jogador no ambiente gamificado, considerando sua progressão de níveis.
- ✓ **Ranking** – Posicionamento do jogador na competição do *Quest* ou *Challenge*.
- ✓ **Categoria de tarefa** – Trabalho sempre pode ser quebrado em tarefas, e elas podem ser etiquetadas conforme a dinâmica do jogo. Exemplo: resolução de *bugs* em produção é um "Zumbi", alteração de software legado é um "Ma-

carrão", falha bloqueante em produção é uma "Bomba", escrever manual do usuário e formatação de planilha Excel é um "Corno *Job*".
✓ **Timeline** – Rastreamento de eventos relevantes ao jogo disponibilizado em tempo real ao jogador, como lançamento de novo **challenge** ou conquista de um **badge**, por exemplo.

Os principais conceitos de *gamification, segundo* Kevin Werbach (2014):

Dinâmicas	Mecanismos	Componentes
Emoções	Desafios	Avatares
Narrativas	Chances	*Badges*
Progressão	Competição	Recompensas
Relacionamentos	Cooperação	Briga de cachorro grande
	Feedback	Combate
	Prêmios	Presentes
	Transações	Gráfico social
	Compras de itens	Pontos
	Rodadas	Níveis
		Times
		Quadro de líderes
		Coleções

A primeira atividade realizada nessas organizações era a escolha dos elementos de jogos mais adequados aos objetivos do projeto. Os mais usados nesses jogos foram: avatares, *ranking, challenges, feedbacks* contínuos, *badges* e pontuação.

Figura 12.3. Principais conceitos de *gamification*.
Ilustrado por Pedro Scelza e Luciano Sartório (ProMove Soluções).

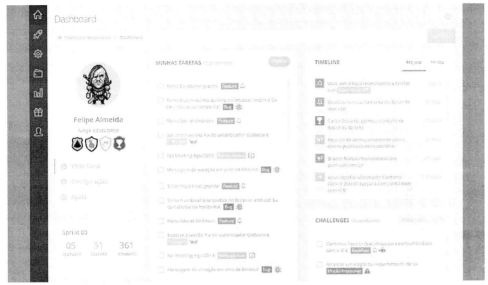

Figura 12.4. Principais conceitos de *gamification*.
Ilustrado por Pedro Scelza e Luciano Sartório (ProMove Soluções).

As figuras 12.3 e 12.4 apresentam exemplos de estratégias consideradas viáveis na implementação das iniciativas de *gamification* nos times de desenvolvimento de software.

Além dos conceitos de jogos, outros itens essenciais foram considerados:

- ✓ Os jogadores precisam participar do *game* por vontade própria.
- ✓ Os jogadores precisam obedecer solidariamente às regras do jogo.
- ✓ A dinâmica do jogo precisa ser intuitiva e autoinstrutiva – o desenvolvimento de manuais e processos documentados de forma tradicional não é efetivo; a ferramenta precisa instruir o trabalho esperado do jogador de forma intuitiva.
- ✓ Os jogadores precisam de *feedback* contínuo para entenderem se estão no caminho certo e se motivarem a ir em frente – o status de progresso precisa estar transparente e disponível o tempo todo.
- ✓ O jogo precisa ser divertido – com ferramental diminuem-se as barreiras para interagir com os jogadores e inserir doses de descontração.
- ✓ Extração de indicadores de performance do processo produtivo é facilitada pela existência de registros de trabalho em banco de dados de software.
- ✓ Ocorrência de dados mais precisos incluídos pela equipe, pois é difícil conseguir que os colaboradores mantenham registros precisos de horas e em tempo real.

98 Jornada Ágil e Digital

✓ Motivação da equipe e consequente aumento de produtividade por trabalhar com objetivos claros, *feedback* contínuo e com o entusiasmo de interação com o jogo.

Resultados alcançados e aprendizados

Existem muitas vantagens em utilizar a estratégia de *gamification* para resolver os problemas de motivação das empresas de TI. No entanto, sabemos, sim, que *gamification* não pode ser tratado como uma bala de prata e não resolverá todos os problemas. Sendo assim, há algumas situações nas quais a associação com *gamification* requer cuidados:

✓ **Avaliação de desempenho** – Se o time perceber que o primeiro funcionário demitido estava "mal no jogo", todo o conceito de *gamification* vai por água abaixo. O jogo passa a ser obrigatório, sem diversão, perigoso e gerador de conflitos internos. Quando está em jogo o emprego e/ou o salário, não é um jogo que vai impedir uma "punhalada nas costas".

✓ **Premiações em dinheiro (motivação extrínseca)** – A premiação para os "melhores" no jogo é algo muito perigoso, que pode gerar conflitos internos e afetar o fluxo de entrega do produto. Exemplos: (1) premiação para aqueles que encontrarem e consertarem mais *bugs* (*badge bug hunter*): pode incentivar comportamentos inadequados como "vou injetar *bugs* para encontrá-los depois e subir no *ranking*", "vou ficar só procurando *bugs* para subir no *ranking*... o desenvolvimento do outro módulo pode atrasar mesmo!", ou então "vou caçar *bug* no código que aquele cara novo fez, ele não entende muito do sistema"; (2) pontos por requisito entregue: "vou entregar o mais rápido possível para pegar outros requisitos e ganhar mais pontos. Compilou, tá valendo!".

✓ **Custos de criação e/ou manutenção de um** *framework* **de** *gamification* – Sempre existirão pessoas que não gostam de jogar. Implementar um *framework* de *gamification* é caro e leva tempo, demanda recursos para desenvolver e manter o jogo (*dev*, moderador, *game designer*, UX), e não é garantido de resolver os problemas. Além disso, requer customizações constantes para manter o jogo dinâmico, atualizado e "engaging", gerando mais custos de modificação.

Apesar das possíveis armadilhas, nossa experiência na implantação de *gamification* nos motiva, cada dia mais, a investir em achar que o trabalho deve ser executado com prazer sempre.

Referências

CSIKSZENTMIHALYI, Mihaly. **Flow:** the psychology of optimal experience. New York: HarperPerennial, 1990.

PINK, Daniel H. **Motivação 3.0**: os novos fatores motivacionais para a realização pessoal e profissional. Rio de Janeiro: Campus, 2010.

RYAN, Richard M.; DECI, Edward L. Intrinsic and extrinsic motivations: classic definitions and new directions. **Contemporary Educational Psychology**, Jan. 2000, vol. 25, n. 1, p. 54-67.

WERBACH, Kevin. (Re)Defining Gamification: A Process Approach. **International Conference on Persuasive Technology**, PERSUASIVE 2014, p. 266-272.

13. *Mindset* de crescimento

Bruno Brochado Ribeiro
Vanessa Tchalian Ferreira Martins
Tatiana Escovedo
Jorge Fernando Damasio Leite

O que é *mindset*?

O autoconhecimento possibilita a consciência de quem somos e nos leva a clareza de atitudes e reações diante de situações vividas no meio social do qual fazemos parte. O conhecimento de si mesmo é algo a ser aprendido e pode ser compreendido por aquilo que Daniel Goleman (2012), psicólogo norte-americano Ph.D. em Harvard, nomeou como **inteligência emocional**: capacidade de identificar os nossos próprios sentimentos e gerir bem as emoções dentro de nós e dos nossos relacionamentos pessoais e profissionais.

Em relação aos temas que contribuem para o autodesenvolvimento, podemos reforçar a importância do *mindset*, que é a maneira como nossa mente está condicionada a responder a determinados estímulos e como o cérebro processa informações, decisões, escolhas e julgamentos. A palavra *mindset* surgiu a partir do trabalho da psicóloga e professora da Universidade de Stanford (EUA), Carol S. Dweck, que estudou por anos a maneira como as pessoas processam pensamentos e como alcançar resultados satisfatórios pela atitude mental.

De acordo com o livro "**Mindset: a nova psicologia do sucesso**", publicado no Brasil em 2017, ela descreve *mindset* não apenas como um traço de personalidade, mas também como um conjunto de crenças e atitudes mentais perante o que acontece ao nosso redor. É o modo como encaramos nossas experiências de vida, os obstáculos e as críticas, seja no ambiente de trabalho ou nas relações familiares. Segundo Dweck (2017), com base científica, inclusive com a eficácia de resultados comprovada, o *mindset* é uma habilidade que prepara para o crescimento, para a evolução e para o progresso. A configuração do pensamento determina como encaramos os desafios e as dificuldades do dia a dia e traz a percepção de sucesso ou fracasso. A opinião a respeito de si próprio afeta a maneira pela qual você leva a vida e faz referência a uma cultura, um modo de pensar ou até mesmo um estilo de vida que pode ser consequência dos comportamentos adquiridos.

O *mindset* é associado ao propósito no qual os paradigmas, a configuração mental, influenciam nos resultados promissores. Por exemplo: *mindset* ágil, capacidade de lidar com imprevisibilidades; *mindset* empreendedor, capacidade de gerir negócios baseado em decisões; ou *mindset* de crescimento, que permite acreditar na capacidade de cultivar qualidades por meio do próprio esforço.

Em seus estudos, ela apresentou duas categorias principais – o *mindset* de crescimento e o *mindset* fixo (Figura 13.1) – e esclareceu por que algumas pessoas não desistem em situações adversas, enquanto outras sabotam a sua própria jornada de desenvolvimento pessoal pelo simples fato de se considerarem uma derrota. À medida que a situação fica mais difícil e complexa, há indivíduos que desistem de tentar por não confiarem em suas capacidades e outros persistem simplesmente por acreditarem em seu esforço e que não existem limites para superar obstáculos.

Ela explica que a maneira que as pessoas pensam pode influenciar na sua maneira de alcançar o sucesso. Por exemplo, a opinião que você adota a respeito de si mesmo afeta profundamente a maneira como você leva a sua vida. O *mindset* fixo consiste em acreditar que a maneira que você é, suas qualidades e seus defeitos são imutáveis, o que cria a necessidade constante de provar para si mesmo o seu valor. O *mindset* de crescimento, em oposição, defende que as qualidades e habilidades humanas podem ser cultivadas através da dedicação e do esforço, e que o fracasso pode ser visto como aprendizado, uma vez que cada um de nós pode se modificar e se desenvolver por meio do esforço e da experiência.

Figura 13.1. A natureza dos *mindsets*.
Fonte: adaptado de BUCHANAN, 2017.

Mindset fixo

O *mindset* fixo acredita que todos já nascem com uma quantidade fixa de inteligência e habilidade. São pessoas que evitam desafios e o sentimento que predomina é a rejeição, por se sentirem inferiores em relação aos demais. Os indivíduos de atitude fixa moldam o mundo ao seu redor e limitam interação social com diferentes perfis de pessoas porque se sentem ameaçados pelo sucesso dos outros, além de enxergarem o esforço como inútil e negativo. O foco não está em aperfeiçoar o processo de aprendizagem porque o erro é visto como uma vergonha, então se escondem para evitar exposição.

Essas pessoas acreditam que as coisas são como são, por acaso do destino, imutáveis e que não podem mudar a sua história de vida. Creem que pessoas bem-sucedidas tiveram sorte ou já nasceram com as habilidades e inteligência necessárias para atingir seus objetivos. Em geral, possuem a "síndrome de Gabriela", tendo em sua mentalidade os pensamentos alinhados com o trecho da música de Dorival Caymmi, escrita em 1975: "eu nasci assim, eu cresci assim, eu sou mesmo assim, vou ser sempre assim...Gabriela".

Possuem grande dificuldade em aceitar o fato de que para superar limitações é preciso aprender com os erros. Muitas vezes se protegem na zona de conforto para evitar correr riscos e lidar com situações em que possam se frustrar, como, por exemplo, não gostar do ambiente de trabalho quando trocam de emprego ou lidar com as dificuldades ao mudar de país. É comum que pessoas com este *mindset* se autossabotem, criando razões para que acreditem que não são boas o suficiente: alguém que gostaria de empreender e acaba usando a crença de que "dinheiro só vem para quem é rico" para justificar não seguir nesse caminho.

Utilizam, frequentemente, fatores como idade, sexo, raça, ideologia política, nacionalidade, economia e até mesmo religião e espiritualidade para justificar sua falta de iniciativa. Limitam suas ações no presente baseando-se em experiências passadas e principalmente em casos de risco ou fracasso. Se uma pessoa de *mindset* fixo investiu em ações e perdeu dinheiro, ela teme arriscar investir em ações novamente por acreditar que a situação vai se repetir, mas não busca alternativas e ações diferentes daquelas que já tentou.

Frequentemente rotulam pessoas e, além de prejudicarem o seu autodesenvolvimento, geram crenças limitantes nos demais. Elas têm como característica o medo de falhar e geralmente procuram um culpado, são duros críticos e pautados na política de comando e controle para garantir que nada saia do seu planejamento. As pessoas ao redor podem se sentir frustradas e desmotivadas com essas atitudes, pois o *mindset* fixo acredita que não podem mudar, o talento é fixo e as habilidades são inatas.

O comportamento de pessoas com *mindset* fixo é prejudicial às equipes ágeis, por não acreditarem que o esforço repetitivo contribui para resultados promissores. São pessoas que se limitam ao que já sabem, evitam o desconhecido, impedem a si e ao outro de alcançar o seu potencial e atingir os objetivos. Elas têm dificuldade em reconhecer suas limitações e assim superar a si próprias pelo autoconhecimento, não gostam de desafios e evitam novas oportunidades.

Mindset de crescimento

O *mindset* de crescimento retrata que, com o poder da nossa atitude mental, é possível ressignificar pensamentos e comportamentos, a fim de contribuir para o autoconhecimento. A prática se torna um hábito que reforça a mentalidade voltada para superar obstáculos e alcançar resultados de sucesso. É pelas falhas que se sabe onde há possibilidade de melhorar e evoluir e de abraçar desafios. Acredita-se que a inteligência pode progredir por meio do próprio esforço e relacionamento interpessoal, pois encontra inspiração no sucesso dos demais.

As pessoas aceitam que *feedbacks* construtivos focam no desenvolvimento pelos erros e aceitam que o primeiro passo para o fracasso não é pela tentativa, e isso não limita suas ações até conseguir obter melhores resultados. São comprometidas não apenas com o aprendizado, mas também com o processo de evolução. Errar não é vergonhoso, e a medida do sucesso é determinada pelo potencial de aprimorar cada vez mais as habilidades adquiridas. A frase do *best-seller* **"A Lei do Triunfo"**, escrito pelo autor americano Napoleon Hill em 1925, representa bem o pensamento de pessoas com *mindset* de crescimento: "cada fracasso traz consigo a semente de um sucesso equivalente".

Um grande exemplo de pessoa com atitude mental de crescimento foi Ayrton Senna, atleta de Fórmula 1 das décadas de 1980 e 1990. Consta no livro escrito por Hilton (2017) que Viviane Senna descreve o irmão como exímio piloto em situação de risco na chuva, pois aos 13 anos perdeu o controle do carro e foi eliminado da prova em uma corrida de Kart em Interlagos. Desde esse evento ele aproveitava cada dia de condições climáticas adversas para aprimorar suas habilidades e enfrentar seus adversários. Uma pessoa com *mindset* fixo nesse momento poderia pensar: "eu não sou capaz de dirigir em dias de chuva" e provavelmente deixaria de superar esse medo.

De acordo com o conceito de Dweck (2017), ao contrário das pessoas com *mindset* fixo, as crenças de uma pessoa com *mindset* de crescimento estão ligadas ao reforço positivo: "tudo é possível contanto que eu me esforce", "sucesso é uma decisão", "o único responsável pelo que acontece na minha vida sou eu". Ser adepto do *mindset* de crescimento é aceitar novos desafios, estimulando a criatividade e reconhecendo os talentos pelos resultados, mesmo aqueles que não saíram como o esperado. É incentivar a iniciativa, tratar todos de maneira igual e oferecer e aceitar críticas construtivas. A perseverança é pauta em equipes ágeis, a importância da dedicação e do esforço é proporcional ao fracasso. É possível um *case* de insucesso servir como inspiração para novos aprendizados.

Como se desenvolve o *mindset* de crescimento?

No mundo ágil e digital, precisamos ser pessoas com *mindset* de crescimento. A paixão pela busca do conhecimento e do autodesenvolvimento possibilitará que as pessoas cresçam e adquiram rapidamente as novas habilidades de que precisam, permitindo a elas prosperar em momentos desafiadores. Os *mindsets* são crenças poderosas, mas que estão em nossa mente e temos a escolha de modificá-las. Muitas pessoas de *mindset* de crescimento se esforçam tanto que conseguem alcançar o "impossível", prosperando ao ir além de seus limites; ao contrário das pessoas de *mindset* fixo, que se desmotivam por não se sentirem inteligentes ou talentosas o suficiente quando as coisas são muito desafiadoras. O *mindset* de crescimento permite às pessoas expandirem as suas capacidades.

Francisco (2014) afirma que todos nós nascemos com o *mindset* de crescimento: não temos medo de errar as palavras ao começar a falar, de cair quando começamos a andar, somos audaciosos e destemidos. Ao passo que vamos crescendo, é durante a infância que começamos a vivenciar as primeiras experiências inibidoras e lidamos com frustrações diante das limitações que são impostas pelos pais e pela escola, com o uso frequente do "não". Por isso é importante que cuidadores incentivem crianças a superar medos e a persistir diante de desafios, evitando exposição e julgamentos.

Em algumas situações sociais, diante novas experiências no âmbito familiar e profissional, poderá predominar tanto o *mindset* fixo quanto o *mindset* de crescimento, e para ampliar as possibilidades de encarar as dificuldades é importante ter um olhar positivo da vida, saber o valor das horas de estudo e que o esforço é parte da jornada. Cansaço devido à dedicação total aos objetivos é diferente de estresse emocional gerado por situações perturbadoras. Erros são apenas resultados malsucedidos; faz parte da jornada do autoconhecimento saber que podemos ter bom proveito das lições que eles ensinam.

Segundo Williams e Penman (2015), aceitar e entender a origem das nossas crenças é importante para nossa evolução enquanto pessoas, e é possível reprogramá-las por meio de técnicas de PNL (Programação Neurolinguística) para dar um novo sentido à vida, como, por exemplo, o *mindfulness*, que trabalha o momento presente sem sofrer pelo passado e sem ansiar pelo futuro. Faça esse exercício por você, pela sua jornada de conhecimento, pratique o autoconhecimento e o *mindset* de crescimento, celebre cada conquista e agradeça as oportunidades!

Saber qual é a sua atitude mental é primordial para o autoconhecimento. Acreditar que a inteligência melhora cada vez mais pela aprendizagem e que o caminho para o sucesso está no trabalho intenso e dedicado às melhores práticas possibilita a reflexão de que enquanto seres humanos estamos em constante evolução. Os aprendizes do *mindset* de crescimento têm a capacidade de se superar progressivamente e fazer de cada erro uma possibilidade de pensar o novo. O livre arbítrio nos dá a possibilidade de escolher entre um ou outro *mindset*, e somos os únicos que temos o poder de mudar de atitudes e, desse modo, atrair mudanças significativas para nós e para aqueles com quem convivemos. Está em nossas mãos limitarmos nossas possibilidades pelo *mindset* fixo ou enfrentarmos as dificuldades com perseverança e dedicação, sendo adeptos do *mindset* de crescimento.

Mindset nas empresas

O *mindset* fixo também é conhecido como *mindset* linear, ou seja, imutável. Já o *mindset* de crescimento é conhecido como exponencial, mais adequado para a realidade de mudanças rápidas e incertezas. Sem o *mindset* de crescimento ou exponencial, a Google jamais teria tido a visão ambiciosa de organizar todas as informações do mundo, tornando-as mundialmente acessíveis e úteis, o Facebook nunca teria tido a ousadia de tornar o mundo mais aberto e conectado e o Airbnb jamais teria conectado pessoas ao redor do mundo através de uma disrupção na hotelaria tradicional.

Jornada Ágil e Digital

O livro **"Um novo jeito de trabalhar"**, de Laszlo Bock (2015), eleito um dos melhores livros de negócios pela *The Economist*, pela *Forbes* e pelo *Business Insider*, mostra os detalhes sobre a cultura da Google, uma empresa conhecida mundialmente pelo seu *mindset* exponencial. A Google acredita que a filosofia certa de trabalho é capaz de atrair os maiores talentos e garantir que eles se desenvolvam, sejam bem-sucedidos e felizes, fazendo com que a empresa seja eleita há vários anos um dos melhores lugares para se trabalhar. É preciso acreditar que as pessoas são essencialmente boas e tratá-las como donos, e não como máquinas: as máquinas executam as tarefas para as quais estão programadas; os donos fazem o que for necessário para garantir o sucesso de suas equipes e empresas. Alguns dos princípios que o livro apresenta que são alinhados ao *mindset* exponencial e que podem ser colocados em prática são:

- ✓ Contrate apenas pessoas melhores que você em alguma coisa, não importa quanto tempo isso leve.
- ✓ Não confie somente no instinto: use dados para prever e moldar o futuro.
- ✓ Faça da transparência o padrão, partindo do princípio de que todas as informações podem ser compartilhadas com toda a equipe, em vez de presumir que nenhum dado deve ser revelado.
- ✓ Esteja aberto para receber *feedback*.
- ✓ Aprenda com os melhores funcionários – e também com os piores.
- ✓ Tire o poder dos gerentes e confie em seu pessoal.
- ✓ Priorize as questões que refletem os interesses coletivos.

Quando novos funcionários são contratados pela Google, eles recebem orientações sobre os benefícios de serem proativos, sugerindo cinco ações específicas para se encaixar na mentalidade empreendedora exponencial da Google:

1. Faça perguntas, muitas perguntas!
2. Marque reuniões regulares com seu gerente.
3. Conheça a sua equipe.
4. Tome a iniciativa de pedir *feedback* – não fique esperando recebê-los!
5. Aceite o desafio, assuma riscos e não tenha medo de falhar.

Depoimento de Jorge Fernando Damasio Leite:

"Os mares que naveguei não tinham a mínima ideia do quão bom marinheiro eu sou capaz de ser!".

Compartilho com vocês uma experiência de vida que me fez entender a importância da atitude mental para a evolução enquanto pessoa e, consequentemente, profissional de sucesso.

Com 24 anos eu já era pai, estava em um novo relacionamento e trabalhava como líder de equipe de um service desk com sete pessoas. Estava vivendo o que eu acreditava ser a melhor fase da minha vida. Eu me destacava no cumprimento de minhas tarefas, mas não buscava evolução acadêmica ou algo que despertasse o meu sucesso profissional, estava perdido entre videogames, passatempos inúteis e caminhava em direção ao marasmo pela falta de direcionamento. Até que, um dia, escutei uma frase de um dos meus líderes que me deixou desconcertado: "você é incrível, porém preguiçoso".

Aquela frase mexeu com os meus sentimentos, pois sempre lidei bem com as adversidades da vida e estava diante de uma situação na qual deveria decidir entre crescer pelo esforço e dedicação ou estagnar pelo fracasso. Essa mudança de mindset foi libertadora. A partir daquele momento, me dediquei mais à faculdade e ao conhecimento. A consciência sobre minhas atitudes foi possível pelo trabalho de um coaching, onde consegui trabalhar os bloqueios emocionais e potencializar a minha essência enquanto pessoa, evoluir pelo crescimento e pela vontade de vencer e aprender com as falhas.

Seja você também o agente da mudança de si mesmo, decidindo qual comportamento praticar, como agir e como ter a coragem necessária para vencer.

Referências

BOCK, Laszlo. **Um novo jeito de trabalhar**. Rio de Janeiro: Sextante, 2015.

BUCHANAN, Ash. **The nature of mindsets**. Mar. 16, 2017. Disponível em: <https://medium.com/benefit-mindset/the-nature-of-mindsets-18afba2ac890>. Acesso em: 02 set. 2019.

CAYMMI, Dorival. **Modinha para Gabriela**. Disponível em: <https://immub.org/compositor/dorival-caymmi>. Acesso em: 02 set. 2019.

DWECK, Carol S. **Mindset: a nova psicologia do sucesso**. Rio de Janeiro: Objetiva, 2017.

FRANCISCO, João. **Mindset de crescimento:** como se desenvolver como líder adotando a mentalidade de aprendiz. Vídeo. 2014. Disponível em: <https://endeavor.org.br/desenvolvimento-pessoal/mindset-de-crescimento-como-se-desenvolver-como-lider-adotando-mentalidade-de-aprendiz/>. Acesso em: 02 set. 2019.

GOLEMAN, Daniel. **Inteligência Emocional:** a teoria revolucionária que define o que é ser inteligente. Rio de Janeiro: Objetiva, 2012.

HILL, Napoleon. **A Lei do Triunfo**. 36. ed. Rio de Janeiro: José Olympio, 2014.

HILTON, Christopher. **Ayrton Senna:** uma lenda a toda velocidade. Rio de Janeiro: Global, 2017.

KEEPLEARNING. **Como criar um mindset exponencial**. Disponível em: <https://blog.keeplearning.school/conteudos/como-criar-um-mindset-exponencial>. Acesso em: 02 set. 2019.

WILLIAMS, Mark; PENMAN, Danny. **Atenção Plena:** mindfulness. Rio de Janeiro: Sextante, 2015.

14. O poder do hábito

Sandra Mathias Guilhon Chaves
Bruno Brochado Ribeiro
Jorge Fernando Damasio Leite

Neste capítulo, vamos compreender melhor o funcionamento do nosso cérebro em relação a comportamentos que chamamos de hábitos, assim como aprender novas técnicas que nos ajudarão a substituir padrões negativos por outros positivos e mais alinhados ao nosso propósito.

Vamos imaginar um cenário bem comum: retorno às atividades físicas. Em um primeiro momento nos sentimos felizes com a nossa decisão, supermotivados, aproveitamos para iniciar aquela dieta que estávamos adiando e prometemos a nós mesmos que dessa vez será diferente. Na primeira semana já nos sentimos outra pessoa! Mas aí vem aquele dia chuvoso, o cansaço bate, a preguiça acaba vencendo e pensamos "não vou só hoje". Um dia de preguiça é saudável, afinal o corpo precisa de descanso. Não é? Bom, talvez dois dias... e assim, quando vemos, já se passou uma semana e voltamos ao velho padrão de sedentarismo de forma quase inconsciente.

Mas por que, conforme o tempo vai passando, a motivação inicial desaparece e os velhos hábitos e desejos antigos voltam a aparecer?

É o poder do hábito. O hábito pode ser antagônico: arruinar os seus objetivos ou se tornar seu aliado no alcance de qualquer objetivo na sua vida.

O cérebro humano, em geral, pesa cerca de 1,5 kg, ou seja, de 2% a 3% da massa total do corpo. Contudo, seu consumo energético não é proporcional ao seu tamanho, chegando a 20% do consumo total. Dessa forma, o cérebro precisa ter mecanismos para evitar o esforço desnecessário, poupando energia para funções vitais – um desses mecanismos é o hábito.

Segundo o livro "O Poder do Hábito", ter um hábito significa que o cérebro economiza esforços, facilitando a sua vida. Lembra quando você começou a dirigir? Pensava em cada detalhe: posicionar o banco, mexer no retrovisor, calcular a distância para sair da garagem, o momento de mudar a marcha. E depois de dirigir com certa frequência? Temos certeza de que você já faz tudo isso automaticamente, praticamente sem pensar, não é mesmo? Tornou-se uma rotina. O cérebro age dessa forma, economizando energia, como um mecanismo de defesa e sobrevivência para permanecer em alerta no caso de perigo e direcionar esforços para resolver o problema.

Nessa mesma linha, Shawn Achor (2012), autor do *best-seller* "O Jeito Harvard de Ser Feliz", diz que se você conseguir fazer um hábito positivo de 3 a 20 segundos mais rápido de começar, a chance de você fazê-lo aumenta drasticamente. O mesmo ocorre para os negativos. Por exemplo, se você acha que está assistindo muita televisão, experimente retirar as pilhas do controle remoto.

Esses dois autores abordam em seus livros que, de maneira geral, os hábitos podem ser compreendidos como um processo cíclico (*loop*) de três etapas (Figura 14.1): a **deixa** é um gatilho que sinaliza para o cérebro qual hábito deverá ser executado para uma determinada situação; a **rotina** é a atividade que o cérebro está acostumado a utilizar quando depara com uma deixa específica; e a **recompensa** é um benefício, uma sensação ou um sentimento de sucesso. Nesse momento, o cérebro avalia se este ciclo foi benéfico e se pode ser utilizado no futuro, ocorrendo um entrelaçamento cada vez maior entre rotina, deixa e recompensa. Sendo assim, após essa associação e o reforço dessa ligação, nasce um hábito ou consolida-se um hábito antigo.

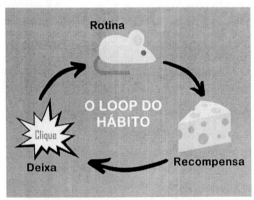

Figura 14.1. O *loop* do poder do hábito.
Fonte: adaptado de DUHIGG, 2012.

Imagine a seguinte situação: você passou a ir com frequência a uma confeitaria para comer um doce após o expediente como uma recompensa de um dia difícil. O anseio pelo açúcar como alívio fez com que, com o passar do tempo, você percebesse que havia ganhado peso. E então decidiu mudar o hábito. No dia seguinte, ao passar em frente à confeitaria, vem o pensamento da dúvida: naquele dia você irá comer só mais um docinho e ter uma onda de prazer ou irá para casa frustrado por não ter obtido a recompensa? Sabemos que se livrar de um hábito ruim é difícil, porque se cria um desejo pela recompensa que está no fim do ciclo do hábito. Essa é a base neurológica dos desejos.

Os hábitos se consolidam quando ocorre o anseio pela recompensa. E a boa notícia é que esse desejo também acontece por bons hábitos. Por exemplo, se você desejar incluir uma rotina de atividade física no início do seu dia, existe a procura pela recompensa: a endorfina, a sensação de realização, ou, ainda, se permitir comer um chocolate no meio da tarde. Para que você adquira este hábito, torna-se necessário então incluir uma **deixa**, como, por exemplo, o tênis já separado no dia anterior perto da porta. É assim que os novos hábitos são criados, com o *loop* **deixa**, **rotina** e **recompensa (Figura 14.2)**.

É importante considerar que as deixas e as recompensas de maneira isolada não são suficientes para fortalecer um hábito, que só estará estabelecido quando o cérebro começar o anseio pela realização, pela dose de endorfina ou pelo desejo de realização.

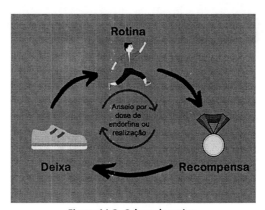

Figura 14.2. O *loop* da rotina.
Fonte: adaptado de DUHIGG, 2012.

Você deve estar se perguntando: é possível acabar com um hábito ruim? Não, cada hábito é registrado em uma parte do nosso cérebro chamada gânglio basal. Isso faz com que sejamos capazes, por exemplo, de andar de bicicleta ou dirigir mesmo ficando anos sem realizar essas atividades.

Todavia, é possível mudar um hábito: mantenha a deixa e a recompensa, mas substitua a velha rotina por uma nova e, principalmente, acredite profundamente nessa mudança. Para elucidar, vamos voltar ao exemplo da ida à confeitaria para comer um doce desejando alívio após um dia difícil no trabalho. O gatilho (deixa) é o dia difícil no trabalho e a recompensa é o anseio pelo alívio. A rotina inicial era ir à confeitaria, que pode ser alterada por outro comportamento, como bater um papo com um amigo no final do expediente, fazer uma caminhada ou ainda jogar um jogo bacana no celular. A deixa de um dia estressante e a recompensa por um relaxamento permaneceram. Só alteramos a rotina, consequentemente mudando o hábito.

Figura 14.3. O gatilho para uma nova rotina.
Fonte: adaptado de DUHIGG, 2012.

O segredo para conseguir a mudança de um hábito é a busca de uma rotina alternativa e fé em acreditar que a mudança é factível. O sucesso se potencializa quando você se compromete a mudar. E se fizer parte de uma comunidade, mesmo que sejam apenas duas pessoas, melhor ainda: quando assumimos um compromisso com outra pessoa, aumenta consideravelmente a chance de alcançarmos o objetivo.

Convidamos você, leitor, a criar um novo hábito. Aceita o desafio?

1. Escolha um hábito que deseja concretizar – por exemplo: fazer atividade física, estudar para um concurso, tornar a alimentação mais saudável, reduzir as horas maratonando séries, etc.
2. Pense e anote cinco benefícios tangíveis que você alcançará com o novo hábito. Deixe visível, na porta da geladeira, na parede do seu quarto. Exemplo: vá fazer atividade física para ganhar disposição, vá estudar para concurso porque sonha em ser funcionário público, etc.

3. Pense e anote todas as deixas (gatilhos) que o atrapalham e crie ações alternativas (nova rotina). Exemplo: se sente preguiça para correr sozinho, pense em chamar um amigo para acompanhá-lo; quando nos comprometemos com alguém a chance de sucesso é maior. Outro exemplo: quer estudar, mas chega em casa cansado do trabalho; considere voltar do almoço mais rápido e utilizar o tempo restante para estudar ou escutar o áudio da matéria no trajeto casa--trabalho, etc.

4. Inicie a nova rotina com o menor esforço possível. E o mais importante, comemore as pequenas vitórias. Lembre-se de que é um hábito novo que você quer inserir na sua rotina, mesmo que consiga fazer apenas 15 minutos por dia ou duas vezes por semana. Comemore. Antes você não fazia nenhuma vez. O importante é o objetivo e a consistência. Vá devagar, mas não pare e aumente o esforço aos poucos.

Após traçar as suas metas e começar a implementar a nova rotina, como avaliar que o objetivo está sendo alcançado? Existem diversas formas de medir seus resultados no seu novo hábito. Siga essas dicas e avalie os indicadores para o sucesso:

1. Escolha uma boa métrica que permita comparar o resultado atual e do passado para entender a evolução. Exemplo: se o seu objetivo é perder peso, incluindo como rotina fazer exercícios e mudança de alimentação, utilize como métrica o seu peso antes de iniciar o novo hábito e depois de uma semana reavalie.

2. Selecione um indicador simples e de fácil entendimento. No exemplo da perda de peso, o indicador seria o peso na balança.

3. Dê preferência a usar uma taxa ou proporção que permita comparação. Por exemplo, comparar o peso de cada semana e analisar o que contribuiu para o resultado ou o que pode ter sido feito errado entre uma semana e outra.

4. É importante que a métrica permita que as pessoas tomem uma ação específica. Exemplo: se observou uma perda de peso menor, pense em estratégias para melhorar o resultado, como aumentar a quantidade de quilômetros percorridos ou prestar atenção na alimentação.

114 Jornada Ágil e Digital

Depoimento de Jorge Fernando Damasio Leite sobre o poder do hábito:

Nosso grande problema enquanto ser humano "moderno" é achar que existem fórmulas mágicas para resolver os nossos problemas. Para nós, que vivemos em uma correria "insana", o problema maior não são os hábitos, mas os nossos objetivos que não conseguimos alcançar por conta desses hábitos: treinar regularmente na academia, preparar-se para uma prova de corrida, estudar um novo idioma, passar em uma certificação, preparar-se para um novo desafio de trabalho, ajudar o filho a melhorar na escola, tomar aquele café da manhã lindo lendo um livro, igual os que vemos em fotos no Instagram e que temos tanta vontade de vivenciar... pois é, o problema, na maioria das vezes, não está com os objetivos e sim com os seus hábitos ruins.

Mudar os hábitos não é uma tarefa fácil, até mesmo porque hábito é hábito, algo que fazemos quase que sem pensar, sem nenhum esforço. Nosso cérebro interpreta e o corpo age, então o mais difícil, na minha opinião, é a identificação dos hábitos ruins. Por isso, faça uma agenda detalhada dos seus dias da semana desde a hora que você levanta, passando pelo ritual matinal (se você tiver um), ida para o trabalho, trabalho, retorno do trabalho e até a sua noite.

De posse dessa agenda detalhada, tente respeitar o fluxo que você idealizou para aquele período de tempo. Você vai ver como alguns fracassos existirão nessa tentativa. Isto ocorre porque é preciso mapear primeiramente o que acontece na sua rotina, quais são seus hábitos atuais (sejam eles bons ou ruins para os seus objetivos). O hábito só se torna ruim quando de alguma forma ele está atrapalhando o alcance de algum objetivo.

Eu tive muita dificuldade nessa etapa, pois por várias vezes eu já havia feito planos bem detalhados para alcançar objetivos e não conseguia alcançá-los, mesmo com dedicação e muito estudo. Até que passei por um processo de transformação no qual trabalhei fortemente nos meus hábitos diários: primeiro em fazer o mapeamento de todos eles, depois na seleção de quais hábitos manteria e quais eu removeria da minha vida para que pudesse seguir meus planos e alcançar meus objetivos.

> *Passei por uma reciclagem, que foi da venda do meu videogame, passando por um café da manhã de qualidade até a leitura diária de livros sobre comportamento e autoconhecimento. No meio dessas leituras, destaco um livro que me ajudou muito, "Foco na prática", de autoria de Paulo Vieira. Esse livro é como se fosse um diário. Nele, diariamente, você precisa elencar três objetivos e traçar um plano para o seu dia; durante o dia você deve ter em mente que deve buscar sempre formas de alcançar os objetivos que planejou, de forma organizada, focada e prazerosa – afinal, foi você quem os planejou. Ao final do dia você reflete sobre como foi seu dia, se fez atividade física, se tomou água, se teve ganhos e se conseguiu alcançar os objetivos que você escolheu para aquele dia. Hoje, é natural pensar que os resultados que venho tendo em minha vida são simplesmente o reflexo dos hábitos que mantenho para ela. Hoje meu dia foi corrido, esta semana está sendo corrida, trabalhos de freelancer, academia, trabalho, capítulos do livro para escrever e alguns trabalhos de conclusão de curso para avaliar, e ainda tem aquele seriado que gosto de olhar com a minha esposa todo dia que "aquece a alma". E você se pergunta: "você não dorme?". E eu respondo: "durmo, sim!", mas antes de dormir eu planejo bem tudo aquilo que farei quando estiver acordado, elenco meu dia e alinho meus hábitos com os meus valores e meu propósito final. Um dia a mais é um resultado a mais, uma tarefa executada a menos é uma tarefa a mais para replanejar, sem dor e sem sofrimento. O segredo é a priorização aliada à repetição. O hábito não é complexo, é trabalhoso, mas quando você vê o resultado dos bons hábitos e se livra dos hábitos "ruins", você se apaixona pelo poder que os hábitos têm.*
>
> *Agora que você conheceu um pouco do funcionamento do cérebro, está preparado para usar o poder do hábito a seu favor?*

Referências

ACHOR, Shawn. **O Jeito Harvard de Ser Feliz:** o curso mais concorrido de uma das melhores universidades do mundo. São Paulo: Saraiva, 2012.

DUHIGG, Charles. **O Poder do Hábito:** por que fazemos o que fazemos na vida e nos negócios. Rio de Janeiro: Objetiva, 2012.

VIEIRA, Paulo. **Foco na Prática.** Rio de Janeiro: Gente, 2017.

15. O conceito de andragogia aplicado à otimização de equipe ágil

Vanessa Tchalian Ferreira Martins
Lucas Tito

A predisposição do indivíduo para aprender, ou seja, sua vontade de adquirir novos conhecimentos, é o que garante a sua sobrevivência frente a um ambiente em constante mudança – em ritmo acelerado.

Em se tratando do meio tecnológico, o gerenciamento das inovações que surgem em um curto período é uma tarefa desafiadora, visto que em um piscar de olhos aparecem novas bibliotecas, *plugins*, IDEs, etc. Dessa forma, mesmo depois de adultos, é exigido que sejamos capazes de agir com curiosidade, coragem e disposição face a novas experiências, para garantir a sobrevivência no mundo corporativo, marcado pela alta tecnologia e competitividade entre empresas.

A soma de conhecimento, esforço e vivências agrega valor a nós e traduz-se em um aprendizado contínuo e imprescindível na fase adulta – quando é possível aprender comportamentos novos e ressignificar os adquiridos. Conforme apresentado por Moscovici (2008), a área científica da andragogia traz até nós um conceito desafiador, segundo o qual a educação de adultos prende-se mais com o indagar do conteúdo transmitido do que o encorajamento de um comportamento passivo na recepção de informações, conforme ocorre no aprendizado das crianças.

Segundo Patricia Beltrão Braga (CANAL USP, 2017), o processo de aprendizagem diverge entre indivíduos de faixas etárias diferentes devido à estrutura do cérebro e ao processamento de informações sofrer modificações com o passar dos anos. Nascemos com aproximadamente 100 bilhões de neurônios, as tais células que compõem o sistema nervoso central, responsáveis pelos estímulos sensoriais e cognitivos do corpo humano. Os neurônios se comunicam em alta velocidade, por meio dos sinais elétricos (impulsos nervosos) e das conexões químicas. Nos primeiros anos de vida, é importante receber estímulos suficientes em sons, texturas, visões e cheiros, pois, como ainda não houve muitas experiências de vida fixadas no cérebro, essa exuberância de conexões é um campo aberto para o aprendizado.

O conceito de andragogia aplicado à otimização de equipe ágil **117**

De acordo com Azuma (2009), na adolescência a produção e as conexões do cérebro diminuem, e aquelas desnecessárias são eliminadas com maior facilidade, tornando o circuito neuronal mais eficiente e aumentando a complexidade do órgão. O jovem percebe emoções e julgamentos com mais intensidade.

O autor reforça a ideia de que, na fase adulta, a capacidade de processar informações está no auge, pois o cérebro adaptou-se às experiências de vida, gerando conexões personalizadas. Por volta dos 20 anos, por exemplo, o cérebro perde milhares de células diariamente, mas a reposição por parte dos neurônios restantes permite o contínuo aprendizado. Já aos 30 anos as conexões são mais complexas e percebe-se o mundo de forma mais complexa. A memória pode ser excepcional, assim como o raciocínio abstrato, que estimula a criatividade e a ousadia.

O número de neurônios pode ser reduzido ao longo da vida, caso as habilidades desenvolvidas não sejam praticadas, ou seja, por falta de reforçar as conexões neurais já existentes. O potencial para permanecer cognitivamente saudável pode vir do estímulo do que foi aprendido. A importância da plasticidade cerebral na fase adulta (a capacidade do órgão de se remodelar em função das novas experiências) está no fato de que quanto mais exercitarmos uma aprendizagem mais fortes ficam as ligações entre os neurônios que as registraram. É possível modificar, melhorar e aprimorar esses dados a partir da interação social, que contribui para impulsionar a atividade cerebral.

A partir da pesquisa apresentada em **As 8 idades do Homem**, do psicanalista Erik Erikson, publicada em 1950, em seu livro "Childhood and Society", é possível compreender que a transição para o sexto estágio (19-40 anos) permite que a referência da aprendizagem advenha pelos relacionamentos, uma vez que ao atingir essa fase nos centramos no desenvolvimento social e emocional. No sétimo estágio (41-65 anos) despertamos propósitos nos indivíduos com quem interagimos e buscamos desenvolvimento de competências individuais e coletivas.

A consciência da aprendizagem é um aspecto intangível também em contexto de trabalho, considerando o quão possível é aprender e ensinar dentro de uma equipe de TI, com diferentes funções e responsabilidades. Os indivíduos de times que lidam com métodos ágeis, cuja principal missão é trabalhar com imprevisibilidades dentro de projetos, são responsáveis pelo relacionamento saudável e pelo desenvolvimento estratégico em conjunto, em prol da sinergia e da qualidade de vida do grupo. A principal questão a atravessar está no fato de que o trabalhador adulto não é como uma máquina nova, ele funciona de acordo com sua própria história, desejos, motivações e estrutura de personalidade.

118 Jornada Ágil e Digital

A convivência entre diferentes perfis é tarefa difícil, já que pressupõe a manutenção de um relacionamento harmônico entre colaboradores de uma mesma equipe. A globalização possibilitou a quebra de barreiras entre países, mas continuamos a contar com obstáculos entre as pessoas. A cultura ágil vem reforçar a noção de que a mais sofisticada plataforma digital de nada adianta se não tivermos empatia e *mindset* de aprendizado entre o capital intelectual da empresa.

A era do conhecimento revolucionou o modo como o ser humano vive e interage com o meio no qual está inserido. As informações estão disponíveis para todos em nível global, ajudando a criar o perfil de um consumidor altamente adaptável, flexível e exigente. Usuários e clientes com esse perfil podem visualizar uma propaganda, desejar seu objeto (produto), testá-lo e em pouco tempo abandoná-lo em busca de algo melhor. Esse processo de aquisição, experimentação e conclusão, nos dias atuais, tem sido cada vez mais veloz. Essa situação, por seu turno, acentua cada vez mais a necessidade constante de ser inovador frente aos concorrentes e pressiona aqueles que estão engajados em oferecer diferentes experiências para os consumidores, sendo necessário o trabalho de equipes multidisciplinares em conjunto com metodologias que aceleram o ritmo dos processos, ou seja, das metodologias ágeis.

O ambiente ideal para o conceito de *Agile* (desenvolvimento ágil de software) é a estrutura horizontal, na qual todos aprendem e ensinam ao mesmo tempo. O cargo, a idade ou o tempo de experiência não são mais fatores determinantes para mensurar o quanto o profissional é bom, embora não possamos desprezar esses aspectos. O perfil ideal daquele que se propõe a trabalhar com o conceito ágil é aquele que, além do conhecimento (competência técnica), também tem a atitude (competência comportamental).

A percepção que se tem da realidade e das reações em termos de atitudes é resultado do que consideramos crenças e valores. A partir da convivência coletiva entre as áreas de desenvolvimento, operação, teste, design, etc., é possível construir uma visão de mundo mais aberta e aceitar que existem diferentes propósitos; é tarefa, contudo, que leva a muitos desentendimentos, considerando que cada um tem sua própria missão.

A grande estratégia nessas equipes multidisciplinares, portanto, é levar em consideração não só o saber fazer, e sim o quanto o integrante está disposto a contribuir para a consolidação de um ambiente seguro, no qual poderá compartilhar conhecimento. Para os profissionais de TI, utilizar conceitos ágeis é muito mais do que aprender sobre ferramentas, é também praticar a teoria e oferecer incentivo ao desenvolvimento do seu colega de trabalho.

A fim de enaltecer a colaboração entre pessoas para entregas mais rápidas, podemos usar como exemplo o primeiro valor do **Manifesto Ágil**: "indivíduos e interações acima de processos e ferramentas". Segundo Gomes (2013) (Figura 16.1), o Manifesto é a soma de princípios que regem o desenvolvimento ágil de software, criado em 2001 por 17 profissionais cansados dos constantes fracassos de projetos baseados em abordagens convencionais.

Figura 15.1. O Manifesto Ágil.
Fonte: adaptado de GOMES (2013).

A transformação digital proporciona troca de informações de maneira mais rápida entre as diversas gerações da sociedade, onde todos são favorecidos com *big data*. Falar sobre tecnologia não é campo exclusivo de determinada geração, e é fácil deparar em cada esquina com escolas de programação e robótica para crianças e adolescentes. Os gênios do passado eram estudantes universitários dotados de grande ideias e vontade de revolucionar o mundo, como é o caso daqueles profissionais surgidos na década de 1980, no Vale do Silício. Atualmente, em posse de conhecimento, os grandes prodígios são pré-adolescentes, estimulados desde cedo ao uso de recursos tecnológicos. Conforme apresentado por Jesus (2015), a Grom Social, considerada a maior rede social para o público de 5 a 6 anos, foi criada por Zach Marchs quando tinha 14 anos.

Uma alternativa que conduz à sobrevivência no mundo organizacional consiste em aceitar que há diferentes olhares para uma mesma situação; cada membro de uma equipe, cada trabalhador, cada técnico, enfim, enxerga o problema de um ponto de vista distinto. Não somos seres prontos, estamos em constante adaptação frente aos diversos desafios diários, sendo um deles conviver bem com os recursos tecnológicos que surgem de forma rápida e crescente. A capacidade que temos para aprender novos conteúdos exerce influência direta no desenvolvimento intelectual e na socialização, uma vez que a troca de informações possibilita interação social e construção de novas percepções a partir do olhar do outro.

A otimização de equipes multidisciplinares é possível pelo engajamento que convida a compartilhar de informações, à tentativa de garantir o entendimento da mensagem e à disposição para colher os benefícios de novos conhecimentos e habilidades. É importante não apenas o acúmulo de dados, mas também a ressignificação do que compreendemos como verdade, pois a adaptação ao ambiente é possível pelo convívio com ideias diferentes. Todas as partes envolvidas em um projeto precisam estar em sintonia para uma otimização de resultados, e isso é possível pela transparência na comunicação (verbal ou escrita), pelo comprometimento de todos em garantir a qualidade a partir da inspeção frequente e adaptação em relação às expectativas e necessidades.

A maturação, visível nas qualidades aqui brevemente enumeradas, permite ao indivíduo administrar as diferenças, a fim de alcançar objetivos compartilhados. A eficácia da interação entre diferentes áreas é proporcional à capacidade de ouvir e respeitar opiniões, assim como analisar a realidade e eticamente exercer o senso crítico. Manter serenidade sob pressão e controlar reações emocionais eleva o nível de relacionamento interpessoal, e este ajuda uma equipe a obter melhores resultados.

A fim de encaminhar para uma conclusão esta exposição, valorizando ainda mais o aprendizado na área de TI, podemos usar como exemplo final as máquinas que estão cada vez mais evoluídas e conseguem potencializar resultados amparadas em uma pequena amostra de informações. Inspirados nessa ideia, podemos refletir sobre como o compartilhar dos dados pode direcionar o nosso futuro de maneira positiva. Se uma máquina é capaz de aprender, melhorando assim sua performance, nós podemos entregar demandas com mais eficiência e agilidade, a partir da interação entre pessoas e informações.

A andragogia favorece o *mindset* de aprendizado em adultos e reforça o conceito de que podemos desenvolver competências técnicas não só com o conhecimento de novos assuntos, mas também aprendendo a partir de vivências e colaboração em equipe. Juntos somos a soma de resultados positivos e aprendizados contínuos para entrega de qualidade de forma ágil e competente.

Referências

AZUMA, Wilson Yuji. **Cérebro:** o mundo dentro da sua cabeça. São Paulo: Evergreen Exhibitions, 2009.

BECK, Caio. As 8 Idades do Homem (Erik Erikson). **Andragogia Brasil**, 2018. Disponível em <https://andragogiabrasil.com.br/as-8-idades-do-homem/>. Acesso em: 02 set. 2019.

CANAL USP. Entenda a função do neurônio e do astrócito. **YouTube**, 18 out. 2017. Disponível em: <https://www.youtube.com/watch?v=matZJvWyW8U>. Acesso em: 02 set. 2019.

GOMES, André Faria. **Agile:** desenvolvimento de software com entregas frequentes e foco no valor de negócio. São Paulo: Casa do Código, 2013.

JESUS, Aline. Grom Social: a rede social segura para crianças. **TechTudo**, 05 maio 2015. Disponível em: <https://www.techtudo.com.br/tudo-sobre/grom-social.html>. Acesso em: 02 set. 2019.

MOSCOVICI, Fela. **Desenvolvimento Interpessoal:** treinamento em grupo. 17. ed. Rio de Janeiro: José Olympio, 2008.

16. Programação Neurolinguística (PNL)

Wagner Cruz Drumond
Analia Irigoyen
Simone Maria Muniz de Melo

A maior revolução da nossa geração é a descoberta de que
os seres humanos, ao mudarem as atitudes internas de suas mentes,
podem mudar os aspectos externos de suas vidas.
William James, psicólogo

O que é Programação Neurolinguística (PNL) e para que serve

A PNL (Programação Neurolinguística), segundo Andreas e Faulkner (1995), surgiu na década de 1970 e seus precursores principais foram Richard Bandler e John Grinder, que depois de muitos anos tomaram linhas diferentes dentro do estudo.

A PNL estuda como as pessoas se comunicam e lidam com a influência da linguagem sobre a programação mental, e como essa programação influencia as funções do nosso sistema nervoso, que está intimamente relacionado com a linguagem (linguística). Estuda também como esses processos afetam diretamente nossos pensamentos e emoções, fisiologia e comportamentos.

Jolen (2015) diz que a PNL analisa o uso dos seus sentidos para interpretar o mundo ao redor. Os estímulos que sofremos, através dos cinco sentidos (visão, olfato, audição, tato e paladar), são decodificados pelo cérebro e percebidos com base em nossas crenças e valores.

Segundo José Marques, diretor do IBC (instituto Brasileiro de Coaching), a PNL é o estudo da experiência subjetiva, a organização mental, onde podemos ter uma compreensão de nossos processos interiores, entender as decodificações das mensagens externas e como nosso corpo responde a cada uma delas.

Todos nós vivemos em meios diferentes e assim recebemos estímulos diferentes com os quais criamos nossa forma de pensar e agir. Ou seja, todos nós temos uma programação mental diferente, de modo que reagimos de forma diferente quando um certo estímulo é dado.

Com o uso de técnicas da PNL, podemos desconstruir certos padrões e criar outros que estarão mais alinhados com o que queremos. Essas técnicas podem nos ajudar a entender como crenças, memórias, valores e experiências podem afetar nossas maneiras de interpretar o mundo e os desafios pessoais e profissionais existentes nele.

Baseada em uma abordagem de comunicação, desenvolvimento pessoal e psicoterapia, a PNL pode ajudar as pessoas em vários aspectos, sendo muito usada na potencialização de resultados pessoais, educação, cura de fobias e na persuasão do meio, onde o estímulo à venda se destaca.

Com o uso de ferramentas de PNL podemos entender o funcionamento básico do cérebro e desenvolver as habilidades necessárias para o alcance da excelência pessoal e profissional.

Vamos fazer uma analogia bem simples.

Dois computadores com hardwares idênticos podem trabalhar de forma diferente. O que irá diferenciá-los são os softwares que são instalados e as configurações que serão realizadas.

Nesse ambiente, o computador que estiver com um software de baixa qualidade ou que foi programado erroneamente tende a uma menor eficiência em relação ao computador com um software de qualidade superior e configuração adequada.

Ou seja, se nossa programação é falha, os nossos resultados tendem a ser falhos.

E o que são nossas programações?

São padrões implantados pelo meio em que vivemos desde o útero de nossa mãe.

Sendo assim, podemos – através do uso de técnicas de PNL – fazer uma reprogramação de nossa mente e mudar o *mindset* atual para um *mindset* mais poderoso, que nos ajudará a irmos em busca de melhores resultados.

124 Jornada Ágil e Digital

Segundo Jolen (2015), eis alguns dos vários pressupostos da PNL:

- ✓ A habilidade de mudar o processo de como experimentamos a realidade é mais útil do que mudar o conteúdo da experiência da realidade.
- ✓ O significado da comunicação é a resposta que se obtém.
- ✓ Os recursos de que um indivíduo precisa para efetuar a mudança já estão dentro dele.
- ✓ O mapa não é o território.
- ✓ Atrás de cada ato ruim há uma intenção positiva.
- ✓ Entre outros.

O pressuposto "O mapa não é o território" remete à ideia de que cada um de nós possui um mapa interno, construído através de nossa linguagem e dos sistemas de representação que se formaram devido às nossas experiências individuais.

Tais mapas determinam a forma que interpretamos o território, ou seja, o mundo físico em que vivemos e as experiências que teremos.

Com esse pressuposto, chega-se à conclusão de que cada um de nós possui um mapa diferente, ou seja, o que pensamos do mundo não é a pura verdade e sim nossa representação de mundo.

Vamos a um exemplo simples.

Você, durante muito tempo, correu, correu e nunca conseguiu sair do lugar e hoje se sente uma pessoa fracassada, achando que "a vida é injusta", tornando-se uma pessoa negativa que só sabe reclamar. Essa atitude moldará a forma como você verá a vida e poderá fazer com que você deixe de ver oportunidades reais, já que a "vida é injusta" e "nada de bom acontece com você".

Felizmente, a PNL sugere algumas técnicas para que seja possível mudar essa situação e potencializar a sua mente, alterando o seu *mindset*.

Segundo Robbins (2017), em seu livro "Poder sem limites", podemos dirigir nosso próprio cérebro utilizando a estrutura sistemática proposta pela PNL, excluindo as pessoas que possuem distúrbios mentais.

O maior problema de hoje é que as pessoas não sabem que elas podem ter o poder de controlar os seus pensamentos e as suas ações, e assim deixam as programações criadas pelo mundo externo em suas mentes dirigirem suas vidas.

Técnicas

A seguir, são descritas as três técnicas da PNL mais utilizadas; considerando que esse processo é demorado, o não prejulgamento e a persistência precisam ser levados a sério ao executar toda e qualquer uma das três técnicas.

Compartilhar o seu planejamento com familiares e amigos pode ser uma boa dica, desde que estejam em um ambiente seguro.

Autossugestão ou sugestão para si mesmo

Quando falamos, somos os primeiros a escutar. Da mesma forma que absorvemos informações que escutamos em nossa infância e que se tornam verdades para nós, a ideia desta técnica é darmos sugestões para nossa própria mente.

Segundo o dicionário Aurélio, a palavra **sugestão** refere-se ao ato de sugerir – e, nesse contexto, sugerir a uma segunda pessoa. Na autossugestão, damos sugestões para nós mesmos. Assim, por repetição, nossa mente absorve as informações e passamos a agir baseado nelas.

A seguir, destacamos o **credo de um vencedor**, um exemplo de texto para autossugestão, extraído do livro "A Lei do Triunfo", de Napoleon Hill. Este texto deve ser lido em voz alta, no mínimo uma vez ao dia, todos os dias, até os resultados começarem a ser percebidos. Fique à vontade para criar o seu texto e potencializar sua mente.

Credo de um vencedor
- ✓ Creio em mim mesmo. Creio nos que trabalham comigo. Creio no chefe. Creio nos meus amigos. Creio em minha família.
- ✓ Creio que Deus emprestará tudo o que eu necessito para triunfar, contanto que eu me esforce para alcançá-los por meios lícitos e honestos.
- ✓ Creio nas orações e nunca fecharei os meus olhos para dormir sem pedir antes a divina orientação a fim de ser paciente com os outros e tolerante com os que não acreditam como eu acredito.
- ✓ Creio que o triunfo é o resultado do esforço inteligente e não depende de sorte, magia, de amigos duvidosos, de companheiros ou do meu chefe.
- ✓ Creio que tirarei da vida exatamente o que nela colocar e, assim sendo, serei cauteloso quanto a tratar os outros como quero que eles sejam comigo.
- ✓ Não caluniarei aqueles de quem não gosto.
- ✓ Não diminuirei o meu trabalho por ver que outros o fazem.

126 Jornada Ágil e Digital

- ✓ Prestarei o melhor serviço de que for capaz, porque jurei a mim mesmo triunfar na vida e sei que o triunfo é sempre o resultado do esforço consciente e eficaz.
- ✓ Finalmente, perdoarei os que me ofendem, porque compreendo que algumas vezes ofendo os outros e necessito do perdão deles.

Também é possível fazer declarações simples como:

- ✓ Eu sou uma pessoa executora.
- ✓ Tudo que começo eu termino.
- ✓ Sou uma pessoa extrovertida e me comunico com qualquer pessoa e em qualquer lugar.
- ✓ Tenho iniciativa e sei que o triunfo me segue.
- ✓ Sou paciente com os outros e tolerante com os que não querem o que quero.
- ✓ Entre outros.

Auto-hipnose

A auto-hipnose pode ajudar a lançar no seu inconsciente mensagens positivas que o ajudarão a mudar o *mindset*. Ela pode ajudar o indivíduo a eliminar certos comportamentos destrutivos, dando à mente incentivos e ajudando a criar novos pensamentos e realidades.

Fábio Carvalho fala, em seu vídeo "O que é Auto-Hipnose? | Série Auto-Hipnose" (2015), que a auto-hipnose é um transe induzido, uma forma de se atingir rapidamente o estado desejado. Assemelha-se à autossugestão, porém com a indução de um estado de sonolência. O inconsciente fica mais acessível e as informações podem entrar com mais facilidade.

Um exemplo de técnica de hipnose é a "Betty Erickson 3-2-1", que, segundo Jolen (2015), trata-se de um transe autoinduzido para relaxamento, pensar em solução de problemas, integrar novas informações ao inconsciente e outros objetivos. Ela consiste na indução de um estado de sonolência, no qual você percebe o ambiente ao redor, mas se concentra na declaração. Quando realizamos esta prática, lembramos de tudo que acontece ao nosso redor.

Esta prática tem os seguintes passos, que devem ser decorados e realizados todos os dias por um curto período de tempo (ex.: 15 minutos):

Programação Neurolinguística (PNL) **127**

1. Monte seu objetivo.
   - Preencha os campos com "_____" a seguir.
   - "Eu quero entrar em transe para _____, quero permanecer em transe por _____, ou até conseguir meu objetivo, e vou sair do transe sentindo-me relaxado, descansado e bem comigo mesmo".
   - Ao final leia em voz alta e continue para o passo 2.
2. Fique em uma posição confortável (sentado ou deitado) e perceba o ambiente e tudo que estiver sentindo.
3. Respire fundo durante todo o processo.
4. Olhe para um ponto fixo, podendo ser à frente ou um pouco para cima.
5. Conte de 3 até 1 seguindo as informações:
   - 3 – Note três coisas que esteja vendo, três sons e três sensações que esteja sentindo.
   - 2 – Note duas coisas que você estiver vendo, ouvindo e sentindo.
   - 1 – Note uma coisa que esteja vendo, um som e uma sensação que esteja tendo e feche os olhos.
6. Diga: "eu me permito me aprofundar neste processo que iniciei para realizar o meu trabalho".
7. Momento de transe...
8. Saia do transe conforme se programou.

Para sair do transe, você pode utilizar, no início, um relógio para despertar (baixo) no momento em que você definiu sair do transe (etapa 1). Uma dica importante é colocar o relógio para despertar um pouco depois desse tempo definido no planejamento (ex.: se você definiu 15 minutos, coloque 17 minutos). Com o passar do tempo, você irá despertar antes do relógio avisar que o tempo acabou.

Criação de âncoras

As âncoras são estímulos que nos fazem reacessar nossas representações interiores positivas ou negativas.

Muitas vezes, de uma hora para outra, mudamos de emoção sem entender o porquê. Isso já aconteceu com você?

Segundo Jolen (2015), as âncoras podem ser estabelecidas por estímulos visuais e olfativos, pelo tato e pelos demais estímulos internos e externos.

Isso se dá, em muitos casos, por você receber um estímulo que, ao ser percebido pelo cérebro, busca reproduzir o estado em que você se encontrava quando você recebeu esse mesmo estímulo no passado.

Um exemplo interessante dessa reprodução é quando você passa, na hora do almoço, em frente a uma casa que exala um cheiro delicioso de feijão, idêntico ao que sua avó fazia quando você era criança. Automaticamente aquela sensação do passado volta na memória, você se sente feliz e, muitas vezes, vê o rostinho de sua avó rindo pra você.

Durante nossa vida, muitas âncoras são instaladas sem percebermos, algumas boas e outras não tão boas. Como, por exemplo, quando você perdeu uma pessoa muito querida, se sentiu muito abalado e, no velório, recebeu diversos tapinhas de "sentimentos" nos ombros e nas costas. Depois de algum tempo, você conclui uma atividade com excelência em seu trabalho e seu chefe chega perto de você, diz que foi um trabalho brilhante e dá alguns tapinhas nas suas costas. Esses tapinhas podem ser suficientes para seu cérebro acessar a representação do dia em que você perdeu a pessoa querida. Assim seu humor muda e, em vez de ficar feliz, vem uma sensação de tristeza.

Assim as âncoras são criadas.

Elas podem ser criadas secretamente (inconsciente), sem a sua percepção, mas você pode criar âncoras propositalmente e assim utilizá-las em momentos estratégicos.

Uma técnica muito empregada é utilizar o pensamento para relembrar um momento em que teve uma sensação favorável e muito forte, buscar viver sua emoção desse momento. Quando uma sensação contagiante o dominar e estiver se sentindo muito bem com isso, faça um movimento ou um simples toque em algum lugar do seu corpo por várias vezes. Enquanto estiver fazendo o toque busque reviver ao máximo essa emoção positiva.

Assim que finalizar a prática, a âncora estará estabelecida. Sempre que você estiver em um momento oposto ao que você estava durante a criação dela, repita o gesto ou o toque utilizado.

Quanto mais expressivo for o sentimento durante a criação da âncora, mais efetiva ela será.

Em muitos eventos de inteligência emocional e *coaching*, os palestrantes buscam criar âncoras positivas nos participantes através de dinâmicas poderosas, de forma inconsciente.

O leitor não deve se contentar apenas com as técnicas citadas. No campo da PNL existe uma infinidade de outras técnicas que podem ajudar a potencializar a mente e aumentar a probabilidade de alcance de melhores resultados na vida pessoal, profissional e financeira.

Cada indivíduo obtém uma melhor experiência de formas diferentes.

Uma simples mudança de pensamento (nossa linguagem interna) pode alterar a percepção do mundo e nos trazer mais autoestima e determinação. Imagine-se com o poder de mudar os seus pensamentos e, consequentemente, alcançar resultados inesperados até então. É isso que a PNL propõe utilizando diversas técnicas.

Um exercício bem interessante é manter um monitoramento sobre os pensamentos negativos, tornando-se alerta. Imediatamente ao percebê-los, substitua-os por pensamentos positivos, evitando crenças limitantes e autossabotagem. Uma forma de trazer credibilidade aos novos pensamentos positivos é questionar os pensamentos negativos, colocá-los em xeque, avaliar a veracidade e não os aceitar como verdades inabaladas. Seguem alguns exemplos:

Tabela 16.1. Exemplos de pensamentos negativos x pensamentos positivos. Fonte: os autores.

Pensamentos negativos	Questionamento	Pensamentos positivos
Tudo na minha vida dá errado!	O que já deu certo na minha vida? Tudo deu errado mesmo?	Minha vida é maravilhosa e o que faço dá certo!
Não tenho tempo para fazer nada!	O que tenho priorizado ultimamente?	Eu me organizo e tenho tempo para realizar o que planejo!
Nunca sou valorizado no trabalho!	Em quais momentos fui desvalorizado? Será que nunca fui valorizado?	Cada dia cresço e sou mais valorizado no trabalho!
Eu me atraso sempre aos meus compromissos!	Quantos compromissos me atrasei, verdadeiramente?	Sou pontual aos meus compromissos, mesmo que para isso tenha que sair mais cedo.
Não sirvo para nada!	Quantas realizações já alcancei e ainda posso realizar?	Realizo as minhas obrigações!

Fica aqui o desafio. Desenvolva-se! Busque constantemente se aprofundar nesses temas. Pode ter certeza de que resultados maravilhosos aparecerão.

Referências

ANDREAS, Steve; FAULKNER, Charles (orgs.). **PNL – A Nova Tecnologia do Sucesso.** Rio de Janeiro: Campus, 1995.

CARVALHO, Fábio. O que é Auto-Hipnose? | Série Auto-Hipnose | Canal do Hipnólogo. **YouTube**, 15 out. 2015. Disponível em: <https://www.youtube.com/watch?v=ft2zane3ACQ>. Acesso em: 02 set. 2019.

EKER, T. Harv. **Os segredos da mente milionária.** Rio de Janeiro: Sextante, 2006.

HILL, Napoleon. **A Lei do Triunfo.** 43. ed. Rio de Janeiro: José Olympio, 2017.

JOLEN, Sam. PNL – Practitioner PNL. Curso de Programação Neurolinguística – Licenciado. São Paulo: Elsevier Institute, 2015.

MARQUES, José Roberto – IBC Coaching. Entenda o que é PNL em 3 minutos. **YouTube**, 01 ago. 2017. Disponível em: <https://www.youtube.com/watch?v=gasfCu4PHyI>. Acesso em 02 set. 2019.

ROBBINS, Tony. **Poder sem Limites:** a nova ciência do sucesso pessoal. Rio de Janeiro: Best Seller, 2017.

17. *Ikigai e mindfulness*

Antonio Muniz
Leandro Pena Barreto

Como as equipes auto-organizados dependem de propósito, o *ikigai* é um termo japonês que pode ser usado para criar "o sentido do time".

Uma referência para o propósito é a frase famosa de Steve Jobs: "seu trabalho vai preencher boa parte da sua vida e a única maneira de ser verdadeiramente satisfeito é fazer o que acredita ser um ótimo trabalho. E a única maneira de fazer um ótimo trabalho é amar o que faz".

Para os japoneses, todos nós carregamos o próprio *ikigai* em nosso interior e é essencial descobri-lo, torná-lo nosso e carregá-lo como bandeira. Dessa forma, conseguiremos nos comprometer com nós mesmos para enfrentar qualquer dificuldade.

A maioria das pessoas passa pela vida sem ter um objetivo claro ou definido, algo que justifique o motivo de estar vivo e qual a sua missão de vida. No Japão, país com o maior número de centenários, existe uma crença de que a longevidade está diretamente relacionada à satisfação de estar fazendo aquilo que ama. Este é o verdadeiro significado de *ikigai*.

O *ikigai* (GARCÍA; MIRALLES, 2018) é encontrado pela interseção de quatro dimensões básicas: paixão, vocação, profissão e a sua missão na vida. Como podemos encontrar nosso *ikigai*?

Observe na figura a seguir como o *ikigai* cria a visão de propósito.

Figura 17.1. Os quatro pilares para um propósito verdadeiro.
Fonte: GARCÍA; MIRALLES, 2018.

Não se compare a ninguém, não deseje ter o mesmo que os outros. Você é a sua própria referência.

Todos nós temos talento, todos nós temos algum tipo de habilidade excepcional que nos diferencia dos outros e que devemos aproveitar, nos apropriarmos dela e desfrutá-la.

O *ikigai* não é somente um propósito de vida ou uma aspiração, é um estilo de vida que deve ser visto, percebido e sentido aqui e agora.

É uma dimensão que nos dá energia diariamente pelas manhãs e que se traduz em uma série de atividades diárias nas quais desejamos continuar investindo o nosso tempo para fazer cada vez melhor.

Muitas vezes, viver de acordo com o nosso *ikigai* também significa deixar de lado uma grande parte do que nos rodeia. Devemos nos conscientizar de que é algo que exigirá de nós muita coragem.

Você sabe o que você ama? O que você é bom em fazer? O que você pode ser pago para fazer? O que você faz que é bom para o mundo?

O *ikigai* é o oposto do conformismo. Ele exige muito de você e o faz se sentir vivo, livre e cheio de energia, independentemente da sua idade ou do seu estado físico, porque, acima de tudo, é um estado mental.

Não atue no piloto automático: pergunte a si mesmo diariamente se o que você faz lhe traz felicidade.

Mindfulness

Mindfulness é um estado de atenção plena no presente que ajuda a lidar melhor com suas emoções e, possivelmente, aprimorar sua saúde mental e poder de execução.

No portal Exame, Sofia Esteves (2019) apresenta resultados impressionantes de uma pesquisa da Universidade de Lyon, na França:

- ✓ Passamos 70% do nosso tempo pensando no passado.
- ✓ Passamos 25% pensando ansiosos pelo futuro.
- ✓ Apenas 5% do nosso tempo é usado para estar no presente.

Embora esses números não sejam uma verdade absoluta, é surpreendente o quanto podemos melhorar nossa concentração e produtividade seguindo hábitos simples, que priorizem as ações que estamos vivendo no momento.

Em reportagem do IT Forum 365 (CARVALHO, 2019), Solange Viana afirma que "em média, passamos 47% do nosso tempo distraídos, e o nível de atenção caiu de 12 para 8 segundos em apenas uma década. Quem fica hoje dez minutos sem pegar no celular pelo menos uma vez? Isso é prejudicial porque, geralmente, levamos 20 minutos para recuperar o foco após alguma dispersão".

Considerando que o *mindset* digital depende de grande foco com as entregas do presente, torna-se fundamental praticarmos o hábito de evitar perda de tempo com situações que não estejam relacionadas com as prioridades do presente. Sugerimos consultar o capítulo sobre OKR, que ajuda a entender como a Google consegue alinhar objetivos prioritários para execução no presente com mais de 500 mil colaboradores espalhados em todo o mundo.

Referências

CARVALHO, Caio. Mindfulness: será que você presta atenção ou está no piloto automático? **ITForum 365**, 22 abr. 2019. Disponível em: <https://itforum365.com.br/mindfulness-sera-que-voce-presta-atencao-ou-esta-no-piloto-automatico/>. Acesso em: 02 set. 2019.

ESTEVES, Sofia. Ter esta habilidade pode determinar o sucesso da sua carreira. **Exame**, 05 ago. 2019. Disponível em: <https://www.msn.com/pt-br/noticias/ciencia-e-tecnologia/ter-esta-habilidade-pode-determinar-o-sucesso-da-sua-carreira/ar-AAFn9Dm>. Acesso em: 02 set. 2019.

GARCÍA, Héctor; MIRALLES, Francesc. **Ikigai:** os segredos dos japoneses para uma vida longa e feliz. Rio de Janeiro: Intrínseca, 2018.

18. Equipes generalistas em T, E ou I

Carolina Fratucci Vilas Boas
Fabiana Ravanêda Vercezes
Bárbara Cristina Palma Cabral da Conceição

Neste capítulo pretendemos abordar um assunto que vem causando certa inquietação no coração de vários profissionais. Qual é o seu perfil? Generalista? Especialista em T ou especialista E?

Parece que essa visão surgiu agora, mas esses perfis vêm desde o passado e usávamos outras nomenclaturas. Quando citamos nomes como Leonardo Da Vinci, Steve Jobs, Mark Zuckerberg, falamos de pessoas fora da curva, inspiradores. Se olharmos Da Vinci, que foi cientista, matemático, engenheiro, inventor, anatomista, pintor, escultor, arquiteto, botânico, poeta e músico, vem a pergunta: será que ele não era generalista? Este perfil na época da renascença era muito forte entre os "pensadores". Com a evolução do mundo precisamos nos tornar especialistas, mas, de tempos em tempos, temos nomes como referência que na verdade são somente generalistas. Qual o perfil correto a se seguir? Tudo depende do momento da sua carreira, do seu perfil psicológico. Nós nos comprometemos em levar você para passear por esse caminho para verificar onde você se encaixa melhor.

Diferenças entre os perfis I-*shaped*, T-*shaped* e E-*shaped*

No mundo tradicional, as competências costumavam valorizar a visão funcional e criar uma cadeia de especialistas em forma de "I" que aprimoraram uma área específica e profunda de conhecimento, tais como marketing, RH, finanças, logística, TI, operações, auditoria, desenvolvimento de produto, jurídico, compras, etc.

Antigamente, quando as pessoas saíam das escolas, elas geralmente tinham a forma de "I". Porém, com a expansão das culturas ágeis e multidisciplinares, *startups* e grandes corporações visam equipes interdisciplinares, velozes, flexíveis e a capacidade de trocar papéis com os outros. O profissional em "forma de T" é cada vez mais PODEROSO, cada vez mais VITAL.

136 Jornada Ágil e Digital

Dentro da área de tecnologia da informação, os profissionais costumam ser organizados em forma de I em especialidades clássicas, tais como desenvolvedores de software, engenheiros de infraestrutura, segurança da informação, analistas de qualidade, analistas de requisitos, suporte, banco de dados, rede, etc.

Observe a seguir as principais características dos perfis profissionais (Figura 18.1).

Forma	Características importantes
 Especialista	✓ Expertise profunda em uma área de conhecimento ✓ Falta de interesse com impacto global do seu trabalho cria gargalos ✓ Pouca preocupação com desperdícios e visão limitada de silo ✓ Impede flexibilidade no planejamento e adaptação das ações
 Generalista / Especialista	✓ Expertise profunda em uma área de conhecimento ✓ Amplas habilidades em muitas áreas permite visão global ✓ Antecipa ações para evitar gargalos e desperdícios ✓ Colabora com flexibilidade e adaptação das ações
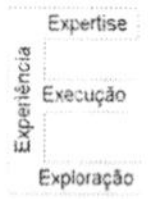 Expertise / Experiência / Execução / Exploração	✓ Expertise profunda em áreas diferentes ✓ Experiência em muitas áreas e grande potencial para inovação ✓ Comprovada habilidade de execução

Figura 18.1. Diferentes perfis profissionais.
(Fonte: GROLL, 2017; KIM; DEBOIS; WILLIS; HUMBLE, 2016).

Andy Boynton e William Bole destacaram, em artigo da *Forbes* em 2011 (BOYNTON, 2011), que não há nada de errado em ser um profissional em forma de I, desde que você também possa ser um T em algum sentido significativo. A maioria dos profissionais tem uma área de especialização, porém é mais provável que enriqueçam suas ideias se tiverem um pé fora de seu mundo habitual.

Como é esperado atualmente que os profissionais tenham pensamento disruptivo e foco em experimentação e adaptação, a jornada ágil e digital depende de profissionais generalistas, que estejam dispostos a pensar e agir fora de seus próprios silos com conhecimento profundo e habilidades ampliadas (MUNIZ, 2019).

Profissionais T-*shaped*

Não é de hoje que este perfil é conhecido e valorizado. Ele teve aparições na década de 80, mas se popularizou recentemente com Tim Brown, CEO da IDEO, a mais importante consultoria de design do mundo atual. Ele buscava profissionais com conhecimento profundo em uma área específica, geralmente técnica, como, por exemplo, engenharia ou arquitetura; mas que também tivessem experiência, ainda que superficial, em outras áreas de conhecimento, como administração, marketing, design, psicologia, dentre outras. Isso permitia que essas pessoas pudessem resolver desafios complexos com autonomia para coordenar equipes multidisciplinares.

O traço horizontal representa a dimensão do conhecimento mais generalista, aquele referente à toda a organização, ao mercado, a uma metodologia ou a outras questões relevantes, mas que não estão estritamente relacionadas à sua atividade. Enquanto isso, o traço vertical representa a dimensão do conhecimento específico e prático, voltado para a área em que o indivíduo trabalha. Um exemplo disso seria um médico que possui uma atuação como clínico geral, mas também é especialista em otorrinolaringologia. Ele teria condições de avaliar um indivíduo de forma sistemática e não apenas tratar assuntos de sua especialidade.

"As pessoas tendem a achar que ser especialista é ser um Charles Chaplin em "Tempos Modernos". Ser especialista não significa que você é um pato em qualquer outro assunto, mas que você se aprofundou em algo", segundo Bruno Ghisi (2015), CTO da Resultados Digitais.

A especialização leva a um nível aprofundado de entendimento. Problemas complexos são resolvidos com soluções difíceis, às vezes só alcançadas por um profissional com o foco, o conhecimento e a ferramenta necessária.

Em contrapartida, a questão da horizontalidade do profissional em perfil "T" torna capaz de expandir seus conhecimentos para diversas direções que são relevantes e, ao mesmo tempo, aprofundá-los para a execução imediata de sua atividade – em outras palavras, um profissional multidisciplinar e multifacetado. Por conhecer de forma mais superficial as outras especialidades da sua área, ele consegue se comunicar com muito mais efetividade com profissionais de outras especialidades. Ele também consegue ter um pensamento mais crítico porque consegue visualizar atuações e efetivamente atuar em outras especialidades mesmo que de forma mais superficial; sendo assim, conhece a realidade de outros profissionais.

Como fortalecer o traço "horizontal"

Em primeiro lugar, o profissional deve se comunicar com colegas de outras especialidades para entender as dores e gerar empatia. Ele pode obter conteúdo significativo desses profissionais para poder entender a realidade e os conceitos envolvidos. Eles poderão oferecer inclusive informações e pontos de vista sobre a organização diferentes do seu, e essa é uma experiência de enriquecimento muito válida.

Outra forma de ser mais generalista é não se limitar a conversar apenas com colegas do seu nível hierárquico. É essencial conversar com profissionais que estão abaixo e acima do seu nível hierárquico. Isso vai abrir a sua perspectiva para entender os direcionamentos macro de gestores que estão acima de você ou de outras áreas, mas também vai trazer muito da realidade de "chão de fábrica", ou seja, lhe dá uma perspectiva de execução das operações do dia a dia dos seus colegas.

A leitura também é ótima para desenvolver o senso crítico e dar uma perspectiva sobre assuntos com os quais você não lida no seu dia a dia. É claro que você também pode obter informações acompanhando notícias pela televisão ou pelo rádio, por exemplo. No entanto, a leitura exige um esforço maior de concentração, que também é indispensável para quem deseja apurar o raciocínio. Cerca de trinta minutos por dia de leitura pode abrir os horizontes e levá-lo a novas perspectivas. Trabalhando as *soft skills* você consegue abrir mão de muitos conceitos predefinidos por sua especialidade e avaliar o mundo de uma nova forma.

Times generalistas T-*shaped*

Com a dinâmica altamente veloz da transformação digital, torna-se fundamental a criação de times multidisciplinares e com visão diversificada. Dessa forma, as organizações precisam de profissionais em forma de T que, além de alcançar conhecimento profundo em uma área de especialização, também possuem ampla variedade de conhecimentos em outras áreas para enriquecer seu repertório e atuação.

No início de uma empresa, ela tem poucos recursos e geralmente um time reduzido. Logo, os problemas ainda não atingiram um nível de complexidade que precisam de especialização e seus processos são mais simples. Nesse caso, geralmente as empresas buscam encontrar pessoas que consigam resolver o todo e entregar rápido – normalmente, as mais generalistas possíveis. No caso da área de tecnologia, desenvolvedores que analisem e criem a modelagem do sistema, codifiquem, cuidem da operação e façam suporte técnico.

Ao longo do crescimento a empresa começa a sentir a necessidade de especializar alguns papéis, seja devido à complexidade do problema que está sendo resolvido ou ao processo. Por exemplo, ter uma pessoa responsável por alguma área crítica a fim de trazer *know how*. No entanto, é importante ter especialistas que entendam a dinâmica do time, de uma área e da empresa como um todo.

Além disso, um profissional precisa ter boas referências e um vasto conhecimento em sua área de atuação para inovar. Nesse caso, por se desenvolver em mais de uma direção, esse profissional "T" se destaca quando falamos em soluções criativas, já que se adapta melhor à transformação ágil e digital, com novas tendências e conceitos a todo momento.

Segundo artigo do blog *Keep Talent* (CORRÊA, 2018), as empresas estão procurando o profissional *T-shaped* por causa da necessidade de integração das equipes e de soluções multidisciplinares para uma empresa atingir sucesso.

Aprender a desaprender e reaprender novamente é uma habilidade extremamente valorizada nesse momento de mudanças exponenciais no perfil profissional, trazidas pela era digital.

Para tanto, é fundamental, obviamente, que a empresa já possua um ambiente favorável à inovação e às atividades colaborativas, porque esse perfil de colaborador necessita de recursos materiais e financeiros para desempenhar bem seu papel e conduzir equipes multidisciplinares otimizadas. Outra coisa importante é que esses profissionais precisam de gestores híbridos, que combinam habilidades de descoberta (estímulo à inovação) com habilidades de entrega (capacidade de tornar comercialmente viável uma inovação).

No entanto, o que é mais importante nesse contexto, independentemente de ser um profissional generalista ou especialista, é a busca de aprendizado constante e o equilíbrio entre suas atividades. No final o que fará diferença é não ficar estagnado e tentar buscar ser um profissional melhor e assim agir de forma a agregar valor tanto para a equipe quanto para a empresa.

Pensando em *squads* do mundo ágil, temos profissionais de UX, desenvolvimento, negócios, qualidade, processos, entre outros, com todos esses perfis trabalhando dia a dia em conjunto. Ao longo do tempo habilidades e conhecimentos são divididos, uma vez que, por natureza, temos constante necessidade de dividir "o que estamos fazendo". Com esse conhecimento compartilhado as equipes generalistas vão se criando; quando por um motivo qualquer ficamos desfalcados de um membro do time, essa função facilmente é ocupada por outro membro até um especialista ocupar a função desfalcada.

Referências

AUDY, Jorge Horácio "Kotick". **Equipes ágeis e profissionais T (especialistas com conhecimento multidisciplinar).** 15 fev. 2016. Disponível em: <https://jorgeaudy.com/2016/02/15/equipes-ageis-e-profissionais-t-especialistas-com-conhecimento-multi-disciplinar/>. Acesso em: 02 set. 2019.

BOYNTON, Andy. Are You an "I" or a "T"? **Forbes,** 18 out. 2011. Disponível em: <https://www.forbes.com/sites/andyboynton/2011/10/18/are-you-an-i-or-a-t/#64822f716e88>. Acesso em: 09 out. 2019.

CORRÊA, Paulo Sérgio de Souza. Você sabe o que é profissional T-shaped? **KeepTalent,** 07 nov. 2018. Disponível em: <http://blog.keeptalent.com.br/voce-sabe-o-que-e-profissional-t-shaped/>. Acesso em: 02 set. 2019

FGV. **T-Shaped professional e inovação: como entender essa relação.** Fundação Getúlio Vargas, 23 jul. 2018. Disponível em: <https://www.ibe.edu.br/t-shaped-professional-e-inovacao-como-entender-essa-relacao/>. Acesso em: 02 set. 2019.

GHISI, Bruno. Generalistas ou especialistas em seu time de produto? **Ship it!,** 03 jul. 2015. Disponível em: <http://shipit.resultadosdigitais.com.br/blog/generalistas-ou-especialistas-em-seu-time-de-produto/>. Acesso em: 02 set. 2019.

GROLL, Jayne. From I-Shaped to T-Shaped – Why DevOps Professionals Need to be Multi-Skilled. **DevOps Institute,** s.d. Disponível em: <https://devopsinstitute.com/2017/11/15/from-i-shaped-to-t-shaped-why-devops-professionals-need-to-be-multi-skilled/>. Acesso em: 02 set. 2019.

KIM, Gene; DEBOIS, Patrick; WILLIS, John; HUMBLE, Jez. **The DevOps Handbook:** how to create world-class agility, reliability, and security in technology organizations. Portland: IT Revolution Press, 2016.

MUNIZ, Antonio. Videoaula Jornada Ágil Digital: Mindset inovador para um mundo complexo. Udemy, 2019.

MUNIZ, Antonio et al. **Jornada DevOps:** unindo cultura ágil, Lean e tecnologia para entrega de software de qualidade. Rio de Janeiro: Brasport, 2019.

19. Perfil intraempreendedor e *ownership*

Wellington Borel
Analia Irigoyen

O que não muda é que a gente sempre muda.
(PEREIRA, 2018)

Esta frase foi dita por Luiza Helena Trajano, empresária brasileira que dirige a Magazine Luiza, ao seu time no aniversário de 70 anos da empresa.

Vemos mudanças acontecendo o tempo todo, e essas mudanças só reforçam a importância de uma transformação em nossa forma de pensar e principalmente na forma de fazer as coisas. Saber lidar com as mudanças é uma característica fundamental para o empreendedorismo.

Empreendedorismo é a capacidade de identificar problemas, oportunidades e encontrar soluções para pessoas ou empresas, que pode ser um projeto ou negócio. Além de todas essas habilidades, o empreendedor precisa ter o poder de execução de suas ideias. Como essas mudanças, além de frequentes, atravessam a organização inteira e em todos os níveis, é fundamental que os colaboradores das empresas sejam cada vez mais intraempreendedores.

O termo **intraempreendedor** foi usado por Gifford Pinchot (1989) para definir o "empreendedor interno de uma organização". São aquelas pessoas que, de posse de uma ideia, recebem autonomia, incentivo e apoio da empresa onde trabalham e se dedicam, com comprometimento e entusiasmo, para que essa ideia seja transformada em um produto ou serviço de sucesso. Nesse sentido, o intraempreendedor não precisa sair da empresa para vivenciar as emoções de quem está empreendendo: riscos e gratificações de uma ideia transformada em realidade.

O balanço entre a promessa e o perigo, que confronta qualquer organização em particular, dependerá da sua capacidade de adaptação
Gary Hamel (THE LEAGUE OF INTRAPRENEURS, s.d.)

Em sua palestra sobre intraempreendedorismo na Firjan (2018), Humberto Sardenberg, da Icatu Seguros, intraempreendedor há 14 anos, pontuou: "o discurso hoje é de empreender, as livrarias estão lotadas de livros e histórias assim". O estímulo do intraempreendedorismo dentro das organizações é uma questão de sobrevivência. Humberto destacou isso em sua palestra e alertou: "falo para as empresas: não detectar e estimular a engrenagem para os intraempreendedores será o gargalo para a inovação".

Diante dessa necessidade de adaptação das empresas, apesar do colaborador de uma empresa ter todo o direito de não querer ter um negócio e desejar construir uma carreira dentro da empresa onde trabalha, nesse mundo de transformações diárias ser um colaborador com essa característica é um diferencial que pode ser conquistado por todos nós.

Humberto Sardenberg atua em uma rede global, a Liga de Intraempreendedores[9], que tem como objetivo principal aperfeiçoar as habilidades desse perfil de profissionais e preparar a liderança para recebê-los. Essa liga tem um papel muito importante, já que o próprio Sardenberg contou em sua palestra que levou três anos até criar uma área de inovação em seguros dentro da companhia. "Esse é o tamanho do desafio e não é diferente para ninguém. Demora muito até você ganhar a chance de abrir um espaço e fazer algo diferente. Pelo menos divertido será, porque fácil não é", contou (2018).

Apesar de ser mais difícil, é possível ser um intraempreendedor, mesmo que a organização em que você trabalhe não tenha um ambiente ideal: é uma jornada de pequenos passos. Cada atitude que tomamos tem um poder transformador em nossas vidas e de forma análoga refletem na transformação das organizações. É notório que as pessoas não compram mais como antes: segundo o SPC Brasil, estudo de maio de 2018, 74% dos consumidores *on-line* já usam *smartphone* em pelo menos uma das etapas da compra.

---

[9] <https://www.ligadeintraempreendedores.com/>. Acesso em: 06 set. 2019.

A comunicação entre as pessoas mudou completamente com o WhatsApp, o Uber permitiu que todos tivessem acesso a motoristas particulares e melhorou a qualidade do transporte. Mercados tradicionais como de hospedagem e bancos foram transformados com o Airbnb e bancos digitais como NuBank, Inter, Original e Next.

A maneira de fazer marketing foi impactada com o crescimento das redes sociais e o volume de *smartphones*. Se, por um lado, os consumidores utilizam as redes sociais para reclamar e resolver seus problemas, por outro, as marcas estão em busca de boas avaliações para conseguir mostrar que possuem bons produtos. As avaliações do Booking, Apple Store e Trip Advisor são consultadas por milhões de consumidores em todo o mundo e estão se colocando cada vez mais como ferramentas colaborativas e confiáveis para avaliar serviços e produtos.

Sim, o mundo mudou: internet das coisas (IoT), drones, inteligência artificial (AI), carros autônomos, *machine learning*, *chatbots* e robôs são resultados dessa transformação digital.

As organizações precisam, então, estimular nas pessoas o *mindset* correto; é preciso se desprender da forma como trabalhamos hoje e assimilar novas formas, novos métodos e novas abordagens. A criação de um ambiente propício dentro da empresa é fundamental para que os funcionários com esse perfil empreendedor não levem suas ideias embora, mas tenham a oportunidade de experimentar e amadurecer as ideias dentro da própria empresa, criando uma relação ganha-ganha com o orgulho de "paixão pelo que faz, ter autonomia, ser ouvido e poder mudar", características principais dos empreendedores (THE LEAGUE OF INTRAPRENEURS, s.d.).

Como, então, incentivar nossos colaboradores a pensar em inovação dentro da própria empresa, sem precisar sair dela e criar um novo negócio? Como criar ambientes propícios para que o colaborador da empresa possa empreender e ter ideias transformadoras?

A seguir levantamos, resumidamente, características e/ou habilidades que devem ser aperfeiçoadas na organização (DESOUZA, 2011) e nos intraempreendedores (THE LEAGUE OF INTRAPRENEURS, s.d.).

Valorize o inconformismo

> *Os contrários e os rebeldes, o pessoal à margem das organizações que questionam e se afastam do status quo, o que muitas vezes leva à inércia e inflexibilidade, são ativos enormes para qualquer organização. Aqueles que não concordam com o presente, muitas vezes, enxergam o futuro com mais clareza.*
> *Tim Leberecht, NBB (THE LEAGUE OF INTRAPRENEURS, s.d.)*

Uma atitude comum em muitos empreendedores de sucesso é o inconformismo por tentar solucionar um problema que aconteceu com ele mesmo ou com uma pessoa próxima.

O inconformismo é o sentimento que faz você não se conformar com uma situação. Talvez você pense como deveria ser as coisas, mas naquele momento não tem muitas forças para mudar. Essa situação gera um sentimento de inconformismo.

Um dos maiores erros que uma pessoa pode cometer na vida é estar conformada.

Valorize as ideias não só pelos números, mas pela paixão com que são expostas

O intraempreendedor deve ter uma grande habilidade para se conectar e transformar o inconformismo em uma grande ideia: uma solução para um problema real.

Nesse sentido, ainda segundo o *kit* do intraempreendedorismo (THE LEAGUE OF INTRAPRENEURS, s.d.), como o intraempreendedor pode vender sua ideia dentro da empresa?

> *"Vão para o inferno os fatos! Precisamos de histórias" – as histórias conectam as pessoas, desde o tempo dos nossos avós nós adoramos histórias reais. Mesmo que tenhamos números e mais números, a conexão com o problema e a empatia pela dor do outro é sempre o que vai ser levado em conta pela empresa na hora de tomar a decisão para investir em uma ideia. Confiar demais em provas o distrai da verdadeira missão – a conexão emocional.*
> *Seth Godin (THE LEAGUE OF INTRAPRENEURS, s.d.)*

Crie um ambiente propício para a criatividade

Segundo o último Forum Econômico Mundial, a criatividade é uma das habilidades mais importantes que um profissional precisa ter até 2020.

A criatividade é uma habilidade humana. Tomamos decisões em milésimos de segundos e o tempo todo nos adaptamos e achamos soluções para as coisas. Utilizamos o tempo todo essa habilidade e não nos damos conta de que podemos "pensar fora da caixa" nas questões mais complexas do dia a dia na vida pessoal e profissional.

Os empreendedores são uma rica fonte de ideias para a criatividade. Isso pode ser potencializado se compartilhado com pessoas: crie ambientes propícios para conversas entre pessoas, times e outras empresas; organize *hackatons* (THE LEAGUE OF INTRAPRENEURS, s.d.); incentive que os times mostrem suas ideias para que tenham o *feedback* mais cedo e com frequências cada vez maiores; promova encontros onde os times possam aprender a escutar uns aos outros.

Valorize a colaboração e os pedidos de ajuda

A colaboração é a face humana do pensamento sistêmico.
Peter Senge (THE LEAGUE OF INTRAPRENEURS, s.d.)

Cada vez mais as empresas criam ambientes descolados e que facilitam a colaboração entre as pessoas. Com essas mudanças, não se tem mais espaço para o individualismo. Você pode ser muito bom em uma área, mas você certamente não sabe tudo: peça ajuda. Costumamos dizer que não somos o "último biscoito do pacote"; precisamos do outro para encontrar soluções incríveis.

Todo processo criativo é potencializado pela colaboração em todos os níveis da organização.

Capacite seu time no negócio para que tenham a visão fim a fim (*end to end*)

Incentive os seus colaboradores a usarem os produtos ou serviços da organização. O intraempreendedor precisa conhecer toda a operação, ter entendimento claro dos objetivos e resultados-chave (OKRs), conhecer os números (KPIs), parceiros, canais de distribuição, clientes e a proposta de valor do negócio.

Um desafio para todo empreendedor é ter uma visão de ponta a ponta do negócio.

Profissionais que focam somente em um pedacinho da operação ou do negócio estão cada vez mais distantes dessa transformação.

Conhecendo o detalhe do seu negócio, liste todas as maneiras que a sua ideia poderá criar valor para a empresa, considerando: aumentar a receita; reduzir os custos; melhorar a qualidade ou reforçar a reputação (THE LEAGUE OF INTRAPRENEURS, s.d.).

Forneça todos os recursos necessários (métodos, processos, *frameworks* e dados)

Incentive a utilização de métodos/*frameworks*/processos, como: *Design Thinking*, *Lean Startup*, *Scrum*, etc. e tome suas decisões de negócio orientado a dados (*data driven*). Mas preocupe-se em disseminar a cultura do simples.

> *Fazer as coisas certas é mais importante do que fazer as coisas direito.*
> Peter Drucker

> *Não há nada tão inútil quanto fazer com grande eficiência algo que não deveria ser feito.*
> Peter Drucker

A experiência de vida e em negócios potencializada pelo conhecimento de métodos, processos, *frameworks* e dados é imbatível.

Senso de dono (*ownership*)

No âmago, todos nós somos seres sociais. Queremos pertencer.
Para sentir como se fôssemos parte de algo maior que nós mesmos.
(THE LEAGUE OF INTRAPRENEURS, s.d.)

Possivelmente porque estamos a maior parte do nosso tempo no trabalho, existe a necessidade intrínseca de alinhar nossos valores com os da organização onde trabalhamos.

Quando você sente orgulho de onde trabalha e seus valores são compartilhados não só pela empresa, mas pelas pessoas com quem você trabalha, as amizades e relações de confiança surgem espontaneamente, criando um clima de família e sentimento de "eu faço parte, sou dono dessa empresa também".

Lembra daquela semifinal de campeonato entre Real Madrid e Barcelona?

Real Madrid estava vencendo a partida, quando de repente o Barcelona empata o jogo. Com o empate o Barcelona ia para final. Próximo do final do jogo, CR7 faz o gol da vitória e na comemoração ele vai em direção a câmera da TV, bate no peito e diz: "calma, eu estou aqui!".

É exatamente assim que deve ser visto um intraempreendedor. É a pessoa que bate no peito, chama a responsabilidade e se posiciona como protagonista em sua história.

Já parou para pensar se cada colaborador tivesse essa postura? Que tenhamos mais e mais pessoas com senso de dono.

Referências

CNDL; SPC BRASIL. Indicadores **Econômicos SPC Brasil e CNDL:** dados nacionais referentes a maio de 2018. Disponível em: <https://www.spcbrasil.org.br/wpimprensa/wp-content/uploads/2018/06/An%C3%A1lise-PF_maio_2018-1.pdf>. Acesso em: 02 set. 2019.

DESOUZA, Kevin C. **Intrapreneurship:** managing ideas within your organization. (Ontario Legal Directory). Toronto: Rotman-UTP Publishing, 2011.

INTRAEMPREENDEDORISMO é tema de palestra na Casa Firjan. **Firjan Notícias**, 14 nov. 2018. Disponível em: <https://www.firjan.com.br/noticias/intraempreendedorismo-e-tema-de-palestra-na-casa-firjan-3.htm>. Acesso em: 02 set. 2019.

PEREIRA, Samuel. **Atenção:** o maior ativo do mundo. São Paulo: Gente, 2018.

PINCHOT III, Gifford. **Intrapreneuring:** por que você não precisa deixar a empresa para tornar-se um empreendedor. São Paulo: Harbra, 1989.

THE LEAGUE OF INTRAPRENEURS. **The Intrapreneur's Toolkit – For Intrapreneurs' Eyes Only (versão em português).** Disponível em: <https://docs.wixstatic.com/ugd/ab2a94_76ac707103da4637b393d6a796648801.pdf>. Acesso em: 02 set. 2019.

20. A importância do *pitch* para as iniciativas digitais

Raphael Cunha

Já pensou encontrar dentro do elevador aquele mega cliente inacessível que tanto queria visitar e você tem menos de 1 minuto para se apresentar, persuadir e seduzir esse cliente de forma ética e honesta para provocar um novo encontro? Você está pronto para agarrar a oportunidade? Ou vai deixá-la escapar?

Você está pronto para dar um **pitch** matador e transformar o mundo? Ou perderia a oportunidade?

Mas o que seria um **pitch**? Como dar um **pitch** matador? E se você tiver segundos para dar esse **pitch** dentro do elevador? Será que você está preparado?

Elevator pitch é uma expressão americana que, traduzindo para o português de forma livre, significa: "conversa ou discurso de elevador". As conversas dentro de um elevador costumam ser rápidas, ágeis, curtas, muitas vezes entre um andar e outro, ou seja, você não tem muito tempo para prolongar o assunto e precisa ser **"V.O.R.A.S"**, que advém do acrônimo: **V**erdadeiro, **O**bjetivo, **R**ápido, **A**paixonante e **S**edutor.

No *pitch* eficaz também existe um processo a ser seguido através de passos, logicamente dependendo das circunstâncias. Muitas vezes, dependendo do caso, é apenas um *pitch* pra marcar uma próxima visita, ou mesmo um *pitch* mais complexo, para convencer um investidor a investir na sua *startup*. Alguns passos deverão ser seguidos, para a eficiência do *pitch*:

1. **Introdução:** qual é o seu objetivo? Contextualize o problema. Que benefícios e soluções você apresentará para o seu futuro cliente? Tenha tópicos concisos, precisos e com foco.
2. **Problema e solução:** apresente a solução para o problema que você sugeriu solucionar, que pode ser recorrente ou não. Quais são os seus diferenciais que ninguém tem?

3. **Mercado:** mostre o tamanho do problema que existe no mercado a que se refere e os benefícios que a sua solução trará. Quais são as vantagens? Como funcionará a sua solução?
4. **Resultados e vantagens:** como será o seu plano de negócios? De forma objetiva, mostre todos os seus diferenciais e a validação da sua solução.
5. **Concorrência:** mostre para o seu interlocutor os seus pontos fortes em comparação à sua concorrência.
6. **Projeções financeiras/Aportes:** quanto será necessário para execução do projeto. Quanto você precisará de investimento.
7. **Equipe:** fale sobre quem serão as pessoas envolvidas no projeto e respectivas áreas.
8. **Fechamento positivo e conclusão:** faça um *link* com a introdução e, de forma objetiva e focada, mostre ao seu ouvinte aonde você quer chegar. Estimule o seu ouvinte a participar com perguntas abertas e de forma positiva.

Seguem as 15 principais dicas para um excelente *pitch*:

1. Seja "V.O.R.A.S" (Verdadeiro, Objetivo, Rápido, Apaixonante e Sedutor).
2. **Seja natural e espontâneo:** quanto mais natural você for, mais credibilidade você passará para o seu interlocutor. Quando as pessoas acreditam e confiam na mensagem que você está transmitindo, tudo se torna mais fácil.
3. **Fale com energia, entusiasmo e emoção:** de nada adianta você falar com naturalidade, espontaneidade, mas sem emoção. Sem emoção você dificilmente conseguirá engajar pessoas para comprar a sua causa. Portanto, concentre-se, envolva-se com a causa, apaixone-se pelo seu *pitch* e passe emoção para o seu interlocutor. Se você se apresentar de forma tímida, acanhada, desconfortável, inibida, na cabeça do ouvinte passa um sentimento de que você não tem domínio sobre o que faz. Se não tem domínio, não tem conhecimento; se não tem conhecimento, não tem autoridade; se não tem autoridade, não tem credibilidade, ou seja, sem energia, você terminará passando um sentimento de desconfiança.
4. **Demonstre conhecimento técnico sobre o assunto:** quando você fala com desenvoltura, com desembaraço, com confiança, com domínio e convicção sobre o assunto que está transmitindo, com certeza terá muito mais chances de ter sucesso. Dan Roam (2008) nos ensina que você estará pronto para apresentar o seu negócio quando você puder explicar o funcionamento de forma visual, numa folha de guardanapo ou num pedaço de papel.
5. **Seja coerente:** demonstre ao seu interlocutor coerência com aquilo que você está transmitindo. Fale sempre a verdade e viva essa verdade.

6. **Conheça o seu ouvinte**: comunique-se de acordo com o nível intelectual do seu cliente e de acordo com a faixa etária. Conheça o arquétipo da pessoa que você vai conquistar e entenda as suas fraquezas. Se o seu ouvinte tem um nível mais baixo, seja didático, use um linguajar mais simples. Se o seu ouvinte for intelectualmente mais capacitado, explique de forma mais rebuscada, por metáforas e histórias, e deixe muitas vezes ele chegar a uma conclusão. Dependendo da faixa etária do ouvinte, adapte o seu discurso. A comunicação não poderá ser a mesma para os jovens e para os adultos. Se a plateia for jovem, você poderá obter melhores resultados se falar de planos, do futuro, se acenar com propostas associadas ao amanhã. Por outro lado, se o público for constituído de pessoas com idade mais avançada, suas chances de vitória serão ampliadas se desenvolver o raciocínio e a linha de argumentação com apoio em informações do passado.

7. **Aprenda com erros e acertos dos outros**: não espere errar para mudar e crescer. Seja um eterno aprendiz, observe o erro dos outros, converse com pessoas experientes e pegue atalhos. Dessa forma você terá sucesso bem mais rápido e vai acelerar o atingimento dos seus objetivos.

8. **Roupa**: vista-se de acordo com a sua atividade profissional. Apesar de vivermos num mundo V.U.C.A (Volátil, Incerto, Complexo e Ambíguo), torna-se necessário você estar adequado à sua atividade e às formalidades das circunstâncias. Logicamente, esteja à vontade e de acordo com seu estilo de comunicação, para que você possa se sentir bem.

9. **Saiba contar histórias**: um excelente orador domina a arte de contar histórias. Existe várias técnicas de *storytelling*. Através dessa técnica, você conseguirá envolver o interlocutor com maestria, chamará mais atenção para a sua causa e despertará ainda mais interesse das pessoas. Cuidado apenas para não passar da medida e contar histórias repetitivas. As melhores histórias sem dúvida são as suas, inéditas e que abrirão portas com mais facilidade. Seja parecido com Jesus. Busque missionários que se apaixonem pela sua causa e contem uma boa história.

10. **Esteja sempre o mais preparado possível**: sem sacrifício não tem vitória. Lembre-se da expressão "no pain, no gain". Busque sempre fazer o seu melhor e com excelência. Esteja preparado para qualquer momento e tenha habilidade para improvisar, caso seja necessário.

11. **Aprenda a perguntar e a responder as perguntas**: uma das armas poderosas do *coach* é dominar a arte das perguntas. Muitas vezes, responder o seu interlocutor com perguntas é sinônimo de sabedoria. Os profissionais especialistas em *coach* convencem e aceleram pessoas apenas fazendo perguntas.

Logicamente, dependendo da pergunta que o seu interlocutor lhe faça, esteja preparado para respondê-las.

12. **Comunicação verbal e não verbal:** muito cuidado com a forma de se expressar. Esteja atento ao V.V.T. (Volume, Velocidade e Tom da sua voz). Cantores e artistas que utilizam a voz como profissão praticam exercícios constantes com o aparelho fonador, que é composto por músculos, nervos e órgãos. Eles necessitam de um aquecimento e você precisa realizar alguns exercícios para não "perder a voz". Da mesma forma, segundo pesquisas, a mensagem da comunicação não verbal, através dos gestos, postura e expressões faciais, fala muito mais do que palavras. Esse tipo de comunicação representa 55% de todo o entendimento do seu interlocutor. Portanto, caso você não tenha uma boa oratória, invista tempo em cursos e treine com frequência.

13. **Treine, treine e treine:** mesmo em um cenário adverso, nunca desista de realizar os seus sonhos. O "sim" sempre será possível e você tem que acreditar. Tenha resiliência e adapte-se às circunstâncias, mesmo diante de algumas portas fechadas. Treine, treine e treine seu *pitch*, a repetição o levará à excelência.

14. **Use a tecnologia a seu favor:** quem tem dados tem petróleo. Esteja preparado com todos os insumos e armas possíveis para vencer a "guerra". Tenha um excelente material visual, caso seja necessário realizar uma apresentação. Capriche nas imagens.

15. *Mindset* **de campeão:** tenha empatia e coloque-se no lugar do seu cliente, acredite na vitória e fuja da autossabotagem. Um campeão de verdade consegue visualizar a vitória.

Referências

ENDEAVOR. **Pitch para Investidores:** saiba como montar e conduzir o processo de captação de investimento. Disponível em: <https://endeavor.org.br/dinheiro/pitch-para-investidores-conheca-o-passo-a-passo/?gclid=EAIaIQobChMIv_Lut4r64wIVQQqRCh1DAA0GEAAYASAAEgLIwPD_BwE>. Acesso em: 02 set. 2019.

GREENE, Robert. **A Arte da Sedução.** Rio de Janeiro: Rocco, 2004.

POLITO, Reinaldo. **A Influência da Emoção do Orador:** no processo de conquista dos ouvintes. 4. ed. São Paulo: Saraiva, 2005.

POLITO, Reinaldo. **Super dicas para falar bem em conversas e apresentações.** 2. ed. São Paulo: Benvirá, 2018.

ROAM, Dan. **The Back of Napkin:** solving problems and selling ideas with pictures. New York: Penguin, 2008.

SPINA, Cassio A. **Investidor Anjo:** guia prático para empreendedores e investidores. São Paulo: NVersos, 2011.

TREELABSBRASIL. ClickARQ – Pitch Demo Day Tree Labs Novembro 2012. **YouTube**, 23 nov. 2012. Disponível em: <https://www.youtube.com/watch?v=Wrb9N2KhVV8>. Acesso em: 02 set. 2019.

VELOSO, Anderson. **Fale bem agora ou cale-se para sempre:** seja destaque na oratória criativa. Kindle Edition, 2019.

PARTE IV. *FRAMEWORKS*, FERRAMENTAS E TÉCNICAS PARA APOIAR A JORNADA ÁGIL

21. *Management* 3.0

Cláudia Renata Dana Christof
Mateus Angelo Brasil Rocha

Entendendo a abordagem evolutiva da gestão

Nosso mundo está mudando em uma velocidade cada vez mais exponencial em virtude da evolução tecnológica. Nossos ambientes de trabalho já não são mais os mesmos após a entrada dos *millennials*, que não trabalham apenas por dinheiro e sim por um propósito. Com isso, é importante fornecer às pessoas um ambiente onde consigam desenvolver seu potencial, encontrar seu propósito e ter uma recompensa financeira para a sua subsistência e realização dos seus sonhos. Antes de entrar na abordagem da gestão 3.0, é importante entender o que mudou nesse processo.

Management 1.0

Neste estilo de gerenciamento, os líderes assumem que a melhoria do todo requer monitoramento, comando e controle, reparo e substituição das partes, tal qual máquinas. Ele foi criado por engenheiros, que também desenvolveram os primeiros *frameworks* de gestão com design, planejamento *top down* e estruturas de controle das pessoas.

A administração científica – teoria figurada por Frederick Taylor e Henry Fayol – nada mais é que administrar a organização como uma máquina. Adam Smith introduziu a ideia da divisão de trabalho, Henry Ford a colocou em prática de forma perfeita ao produzir seu famoso Ford T preto. Nesse período pós revolução industrial era comum encontrar frases como: "a porta da rua é a serventia da casa", "manda quem pode, obedece quem tem juízo", entre outras pérolas.

Management 2.0

Nesta visão, todos reconhecem que "as pessoas são os ativos mais valiosos" e que os gerentes devem se tornar "líderes servidores". Entendem que a melhoria de toda a organização não é alcançada apenas melhorando as partes, mas, ao mesmo tempo, preferem manter a hierarquia e o controle de cima para baixo.

Nessa época, surgiram outros modelos, como a gestão da qualidade total e a teoria das restrições, sem dúvida mostrando que as organizações estão se distanciando do *Management* 1.0, tentando fazer a coisa certa, mas de uma forma equivocada, porque ainda estão presos a uma visão hierárquica das organizações.

A verdade é que empresas que trabalham com uma abordagem 2.0 possuem sérios problemas para lidar com gerentes de nível médio/sênior, por ainda tratarem as equipes e as áreas que gerenciam como territórios de sua propriedade, chamando pessoas de recursos e às vezes contando como *headcount*. Não é incomum encontrarmos nessas organizações conversas entre gerentes pares dizendo: "me empresta esse recurso?", "esse profissional é do meu time" e coisas do gênero. Resumindo, muito "eu" e pouco "nós".

Management 3.0

Algumas pessoas imaginam uma organização como uma comunidade ou cidade na qual você pode fazer o que quiser, desde que permita que a comunidade se beneficie do seu trabalho. Nós chamamos isso de *Management* 3.0. Nesta abordagem, todos são parcialmente responsáveis por contribuir para o sucesso da organização e alguns são responsáveis pelo todo. A maioria dos profissionais criativos também é responsável por assuntos de gestão.

Todos são envolvidos e possuem a oportunidade de influenciar a mudança e participar da tomada de decisões. O modelo do gerente tradicional, na figura do chefe com ações de comando e controle, não é mais sustentável, quando se fala em estratégias de inovação.

Uma boa liderança envolve as pessoas e suas interações; permite melhorar o sistema; entende como o valor é entregue aos clientes e outras partes interessadas; ajuda a encantar os clientes – ou seja, o bom gerenciamento significa cuidar do sistema e não manipular pessoas.

Então, o que é *Management* 3.0?

Management 3.0 não é um *framework*, metodologia e nem um conjunto de técnicas definidas como melhores práticas. *Management* 3.0 envolve um *mindset* de gestão do trabalhador criativo, ferramentas e práticas que estão em constante evolução, com o objetivo de apoiar profissionais no gerenciamento da organização.

Os termos, criados pelo holandês Jurgen Appelo (2011) em seu livro "Management 3.0: leading agile developers, developing agile leaders", descrevem uma nova proposta de atuação para gestores e líderes do mundo corporativo e como as equipes devem se organizar e desenvolver seu trabalho. A ideia logo ganhou adeptos em países como Alemanha, Espanha, França e, por fim, Brasil.

*A gestão é importante demais para ficar
apenas nas mãos dos gestores.*
(APPELO, 2011)

Jurgen Appelo (2011) comparou o *Management* 3.0 com a ilustração do monstro Martie, para demonstrar o quanto nossas organizações são complexas de se entender e monstruosas de se gerenciar. Sua abordagem teórica é bem fundamentada, com base em várias pesquisas sobre gerenciamento e comportamento humano, como a Teoria dos dois fatores (HERZBERG, 1959), teoria da autodeterminação (RYAN; DECI, 2000), teoria básica dos 16 desejos de Steven Reiss, que deu origem ao livro "Who am I? The 16 basic desires that motivate our actions and define our personalities" (2000), utilizando como pilares a gestão, a liderança e o pensamento complexo, dividindo a gestão em seis visões: energizar pessoas; empoderar times; alinhar restrições; desenvolver competências; crescer a estrutura; e melhorar tudo. Para cada uma das fundamentações teóricas existem práticas que podem ser executadas junto às equipes para fomentar a auto-organização e o gerenciamento.

Abaixo estão listadas estas seis visões organizacionais (Figura 21.1):

- ✓ **Energizar pessoas: motivação e engajamento.** Os gerentes são responsáveis por energizar a equipe, estabelecendo condições que maximizam a probabilidade de que isso aconteça. Várias são as ações e atitudes que criam espaço para a motivação e o engajamento: cultivar a confiança, distribuir desafios adequados à competência, desenvolver a inteligência emocional e entender os processos emocionais dentro de cada um e como desencadeiam comportamentos a partir de eventos externos.
- ✓ **Empoderar times: delegação e capacitação.** O sistema com controle distribuído possui maior chance de sucesso do que com controle centralizado. A sutileza está em formar o sistema mais poderoso e não pessoas mais bem con-

troladas. A delegação deve ser analisada dentro de um contexto para garantir o equilíbrio entre o nível de maturidade da equipe e o impacto de suas decisões.

✓ **Alinhar restrições: valores e cultura.** As restrições alinham o pensamento, os esforços e o interesse de todos os envolvidos, direcionando o foco para o propósito da organização.

✓ **Desenvolver competências: aprendizagem e competências.** Para o time atingir seus objetivos, ele precisa ser autossuficiente; portanto, a aprendizagem contínua é fundamental para manter a evolução e a capacitação das pessoas.

✓ **Crescer a estrutura: dimensionamento da estrutura organizacional.** Com foco na qualidade do ambiente colaborativo, organizam-se equipes em unidades de valor que aprimoram a comunicação e reduzem riscos e custos. Crescimento consciente sem perder a flexibilidade.

✓ **Melhorar tudo: sucesso e fracasso.** O sistema precisa mudar continuamente para se adaptar às evoluções cada vez mais velozes. Gestores e líderes devem agir como agentes da mudança para manter a organização em um processo bem-sucedido de melhoria contínua.

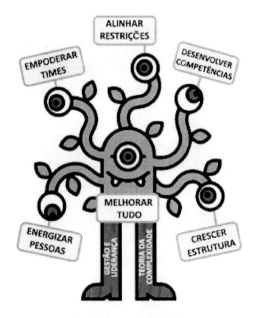

Figura 21.1. As seis visões organizacionais.
Fonte: autorizada a publicação e todos os direitos reservados para *Management* 3.0 © bv – <https://management30.com>.

Management 3.0 – Práticas

No *Management* 3.0, existem diversas práticas para auxiliar tanto os gestores quanto as equipes a descobrir uma forma mais colaborativa de trabalhar a gestão. São elas:

- ✓ *Personal map*: é o mapa mental de quem você é! No mapa mental, você coloca coisas que geralmente não leva para o ambiente de trabalho, mas que faz toda a diferença, como: filhos, família, valores, *hobbies*. Mostra para as pessoas que somos muito mais do que nossas profissões e títulos.
- ✓ *Moving motivators*: utilizado para identificar as motivações intrínseca e extrínseca ou um pouco de ambas. Através de cartas com os dez principais motivadores humanos, é possível entender o momento que o profissional vive e traçar planos de ação conjuntos para que a motivação seja restabelecida.
- ✓ *Kudo cards*: são *cards* de agradecimento personalizados para que as pessoas exercitem a gratidão em seu ambiente de trabalho, reforçando bons comportamentos entre as pessoas. Afinal, a cultura de qualquer organização é moldada pelo melhor comportamento que o líder está disposto a amplificar. Pode-se fazer também um mural chamado de **kudo wall** no qual os agradecimentos ficam visíveis a todas as pessoas da organização
- ✓ *Delegation poker*: são cartas de delegação que vão do nível 1 ao nível 7, para que a equipe se empodere a tomar o controle sobre os aspectos que julgar interessantes em conjunto com os seus gestores. Os sete níveis de delegação são:
  - **Dizer:** vou dizer a eles.
  - **Vender:** vou tentar vender para eles.
  - **Consultar:** vou consultar e depois decidir.
  - **Concordar:** nós vamos concordar juntos.
  - **Aconselhar:** vou aconselhar, mas eles decidem.
  - **Perguntar:** vou perguntar depois que eles decidirem.
  - **Delegar:** vou delegar totalmente.
- ✓ *Feedback wrap*: o *feedback wrap* é uma técnica de *feedback* baseada em comunicação não violenta (CNV), assunto do Capítulo 9 deste livro. Nela praticamos a empatia e passamos a olhar para nossas necessidades em vez de olhar para os erros dos outros. É pautada em cinco passos:
  - Descreva o contexto.
  - Liste suas observações.
  - Expresse seus sentimentos.
  - Explique o valor (importância).
  - Faça pedidos.

- ✓ **Matriz de competências:** a matriz de competências é utilizada para mapear as competências necessárias para realizar o trabalho. Geralmente, olhamos mais para as pessoas do que para as tarefas em específico, por exemplo: eu preciso de um garçom ou da competência de servir? Servir bem pode ser feito por um garçom ou não. Times multifuncionais são compostos de pessoas com várias habilidades; isso significa que, embora um profissional não domine um determinado assunto, ele é capaz de substituir alguém em uma eventual falta ou ajudar em aumento de demanda.
- ✓ *Meddlers:* é uma forma lúdica de representar como as estruturas de trabalho funcionam. Em vez de olhar para as organizações de forma hierárquica, começamos a enxergar os fluxos de trabalho que realmente entregam valor para os clientes. Isso significa unir em um único propósito todas as pessoas e competências necessárias para realizar o trabalho em unidades de valor e não mais em suas áreas.
- ✓ *Celebration grid:* muitas pessoas não gostam da ideia de falhar, muitas vezes pelo medo do fracasso, medo de ser julgado, medo de começar algo que não domina. Enfim, ninguém gosta de ser incompetente em algo. Acontece que, na maioria das organizações, confundimos experimentos com as práticas do dia a dia. Se criarmos ambientes seguros para experimentação que sejam separados das práticas do dia a dia, criaremos uma cultura de experimentação e aprendizado com experimentos que funcionaram ou não. Uma boa forma é utilizar o *celebration grid* para separar falhas, experimentos e práticas.
- ✓ **Doze passos para a felicidade:** Appelo descreve os 12 passos para a felicidade, que são maneiras de vivê-la, abraçá-la e implementá-la em nossas vidas:
  - Agradeça a alguém e aprecie seus colegas todos os dias.
  - Presenteie outras pessoas ou facilite para que outros ofereçam presentes.
  - Ajude alguém que precise de ajuda ou estimule que colegas ajudem uns aos outros.
  - Coma bem e faça com que alimentos saudáveis fiquem à disposição de todos.
  - Exercite-se regularmente e facilite para que as pessoas cuidem de seus corpos.
  - Descanse bem, durma o suficiente e permita que os colegas relaxem suas mentes.
  - Experimente coisas novas e permita que as pessoas executem todos os tipos de experimentos.
  - Caminhe ao ar livre, aproveite a natureza e permita que as pessoas escapem do escritório e da cidade.
  - Medite e faça as pessoas aprenderem e adotarem práticas de *mindfulness*.
  - Socialize-se, relacione-se com outras pessoas e ajude os colegas a desenvolver conexões.

- Mire em um objetivo e guie as pessoas a entender e realizar seu próprio propósito.
- Sorria sempre que puder, aprecie o humor e faça os colegas desfrutarem de atividades divertidas.

Existem outras práticas do *Management* 3.0, como: *improv cards*, modelo STAR, OKRs, *merit money*, *salary formula*, entre outras, que não serão abordadas aqui por serem muito específicas e necessitarem de um aprofundamento teórico maior, o que não é o foco do livro em questão. Elas podem ser encontradas no site <http://management3.0.com> ou em um dos *workshops* sobre o assunto.

Novas abordagens – Os cinco princípios do *Management* 3.0

Em 2019, durante o *retreat* anual de *Management* 3.0 que aconteceu em Berlim, Ralph van Roosmalen, CEO do *Management 3.0 Global*, divulgou os princípios para o *Management* 3.0, com base nas discussões com os facilitadores do assunto e o *board*. É importante para as pessoas terem propósitos que estejam alinhados à sua cultura e aos seus valores. Então, para todas as pessoas que se identificam com as práticas de *Management* 3.0, os agentes de transformação devem:

- ✓ **Envolver as pessoas e suas interações.** Envolva as pessoas no trabalho, aumente a interação entre elas.
- ✓ **Melhorar o sistema.** O sistema não é apenas uma equipe. Todos interagindo com a equipe fazem parte do sistema. Vamos melhorar todo o sistema e não apenas uma parte dele.
- ✓ **Ajudar a fazer todos os clientes felizes.** Os clientes não são apenas nossos clientes externos, mas também todos os envolvidos no sistema, como: colegas de trabalho, outras equipes, acionistas, dentre outros. Devemos encantar todos os clientes.
- ✓ **Gerenciar o sistema, não as pessoas.** Quando você altera o ambiente, as pessoas se adaptam e mudam seu comportamento, adequando-se ao novo ambiente.
- ✓ **Trabalhar em cocriação.** Juntas, as equipes criam coisas e inovam a partir da criação do outro. A cocriação é também dar *feedback* uns aos outros, é fazer em conjunto o que não seria possível individualmente.

Princípios raramente mudam, mas as práticas
sempre dependem do contexto.
(APPELO, 2010)

Para finalizar, muito além das suas teorias e práticas, o *Management* 3.0 é uma nova forma de enxergar as organizações, empoderando mais as pessoas para que desempenhem seu potencial ao máximo, com mais felicidade e propósito. Vivemos em um mundo onde se gasta mais com psicotrópicos do que com remédios para o coração. A gestão humanizada precisa acontecer para que a inovação possa aflorar e as pessoas se sintam mais felizes e saudáveis em seu ambiente de trabalho. A inovação só acontece quando as pessoas possuem um propósito claro e motivação. Para isso, é importante gerenciar o sistema, não mais as pessoas.

Exemplos de práticas do *Management* 3.0 aplicadas

Analia Irigoyen[10]

Contexto e cenário

Vivemos tempos de mudanças. Mudanças nas relações de trabalho e nas relações pessoais. Há inclusive teorias sobre a liquidez da vida moderna, onde levamos nossas relações de consumo para nossas relações profissionais e de trabalho. Nesse sentido, um dos grandes desafios das organizações, principalmente aquelas em que o capital humano é a força motriz, tem sido sobre como motivar pessoas. Será possível construir um ambiente de equipes e gestores felizes e inspirados 365 dias por ano? Quem tem a responsabilidade de construir esse ambiente? Isso de fato trará resultados práticos para o negócio?

Existem ferramentas simples e com custo baixo que tornam possível essa missão tão importante e constante, seja você participante do time ou um líder responsável por um grupo de pessoas, partindo do princípio de que ser feliz é uma tarefa colaborativa, que está diretamente ligada ao quanto o gestor e sua equipe sabem gerenciar as expectativas. Sim, é uma via de mão dupla, uma corresponsabilidade. Expectativa é algo pessoal e depende fortemente do momento e do meio que estamos vivendo. Trabalhos repetitivos e puramente mecânicos (ou, na linguagem popular, "corno *job*") estão sendo substituídos, de forma gradual, por máquinas ou algoritmos inteligentes. Portanto, precisamos nos reinventar em nossas funções de trabalho. Mudanças e problemas ocorrem em velocidade crescente e precisamos estar preparados para elas. Resumindo de forma direta e objetiva: vão existir problemas de todos os tipos e

---

[10] Contato: <analia@promovesolucoes.com>.

mudanças em qualquer tipo de projeto, e isso é um fato. Sendo um fato, temos que encarar e nos preparar para enfrentar. Nesse sentido, os ambientes devem propiciar o aumento da criatividade, da confiança e motivação. Como conseguir isso?

✓ Permitir que existam erros e ideias, promover discussões amplas e abertas sobre os problemas, fraquezas organizacionais e limites pessoais.
✓ Disseminar o conhecimento entre todos de forma extremamente colaborativa. O conhecimento e a visibilidade nos libertam das fofocas de corredor e do mal-estar entre as equipes.

Foram aplicadas as práticas do *Management* 3.0, descritas neste capítulo, em empresas de desenvolvimento de software com equipes de seis a dez pessoas, para direcionar algumas visões da gestão moderna. São elas: empoderar times com o *delegation poker*, energizar pessoas com os *moving motivators* e *kudo cards*.

Ações realizadas

Moving motivators
A utilização dos *moving motivators* nos possibilitou tratar o elemento humano, tão importante em trabalhos criativos. Precisamos nos conhecer. Saber o que nos motiva e desmotiva e, de forma colaborativa, explorar os aspectos positivos de cada um. Os *moving motivators* foram usados individualmente e em grupo para que fosse possível direcionar as questões: estamos alinhados? É possível nos alinhar? Podemos ajudar o outro a se motivar?

O maior benefício alcançado nos times onde aplicamos os *moving motivators*, após a sessão de conhecimento das motivações individuais, foi a redistribuição e criação de tarefas na *Sprint*. Um dos membros do time, por exemplo, se sentia motivado pela "curiosidade" – foi um consenso geral direcionar as tarefas de pesquisa que existiam na *Sprint* para ele.

Um outro resultado dessa dinâmica foi que, em um dos times, a *gamification* foi implantada em duas *Sprints*, pois o grupo apontou que uma das maiores motivações era representada pela carta "Status". Foram criados personagens de referência ("o Jedi do Java", "o Mestre da Qualidade"...) e a pontuação era dada por um membro do time quando um jogador contribuía positivamente para o código.

Kudo cards

Usamos os *kudo cards* ao final de cada *Sprint* para presentear membros da equipe por sua colaboração ou seus feitos importantes para o grupo. Cada pessoa só podia presentear um do seu grupo e não podia presentear a si próprio.

Cada membro do time tinha um mural onde podia colocar os *kudos* recebidos, e isso era motivo de orgulho e de um clima de trabalho colaborativo.

Delegation board/Delegation poker

Tudo visível, tudo claro, tudo com respeito mútuo. Um ambiente gostoso de estar: onde a colaboração é vitoriosa, onde o outro é necessário e se faz necessário, onde as expectativas são conhecidas. Nesse ponto o *delegation poker* pode nos ajudar a definir em que assuntos a equipe pode tomar decisões ou ainda não está madura suficiente para decidir.

O *delegation poker* promoveu nesses times uma discussão dos limites individuais, do grupo e da liderança. Utilizamos esta técnica para gerenciar as expectativas entre eles, resolvendo problemas como: "...eu achava que você deveria ser mais proativo nisso ou naquilo...", "eu achava que poderia decidir isso...", "...não sabia que era responsável por isso". Quantos problemas evitamos usando esta ferramenta e tornando as cercas bem visíveis e sinalizadas!

A Figura 21.2 mostra o exemplo de *delegation board* resultado de um *delegation poker* de um dos times.

QUADRO DE DELEGAÇÃO Pontos de decisão	2 Vender Eu defino e vendo a ideia	3 Consultar Eu consulto e depois decido	4 Concordar Decidimos juntos	5 Aconselhar Eu gostaria de opinar sobre a decisão	6 Ouvir Eu gostaria de saber da decisão
Quality Gate		Time		PO	
Inspeção de Código			PO + Time	SM	
Operação Assistida			PO + Time + SM		
Critérios de Aceitação		PO		SM + Time	

Figura 21.2. Exemplo de *delegation board* de um dos times.
Fonte: elaborado pela autora.

Resultados esperados e lições aprendidas

Essas ferramentas simples e práticas, utilizadas com frequência, podem tornar nossa equipe mais feliz e motivada, 365 dias por ano. Comece pequeno, observe o que está atrapalhando mais seu time (motivação, falta de alinhamento de responsabilidades ou ambiente pesado) e utilize uma das técnicas do *Management* 3.0 (*moving motivators, delegation poker, kudo cards*) para direcionar o seu problema. Persista inovando no ambiente de trabalho, cada dia mais um pouco, mais uma técnica, mais um alinhamento de responsabilidades, mais uma sessão de *kudos*. Ao final de três meses, você já vai perceber melhorias na colaboração e na motivação do seu time.

Case Management 3.0

Mateus Angelo Brasil Rocha[11]

Em 2015, passamos por um momento desafiador em nossos projetos. Eu atuava como *head* de tecnologia em uma grande consultoria do Brasil. O mercado de desenvolvedores Java sempre foi muito aquecido, porém, naquela época, se tornou ainda mais competitivo, tanto para contratar quanto para reter esses profissionais, que recebiam várias propostas de trabalho por mês. O LinkedIn facilitou ainda mais esse contato entre recrutadores e profissionais. Efeitos de um mundo VUCA. Isso nos ligou um alerta: como manter os profissionais (que possuem todo o conhecimento do negócio) motivados a continuar em nossos projetos e empresa? O salário foi a única atração? Graças a pesquisas, descobrimos que as pessoas gostam de trabalhar aqui. Isso é o bastante? Procurando por respostas e renovação, encontramos o *Management* 3.0!

Começamos com pequenos embriões em alguns *squads* específicos, para não atrair muita atenção do resto da célula e não aumentar a complexidade desde o início. A ideia sempre foi testar a hipótese e coletar *feedback*. Para começar o plano, usamos o *kudo box* na retrospectiva de uma das equipes: em uma cerimônia ritual de encerramento, pedimos a eles que escrevessem uma mensagem para alguém que os ajudou durante a *Sprint*. O resultado foi incrível! Vários membros da equipe agradeceram: "obrigado, Sr. X, por me ajudar nessa tarefa difícil" ou "obrigado, Sr. Z, por me ajudar com o *jasper*". Isso nos motivou a dar o próximo passo.

---

[11] Contato: <mateus.rocha@millennialsbr.com>.

168 Jornada Ágil e Digital

Aplicamos então o *delegation poker*, mas de uma maneira um pouco diferente. A equipe achou melhor fazer um quadro de delegação para todos eles, com os problemas que eles consideravam pertinentes. Nós sempre tivemos problemas com *bookmarking* de férias feitas pelo gestor. Às vezes, dois profissionais da mesma equipe queriam férias durante o mesmo período, o que fazia com o que o gestor escolhesse um profissional em detrimento de outro. O nosso banco de horas também era insanamente alto, o que causava problemas para nossa diretoria. Os profissionais entendiam isso como um problema para eles também, visto que, pelo alto número de horas, eram praticamente obrigados a sair de folga em períodos que não lhes era interessante (tipo: extensão de feriados). Após uma rodada com essas discussões, o time optou por:

- ✓ **Extensão de feriados** – Aconselhar (o gestor aconselha e o time toma a decisão).
- ✓ **Férias** – Perguntar (a equipe já tomou a decisão. Basta lhes perguntar se tudo está como o combinado).
- ✓ **Banco de horas** – Delegar (nós apenas alinhamos a restrição de 10 horas para mais ou menos).

Mais uma vez os resultados foram incríveis! A equipe se auto-organizou e colocava a marcação das férias na parede. Se alguém quisesse o mesmo período, negociava com o colega de trabalho.

As extensões de feriados nunca mais foram problema do gestor e o banco de horas é controlado como nunca antes.

O próximo passo foi o *celebration grid*, onde abrimos espaço para comemorações de experiências e aprendizado em equipe, revisando nossas práticas e sorte! Ufa! O sentimento que permaneceu foi o de que tínhamos um lugar onde podíamos aprender e evoluir como uma equipe.

Devido a essa mudança de mentalidade e práticas, não perdemos nem mesmo uma pessoa nos *squads* por sete meses (a média era de 1 pessoa-mês, anteriormente).

Replicamos e compartilhamos com todos os gerentes e células essas práticas, que, a cada dia, ganham força e tornam as pessoas mais felizes, mais capacitadas e com um propósito.

Referências

APPELO, Jurgen. **Management 3.0**: leading agile developers, developing agile leaders (Addison-Wesley Signature Series). Upper Saddle River: Addison-Wesley, 2011.

HERZBERG, Frederick; MANSUR, Bernard; SNYDERMAN, Barbara Bloch. **The motivation to work**. 2.ed. New York: John Willey & Sons, 1959.

KOTTER, John P. **Leading Change**. Cambridge: Harvard Business Review Press, 2012.

LITTLE, Jason. **Lean Change Management**: innovative practices for managing organizational change. Montreal: Happy Melly Express, 2014. 180 p.

MANAGEMENT 3.0. Site. Disponível em: <https://management30.com>. Acesso em: 02 set. 2019.

PINK, Daniel H. **Drive**: The surprising truth about what motivates us. New York: Riverhead Books, 2011.

REISS, Steven. **Who am I?** the 16 basic desires that motivate our actions and define our personalities. New York: Jeremy P. Tarcher/Putnam, 2000.

RYAN, Richard M.; DECI, Edward L. Intrinsic and extrinsic motivations: classic definitions and new directions. **Contemporary Educational Psychology**, Jan. 2000, vol. 25, n. 1, p. 54-67.

22. Ciclo ágil com *DevOps*

Antonio Muniz
Leandro Pena Barreto
Marquiano Okopny
Priscilla Parodi
Wesley Soares de Oliveira

DevOps combina as atividades de desenvolvimento e operações de uma organização para aumentar a colaboração e a automação ao longo de todo o ciclo de vida do produto ou serviço.

Hoje em dia, não podemos falar de *DevOps* sem incluir os processos em que times agem de forma colaborativa uns com os outros. O trabalho colaborativo tem sido parte do dia a dia de muitas empresas, e isso tende a se espalhar para todo o mercado, não só em TI.

A ideia principal é mantermos a sinergia entre os times de desenvolvimento e operação de forma colaborativa, ágil, com processos automatizados claros e com *feedbacks* contínuos. Para que isso aconteça, além de ferramentas, devemos pensar também na cultura ágil. Como entregar valor para o usuário final? Como manter o sistema no ar 99,999% do tempo? Como responder a uma crise de forma efetiva, envolvendo os times responsáveis? E, claro, como automatizar todo esse processo complexo para que uma subida em produção seja algo tranquilo e recorrente? Para responder a todas essas questões, devemos levar em conta toda a cultura de entrega ágil.

As metodologias ágeis proporcionam para as empresas uma ferramenta muito necessária na era digital: uma maneira colaborativa e flexível de desenvolver produtos e serviços. Equipes multifuncionais, iterações rápidas, testes frequentes e *feedbacks* contínuos são práticas ágeis poderosas que permitem que as empresas aprimorem seus processos. Contudo, as empresas podem perceber uma mudança transformadora ainda maior implementando as práticas *DevOps*.

Quando falamos em juntar os silos, que antes eram estruturas apartadas, em estruturas homogêneas, sincronizadas e falando a mesma língua, precisamos ter em mente que as empresas são feitas de pessoas. Devemos pensar que um time complementa o outro, um time depende do outro; logo, a melhor forma de termos uma sinergia entre eles é incluirmos uma metodologia ágil durante esse ciclo, pois demonstra mais clareza nas atividades entre os times, o que é fundamental para o êxito de todos.

De forma específica, a abordagem divide as paredes dentro da TI para incorporar funcionários de operações de TI em equipes ágeis e multifuncionais que trabalham no desenvolvimento de software. Novos processos e ferramentas são usados para alinhar o trabalho de desenvolvimento de TI e software. Observe na figura a seguir que o ciclo ágil com *DevOps* une ainda mais as equipes.

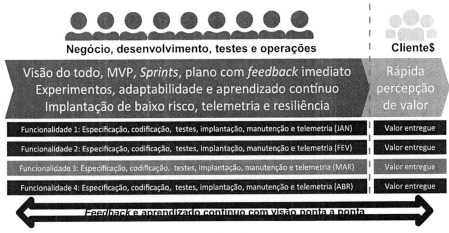

Figura 22.1. Ciclo ágil com *DevOps*.
Fonte: MUNIZ, 2019.

Os ganhos de eficiência e velocidade que o *DevOps* e os modelos ágeis podem oferecer são particularmente importantes no ambiente atual, onde temos cada vez mais colaboração entre os times, tal qual mudanças de funções cada vez mais aparentes e também quando os clientes e os desenvolvimentos tecnológicos exigem ciclos de desenvolvimento cada vez mais curtos e qualidade cada vez maior e com entregas cada vez mais rápidas e consistentes.

Hoje no mercado existem diversas metodologias ágeis, e o ideal é sempre usar a que melhor se encaixa com a cultura organizacional da empresa, então é fundamental sabermos qual é o nível de maturidade da nossa empresa atual para que possamos sugerir algum novo modelo.

Em uma empresa cuja colaboração entre todos é muito forte, pode-se usar XP por conta de sua programação em pares; em uma empresa que é mais metodológica, usar *Kanban* entre os times; e em uma estrutura de entregas similar a projetos pode

172 Jornada Ágil e Digital

ser uma boa pedida usar o *Scrum*. O mais comum é usar o *Scrum*, por ser mais aderente praticamente a qualquer tipo de organização, não importando seu nível de maturidade. As empresas podem usar o que melhor se enquadra na sua forma de trabalho, dependendo do momento que se encontram em relação à adesão e ao uso das metodologias ágeis.

Estamos em uma era em que encontrar a solução mais adequada para prever um erro em uma organização se torna o maior ganho. Um deslize pode impactar a imagem e, algumas vezes, impactar o principal produto da empresa. Sendo assim, a possibilidade de diminuir qualquer risco é a maneira mais adequada para fazer uma informação ser útil para todos.

A cultura *DevOps* proporciona um meio de quebrar as barreiras que durante um bom tempo fez com que fosse causado o distanciamento entre os times. O *DevOps* proporciona um canal no qual os times têm uma maneira de aumentar a comunicação que garante uma informação clara e completa.

No momento em que se inicia a prática da cultura ágil e do *DevOps*, nota-se a agilidade de interação dos times, a eficiência na comunicação, a melhora na entrega final e o melhor de tudo: compartilhamento de conhecimento entre todos os envolvidos.

Melhoria contínua é a chave

Para crescer exponencialmente seguindo as melhores práticas *DevOps*, é importante que todos tenham em mente a ideia de melhoria contínua, ou seja, estar sempre pronto para aprender novas habilidades, utilizando pontos do dia a dia na organização em que se pode adaptar: o que explica a cultura analisando as ocorrências pelas quais as áreas já passaram e o que o mercado disponibiliza para tratar um determinado tipo de problema.

A integração de equipes promove um melhor conhecimento do campo de atuação, o que proporciona uma segurança no sentido de encontrar as ferramentas mais úteis para aquele processo, seja automatizando um fluxo de CI (acrônimo para *Continuous Integration*/Integração Contínua) e CD (acrônimo para *Continuous Delivery*/Entrega Contínua) ou até uma maneira mais eficiente de garantir uma positividade nos testes.

Há inúmeras ferramentas no mercado que podem auxiliar a implantação e suportar a jornada ágil de sua empresa, porém o foco principal não deve estar apenas nas ferramentas, pois, assim como prega o Manifesto Ágil, indivíduos e interações mais que processos e **ferramentas**. Tendo claro este princípio, para não pular etapas, ao iniciar ou manter uma transformação ágil e digital, você poderá escolher uma ferramenta que melhor atenda às suas necessidades e à necessidade de seu time.

Mas há melhores ou piores ferramentas? A resposta é não! Cada ferramenta possui sua particularidade, sua interface e sua usabilidade. Caberão uma análise e um *benchmarking* para identificar quais as melhores ferramentas e quais se adaptam à necessidade do time e da empresa.

A interface das ferramentas *DevOps* e as funcionalidades variam muito, e alguns pontos devem ser levados em consideração no momento da escolha: o ambiente será *cloud*, local ou híbrido? Qual o tipo de projeto? Haverá integração com outros sistemas ou ferramentas? É fácil de usar ou serão necessários treinamentos? É de confiança? Qual será o custo?

Para decidir a ferramenta a ser adotada, deve-se considerar qual ferramenta irá se adequar melhor à sua forma de trabalho e à de seu(s) time(s). É importante envolver o time na escolha, isso fará com que gere engajamento na adoção e no uso da ferramenta X ou Y.

Medir, visualizar, agir e o ciclo se repete

Tão importante quanto a aplicação da metodologia ágil ao *DevOps* é a medição da aderência da cultura e visualização de KPIs (*Key Performance Indicators*/indicador-chave de desempenho) que antes não podiam ser medidos, por exemplo: "quantidade de entregas por time e por *Sprint*", "capacidade de entrega dos times por *story point*", "velocidade de entrega entre os times".

Cada KPI irá medir e mostrar como cada time está entregando valor para o negócio, sua visualização holística e até prever quando um trabalho será finalizado conforme a maturidade dos times vai aumentando. A ideia é termos uma visão clara de quanto tempo a equipe envolvida irá entregar determinado trabalho, gerando conformidade, previsão e autonomia entre os times.

Para concluir, os métodos ágeis e *DevOps* não são movimentos de objetivo de negócio; eles facilitam a aplicação e a transposição entre os processos dos times envolvidos em uma entrega de negócio. É um meio para atingir a colaboração entre todos da organização para uma melhor entrega: testada e homologada.

Observabilidade

A observabilidade é um conceito que vem sendo bastante utilizado no universo de *DevOps*. Apesar de não mencionado no Google SRE Book, várias fontes ligam a origem do conceito a grandes empresas do Vale do Silício (BRAGIN, 2019). Justamente por ser um termo, não é algo que se compra pronto ou que se adquire já funcionando.

Muitas vezes confundida com o "monitoramento", gera dúvidas sobre o que é, como fazer e onde se inicia um e termina o outro. O monitoramento vem do verbo monitorar, é uma ação com o objetivo de verificar algo visando um determinável fim. Em tecnologia o monitoramento é uma forma de acompanhar a "saúde" da aplicação, muitas vezes com critérios para verdadeiro ou falso que implicam na tomada de ação bem como na visualização gráfica e resumida do estado da aplicação (métricas) para um entendimento mais simples e rápido do todo.

Monitorar uma aplicação é necessário para que se reduza ao máximo o tempo de reação após possíveis erros e comportamentos inesperados. Quanto menor o tempo de reação e resolução, maior a satisfação do usuário, menor o impacto no sistema e maior a otimização no tempo de trabalho das equipes envolvidas, estando diretamente atrelado ao custo.

Por isso a observabilidade vem com o objetivo de entender quais são os pontos principais para monitorar a aplicação de maneira eficaz, como ter um sistema gerando e correlacionando dados em 360 graus para que a tomada de ação seja breve, com uma resolução baseada nas informações produzidas e para que assim se observe a aplicação de ponta a ponta. Segundo Sridharan (s.d.), existem três pilares para obtenção de dados essenciais no processo: *logs*, métricas e *trace*.

Os *logs* são registros cronológicos de eventos. Para cada evento mostra o que aconteceu. Uma mensagem de *log* é um dado do sistema que é gerado quando um evento acontece para descrever o que ocorreu. Os dados que compõem o *log* possuem detalhes sobre o evento, como o recurso que estava sendo acessado, quem acessou e quando. Cada evento pode ter diferentes dados compondo a mensagem do *log*. Como essência, o *log* relata a história do que aconteceu com a aplicação em cada momento durante a execução.

Este possui vantagens como a possibilidade de, no código, se ter controle sobre a parte da qual se necessita de informações e, dessa forma, entender por onde a aplicação passou e qual resultado produziu, além de ser simples de ser gerado.

Porém, é necessário que ele "imprima" para que produza resultados. Além disso, muitas vezes se torna limitado quando a aplicação, por exemplo, não se comporta como o planejado, indo por caminhos diferentes e não previstos, quando não existe o conhecimento sobre o código que está gerando os *logs*, levando um tempo maior para entendimento e resolução e também quando existe complexidade e quantidade de *logs* – por exemplo, no caso do uso de microsserviços ou aplicações de grande complexidade.

As métricas são medições periódicas de KPIs (indicadores-chave de desempenho). A cada "X" minutos meça o uso da CPU, mostre e anote com metadados. Indica a saúde do sistema naquele momento. Fazendo uma analogia, indo para o médico temos o relato dos sintomas pelo paciente, quando ocorreram e o que foi sentido, que no caso seriam os *logs*. As métricas seriam a visualização dos sinais vitais realizados na sequência, como, por exemplo, temperatura, pulso, pressão arterial e frequência respiratória. Os *logs* relatam o que ocorreu a cada momento e as métricas mostram como está a medida que se quer saber no momento. É mais uma fonte de dados sobre a saúde do sistema e um guia importante para entender o comportamento e as oscilações de maneira breve. Porém, as métricas sozinhas nem sempre são claras o suficiente para que se entenda o que gerou o resultado não esperado, aumentando o tempo de reação (REICHERT, 2018).

O *trace* permite o monitoramento da aplicação e serviços em tempo real. Representa a jornada do usuário através da aplicação e pode fornecer visibilidade tanto no caminho percorrido pelo *request* quanto na estrutura, coletando, por exemplo, informações detalhadas de desempenho e tempo de resposta, consultas ao banco de dados, *caches*, *requests* externos, entre outros. Isso facilita a identificação e a correção rápida de problemas de desempenho, e essa é a maior vantagem. As ferramentas para *traces* são distribuídas por natureza; logo, a compatibilidade precisa ser verificada no momento da orquestração. Além disso, muitas dessas ferramentas não suportam todas as linguagens de programação, o que também deve ser verificado.

Junto com a coleta de dados está a necessidade de visualização e correlação. Para isso é importante contar com uma ferramenta que lhe permita não apenas obter os dados mas também visualizar e correlacionar. Existem ferramentas que permitem o armazenamento, a análise e a busca de *logs*, métricas e também o *trace* da aplicação em um só lugar, podendo os dados serem correlacionados e visualizados de maneira muito mais rápida. Esse é o caso do Elastic Stack, conjunto de ferramentas *open source* da Elastic.

176 Jornada Ágil e Digital

O Elastic Stack é composto pelas seguintes ferramentas: Elasticsearch, Logstash, Kibana e Beats. O Elasticsearch é o centro do Stack, é uma ferramenta de busca e análise e, no contexto da observabilidade, serve como um componente centralizado de armazenamento de dados para o qual dados variados podem ser ingeridos e analisados (ELASTIC, s.d.).

O Logstash é um *pipeline* de processamento de dados do lado do servidor que ingere dados de várias fontes simultaneamente, os transforma e os envia para o Elasticsearch, por exemplo. No contexto da observabilidade, ele serve como um componente de instrumentação de *log*. O Kibana tem o objetivo de ser a camada de visualização e gerenciamento do Stack, sendo nesse contexto o componente de visualização e análise dos dados. Por fim, o Beats são agentes leves, expedidores de dados. Esses agentes enviam dados de centenas ou milhares de máquinas e sistemas para o Logstash ou Elasticsearch (ELASTIC, s.d.).

Além disso, o Stack possui ferramentas como a de APM (gerenciamento de desempenho de aplicativos), que, no contexto da observabilidade, faz o *trace* da aplicação, e serviços como o de *machine learning* (aprendizado de máquina), que aprende a identificar o comportamento dos seus dados do Elasticsearch, tendências, periodicidade e muito mais em tempo real e que, nesse contexto, é uma ferramenta a mais para colaborar para a identificação de problemas mais rapidamente, otimização da análise de causa-raiz e redução de falsos positivos (ELASTIC, s.d.).

Diversos fatores influenciam no sucesso da implementação do conceito da observabilidade em uma aplicação; um deles é a própria aplicação e como ela foi planejada e se é possível obter todos os dados necessários com qualidade e no menor tempo e com a maior performance, para que seja possível ir para o segundo movimento, que é o das ferramentas que irão colaborar no processo. Começar diretamente com as ferramentas e sem adequação é uma possibilidade maior de insucesso.

Isso foi basicamente o que ocorreu com uma grande empresa do setor de telecomunicação: apesar de já possuírem dados do sistema sendo gerados e conhecimento da importância desses dados, bem como ferramentas já implementadas e ótimos resultados já obtidos, tempos depois descobriram que o custo para lidar com os enormes volumes de dados estava muito alto, além das dificuldades de tempo de pesquisa e análise desses dados, que estavam em um banco relacional. Por isso foi necessário procurar novas tecnologias, nesse caso, de código aberto e NoSQL. Para continuarem com os excelentes resultados era necessária uma excelente solução. Utilizando as tecnologias corretas para ingestão, busca, alertas, armazenamento, análise e visualização de dados foi possível reduzir o tempo médio para reparo em dez vezes.

Além de ferramentas, também é preciso entender o fator humano envolvido, devendo existir um alinhamento entre as áreas com o objetivo final bem esclarecido e possíveis mudanças culturais, que também podem ser necessárias. Ter um sistema observável é também um processo como qualquer outro que envolve, além do entendimento de um conceito e adaptação cultural, mudanças, planejamento e execução, de fase em fase.

Referências

BRAGIN, Tanya. Observabilidade com o Elastic Stack. **Elastic**, 28 fev. 2019. Disponível em: <https://www.elastic.co/blog/observability-with-the-elastic-stack>. Acesso em: 10 out. 2019.

ELASTIC. **Getting started with the Elastic Stack**. Disponível em: <https://www.elastic.co/guide/en/elastic-stack-get-started/7.3/get-started-elastic-stack.html>. Acesso em: 10 out. 2019.

MUNIZ, Antonio. Videoaula Jornada DevOps. Udemy, 2019.

MUNIZ, Antonio. Workshop Jornada DevOps, 2019.

REICHERT, Dan. Logs and Metrics: What are they, and how do they help me?. **Sumo Logic**, Jan. 05, 2018. Disponível em: <https://www.sumologic.com/blog/logs-metrics-overview>. Acesso em: 10 out. 2019.

SRIDHARAN, Cindy. **Distributed Systems Observability**. Chapter 4. The Three Pillars of Observability. Disponível em: <https://www.oreilly.com/library/view/distributed-systems-observability/9781492033431/ch04.html>. Acesso em: 10 out. 2019.

23. OKR

Antonio Muniz
Leandro Pena Barreto
Isabel Ribeiro Coutinho de Palma
Wesley Soares de Oliveira

Neste capítulo falaremos sobre OKR (sigla para *Objective and Key Results*).

Esta prática surgiu na Intel e foi levada para a Google em 1999, quando o investidor John Doerr apresentou esse método para Larry Page e Sergey Brin.

A ideia do OKR é criar objetivos com mensuração dos resultados no curto prazo. Ele tem sido muito bem aceito nas empresas mais inovadoras do mundo e seu uso está se espalhando por todos os tipos de organizações.

Em resumo, o OKR pode ser classificado da seguinte forma:

- ✓ **Objetivos:** são descrições qualitativas curtas, envolventes e desafiadoras para ajudar a responder: **"aonde queremos chegar?"**.
- ✓ **Resultados-chave:** conjunto de duas a cinco métricas quantitativas que indicam o progresso de cada objetivo para ajudar a responder: **"como eu vou saber se estou chegando lá?"**.

Podemos considerar que OKR representa um conjunto de objetivos inter-relacionados que contribuem para os objetivos estratégicos de uma organização e deixam claro para todos os colaboradores quais entregas devem ser priorizadas e para onde direcionar seus esforços.

Diferentemente dos modelos tradicionais, como o BSC (*balanced scorecard*), que estabelece o cascateamento *top down*, é importante destacar que os OKRs usados originalmente na Google seguem duas vias e são públicos para toda a empresa:

1. *Top down*: 40% são OKRs escolhidos pelos executivos, definindo a direção que deve ser seguida por todos.
2. *Bottom up*: 60% são OKRs escolhidos por cada colaborador, definindo como será o caminho a ser trilhado.

O uso do OKR é importante para evitar os problemas encontrados no plano estratégico tradicional, que costuma ser definido exclusivamente pela alta administração e demora bastante tempo para que o cascateamento alcance as pessoas que executarão as ações. Além disso, as equipes se sentem desmotivadas porque não participaram da construção da estratégia ou não têm clareza de como suas ações diárias colaboram diretamente para o alcance dos resultados.

Em seu livro "Avalie o que Importa: como o Google, Bono Vox e a Fundação Gates sacudiram o mundo com os OKRs" (2019), John Doerr destaca quatro superpoderes que o uso de OKR possibilita às organizações, conforme resumo da tabela a seguir.

Tabela 23.1. Superpoderes do OKR. Fonte: DOERR, 2019.

Superpoderes do OKR	Justificativa
1. Foco e compromisso com as prioridades	Os OKRs ajudam a escolher o que mais importa
2. Alinhamento e conexão em prol do trabalho em equipe	OKRs públicos e transparentes despertam e fortalecem a colaboração
3. O acompanhamento da responsabilidade	Os OKRs ajudam a monitorar o progresso e corrigir a rota
4. O esforço pelo surpreendente	Os OKRs nos empoderam a alcançar o aparentemente impossível

Embora diversas organizações estejam iniciando a adoção do OKR seguindo o exemplo da Google, é importante destacar que não existe uma receita universal para ser replicada. Deve-se avaliar qual o momento de cada empresa. Por exemplo, uma organização que possui uma cultura de experimentação e segurança psicológica terá maior facilidade para adotar OKR do que outra empresa com cultura comando e controle.

Apresentamos a seguir os passos básicos para a adoção do OKR.

Defina um objetivo concreto, mensurável e inspirador

Este objetivo deve ser inspirador a ponto de deixar você literalmente com medo, desafiado e desconfortável, no bom sentido da palavra.

Os objetivos devem ser públicos. No caso organizacional, toda empresa deve ter ciência dos objetivos, para que todos da empresa andem para a mesma direção.

O primeiro passo para você começar a seguir o plano é acreditar que você pode e consegue. A ideia aqui é criarmos um objetivo grande, inspirador, concreto e factível.

Grande o suficiente para o deixar com medo, mas aquele medo bom, que o inspira e lhe dá a visão de que, mesmo chegando próximo ao resultado final, o que for obtido até aqui já será muito grande e gratificante.

Para cada objetivo, o resultado esperado é um atingimento entre 60% e 70% apenas, nunca 100%. Caso seja atingido 100% do objetivo proposto, ele não foi inspirador e grande o suficiente.

Desvincule o objetivo de metas financeiras

O objetivo deve ser inspirador de forma a não estar atrelado às metas financeiras, pois isso vai mais prejudicar do que ajudar. Caso alguém se sinta cobrado em fazer 100% da meta (o qual não é o objetivo principal), isso trará duas coisas: frustrações e metas menores (e mais fáceis).

Quando falamos em metas financeiras e bônus, estamos falando de uma meta que estará diretamente ligada ao ganho financeiro. Quando falamos de metas inspiradoras, estamos falando de crescimento pessoal e profissional; sendo assim, pode ser normal não atingirmos o objetivo em sua totalidade, uma vez que este objetivo é grande e inspirador. Vincular uma meta financeira a um objetivo alto demais será certamente intimidador demais para realizá-lo ou até mesmo para tentar realizá-lo, ofuscando assim sua execução.

Defina os resultados-chave

Trata-se de resultados com base no seu objetivo que mostrem se você está se aproximando ou não do objetivo. A pergunta que deve ser respondida é: "o que você está fazendo está deixando você mais próximo ao objetivo? Sim ou não?"

Esses resultados devem ser específicos, agressivos, mensuráveis, verificáveis e, o melhor, limitados ao tempo. É necessário incluir prazo para que você se comprometa a realmente fazê-los.

Vamos supor que o seu objetivo seja "ter uma vida mais saudável". Então seus resultados-chave poderão ser:

✓ Praticar a atividade que você mais gosta (corrida, *bike*, musculação, balé, dança, esgrima, etc.).

✓ Frequência das atividades (definir aumento da frequência a cada X semanas).
✓ Comprometimento com as atividades (definir quão comprometido está com as atividades).
✓ Acompanhamento de peso (definir meta de perda de peso semanalmente).
✓ Duração das atividades (definir um tempo para as atividades e aumento gradativo em até X semanas).

Esses resultados trarão números reais que mostrarão se você está no caminho certo. Como Steve Jobs disse:

> *As pessoas pensam que foco é dizer sim para a coisa que você deve focar. Mas foco é dizer não para as centenas de outras boas ideias que existem.*

Key results devem ser métricas e não tarefas, por três motivos:

1. Queremos construir uma cultura de foco em resultados, não em tarefas.
2. Se você fez suas tarefas e nada melhorou, isso não é sucesso. Entregar o projeto não basta. O projeto deve ser feito com sucesso – as vendas aumentaram, os clientes estão mais satisfeitos, contratamos pessoas melhores, etc.
3. Sua lista de tarefas é somente uma hipótese. Na maioria dos casos, você não tem certeza de qual ação vai gerar o resultado esperado.

Foque no objetivo final e não na atividade meio.

Analise os resultados

Acompanhando os números dos resultados anteriores, estaremos trabalhando com números reais. Isso mostrará se você está chegando ao seu objetivo. Analise-os bem. Se você definiu que sua frequência em determinada atividade deve ser de três vezes por semana e você está fazendo apenas duas, então é hora de aumentar.

Faça de novo

Segundo Maxwell Maltz (1960), cirurgião plástico na década de 1950, são necessários 21 dias para reprogramarmos nosso cérebro; então, devemos ter consistência e comprometimento para atingirmos o resultado proposto.

Criarmos consistência na correção dos resultados é fundamental para conseguirmos atingir os objetivos. É sempre aquele ciclo: planejar, agir, analisar, replanejar, agir novamente e por aí vai...

Sendo assim, podemos concluir que o OKR pode ser implementado em diversas áreas.

Hoje em dia, fala-se muito em empresas de tecnologia, principalmente adotando metodologias ágeis, pela sua simplicidade na implementação, mas também podemos usar na vida pessoal para atingirmos metas pessoais.

Em resumo, alguns dos maiores benefícios em usar OKR são:

- ✓ Agilidade.
- ✓ Alinhamento.
- ✓ Comunicação clara.
- ✓ Foco e disciplina.
- ✓ Autonomia.

A seguir, um exemplo de OKR que pode ser usado como inspiração para organizações que estão iniciando a transformação digital e que faz parte de uma das dinâmicas do *workshop* Jornada Ágil e Digital, que realizamos com a comunidade Jornada Colaborativa em várias cidades e empresas.

Figura 23.1. Exemplo de OKR.
Fonte: MUNIZ, 2019.

Referências

BARRETO, Leandro. **Atingindo Resultados com OKR**. 07 maio 2019. Disponível em: <https://medium.com/@leandropbarreto/atingindo-resultados-com-okr-675e0f430555>. Acesso em: 02 set. 2019.

CASTRO, Felipe. **O que é OKR**. Disponível em: <https://felipecastro.com/pt-br/okr/o-que-e-okr/>. Acesso em: 02 set. 2019.

CORVISIO OKR. **What is OKR?** Disponível em: <https://corvisio.com/resources/what-is-okr/>. Acesso em: 02 set. 2019.

DOERR, John. **Avalie o que Importa:** como o Google, Bono Vox e a Fundação Gates sacudiram o mundo com os OKRs. Rio de Janeiro: Alta Books, 2019.

MALTZ, Maxwell. **Psycho-Cybernetics:** a new way to get more living out of life. New York: Simon & Shuster, 1960.

MUNIZ, Antonio. Videoaula Jornada Ágil Digital: mindset inovador para um mundo complexo. Udemy, 2019.

MUNIZ, Antonio. Workshop Jornada Ágil Digital, 2019.

YAROW, Jay. This Is The Internal Grading System Google Uses For Its Employees — And You Should Use It Too. **Business Insider**, Jan. 6, 2014. Disponível em: <https://www.businessinsider.com/googles-ranking-system-okr-2014-1>. Acesso em: 02 set. 2019.

24. *Customer Success* e *Net Promoter Score*

Antonio Muniz
Analia Irigoyen
Bruna Martins Grellt

Como a transformação digital depende de ações centradas no cliente, a filosofia *Customer Success* e o *Net Promoter Score* (NPS) representam iniciativas bastante recomendadas para todas as pessoas nas organizações.

O livro "Customer Success" (2017) estabelece que essa unidade organizacional impulsiona o sucesso do cliente.

Conforme tabela a seguir, a filosofia *Customer Success* torna-se ainda mais obrigatória nas organizações que comercializam produtos em forma de serviço recorrente (ex.: SaaS, *software as a service*), visto que existem cada vez mais alternativas que concorrem com a atenção dos clientes e seus orçamentos.

Tabela 24.1. O sucesso do cliente vai além da venda dos produtos.
Fonte: adaptado de STEINMAN; MURPHY; MEHTA (2017).

Descrição	Antes da nuvem	Depois da nuvem
Propriedade	Álbum	Aluguel/assinatura
Preço médio	US$ 1 por música	*Free* a US$ 0,01 por música
Quantidade	15 músicas	Milhões de músicas
Hardware	Estéreo	Tocador, celular, *tablet*, *notebook*
	Alto-falantes grandes	Fones de ouvido
Preço do hardware	Acima de US$ 1 mil	*Free*: aproveita dispositivos
Disponibilidade	Casa, empresa, carro	Em qualquer lugar

Por que ouvir o cliente somente depois que ele pede cancelamento?
Pensando nesta questão, muitas empresas estão migrando para o *mindset* ágil, e a cultura de *Customer Success* vem ganhando cada vez mais espaço.

A cultura de *Customer Success* se baseia em desenvolver o sucesso do cliente dentro da sua plataforma, empresa, produto ou serviço. Isso não significa que você deve

Customer Success e Net Promoter Score **185**

realizar todos os desejos do cliente, mas, sim, tentar atendê-los de forma ágil com o produto que você tem e, caso você não consiga ajudá-lo, ser transparente quanto a isso.

Qual é o benefício de mudar esse *mindset* cultural para *Customer Success*?
RETENÇÃO. Hoje estamos mais focados na recorrência de valores. É isso que faz nossa empresa se manter ativa no mercado. E para manter a recorrência é necessário que seu cliente esteja fidelizado com seu produto ou serviço. Quando o seu produto ou serviço não visa atender a uma necessidade e trazer sucesso para o seu consumidor final, é como se isso fosse um balde furado: você tem um esforço enorme pra enchê--lo de água e logo depois ela vaza pelos buracos.

Quando se trabalha com a cultura de *Customer Success*, é como ter um balde novo, sem furos. Você trabalha focado em reter o cliente, proporcionando sucesso a ele e gerando a recorrência financeira necessária para sua empresa continuar a crescer e os seus clientes o amarem!

Visando colaborar com *insights* interessantes, segue um resumo das dez leis do *Customer Success*, que está disponível no e-book da Gainsight e foi trazido ao Brasil pela empresa Resultados Digitais:

1. É um comprometimento geral da empresa, de cima para baixo.
2. Venda para o cliente certo.
3. O cliente tende ao *churn* (cancelamento).
4. A expectativa dos seus clientes é que você os torne muito bem-sucedidos.
5. Monitore e gerencie implacavelmente a saúde do seu cliente.
6. Você não pode mais fortalecer lealdade por meio de relações pessoais.
7. O produto deve ser prioridade número 1.
8. Otimize o tempo para o primeiro valor.
9. Entenda profundamente os detalhes do *churn* e da retenção.
10. Equipes de *Customer Success* precisam ser orientadas por métricas.

Mas como podemos começar a aplicar a cultura de *Customer Success* dentro da organização?
O primeiro passo pode ser a criação de indicadores!

Monitorar os passos do seu cliente é importante para que você saiba como está a saúde dele com a sua empresa. Um bom exemplo: atrasos de faturas com frequência podem apontar, não que isso seja um indicador "fiel", que seu cliente não vê tanto valor na entrega que sua empresa está dando a ele e que, em uma crise financeira, cancelar o contrato com você não será tão prejudicial para ele.

Indicadores são como uma bússola: são eles que irão guiá-lo por qual caminho seguir. Por isso é importante medir tudo na sua organização: desde os acessos à sua plataforma, quantia de atendimentos por chamados, número de chamados para determinados produtos ou serviços, *feedbacks* dos atendimentos, sugestão de melhorias, satisfação do seu produto ou empresa, atrasos e pagamentos adiantados, cancelamentos de produtos, novos pedidos, entre os demais itens mensuráveis.

Exemplificando o indicador de chamados: se você está tendo muitos chamados abertos no mês referente à utilização de um produto X, é sinal de que você precisa melhorar sua central de ajuda para tal. Se os clientes que estão cancelando em grande escala são os mesmos que abriram chamados referentes ao mesmo problema, é sinal que você precisa melhorar seu *onboarding*.

No livro "Customer Success" (2017), os autores destacam que essa abordagem abrange três conceitos diferentes, mas correlatos:

1. **Unidade organizacional:** objetivo de maximizar a retenção realizando com maestria as ações necessárias com foco na experiência do cliente.
2. **Disciplina:** assim como outras disciplinas (vendas, produtos, etc.), foram criados grupos, fóruns, melhores práticas e eventos para apoiar e fomentar esse novo ofício, que é fundamental para o êxito das organizações. As pessoas que praticam *Customer Success* são geralmente designadas como gerentes de *customer success*.
3. **Filosofia:** essas iniciativas devem impregnar toda a empresa, exigindo compromisso de todas as áreas e camadas hierárquicas.

Net Promoter Score (NPS)

O NPS foi criado por Frederick F. Reichheld em artigo para a revista *Harvard Business Review* como uma métrica para calcular a lealdade dos clientes. Posteriormente, essas ideias geraram dois livros: "A Pergunta Definitiva" (2006) e "A Pergunta Definitiva 2.0" (2018).

A simplicidade é tão importante para o NPS que basta uma pergunta para o cliente:

Em uma escala de 0 a 10, o quanto você recomendaria a minha empresa a um amigo ou familiar?
O resultado do NPS é obtido com a seguinte fórmula:
NPS = % dos clientes promotores – % dos clientes detratores

- ✓ **Clientes promotores (notas 9 ou 10):** vivenciaram experiências positivas e se tornaram leais com a marca. Interagem com a empresa e recomendam para seus amigos e familiares.
- ✓ **Clientes neutros ou passivos (notas 7 ou 8):** vivenciaram experiências intermediárias e podem recomendar sua empresa, mas com alguma ressalva. Têm grande possibilidade de mudar para a concorrência.
- ✓ **Clientes detratores (notas 0 a 6):** vivenciaram experiências negativas ou não tiveram suas expectativas atendidas. Se tiverem oportunidade, não recomendam a empresa quando falarem com amigos e familiares sobre a experiência ruim.

Embora os resultados do NPS variem de acordo com o setor ou região geográfica, o blog da Tracksale (FERREIRA, 2019) destaca as seguintes recomendações:

- ✓ **Nota é menor que 0:** há uma razão para se preocupar, pois isso significa que a empresa tem um número maior de clientes detratores do que promotores.
- ✓ **Nota está entre 0 e 30:** significa que um bom trabalho tem sido feito, mas ainda há possibilidade de ser melhorado.
- ✓ **Nota está entre 30 e 70:** a organização está fazendo um bom trabalho em termos de satisfação dos clientes.
- ✓ **Nota maior que 70:** parabéns! A maior parte dos clientes é de promotores – os defensores da marca.

Referências

99 CODERS. Customer Success – Cuide da dor do seu cliente. **YouTube**, 22 maio 2019. Disponível em: <https://www.youtube.com/watch?v=s7igAwpuYqw>. Acesso em: 02 set. 2019.

FERREIRA, Mariana. Como interpretar os relatórios de NPS? **Blog Tracksale Satisfação de Clientes**, 05 jul. 2019. Disponível em: <https://satisfacaodeclientes.com/como-interpretar-relatorio-nps/>. Acesso em: 02 set. 2019.

LOPES, Guilherme. Customer Success: o que é e o que você precisa saber. **Blog de Marketing Digital de Resultados**, 26 nov. 2017. Disponível em: <https://resultadosdigitais.com.br/blog/o-que-e-customer-success/>. Acesso em: 02 set. 2019.

PODIUM. **Customer Journey Map:** the key to simplifying your customer experience. Disponível em: <https://blog.podium.com/customer-journey-map/>. Acesso em: 02 set. 2019.

REICHHELD, Fred. **A Pergunta Definitiva:** você nos recomendaria a um amigo? Rio de Janeiro: Campus, 2006.

REICHHELD, Fred; MARKEY, Rob. **A Pergunta Definitiva 2.0.** Rio de Janeiro: Alta Books, 2018.

RESULTADOS DIGITAIS; GAINSIGHT. **As 10 leis do Customer Success.** Disponível em: <https://s3.amazonaws.com/rd-marketing-objects/eBook_10-leis-do-cs/as-10-leis-do-customer-success.pdf>. Acesso em: 02 set. 2019.

SILVA, Roberta. Estruturando a mudança cultural. **Customer Success Brasil,** 26 jun. 2019. Disponível em: <http://customersuccessbrasil.com/estruturando-a-mudanca-cultural/>. Acesso em: 02 set. 2019.

STEINMAN, Dan; MURPHY, Lincoln; MEHTA, Nick. **Customer Success:** como as empresas inovadoras descobriram que a melhor forma de aumentar a receita é garantir o sucesso dos clientes. São Paulo: Autêntica Business, 2017.

WEST, Ken. The Customer Experience – Spotlight on Starbucks. **National Business Research Institute,** s.d. Disponível em: <https://www.nbrii.com/blog/the-customer-experience-starbucks/>. Acesso em: 02 set. 2019.

25. *Scrum*

Lucas Tito

Conforme vimos até aqui, é comum encontrarmos dificuldades diversas em projetos ao utilizarmos metodologias clássicas e ambientes de comando e controle na maior parte dos contextos, incluindo o desenvolvimento de software. Esses problemas perpassam por questões que vão de moral e engajamento do time até comunicação entre as áreas de negócio e os clientes/usuários. Foi pensando nesse contexto que os professores Hirotaka Takeuchi e Ikujiro Nonaka identificaram, através da realização de pesquisa, as características de times de alta performance. Nesse estudo, conduzido em empresas como Xerox, Fujitsu, Canon e Toyota, os professores perceberam que os times eram capazes de se auto-organizar em equipes pequenas e multidisciplinares, "burlando" os métodos tradicionais e alcançando patamares maiores de produtividade e colaboração. Foi nesse estudo que a palavra *Scrum* apareceu pela primeira vez como uma metáfora para um modelo de auto-organização. Essa nova maneira de enxergar a gestão de projetos foi descrita no artigo "The New New Product Development Game", publicado na *Harvard Business Review* em 1986.

Baseando-se no artigo supramencionado e em anos de experimentação, Jeff Sutherland e Ken Schwaber conseguiram definir formalmente o que é a metodologia *Scrum*. Esse feito ocorreu em 1995 e, após alguns anos, a metodologia se tornou uma das mais famosas no mundo todo por sua leveza, simplicidade de entendimento, aumento de produtividade e engajamento dos envolvidos – ainda que às vezes seja difícil de dominar.

O *Scrum* recebeu esse nome em homenagem a uma estratégia no rúgbi, na qual todos os membros de um time participam de uma formação específica para alcançar seu objetivo: capturar a bola (Figura 25.1).

Entenda a bola como uma metáfora divertida para qualquer coisa que você e seu time queiram alcançar. Para isso, o time deve realmente vivenciar os valores do *Scrum*: comprometimento, coragem, foco, transparência e respeito.

Figura 25.1. Estratégia do rúgbi (*Scrum*).
Fonte: elaborado pelos autores.

O Manifesto Ágil resultante é baseado nos pilares a seguir descritos. Do lado esquerdo do sinal "+" temos aquilo que mais importa em um ambiente colaborativo e ágil, enquanto do lado direito do mesmo sinal encontra-se o que tem menos prioridade, ainda que tenha certa importância.

- ✓ Indivíduos e interações + que processos e ferramentas
- ✓ Software em funcionamento + que documentação abrangente
- ✓ Colaboração com o cliente + que negociação de contratos
- ✓ Responder a mudanças + que seguir um plano

Quando unimos os valores aos pilares da agilidade, podemos observar algumas consequências encadeadas, que incluem, mas não se limitam a:

- ✓ Maior motivação do time por conta da colaboração e do empoderamento das pessoas.
- ✓ Aumento da produtividade, visto que pessoas felizes e motivadas produzem mais.
- ✓ Ciclos curtos, iterativos e incrementais de desenvolvimento, onde há verdadeiramente algo usável pelo cliente.
- ✓ *Feedbacks* rápidos, já que em um curto espaço de tempo o cliente pode analisar o entregável do ciclo de desenvolvimento.
- ✓ Mitigação dos riscos, já que os *feedbacks* constantes permitem o aprimoramento e a rápida tomada de decisão.
- ✓ Grande impacto na geração de valor para os clientes, no contexto mercadológico, traduzido por grande competitividade.

Note que os clientes são parte fundamental em um processo de desenvolvimento. Sem suas necessidades e "dores" não há razão para existir todo o resto. Portanto, como guias na construção de uma solução conjunta de problemas, precisamos compreender quem são os clientes e entender a sua causa de insatisfação. Esse é o grande objetivo de um "projeto" em *Scrum*: satisfazer o cliente (remover a insatisfação) através de entregas constantes e rápidas de valor agregado, sem ambientes de comando e controle que limitem o time *Scrum*.

Para a manutenção dos objetivos e a construção de um ambiente produtivo, o *Scrum* define alguns papéis específicos:

✓ **Scrum Master**: responsável por guiar o time na adoção das práticas, especialmente no tocante à auto-organização, para atingimento de alta performance, podendo ser visto como um mentor. Além disso, ele deve servir ao time como um líder, porém jamais como um chefe – afinal, trata-se de um papel, não um cargo. Ele deve fomentar e facilitar ainda a remoção de impedimentos (coisas que bloqueiam o time em suas tarefas), como também promover uma boa cultura e um ambiente psicologicamente seguro (APS). Deve empoderar o time e blindá-lo de ações externas que sejam prejudiciais a ele. A Figura 25.2 ilustra um *Scrum Master*, que mantém o time no caminho da agilidade e remove obstáculos. Note a diferença de um guia que vai à frente e com cuidado (líder servidor) para um líder que guia usando rédeas ou mecanismos brutos de comando e controle.

Figura 25.2. *Scrum Master* como um pastor que guia (líder servidor).
Fonte: elaborado pelos autores.

✓ **Product Owner**: responsável pelo contato direto e mais próximo com o cliente, entendendo suas necessidades, suas dores e o que ele realmente precisa, não em formato de funcionalidades a serem desenvolvidas, mas no formato de valor agregado que resolva o problema do cliente. Sua principal responsabilidade é maximizar o retorno sobre o investimento através da priorização da lista de problemas a serem resolvidos, ou seja, agregar mais valor ao cliente com a menor quantidade de esforço possível do time. A Figura 25.3 compara um *Product Owner* a um atendente de telemarketing, que usa várias ferramentas para entender as necessidades do cliente, estando atento às suas dores, às entregas combinadas, *feedbacks* a serem colhidos, etc.

Figura 25.3. A figura do *Product Owner* segundo o *Scrum*.
Fonte: elaborado pelos autores.

✓ **Time de desenvolvimento**: membros do time que utilizam suas variadas habilidades para pensar e construir soluções realmente úteis e funcionais que resolvam os problemas do cliente. Idealmente, este time é multidisciplinar e pequeno – pequeno o suficiente para uma comunicação clara sem ruídos (de todos para todos) e na medida para resolver os problemas do cliente (Figura 25.4).

Figura 25.4. O time: auto-organizado, autogerido, autônomo e multidisciplinar.
Fonte: elaborado pelos autores.

Os três papéis reunidos formam o chamado Time *Scrum*. Esse time como um todo interage em torno de um propósito maior. Esse propósito maior pode ser conquistado de maneira iterativa incremental, ou seja, por meio de metas pequenas e entregáveis que juntas formam o todo. Dessa forma, é possível construir algo rápido, medir o sucesso e adquirir mais conhecimento sobre o problema a ser resolvido por meio de *feedbacks* para a melhoria contínua do que está sendo criado.

Esse processo de construir, medir e aprender é cíclico. Cada ciclo dentro desse processo corresponde a um período de tempo limitado e imutável chamado de *Sprint*. A *Sprint* pode ter duração de 1 a 4 semanas – é uma decisão do Time *Scrum*. Contudo, quando o período for escolhido, não se recomenda sua mudança, uma vez que isso pode comprometer a disciplina do time e a coleta e a análise de métricas que colaboram para o aprendizado. Idealmente, *Sprints* pequenas são escolhidas, para que seja possível construir, medir e aprender rapidamente. Quanto menor o tempo, mais rápido é o aprendizado.

Toda *Sprint* tem um conjunto de cerimônias que iremos destacar a seguir. Essas reuniões ajudam o time a ter uma visão clara do que será trabalhado na *Sprint*, seu andamento, alinhamento com o negócio/cliente e a oportunidade de inspecionar e adaptar o trabalho de forma a não perder de vista o objetivo estabelecido para a *Sprint*.

O fluxo de trabalho de um Time *Scrum* se dá por reuniões (cerimônias) muito úteis, cada qual com seu próprio objetivo.

✓ **Sprint Planning**: esta reunião dá início a uma *Sprint* (dura oito horas para *Sprints* de 1 mês). Ela tem como objetivo planejar os itens de *backlog* e respectivas tarefas da *Sprint*, orientada pelo objetivo estabelecido para essa mesma *Sprint*. Toda *Sprint* deve possuir um objetivo, que serve como um norte para que o time de desenvolvimento e o *Product Owner* decidam o que é importante e sobre eventuais mudanças ao longo da *Sprint*. Todas as ações/tarefas que são planejadas para a *Sprint* precisam ter como resultado o alcance desse objetivo. Para que essa seleção seja feita de forma adequada, os itens de *backlog* a serem resolvidos devem estar devidamente priorizados. A melhor priorização possível é aquela que irá agregar maior valor ao cliente ao final da *Sprint* e que o time terá capacidade de entregar, dentro de um ritmo constante e sustentável de trabalho. No *Sprint Planning* também são alocadas tarefas de melhoria contínua levantadas na reunião de retrospectiva. Mudanças durante a *Sprint* podem ocorrer, desde que em acordo com o *Product Owner*.

194 Jornada Ágil e Digital

- ✓ *Daily Scrum*: reunião diária de curta duração (até 15 minutos) com presença fundamental dos membros do time de desenvolvimento para que possam inspecionar o andamento das tarefas e se adaptar na busca pelo objetivo da *Sprint*. Nessas reuniões o time relata as tarefas de maneira macro e sucinta, comunica seus impedimentos e dificuldades; busca auxílio do restante do time, se necessário. Ter dificuldades não é um problema! Por isso trabalhamos em ciclos curtos e realizamos inspeções frequentes, para que as dificuldades sejam identificadas rapidamente e gerem um rápido aprendizado sem impactar tão fortemente os objetivos traçados. Espera-se que todo o time seja transparente para que se saiba o que está ocorrendo, tendo uma visão bem clara do andamento da *Sprint*. São recomendadas as presenças do *Product Owner* e do *Scrum Master*, mas sua participação depende da vontade do time de desenvolvimento. Este pode requerer a presença do *Product Owner* (e eventuais *stakeholders*, se pertinente) para esclarecer itens que estão sendo desenvolvidos na *Sprint* ou do *Scrum Master* para facilitação da reunião e *coaching* nos valores e na metodologia *Scrum*.
- ✓ *Sprint Review*: esta é a reunião em que o time demonstra o resultado final de seu trabalho para o *Product Owner* e eventuais interessados no projeto. É um momento de validação do incremento da *Sprint*. Deve ter duração máxima de quatro horas para uma *Sprint* de quatro semanas, e proporcionalmente menor para *Sprints* menores. Além da validação do incremento, a *Review* também é uma oportunidade para capturar *feedback* dos usuários e usá-lo para alimentar o *backlog* do produto com novas *features* ou melhorias.
- ✓ *Sprint Retrospective*: esta reunião tem foco principal no alinhamento do Time *Scrum* em relação à qualidade do processo utilizado na *Sprint* (tem 1 hora de duração em média). Basicamente, se analisa o que deu certo, o que precisa ser melhorado e quais ações para melhorar são factíveis de serem postas em prática nas próximas *Sprints*. Todos os itens de melhoria devem ser lançados como itens de *backlog* que deverão ser priorizados e incluídos nas próximas *Sprints*. No próximo *Sprint Planning* deve-se levar em consideração pelo menos um item de melhoria, para que o ciclo de melhoria contínua tenha efeito. Aqui devemos focar e enfatizar a comunicação empática e a promoção de um ambiente seguro para todos. O sucesso da próxima *Sprint* depende do alinhamento e da confiança entre os membros do time e de que os valores do *Scrum* sejam mantidos.

Os principais artefatos do *Scrum* são:

- ✓ *Backlog* do Produto: é uma lista ordenada, de propriedade do *Product Owner*, com itens necessários ao produto considerando o maior valor agregado.

- ✓ **Backlog** da **Sprint**: são os itens selecionados no *Sprint Planning* pelo time de desenvolvimento, incluindo as tarefas necessárias para realizá-los.
- ✓ **Incremento**: soma de todos os itens entregues na *Sprint* que devem estar com o estado "pronto" acordado pelo time e pelo *Product Owner*. Quem decide quando implantar o incremento é o *Product Owner*.
- ✓ **Item do** *backlog*: representa o detalhe do que será realizado na *Sprint*. Para itens do tipo história, os formatos *user stories* e critérios de aceitação são sugeridos pelo "Guia Scrum".

Gostaríamos também de alertar que somente seguir as reuniões por seguir, construir times multidisciplinares e ter membros com os respectivos papéis não torna seu time um time *Scrum* e não garante que sua prática é verdadeiramente ágil. Para isso, o mais importante é o *mindset* descrito no manifesto e uma cultura de experimentação. Engaje todos a construir, medir e aprender ciclicamente para sempre melhorar. Um Time *Scrum* é incansável na busca do aprimoramento. Essa melhoria pode ser cultural ou no produto. O fato é que sempre há o que melhorar.

No geral, o *Scrum* é aplicado em empresas de tecnologia, porém não se limita apenas a esse setor. Os exemplos que construiremos irão elucidar bem como podemos aplicar o *Scrum* – e mais: como podemos aplicá-lo em um contexto bem diferente do comum. Vide *case* a seguir.

Scrum em um time de restaurante

Lucas Tito[12]

Contextualização e situação problema

Mr. James Gourmet é um restaurante de entrega de quentinhas para pessoas que trabalham em ambientes onde não há restaurantes próximos ou onde há alguma outra dificuldade que impeça a locomoção e alimentação do colaborador, como, por exemplo: bancos, comércios movimentados, clínicas, etc. Ele foi fundado em fevereiro de 2014 e em 31 de maio de 2019 foi comprado por um terceiro.

---

[12] Contato: <lucas.s.tito@gmail.com>.

Atualmente, o restaurante conta com um time similar ao de sua abertura: três entregadores, uma atendente, um responsável pela logística interna das quentinhas, uma cozinheira e uma assistente de cozinha.

A produção diária da gestão anterior era de aproximadamente 35 quentinhas. Tratava-se de um balanço suficiente para manter o restaurante funcionando, mas não havia lucro suficiente para o reinvestimento e crescimento do estabelecimento.

Ao se realizar uma pesquisa interna na busca pelo conhecimento da situação atual, pudemos observar os seguintes achados, analisados e compilados logo na primeira semana de funcionamento da nova gestão, que buscava uma melhoria geral do negócio:

Reclamações de clientes
- ✓ Demora na entrega.
- ✓ Problemas relacionados à embalagem.
- ✓ Dificuldades de cobrança.
- ✓ Demora na atualização do tempo de entrega quando compra por *app*.
- ✓ Cardápio com poucas opções.
- ✓ Pedido entregue errado.

Reclamações dos funcionários
- ✓ Falta de pagamento ou pagamento atrasado.
- ✓ Falta de comunicação entre o time.
- ✓ Estresses desnecessários de logística que interferem em todo o time.
- ✓ Discussões entre entregadores na distribuição das entregas.
- ✓ Falta de insumos e recursos na cozinha.
- ✓ Má qualidade do recipiente de armazenamento das entregas.
- ✓ Redes sociais abandonadas.

Ações realizadas

Como minha mãe é a nova cozinheira e a dona é uma das suas melhores amigas, elas me pediram ajuda para a gerência do local.

Pensei de imediato em aplicar o *Scrum*. No entanto, soube que seria difícil o apoio de todos com uma metodologia com nomes complicados, já que o time não sabia inglês e a escolaridade era baixa. Coloquei-me então como *Scrum Master*.

Todo dia de manhã, assim que o Mr. James abria, conversava com todos em um círculo:

- ✓ O que vamos fazer hoje?
- ✓ O que deu errado ontem?
- ✓ Como podemos melhorar?

Nas primeiras vezes, as acusações eram diversas e a exaltação era geral, por isso eu reforçava diariamente que o objetivo comum era gerar resultados para o restaurante e não procurar culpados. A *daily* seguia gerando resultados claros, principalmente ao diminuir cada vez mais os problemas de comunicação entre a equipe.

O papel de *Product Owner* foi exercido pela própria dona do restaurante, que não conhecia suas responsabilidades. Ela havia trabalhado mais de 40 anos como funcionária e não como dona, muito menos no papel de *Product Owner* fora de um ambiente comando e controle.

Métricas do iFood para conhecer o cliente e melhorar o serviço
Em uma das nossas buscas para conhecer as necessidades do cliente e como poderíamos melhorar nossos serviços, elencamos, em uma cartolina, todos as opções de comunicação com o cliente: iFood, WhatsApp, Facebook, Instagram, telefone e os motoboys. Por já mostrar gráficos de desempenho de vendas, decidimos escolher o iFood como ferramenta de conhecimento do comportamento do nosso cliente.

Foi então que a *Product Owner* se tornou capaz de descobrir os dias com maior movimentação, quais pratos mais saíam, os que menos saíam e, com isso, pensar em promoções para eles, etc. Essas informações foram fundamentais para que a dona do restaurante pudesse dar o direcionamento ao produto e tomar algumas decisões mais estratégicas de negócio.

Além disso, questões levantadas pelo time puderam ser resolvidas por ela, como a mochila para entrega que foi conseguida por meio de uma parceria do restaurante com o iFood. Ela também verificou todas as configurações e variáveis no iFood, atualizando o que era necessário, como regiões de entrega, possibilidade de responder para o cliente o status do pedido e o tempo de entrega, etc.

Informações do aplicativo Consumer e início da auto-organização
Na *daily* foi levantado pelo *Scrum Master* que o iFood ajudou, mas não o suficiente. Os pedidos pelo WhatsApp eram muito frequentes e precisávamos contabilizá-los e aprender com eles também.

198 Jornada Ágil e Digital

Um dos motoboys falou do Consumer, um aplicativo que outro restaurante em que ele trabalhou usava, o que fez a *Product Owner* buscar mais informações. Ela rapidamente curtiu o funcionamento do *app*.

Ela mesma comprou e perguntou ao time como poderíamos colocar informações no aplicativo. A atendente prontamente falou que isso poderia ser uma tarefa dela, já que ela usava o WhatsApp e não seria algo demorado.

O time começou a entender que a auto-organização e o autogerenciamento é fundamental. Todos podem colaborar e gerar valor para os clientes e para si mesmos.

Introdução do *Planning* como ferramenta de inovação
As *dailys* começaram a ficar longas. Foi aí que introduzi a reunião de *planning* no sábado, no final do dia.

Foi na reunião de *planning* que começamos a melhorar o cardápio e a decidir algumas promoções, quais redes sociais usar, etc. A partir do cardápio, a cozinheira pode definir quais materiais eram necessários e junto com a ajudante fazer a gestão dos recursos. Quando algo estava perto de acabar e não dava tempo para chegar na reunião de *planning*, era posto como um impedimento na *daily*.

Introdução da retrospectiva para diminuir conflitos e melhorar a comunicação
Alguns estresses não haviam cessado, então a retrospectiva foi absolutamente relevante. Também no sábado, mas antes da reunião de *planning*.

Pouco a pouco, a cultura foi se moldando. A equipe foi colaborando e a *Product Owner*, mesmo dona, não impunha suas vontades.

Foi em um debate na retrospectiva que um dos motoboys levantou a questão da distribuição das entregas e que ele se sentia prejudicado, mas que entendia que a culpa não era dos colegas.

Como *Scrum Master*, estimulei que eles pensassem em como resolver a questão e experimentassem fazer isso.

Dois dias depois, outro motoboy deu a ideia de criarmos um quadro onde na horizontal tivéssemos as regiões de entrega e na vertical os horários. As notas dos pedidos seriam colocadas nas respectivas posições. Esse quadro foi pendurado no salão de entrega perto da mesa onde definiram que deveriam ficar todas as máquinas de cartão, para facilitar a logística.

Eles mesmos montaram o quadro. Segue uma foto para demonstrar o resultado.

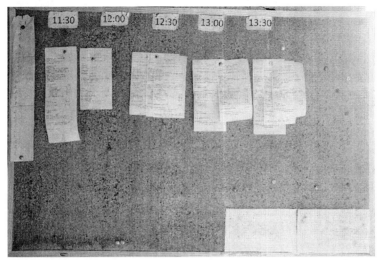

Figura 25.5. O quadro proposto pelo time.
Fonte: elaborado pelo autor.

Eles se organizaram e definiram quais regiões/horários cada um pegaria para entregar. Em dias atípicos, onde um ficava mais atarefado que outro, pedia-se ajuda.

Assim foi indo o dia a dia do time do Mr. James Gourmet: tentativas, aprendizados, melhoria constante e uma cultura colaborativa.

Resultados alcançados

Hoje em dia eu não preciso mais ajudar e não participo das reuniões. O *Scrum Master* deixou de ser necessário. Tive a minha vitória e alcancei a minha principal meta.

Entendo, porém, que caso um membro saia ou algum outro entre, serei necessário novamente, visto que a cultura do time é algo vivo, que deve ser sempre realinhada.

É muito bacana quando um dos membros do time me procura e comenta como está indo no trabalho, com aquele tom de satisfação e mencionando que eles mantêm as reuniões.

Como conclusão e resultado dessa implementação do *Scrum* em um ambiente diferente do comum (empresas de tecnologia), podemos elencar:

- ✓ O *Scrum* é flexível para vários contextos.
- ✓ Pessoas felizes e motivadas, que colaboram entre si, ajudam na produtividade.
- ✓ O *Scrum Master* não é necessário para sempre.
- ✓ As pessoas são mais criativas quando empoderadas.
- ✓ O respeito é algo fundamental, bem como a transparência em um canal de comunicação, como visto nas *daily meetings* com todos em círculo.
- ✓ O *Scrum* não precisa ser aplicado todo de uma vez, gerando incômodo. Pode ser pouco a pouco, mas sempre melhorado e incrementado.
- ✓ Salário é bom, mas não é tudo na vida de alguém, e no nosso caso essa questão foi resolvida sem focarmos nela.
- ✓ Trabalhar mais não significa necessariamente aumentar a produtividade e nem o contrário.

Foram analisados os dados de janeiro a junho de 2019 retirados da plataforma do iFood e do Consumer e que podem ser consultados acessando o QRCode do livro. Durante essas análises, foi possível constatar que a partir de abril o faturamento melhorou e, além disso, no segundo trimestre, o restaurante teve um aumento de 13% em relação ao primeiro trimestre, mesmo com um quadro de funcionários menor.

Vale notar que, mesmo em junho, quando a equipe passou a ter alguns dias de folga, a taxa de produtividade se manteve. O faturamento foi pior que janeiro, fevereiro e março, porém com uma carga horária menor. Isso é um indicativo de que, ainda que trabalhe menos, a equipe pode se manter motivada, focada e produtiva, ou seja, trabalhar mais não significa aumentar a produtividade.

Outro grande resultado que vale a pena relatar foi que antes do *Scrum* o restaurante produzia 35 quentinhas e após o *Scrum* esse número subiu para 75 quentinhas diárias.

O foco do time é continuar melhorando e aumentar novamente a produtividade, mantendo a nova organização e a forma de trabalho.

Referências

BECK, Kent et al. **Manifesto para o desenvolvimento ágil de software.** Disponível em: <https://www.manifestoagil.com.br/>. Acesso em: 02 set. 2019.

SABBAGH, Rafael. **Scrum:** gestão ágil para projetos de sucesso. São Paulo: Casa do Código, 2013.

SAINI, Sanjay. The New New Product Development Game using Scrum. **Scrum.org,** Dec. 13, 2017. Disponível em: <https://www.scrum.org/resources/blog/new-new-product-development-game-using-scrum?gclid=EAIaIQobChMI2v6rq6n44wIVw gmRCh1Wzwz7EAAYASAAEgKlZPD_BwE>. Acesso em: 02 set. 2019.

SUTHERLAND, Jeff; SCHWABER, Ken. **The Scrum Guide.** Nov. 2017. Disponível em: <https://www.scrumguides.org/download.html>. Acesso em: 02 set. 2019.

SUTHERLAND, Jeff; SUTHERLAND, J. J. **Scrum:** a arte de fazer o dobro na metade do tempo. Rio de Janeiro: Sextante, 2019.

TAKEUCHI, Hirotaka; NONAKA, Ikujiro. The New New Product Development Game. **Harvard Business Review,** Jan. 1986. Disponível em: <https://hbr.org/1986/01/the-new-new-product-development-game>. Acesso em: 10 out. 2019.

26. *Kanban*

Ana Paula Gomes Soares[13]
Bárbara Cristina Palma Cabral da Conceição

O que é o método *Kanban*?

Segundo o autor David Anderson, o Kanban é um método para definir, gerenciar e melhorar serviços, que fornecem o trabalho do conhecimento, principalmente produtos de software. Ele é caracterizado por ser um método de começar com o que você tem hoje; além disso, é possível aplicar mudanças rápidas e pequenas, a fim de reduzir a resistência das pessoas.

Seu principal objetivo é tornar visível o "estoque" (trabalho em progresso ou em espera) que está na cabeça das pessoas, ou seja, o trabalho intangível, garantindo o funcionamento correto do fluxo de trabalho. O sistema de fluxo de entrega limita a quantidade de trabalho em progresso de uma ou mais equipes, usando cartões visuais (*post-its*) na parede ou em algum software. Uma estrutura simples pode ser vista na Figura 26.1.

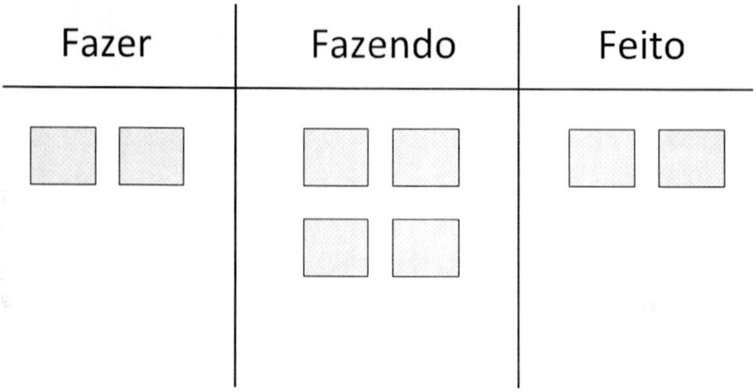

Figura 26.1. Quadro com cartões visuais.
Fonte: elaborado pelas autoras.

---

[13] Contato: <anagesoares@gmail.com>.

Independentemente do *framework*, da metodologia ou da composição do time, por ser menos prescritivo (com menos regras), o *Kanban* pode ser utilizado em diversos tipos de contextos.

Valores *Kanban*

O *Kanban* possui valores com o objetivo de respeitar as pessoas que contribuem para o sucesso do empreendimento. Segundo o autor, se pudesse resumir os valores em uma palavra, seria **respeito**. Entretanto, foi necessário expandir em um conjunto de nove valores:

- ✓ **Transparência:** compartilhar informações melhora abertamente o fluxo de valor de negócios. Usar vocabulário claro e direto é parte deste valor.
- ✓ **Equilíbrio:** compreensão de que diferentes pontos de vista devem ser equilibrados.
- ✓ **Colaboração:** trabalho em equipe e colaboração no centro de tudo.
- ✓ **Foco no cliente:** conhecer o objetivo do sistema para entregar valor ao cliente.
- ✓ **Fluxo:** compreender que o trabalho é um fluxo de valor.
- ✓ **Liderança:** inspirar as pessoas à ação, seja por exemplos de palavras e/ou reflexões.
- ✓ **Compreensão:** autoconhecimento.
- ✓ **Acordo:** avançar em direção às metas.
- ✓ **Respeito:** valorização e compreensão, esta é a base na qual outros valores são firmados.

Princípios *Kanban*

Existem seis princípios fundamentais do *Kanban*. Eles foram divididos em dois grupos: os princípios da gestão da mudança e os princípios da entrega de serviços.

Princípios da gestão da mudança

- ✓ **Comece o que você tem hoje,** compreendendo os processos atuais, como eles são praticados, respeitando papéis e responsabilidades de cargos já existentes.
- ✓ **Concorde em buscar melhorias** por meio de mudanças evolutivas.
- ✓ **Incentive atos de liderança em todos os níveis,** desde o estagiário até a gerência sênior. Como a mudança é essencial, não devemos impor soluções de diferentes contextos, mas concordar em buscar a melhoria evolutiva em todos os níveis da organização.

Princípios da entrega de serviços

Qualquer organização considerável é um ecossistema de serviços interdependentes. O *Kanban* reconhece isso com três princípios de prestação de serviços aplicáveis e não apenas a um serviço, mas a toda a rede.

- ✓ **Compreender e focar as necessidades e expectativas dos clientes.**
- ✓ **Gerenciar o trabalho**; deixar que as pessoas se auto-organizem em torno dele.
- ✓ **Evoluir políticas para melhorar os resultados** de clientes e negócios.

Esses princípios estão direcionados ao foco no cliente e no valor, pois as empresas geralmente focam nos colaboradores (se estão ocupados, se são qualificados, se estão ociosos), sem prestar a devida atenção no cliente e no valor que estão entregando.

O trabalho do conhecimento

O *Kanban* é usado para o trabalho do conhecimento, para tornar mais fácil. Imagine uma cozinha com pessoas executando uma receita de bolo: todos os ingredientes são tangíveis (possíveis de pegar) e o produto final são os bolos. Ao executar uma receita de um bolo dez vezes, levará o mesmo tempo e o mesmo resultado (se os ingredientes e as condições de forno forem as mesmas), então é fácil de estimar e de visualizar o estoque.

No trabalho do conhecimento, por exemplo, as pessoas são criadoras de receitas. Dessa forma, não é possível visualizar o estoque, pois a receita que está sendo criada está na cabeça das pessoas. Cada receita sempre será única, bem como o seu tempo de criação e o seu resultado final.

Isso ocorre também no desenvolvimento de software, onde os desenvolvedores são os criadores de receitas.

Sistemas de valor

O sistema é basicamente parte de alguns princípios *Lean* que aumentam a produtividade e a eficiência, evitando desperdícios como: tempo de espera, superprodução, gargalos de transporte e inventário desnecessário.

Um exemplo de valor é quando se entrega algo para o cliente (um pedaço de um software, por exemplo) e ele começa a ganhar dinheiro ou deixa de gastar. Por exemplo, um sistema que otimiza rotas das entregas dos caminhões – com essa otimização o cliente economiza tempo e combustível.

Os processos que não geram valor devem ser imediatamente "eliminados". Dessa forma, as empresas começam a ter um olhar mais crítico para o processo como um todo e não apenas para indicadores e números em curto prazo.

Eles também precisam ter "fluidez". Não pode haver gargalos nem impedimentos que façam a linha de produção parar. Depois de eliminados os processos que não geram valor, produzir com as etapas restantes é mais difícil, mas também mais estimulante.

Várias condições devem existir para que esse sistema de fluxo seja um sistema *Kanban*. Primeiro, deve haver sinais (geralmente sinais visuais) para limitar o trabalho em progresso. Nesse caso, os sinais derivam da combinação dos cartões, dos limites de trabalho em andamento exibidos e da coluna que representa a atividade. Além disso, o *Kanban* deve ter um ponto de comprometimento e um ponto de entrega identificado, como pode ser visto na imagem a seguir (Figura 26.2):

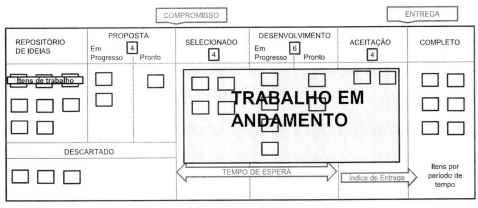

Figura 26.2. Trabalho em andamento.
Fonte: elaborado pelas autoras.

Em um *Kanban* mais completo, pode-se ter uma divisão que separa a descoberta (*discovery*) e a entrega (*delivery*). Essa divisão é dada a partir do ponto de comprometimento. Esse ponto é um acordo entre a empresa e o cliente, partindo do momento em que a proposta/especificação está bem definida. Antes desse ponto chama-se descoberta (*discovery*) – nesse momento ainda é possível descartar solicitações que estão pendentes, porém perderam o sentido. É no ponto de entrega (*delivery*) que os itens são considerados completos.

Métricas *Kanban*

Em um sistema complexo, descrito pelo *framework Cynefin*, somente em retrospectivas fica claro o relacionamento entre causa e efeito, pois não é possível prever comportamentos e estimar o trabalho do conhecimento, como falado anteriormente no exemplo dos criadores da receita, sendo difícil de fazer estimativas.

No *Kanban*, essas estimativas não se fazem necessárias, pois a previsibilidade de entrega é obtida através do comportamento observado do sistema, através de um histórico de métricas.

Segundo Drucker, se você não pode medir, você não pode gerenciar – por isso é tão importante entender e saber utilizar as métricas do *Kanban*.

Lead Time (LT) – É o tempo que um item está em andamento entre o ponto de comprometimento e o ponto de entrega. O *lead time* do cliente pode ser diferente – é o tempo que o cliente espera pelo item (normalmente desde a solicitação até o recebimento). É comum que o cliente não concorde em adotar um sistema puxado e ainda empurre o trabalho para entrega, independentemente da capacidade de processá-lo; o "cliente" interno solicitante já se comprometeu com o trabalho e a equipe não tem outra opção senão fazer o melhor esforço possível. Times com *lead time* mais baixos respondem melhor às mudanças, por realizarem entregas menores e mais rápidas.

Trabalho em progresso (*Work In Progress* – WIP) – São todos os itens que estão dentro do sistema *Kanban*. Ao limitar o WIP, o ritmo da equipe se torna equilibrado e não há um comprometimento com muito trabalho de uma só vez, além de reduzir o tempo gasto em um item. Outra vantagem é que ele evita problemas com alternância de tarefas. Uma pessoa só pode pegar outra tarefa depois de ter concluído a atual.

WIP é um estoque, e estoques não desaparecem. Deixar o WIP baixo torna tudo mais simples.

Wesley Zapelini (2017) traz dicas de como limitar o trabalho em progresso:

- ✓ Limitar por pessoa.
- ✓ Limitar pela coluna.
- ✓ Limitar o fluxo como um todo.

✓ Limitar pelo tipo de trabalho – valor (*story*), falha (*bug* ou defeito).
✓ Limitar por classe de serviço – exemplo: urgente, normal, etc.
✓ Limitar por tamanho (P, M ou G).

Vazão (*Throughput*) – É a taxa na qual os itens são entregues, também conhecido como taxa de entrega.

Antes de se preocupar com o tamanho (esforço) dos lotes, observe a variabilidade. Veja se a variabilidade atual atende às suas necessidades econômicas de previsibilidade. Ou você pode também organizar por classes de serviço.

Lei de Little – Uma das práticas gerais do *Kanban* é: para otimizar o *lead time* dos itens de trabalho, devemos limitar o trabalho em andamento, lembrando que esta lei só é aplicável a um fluxo estável.

Ela pode ser demonstrada graficamente em um diagrama de fluxo cumulativo (*Cumulative Flow Diagram* – CFD), que representa o número cumulativo de itens que chegam e partem de um sistema. O WIP médio aproximado dividido pelo tempo médio aproximado de *lead time* = é a taxa média de entrega.

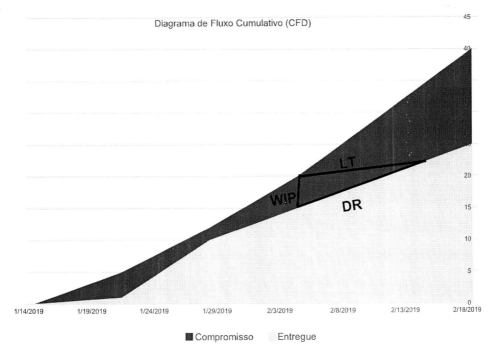

Figura 26.3. Diagrama de fluxo cumulativo.
Fonte: adaptado de CAROLI, 2018.

208 Jornada Ágil e Digital

No livro "Kanban In Action" (2014), Hammarberg e Sunden falam que "um sistema ruim vai sempre derrotar uma pessoa a qualquer momento". De nada adianta ter boas pessoas na equipe e não fazer uma boa gestão do fluxo de trabalho.

O *Kanban* permite que você analise as variações do fluxo e tome melhores decisões para gestão do trabalho. Também é preciso compreender que a variação sempre vai existir: sempre existirão demandas maiores ou mais e menos complexas; é necessário buscar reduzir essa variação, tirando o que está errado para mantê-la dentro de limites aceitáveis que permitam a previsibilidade.

O que causa a variabilidade?
- ✓ WIP não limitado.
- ✓ Bloqueios.
- ✓ Tipo da demanda.
- ✓ Variabilidade do tamanho dos lotes.
- ✓ Especialização (silos).
- ✓ Indisponibilidades temporárias.

As seis práticas gerais do *Kanban*

- ✓ Visualize o fluxo de trabalho.
- ✓ Limite o trabalho em progresso.
- ✓ Gerencie o fluxo.
- ✓ Torne as políticas explícitas.
- ✓ Implemente *loops* de *feedback*.
- ✓ Melhore colaborativamente e evolua experimentalmente.

Todas essas práticas envolvem ver o trabalho e as políticas que determinam como funciona e melhorar o processo de forma evolutiva, mantendo e ampliando mudanças úteis, com aprendizagem e revertendo ou amortecendo mudanças ineficazes.

As cadências do *Kanban*

O *Kanban* define sete oportunidades de *feedback*, específicas ou cadências um pouco semelhantes a outros *frameworks* (Figura 26.4). As cadências são reuniões e/ou revisões periódicas que impulsionam a mudança evolutiva e eficaz, podendo ser em um dia útil por mês, por exemplo.

Escolher a cadência certa depende do contexto e é essencial para bons resultados. Cuidado com as revisões muito frequentes que podem obrigar a mudar as coisas antes de ver o efeito das alterações anteriores. Porém, se elas não forem frequentes o suficiente, um desempenho ruim pode persistir por mais tempo do que o necessário; portanto é preciso ter um equilíbrio e encontrar um meio termo, já que o *Kanban* não preestabelece isso.

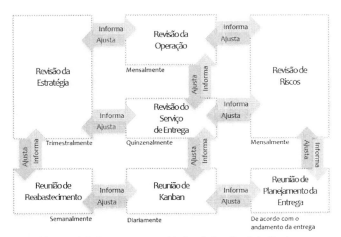

Figura 26.4. As sete oportunidades de *feedback* do *Kanban*.
Fonte: adaptado de CAROLI, 2018.

Como começar com o *Kanban*

Segundo David Anderson, para iniciar com *Kanban* são necessários três passos bem simples:

1. Compreender o fluxo de trabalho, desde a solicitação do item até a entrega do cliente.
2. Visualizar o trabalho e o processo de entrega dele.
3. Melhorar continuamente o processo, aplicando os valores, os princípios e as práticas.

Durante todo esse processo, você aplicará *Kanban*, mesmo que as características sejam um pouco diferentes. Hoje, existem muitas organizações usando *Kanban* sem usar nenhuma das etapas (elas não limitam WIP, sem métricas, sem *loops* de *feedbacks*) – dessa forma, esses *Kanban* ainda não amadureceram. Esses sistemas são chamados de *Protokanban* porque estão sendo transformados pelo *Kanban*, embora ainda não sejam compatíveis com suas práticas gerais.

210 Jornada Ágil e Digital

Os sistemas *Protokanban* não devem ser ignorados nem desprezados, pois podem trazer benefícios para as organizações – por exemplo, tornar o trabalho intangível visível –, porém eles não devem ser vistos como pontos de extremidade em transformações de processo.

Por essas razões, o método *Kanban* define uma abordagem para a introdução do *Kanban* (STATIK).

Systems Thinking Approach To Introducing Kanban (STATIK)

O *Systems Thinking* são as etapas necessárias para introduzir o *Kanban* em uma organização. As etapas deste processo não são obrigatoriamente sequenciais. É preciso usar o aprendizado de uma etapa para informar e influenciar as outras em um ambiente colaborativo. Seguem os passos:

Passo inicial: identificar os serviços

Para cada serviço:
- ✓ Entender o que faz cada serviço ser ajustado ao propósito do cliente.
- ✓ Entender a origem das insatisfações do processo atual.
- ✓ Analisar a demanda.
- ✓ Analisar a capacidade.
- ✓ Modelar o fluxo de trabalho.
- ✓ Descobrir as classes de serviço.
- ✓ Projetar o sistema *Kanban*.
- ✓ Socializar o design do *board* e negociar a implementação.

Na prática, a ordem das etapas no STATIK pode variar, e é normal rever os passos em busca de melhorias adicionais.

Revisão

O objetivo deste capítulo foi prover a essência do método *Kanban* de forma compacta e acessível para ajudar e incentivar os leitores a descobrirem mais sobre o método e testá-lo nas organizações. Para um estudo mais profundo, recomenda-se a leitura do livro azul "Kanban: a mudança evolucionária de sucesso para seu negócio de tecnologia", de David Anderson (2011), no qual ele traz a história completa do método, além de muitos exemplos e práticas.

Referências

ANDERSON, David J. **Kanban**: mudança evolucionária de sucesso para seu negócio de tecnologia. S.l.: Blue Hole Press, 2011.

ANDERSON, David J. **Kanban**: successful evolutionary change for your technology business. Sequim, WA: Blue Hole Press, 2010.

ANDERSON, David J.; CARMICHAEL, Andy. **Essential Kanban Condensed**. Seattle: Lean Kanban University Press, 2016.

CABRAL, Bárbara. **Lean Software Testing**: 1. As raízes do Lean. 01 dez. 2015. Disponível em: <https://barbaracabral.wordpress.com/2015/12/01/lean-software-testing-1-as-raizes-do-lean/>. Acesso em: 02 set. 2019.

CAROLI, Paulo. **Diagrama de Fluxo Cumulativo**: uma ferramenta valiosa para melhorar o fluxo de trabalho. Lean Pub, 2018.

DEMING, W. Edwards. **The New Economics**: for industry, government, education. 2nd. ed. Cambridge, MA: MIT Press, 2000.

DRUCKER, Peter F. **The Landmarks of Tomorrow.** New York: Harper & Row, 1959.

GOLDRATT, Eliyahu M.; COX, Jeff. **The Goal:** a process of ongoing improvement. New York: North River Press, 1989.

HAMMARBERG, Marcus; SUNDEN, Joakim. **Kanban In Action**. Shelter Island, NY: Manning, 2014.

LEAN IT ASSOCIATION. Site. Disponível em: <https://www.leanitassociation.com/>. Acesso em: 02 set. 2019.

SOARES, Ana G. **Como usar Kanban na sua empresa | POWERCLASS**. YouTube, transmitido ao vivo em 20 fev. 2019. Disponível em: <https://www.youtube.com/watch?v=5ZEloYXMfvU>. Acesso em: 02 set. 2019.

ZAPELINI, Wesley. **Começando com Limites WIP.** Palestra no Agile Brazil 2017.

27. Agilidade na engenharia

Aline Marinho Lima[14]
Wesley Soares de Oliveira

Contexto e cenário

A utilização da cultura ágil em TI é bastante disseminada e tem evoluído mais a cada ano. Diante disso, pergunta-se:

✓ Agilidade é somente para TI?
✓ É possível e viável a utilização dela em setores como engenharia?

A resposta é sim. E venho aqui compartilhar com você um *case* no qual a cultura ágil foi utilizada em uma empresa de projetos de mineração e siderurgia na qual eu atuava em 2017.

Para iniciar, compartilho que, mesmo sem saber, ou propositalmente, muitas empresas utilizam a agilidade como plano de desenvolvimento, determinando suas próprias diretrizes de forma a alcançar integração entre suas equipes e seus clientes. Em uma das empresas que trabalhei eram utilizadas "âncoras de comportamento" que guiavam as melhorias e os avanços.

Entre os principais itens estavam:

✓ Os clientes determinam o nosso sucesso.
✓ Permanecer simples para avançar mais rápido.
✓ Aprender rápido e se adaptar para vencer.
✓ Dar autonomia e inspirar uns aos outros.
✓ Entregar resultados em um mundo incerto.

---

[14] Contato: <alinemarinholima@gmail.com>.

Não há dúvidas de que tais âncoras estão diretamente ligadas à cultura ágil, porém elas não eram utilizadas em uma empresa ou área específica de TI, e sim em uma grande corporação internacional no setor de geração de energia.

Lembrando dessas âncoras, foi em uma troca de cenário que eu, juntamente com minha equipe, consegui iniciar um processo de mudança de *mindset* e cultura em uma empresa de engenharia de projetos de mineração e siderurgia, resultando em uma nova forma de trabalho com resultados incríveis.

Desde 2009 as empresas de engenharia de projetos de mineração e siderurgia vêm passando por uma mudança de cenário onde os projetos de capital (projetos de *Capex – Capital Expenditure*), que envolvem grandes investimentos em construção e expansão de plantas de mineradoras de forma a ampliar suas capacidades de operação, foram reduzidos. Com a redução de tais projetos, as projetistas se viram obrigadas a adaptar seus serviços, passando a trabalhar com um nível maior de projetos de operação (projetos de *Opex – Operational Expediture*), que são voltados para manutenção e operação de um negócio.

Enquanto os projetos de capital requerem planejamento a longo prazo, visto a quantidade de riscos e investimentos envolvidos, os projetos de operação muitas vezes não possuem um escopo definido, suas entregas são flexíveis e devem ser executadas a curto prazo, não havendo, portanto, tempo viável para todo o planejamento e processos utilizados pelas práticas tradicionais (*Waterfall* – cascata). Com isso, foi visto que seria necessário também adaptar uma nova forma de organizar, monitorar e entregar os projetos, de forma a alcançar melhor produtividade e mais envolvimento em um curto período. E é neste ponto que a cultura ágil se tornou a principal aliada para garantir entregas curtas e bem-sucedidas.

Com este *case* de sucesso, apresento o que ocorreu em 2017 em uma empresa de projetos de mineração e siderurgia na qual eu atuava, que em 2016 fechou o ano com 60% da sua carteira representada por projetos de operação e resultados negativos.

Ações realizadas

Para que fosse possível entender como poderíamos melhorar o cenário, realizamos alguns estudos sobre como a empresa estava organizada e a sua forma de trabalho.

Realizamos um melhor entendimento dos contratos da empresa e verificamos que esse tipo de contrato, comumente chamado "guarda-chuva", não era novidade para

214 Jornada Ágil e Digital

a equipe, porém a quantidade de demandas era bem maior e muito mais dinâmica. Diariamente havia solicitações de novos serviços pelos clientes, e tais clientes também não utilizavam nenhum tipo de controle sobre as demandas, gerando um grande gargalo na entrada de solicitações.

Realizamos um levantamento dos processos utilizados e foi verificado que a metodologia tradicional não atendia mais às entregas dinâmicas exigidas para esse tipo de contrato e, assim, vimos que através da cultura ágil poderíamos nos organizar melhor e alcançar uma melhor integração entre as equipes, organização das demandas e, consequentemente, melhores resultados.

Nós nos capacitamos através de treinamentos, leituras, participação em eventos como: palestras, *meetups*, grupos, etc., e em menos de um mês começamos nossa jornada ágil de disseminação de conhecimento e mudança cultural.

Inicialmente, contávamos com uma equipe multidisciplinar (tubulação, elétrica, mecânica, civil e estrutura metálica) de 15 colaboradores. Nela surgiram muitas dúvidas, questionamentos e bastante resistência, havendo inclusive alguns boicotes nas reuniões de *daily*, *planning* e *retrospective*. Contudo, entendemos que aquilo era a reação natural, pois havia muita fragilidade, visto que o *mindset* da equipe ainda estava programado para a execução de projetos utilizando outra metodologia. Visto isso, trabalharmos com mais sinergia e dividimos a equipe em duas: uma ficou totalmente focada em apenas um contrato. Nesse momento, decidimos concentrar nela a maior parte da mudança de *mindset* e utilização das práticas ágeis.

Como características da fragilidade do time, levantamos os seguintes fatores:

- ✓ Não trabalhava como um time, e sim como um grupo.
- ✓ Não havia práticas de melhoria contínua.
- ✓ Havia silos de conhecimento.
- ✓ Trabalhava em cima de achismos.
- ✓ Não havia padronização de projetos.
- ✓ Havia resistência à mudança e não via valor nas práticas ágeis.
- ✓ *Scrum Master* precisava puxar os ritos.
- ✓ Time não concordava com as métricas.
- ✓ Ausência de comunicação entre time e cliente.

Percebemos que a palavra "ágil" também assombrava todo o time. Para quebrarmos tal resistência optamos por não haver apego a rótulos, descrições e métodos. Dessa forma, foram utilizadas diversas ferramentas, práticas e métodos, tais como: *Kanban*, *Lean*, *Management* 3.0 e como principal o *Scrum*, porém sempre nos referimos aos ritos e aos demais processos com uma nomenclatura já comum a todos.

- ✓ *Sprint* era Período de Programação.
- ✓ *Planning* era Reunião de Planejamento.
- ✓ *Daily* era Reunião de Alinhamento Diária.
- ✓ *Review* era Reunião de Alinhamento.
- ✓ *Retrospective* era Reunião de Fechamento.

E o mesmo ocorria com todas as nomenclaturas necessárias até que o time foi se adaptando e ele mesmo passou a conhecer melhor as práticas e chamá-las pelos nomes descritos nas literaturas disponíveis.

Começamos com *Sprints* de 1 semana, devido à necessidade de entender como funcionaria e como seria o resultado. Como o passar dos meses e com o aumento da maturidade da equipe, fomos aumentando o *timebox*, chegando a *Sprints* de 4 semanas. Nesse momento, a equipe já era antifrágil e conseguia se organizar de forma autônoma.

Como característica da antifragilidade do time, foram levantados os seguintes fatores:

- ✓ Time bem definido e coeso.
- ✓ Time se organizava de forma equilibrada e entendia o valor das práticas.
- ✓ Time conduzia seus próprios ritos.
- ✓ Time possuía métricas bem definidas e conseguia usá-las para identificar gargalos e realizar a melhoria contínua.
- ✓ Time conhecia seus pontos fortes e fracos e distribuía as demandas de forma a quebrar os silos de conhecimento.
- ✓ *Scrum Master* atua de forma pontual conforme necessidade do time.
- ✓ Entrosamento entre time e cliente.

Resultados alcançados e aprendizados

Como se pode ver comparando as características iniciais de fragilidade e as características finais de antifragilidade, podemos afirmar que a evolução da maturidade do time foi surpreendentemente elevada.

Como resultado, em menos de seis meses conseguimos atender a 90% das demandas dentro do planejado, diminuindo também o gargalo gerado pelo cliente.

Por fim, a empresa em 2017 fechou o ano com margem bruta de contratos 85% maior que 2016, aumentando para 90% em 2018.

Tais resultados fizeram com que a diretoria da empresa visse a cultura ágil com "bons olhos", solicitando que ela fosse utilizada pelas demais equipes, assim como pelos demais negócios da empresa.

28. Agilidade em uma empresa pública

Rinaldo Pitzer Júnior[15]

Contextualização e situação problema

O cenário onde a agilidade em escala foi aplicada é de uma grande corporação pública, onde muitos dos estereótipos imagináveis para esse tipo de organização se aplicam, tais como:

- ✓ Burocracia acima da média.
- ✓ Muitas áreas que falham em se comunicar bem.
- ✓ Dificuldade no compartilhamento de informação e conhecimento.
- ✓ O enorme desafio de mudança da cultura organizacional.

Um cenário onde seria quase impossível imaginar uma transformação cultural alinhada com toda a empresa de uma só vez. Este capítulo tem por objetivo compartilhar uma parte dessa jornada: uma equipe da área de tecnologia que tenta continuamente mudar e evoluir a forma de fazer software com o objetivo de atender a uma área de negócio específica.

Primeiros passos

Toda equipe de tecnologia possui pessoas um pouco mais inconformadas do que as outras, que não têm muita paciência para burocracia e que no final só querem uma coisa: desenvolver e entregar um software de qualidade que atenda às necessidades do cliente e da empresa. Essa história começa com um programador e seu colega de trabalho, ambos com esse perfil "inconformado", trabalhando em um mesmo projeto.

Por alguns anos, esses dois programadores trabalharam juntos no desenvolvimento de um grande projeto, seguindo a metodologia *Waterfall* e disciplinas do RUP. Como

---

[15] Contato: <rinaldo90@gmail.com>.

218 Jornada Ágil e Digital

a equipe em geral era dividida pelas disciplinas, no dia a dia os programadores geralmente não estavam próximos de quem escrevia os requisitos nem daqueles que faziam os testes de qualidade. Como se é possível imaginar, esses programadores com o perfil questionador frequentemente passavam na frente da equipe de requisitos, falavam diretamente com os gestores do produto e implementavam o que julgavam necessário para desenvolver um software com qualidade.

Nesse cenário, era possível identificar algumas situações quase que diárias:

✓ Equipe de testes reclamando de versões que chegavam antes mesmo da documentação estar pronta ou mesmo sem documentação.

✓ Inúmeros pedidos desses programadores aos seus chefes para que todos os integrantes do projeto fizessem mais discussões em conjunto sem considerar a disciplina, a área ou os papéis, com o objetivo de promover maior integração.

Enquanto nós persistentemente tentávamos mudar a cultura dessa organização, há algum tempo o mercado já vinha adotando *Scrum* para o desenvolvimento ágil de software, o que chamou a atenção de alguns dos nossos gestores, que decidiram, finalmente, por sua utilização.

Apesar dessa empresa terceirizar boa parte do seu desenvolvimento de software, este projeto foi desenvolvido majoritariamente por funcionários da própria empresa. E, especificamente nesse período, não havia nenhum funcionário terceirizado. Por esse conjunto de fatores, essas pessoas foram indicadas para formar um time piloto que usaria *Scrum*. E isso permitiu a esse time relevar algumas burocracias, juntar todos em uma sala e começar a usar esse novo *framework*, ou pelo menos tentar.

Ações realizadas

Parecia simples a ideia de aprender uma nova forma de trabalho e juntar pessoas que já queriam trabalhar juntas para adotar uma solução pronta que boa parte do mercado já utilizava. Contudo, a realidade é um pouco mais complicada que isso. Nenhuma daquelas pessoas havia sequer tido experiência com qualquer coisa "ágil". O próprio guia oficial do *Scrum*, apesar de ter menos de 20 páginas, nunca havia sido lido por nenhum deles. Por isso, as primeiras *Sprints* foram muito mais um movimento de aprendizado.

Uma técnica que foi utilizada era rotacionar alguns membros do time, para que mais pessoas pudessem aprender um pouco. Várias vezes, entre o término de uma *Sprint* e o início da próxima, uma ou mais pessoas saíam do time, para que outras pudessem ser convidadas a participar por pelo menos uma *Sprint*. Ou seja, era de fato um momento de aprendizagem, mesmo que não fosse uma experiência idêntica à de um time já formado e maduro.

Por motivos parecidos, havia também uma rotação no papel de *Scrum Master* (SM). A verdade é que não havia ninguém de fato pronto para exercer esta função, afinal era um perfil bastante novo para o contexto daquela equipe. A ideia era que mais de uma pessoa pudesse passar pelos desafios do papel de SM, para que cada uma tivesse a oportunidade de aprender um pouco. Ainda assim, não era raro elas desconhecerem várias de suas atribuições.

A figura do *Product Owner* (PO) existia, mas não de forma exclusiva. Uma pessoa da área de negócio foi convidada para exercer este papel e experimentar trabalhar nesse novo formato junto da área de tecnologia, porém mantendo também suas atribuições anteriores. Ainda assim, o contexto da empresa não facilitava essa integração: unir duas áreas que geralmente eram distantes foi uma das maiores mudanças. Contudo, essa participação foi essencial para fomentar mudanças futuras ainda maiores.

Como é de se imaginar, os eventos do *Scrum* nem sempre eram feitos da melhor maneira. Frequentemente, havia dúvidas básicas como: não saber estimar ou se o PO poderia ter tarefas no quadro. Era comum boa parte das pessoas nem mesmo conhecer o objetivo final dos eventos. Novamente, a leitura do Guia do *Scrum* era muitas vezes esquecida. O time ia aprendendo coisas que encaixavam no novo modelo, enquanto decidiam outras que simplesmente pareciam a melhor opção para o momento. Era extremamente comum o time descobrir que estava fazendo algo incompatível com o Manifesto Ágil ou com o Guia do *Scrum*, mas não ter autonomia para mudar a forma como aquilo era feito. Desde o início deste piloto, o time teve que abrir mão de mudar muitas coisas, pois o novo formato seria incompatível com os processos ou normativos da empresa. Isso ocasionalmente gerava um certo desânimo em alguns membros, mas nada suficiente para desistirmos de um novo modelo.

Apesar da ideia de um ambiente de aprendizado, a necessidade de desenvolver e entregar soluções ainda existia. Logo, algumas vezes havia desacordos entre a decisão que favorecia a experimentação, como trocar um membro do time, e aquela que iria favorecer a produtividade imediata. E nesses casos não havia solução mágica: geralmente era necessário abrir mão de uma coisa para ter a outra.

Mesmo nesse ambiente pouco maduro, muito longe do que seria um time *Scrum* experiente, os membros do time perceberam os ganhos – um deles foi o movimento

220 Jornada Ágil e Digital

de juntar todos que trabalhavam em um mesmo projeto para ficarem juntos e focarem em uma mesma meta.

Após cinco meses do projeto piloto utilizando o *framework Scrum*, os chefes disseram que aquele período já tinha atendido ao seu propósito: o de ensinar algumas pessoas e o de conhecer alguns dos desafios, finalizando oficialmente o experimento. Além disso, nesse mesmo período, ocorreram outras mudanças de gestão, resultando na realocação de algumas pessoas entre projetos.

Por sorte, alguns membros não foram realocados e continuaram neste projeto; e eles não estavam satisfeitos em voltar a trabalhar da forma tradicional. Por isso, entraram em acordo com o time do projeto, que era formado por seis pessoas, e mantiveram o uso do *Scrum*. Convidaram também o PO para se manter no papel e decidiram rotacionar o papel de SM. E seguiram aprendendo cada vez mais sobre a nova forma de trabalho – agora, de fato, com o objetivo de evoluir como time, pelo menos até a próxima grande mudança.

Escalada

Este time trabalhou junto por dez meses, colhendo bons frutos da nova forma de trabalho, realmente criando uma nova cultura entre eles. Contudo, nesse mesmo período, estava sendo planejado um novo contrato que iria expandir a utilização de *Scrum* e "agilidade", além de aumentar o tamanho das equipes que desenvolviam e mantinham os vários softwares dessa área. Ao final do período, quando esse novo contrato de fato entrou em vigor, a equipe de tecnologia praticamente triplicou de tamanho e vários times *Scrum* foram formados. Houve muitas conversas e debates sobre a manutenção ou dissolução do time que iniciou tudo isso, aquele que fez o projeto piloto – afinal, eles já estavam colhendo os benefícios daquela nova formação, algo que demorou muito tempo para ser construído. Apesar de tudo isso, o time foi dissolvido, pois os chefes queriam e acreditavam que a cultura aprendida por cada um dos membros seria mais bem aproveitada se fosse multiplicada entre todos os novos times que foram formados. Como era de se esperar, a aceitação da dissolução não foi simples, mas muitos realmente entenderam que era por um bem maior. E assim iniciou-se uma nova fase, com sete times *Scrum,* uma quantidade muito maior de pessoas e uma situação muito mais complexa do que apenas um time piloto.

Apesar de algumas pessoas terem tido a oportunidade de aprender um pouco durante o projeto piloto, isso não foi suficiente para causar uma mudança cultural em toda a equipe. Além disso, havia novas pessoas que também não tinham experiência em trabalhar nesse novo modelo. Os desafios foram inúmeros e em uma proporção muito maior que antes. O modelo não era mais um teste, não havia mais uma fase apenas de aprendizado, então era essencial manter o ritmo do desenvolvimento.

Nesse novo modelo, vários colegas se dispuseram a exercer o papel de SM. Foram realizados treinamentos oficiais, apresentações sobre o novo modelo, conversas sobre como iriam alinhar as atividades da empresa com o papel de SM, entre outras coisas. Apesar de os treinamentos serem fundamentais na formação do SM, com a falta de experiência houve muita dúvida e até mesmo dificuldade em cumprir essa função em um primeiro momento. Além disso, uma boa parte do trabalho burocrático, como ser responsável pelo contrato ou administrar o sistema de demandas, foi colocado como responsabilidade dessas pessoas, dificultando ainda mais a adaptação. Esse provavelmente foi o papel mais afastado da realidade anterior dessas pessoas, pois há uma diferença muito grande entre as atribuições geralmente exercidas pelos papéis tradicionais na tecnologia e aquelas do SM. Eventualmente, durante os desafios do dia a dia, as pessoas começaram a entender um pouco melhor essa função.

Também foi necessário convidar várias pessoas das áreas de negócio para exercerem o papel de PO. Assim como ocorreu com os SM, foram feitos vários treinamentos, conversas e discussões. E, como esperado, o grande desafio foi ajudá-los a perceber como as coisas funcionavam na visão do software. Além disso, estas pessoas mantiveram boa parte de suas atribuições anteriores, tendo que dividir o tempo entre duas atividades bastante diferentes, o que às vezes ocasionava na remarcação de horários dos eventos *Scrum* ou simplesmente na indisponibilidade para tratar de dúvidas durante o desenvolvimento. Ao final, a integração não foi simples, mas trouxe excelentes resultados. Ficou claro que aproximar o time de desenvolvimento daqueles que de fato utilizam ou precisam do software é realmente essencial para o desenvolvimento ágil.

Em um ambiente onde poucas pessoas tinham experiência com agilidade, também foi essencial a presença de um *agile coach*. Era muito comum que várias decisões fossem tomadas visando o funcionamento imediato de certos processos, e a presença desse papel ajudava a perceber se as decisões iriam prejudicar a agilidade. Além disso, ele também pôde auxiliar nas dúvidas que os SM, PO ou times de desenvolvimento tinham. Contudo, é importante ressaltar que a atuação dele está fortemente ligada à sua autonomia: quanto menor, mais limitada é a sua atuação junto aos times ou aos problemas externos; quanto maior, mais liberdade ele tem para dar sugestões e apoiar o processo de melhoria e aprendizado contínuo.

Segundo o Guia do *Scrum*, todas as atividades necessárias para produzir uma entrega devem ser realizadas pelo próprio time. Na prática, algumas atividades que tinham dependência externa só foram sendo descobertas ou lembradas durante o processo de adaptação. E algumas delas de fato foram internalizadas pelos times, porém muitas se mantiveram como uma dependência externa, geralmente por normas da empresa que impediam a absorção delas pelo time de desenvolvimento. Todos sabiam que isso era um problema que poderia impactar no andamento do desenvolvimento ou até mesmo levar a falha de *Sprints*. Isso frequentemente era discutido e reavaliado, mas durante tantas mudanças e adaptações às vezes não havia espaço para tentar causar uma mudança que dependesse tanto de outras áreas. Era comum as pessoas terem que escolher qual problema atacar, pois não havia disposição mental suficiente para lidar com todos os desafios ao mesmo tempo.

Boa parte desses desafios foi enfrentada durante um período de quase dois anos. Em uma grande empresa, com uma grande cultura já formada, é natural que a adaptação seja demorada. Muitas pessoas precisaram sair de suas zonas de conforto para ajudar a transformar a equipe em algo novo, criando uma nova cultura, que só foi possível com a dedicação de todos. Todos tiveram que aprender novas formas de trabalho e de comunicação, novas ferramentas, novos processos e até mesmo evoluir a forma de relação com os colegas. Em geral, é possível dizer que a maior parte dos desafios que não dependiam de áreas externas foi superada. Por outro lado, aqueles que não puderam ser resolvidos só pelos esforços da própria equipe continuaram a existir por mais tempo.

Resultados alcançados

Depois de muito aprendizado e desafios vencidos, é possível afirmar que a equipe obteve ganhos com as mudanças pelas quais passou.

A velocidade das entregas aumentou, o que definitivamente era um dos pontos principais a serem alcançados. Isso é reconhecido tanto pela equipe de tecnologia quanto pela área de negócio. Pode-se dizer que foi dado mais um passo em direção ao primeiro princípio do Manifesto Ágil: "nossa maior prioridade é satisfazer o cliente, através da entrega adiantada e contínua de software de valor".

O alinhamento da equipe de tecnologia com a área de negócio também evoluiu. Ter a presença de pessoas, no dia a dia, com uma visão mais próxima do negócio que sabem como isso pode influenciar no software foi extremamente benéfico. Isso ajudou não só na velocidade do desenvolvimento, mas também na agilidade para perceber as mudanças e ajustar o caminho que está sendo trilhado. Além disso, a proximidade de pessoas naturalmente ajudou a aumentar a colaboração e a reduzir as negociações, estando alinhado com o terceiro valor do Manifesto Ágil: "colaboração com o cliente mais que negociação de contratos".

O fato de reunir pessoas em um mesmo local buscando atingir uma mesma meta também trouxe benefícios. Os times, com uma média de oito pessoas, conseguiram melhorar muito sua comunicação. Trocas de informações importantes, que antes eram feitas majoritariamente por ferramentas, passaram a ser realizadas face a face, com um quadro branco sempre ao lado. Quando não era possível, fazia-se por telefone. Contudo, o registro nas ferramentas acabou virando, em muitos casos, mera formalização. E isso foi de fato uma grande mudança que nos aproximou do primeiro valor do Manifesto Ágil: "indivíduos e interações mais que processos e ferramentas". Que também é relacionado ao sexto princípio: "o método mais eficiente e eficaz de transmitir informações para, e por dentro de um time de desenvolvimento, é através de uma conversa cara a cara".

Com a redução dos períodos de desenvolvimento para uma média de duas semanas, que era geralmente a duração das *Sprints*, foi possível adaptar-se muito mais rapidamente às mudanças solicitadas pela área de negócio. Nem todos os times puderam se beneficiar totalmente dessa evolução, pois em alguns casos o próprio modelo de implantação não permitia, mas em geral é possível afirmar que houve um aumento no ritmo de adaptação às novas prioridades. E isso também nos colocou mais próximos do quarto valor do Manifesto Ágil: "responder a mudanças mais que seguir um plano".

Muitas pessoas continuaram criticando certos processos e decisões, o que é considerado natural, mas foi praticamente unânime a ideia de que houve evolução em relação ao modelo anterior. E isso resume bem a situação que foi alcançada: um ambiente onde muitas melhorias foram alcançadas, mas onde ainda há muito espaço para evoluir.

Próximos desafios

Os ganhos do novo modelo são claramente perceptíveis, mas isso não significa que foi uma jornada que chegou ao fim. Como era esperado, as principais mudanças que ocorreram foram aquelas que, em geral, dependiam muito mais de pessoas da própria

224 Jornada Ágil e Digital

equipe de tecnologia ou daquelas próximas a elas. Isso permitiu à equipe alcançar benefícios valiosos mesmo estando dentro de uma cultura organizacional maior. Isso também significa que os desafios maiores, aqueles que geralmente dependem de mais negociações ou que causariam grandes impactos em outras áreas, foram naturalmente sendo adiados.

Ainda assim, continuaram existindo algumas burocracias que, para o desenvolvimento de software em si, eram menos importantes, mas que para atender a leis ou a normas da empresa ainda se faziam necessárias. Aquilo que era necessário por lei não tinha muito espaço para discussão, pois seriam tópicos longos e dispendiosos. O que era feito para atender às normas da empresa geralmente ia sendo tratado lentamente, pois envolvia uma grande quantidade de áreas e poderia causar impacto no trabalho de várias pessoas. Por todos esses aspectos, ninguém encontrou uma saída fácil para essas questões, mas continuamos a buscar soluções, mesmo que a longo prazo.

Algumas decisões técnicas mantiveram-se dependendo de outras áreas. Algumas precisavam da participação ativa de outras pessoas, como grandes mudanças de infraestrutura, mas essas raramente eram vistas como um problema, pois entendia--se que eram necessárias. Outras, porém, dependiam de aprovação ou concordância, como mudanças no modelo de dados que precisavam passar por outra equipe para serem aceitas, um processo que poderia demorar dias. E em uma *Sprint* de duas semanas, três dias já representavam 30% do tempo total. Esse tipo de desafio continuou e frequentemente causava impacto no dia a dia dos times. Contudo, assim como outras mudanças que dependiam de normativos e impactavam outras áreas, isso foi sendo tratado lentamente.

Mudanças estruturais nos sistemas também eram necessárias, porém não eram um trabalho simples de realizar. Alguns times desenvolviam soluções que simplesmente não podiam ser implantadas a cada duas semanas e algumas vezes nem a cada mês. Além disso, ainda havia dependência entre os times na criação de muitas funcionalidades, pois não havia realmente um isolamento dos sistemas. Tudo isso poderia ser amenizado com reestruturações dos sistemas e modernização de tecnologias, além de práticas modernas de autonomia dos times, como a adoção de uma estrutura baseada em microsserviços ou funcionalidades isoladas. Em resumo, agrupar pessoas em novos times é apenas um passo para conseguir maior independência entre eles, mas isso raramente será suficiente sem uma reestruturação da solução de software. Contudo, todas essas ideias são caras para serem adotadas, além de geralmente necessitarem do apoio de muitas outras áreas, fazendo com que sejam um dos maiores desafios.

A estrutura da empresa ainda criava uma divisão clara entre as áreas de negócio e as equipes de tecnologia. Na estrutura organizacional, essas duas áreas eram altamente afastadas, o que ia totalmente de encontro ao novo modelo adotado. Para questões práticas do dia a dia era possível aproximar as pessoas para trabalharem juntas. Entretanto, para questões mais formais ou estruturantes, essa divisão ainda era muito presente. Isso acabava por gerar situações incômodas ou desnecessárias, que atrapalhavam o bom relacionamento entre todos.

Por fim, é possível verificar não só os grandes ganhos que foram obtidos, mas também os desafios que devem ser superados. Fica claro que, em uma grande corporação, é possível que áreas menores iniciem uma mudança cultural e com isso alcancem grandes resultados, influenciando toda a empresa, mas esses benefícios serão limitados por aqueles que ainda não estão engajados no movimento.

29. *Agile* PMO

José Pinto Rodrigues Júnior

Com a abordagem ágil ganhando cada vez mais espaço nas organizações, há um maior questionamento quanto à efetividade das visões tradicionais de gestão de projetos. Com isso, a figura do PMO (*Project Management Office*, ou Escritório de Gestão de Projetos, em português) tem sido muito questionada, devido à associação do seu papel a um viés de comando e controle nas iniciativas organizacionais.

Entende-se o PMO como uma unidade organizacional centralizada que supervisiona a gestão de projetos com o intuito principal de: padronizar a metodologia; alocar recursos aos projetos; reportar os resultados para a alta gestão; suportar os projetos e treinar os recursos em gestão de projetos (GP); e prover mentores ou especialistas, fornecendo informações para as equipes (HILL, 2004).

Contudo, a tarefa de levar a agilidade para o PMO é um desafio bem maior, pois muitos veem com grande descrédito a sua união com a palavra ágil na mesma frase – da mesma forma que realizar a transformação ágil da empresa também pode se tornar uma batalha gigante, de acordo com o esforço que foi despendido para organizar os processos atuais.

Contexto

Entretanto, se o profissional atua ou quer atuar em um PMO, deve fugir da velha dicotomia "ágil *versus* tradicional" predominante no mercado e na comunidade em geral. Isso porque a implementação e a gestão de um PMO ocorrem por meio de uma adaptação dos seus processos, funções e estrutura à necessidade da organização.

É imprescindível, portanto, se atentar para estes cinco aspectos fundamentais (HUSSER, 2017; PMO GLOBAL ALLIANCE, s.d.):

- ✓ **Complexidade do mundo atual:** a abordagem do *Agile* PMO precisa considerar os aspectos do mundo VUCA e ser eficaz no fornecimento de uma visão compartilhada e comum, de forma ágil.
- ✓ **Adequação ao negócio:** o modelo precisa atender às necessidades da organização e dos projetos do ambiente em que estão sendo implementados.
- ✓ **Priorização e definição do *roadmap*:** as iniciativas precisam ser avaliadas antes se irão fazer parte ou não do *backlog* do PMO e priorizadas de acordo com a estratégia da organização.
- ✓ **Inspeção e transparência:** é necessária uma constante verificação da evolução das entregas e validação; se continuam ou não aderentes às necessidades de negócio.
- ✓ **Valor ao cliente:** um processo iterativo que evite o retrabalho e o desperdício, garantindo a execução baseada nos pilares ágeis, capaz de realizar entregas de valor.

Faz-se necessária a adoção de uma abordagem mais ampla e adaptativa, capaz de permitir a implementação e a gestão de um PMO adequado às necessidades de qualquer organização. Aliás, quando se fala em agilidade, refere-se a essa capacidade de ADAPTAÇÃO, que é o que guia um modelo de PMO que traga resultados efetivos para as organizações.

Em adição, seja o nome que se queira dar a essa transformação (ágil, digital ou organizacional), há de se ter uma estrutura liderando esse processo e, principalmente, as pessoas! Não adianta investir em enormes montantes de capital em sistemas e ferramentas se não começar pelo investimento no ser humano.

E o *Agile* PMO tem total condição de fazer isso! Desde que possa focar em aspectos que demonstrem o seu valor de forma perene, fazendo as pessoas brilharem, entregando resultados e benefícios; com isso, cria reputação, entende a complexidade do ambiente e aprende a navegá-lo com segurança.

O que é um *Agile* PMO?

Um PMO ágil de alto impacto deve desenvolver uma compreensão global, para além do tradicional triângulo de ferro do projeto (tempo, custo e escopo), formando uma nova tríade composta por mais dois aspectos: os benefícios e o ambiente do projeto (HUSSER, 2017). A também chamada tripla restrição (Figura 29.1) passa a ser só uma das pontas desse novo triângulo de valor.

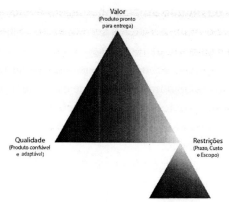

Figura 29.1. Triângulo de valor.
Fonte: elaborado pelo autor.

Por isso, é preciso adaptar os PMOs às necessidades específicas das empresas e dos seus *stakeholders*, o que não é possível com a adoção de um modelo rígido, tradicional e preestabelecido e que vai de encontro às tendências atuais de agilidade na gestão organizacional.

É possível, com isso, fazer uma comparação inicial entre as visões tradicional e ágil de um PMO, considerando-se os aspectos relativos a controle, coordenação, priorização e governança, conforme ilustrado pela Figura 29.2:

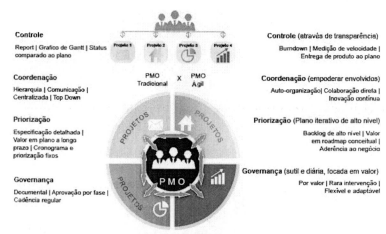

Figura 29.2. PMO tradicional x ágil.
Fonte: elaborado pelo autor.

Um ponto relevante nas organizações atualmente é sobre como se dá a interação com times ágeis, como no modelo de tribos e *squads* (KNIBERG; IVARSSON, 2012). Esse modelo visa integrar membros da área de negócios e desenvolvimento com foco no cliente, para maior entrega de valor. Dentro desse contexto, o papel do *Agile* PMO poderia ser mais bem definido como aquele que (Figura 29.3):

- ✓ Interage com todas as tribos.
- ✓ Promove integração entre as tribos e disseminação de boas práticas.
- ✓ Coordena a atuação conjunta das tribos nas entregas de projetos estratégicos.
- ✓ Fomenta a entrega antecipada de valor.
- ✓ Fornece *coaching* e maximiza a adoção da agilidade.
- ✓ Dá visibilidade aos *stakeholders* sobre os avanços das entregas.

Figura 29.3. PMO e tribos.
Fonte: elaborado pelo autor.

Essas características permitem a adaptação do PMO às novas tendências de agilidade e foco no produto, sempre tendo como base as expectativas dos *stakeholders* para a definição das funções que serão capazes de entregar os benefícios esperados, entregando valor de forma perene, conforme ilustrado na Figura 29.4.

Figura 29.4. Expectativas x benefícios.
Fonte: adaptado de PMO GLOBAL ALLIANCE (treinamento certificação do PMO-CP).

230 Jornada Ágil e Digital

Entende-se que a ligação com a área de projetos, sobretudo na visão tradicional (HILL, 2004), limita o campo de atuação do PMO e gera resistência sobre sua atuação na agilidade. É preciso que o *Agile* PMO seja visto como uma área de negócio, sendo liderado como qualquer outra área e demonstrando valor através dos resultados alcançados, focando nos seguintes pontos:

- ✓ Visão de longo prazo e planejamento adaptativo.
- ✓ Entrega de resultados e seus benefícios.
- ✓ Foco organizacional e na otimização da performance geral.
- ✓ Sucesso através de empoderamento, alinhamento e colaboração.
- ✓ Busca por melhoria contínua sempre.
- ✓ Inteligência emocional e entendimento político.
- ✓ Liderança de negócio mais que de gestão de projetos.
- ✓ Liderar pessoas mais que gerenciar recursos.

Modelo AMO

Com isso, é necessária uma nova proposta para a implantação e gestão de PMOs capazes de lidar de forma ágil com o contexto VUCA (ARNOLD III, 1991), sendo uma abordagem que foca em um Escritório de Gestão Ágil (AMO – *Agile Management Office*) de forma muito mais ampla; o modelo AMO.

É denominado dessa forma porque prevê uma estrutura que atue em um contexto tanto de projetos (ágeis, híbridos ou tradicionais) quanto de uma organização focada por produtos (como o modelo de tribos) ou outras iniciativas que permitam o alcance dos resultados estratégicos.

O AMO considera como ponto de partida uma análise do contexto em que a organização está inserida e a visão do mundo VUCA para estabelecer formas de lidar com esses desafios e, então, definir como o AMO irá se estruturar e liderar as ações organizacionais. Ele usa como elementos/resultados principais: o *backlog* da organização; o *backlog* do PMO; o *backlog* da *Sprint*; e as entregas válidas.

Estes elementos/resultados são encadeados e intrinsecamente ligados na sequência apresentada, e gerados através de três etapas principais, a fim de entregar o máximo de valor para os clientes (Figura 29.5):

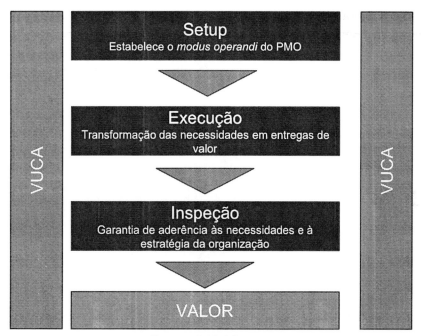

Figura 29.5. Modelo AMO.
Fonte: elaborado pelo autor.

Dessa forma, entende-se que as organizações podem estar mais bem preparadas para enfrentar os desafios do mundo VUCA, no que tange à execução de seus projetos e ao alcance dos objetivos estratégicos, através de uma nova abordagem completa e adaptável para a implementação e gestão de seu *Agile Management Office*.

Setup

O ponto principal da etapa de *setup* é entender o que se espera do AMO, por meio de um entendimento claro do propósito da organização e do próprio escritório ágil. Com isso, é possível definir um modelo de negócio (BMC – *Business Model Canvas*), conforme Figura 29.6, do próprio escritório ágil e partir para a definição das funções.

Essas funções são definidas com base nos principais benefícios esperados pelos *stakeholders*, sendo bastante útil também o entendimento do nível de maturidade em gestão de projetos da organização para compô-las. Dessa forma, é possível estruturar os processos, bem como levantar a necessidade de pessoas e os recursos necessários para realizar suas atividades.

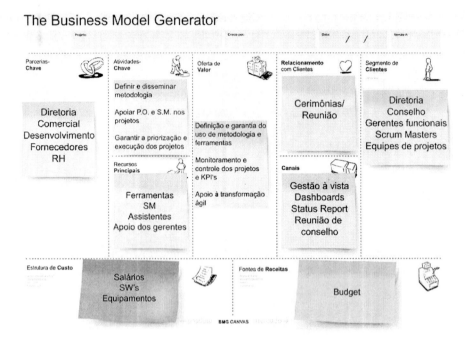

Figura 29.6. BMC do PMO.
Fonte: adaptado de OSTERWALDER; PIGNEUR, 2011.

É importante ressaltar que essa estruturação não é estanque, sendo necessário avaliar periodicamente como a maturidade do escritório ágil está evoluindo e quais mudanças significativas ocorreram nos ambientes externo e interno da organização. Com isso, pode-se avaliar se o AMO continua aderente às necessidades da organização ou não, e se é necessário reestruturá-lo.

Por fim, é preciso que se alinhe qual é o *backlog* do próprio AMO, ou seja, o seu escopo de trabalho e até onde vai o seu campo de atuação, pois provavelmente ele não irá atuar em 100% das iniciativas existentes no *backlog* da organização. Esse escopo de atuação certamente terá alterações (constantes!), mas serve como um norte para o trabalho do AMO.

Execução

Na etapa de **execução**, O escritório ágil teve seu *backlog* definido em um dado momento, mas nem todas as iniciativas serão realizadas ao mesmo tempo. Faz-se necessária a realização de uma *inception* (CRUZ, 2016) com a participação dos envolvidos (patrocinador, *Product Owner*, GP, entre outros), que irão definir em conjunto a priorização de seus projetos, sendo este o momento em que cada um terá a chance de vender sua iniciativa aos demais.

Da mesma forma, é possível definir o *roadmap* de ações para o período de execução e acompanhamento dos projetos (Figura 29.7), que é executado com uma *Sprint* com projetos múltiplos. Isso é um fator importante para o sucesso das ações, embora o AMO precise ter uma preocupação maior com as "acabativas", ou seja, com a realização das entregas previstas no período.

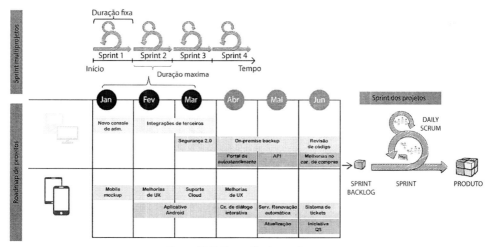

Figura 29.7. Execução dos projetos.
Fonte: elaborado pelo autor.

Sua atuação em conjunto com as equipes, ao longo das *Sprints* de cada projeto/produto, é essencial para garantir a aderência ao negócio. Mais que isso, é preciso garantir que as entregas sejam válidas, quer dizer, que estejam entregando valor para o usuário final e agregando para o alcance dos objetivos definidos na estratégia da organização.

Inspeção

Seguindo os pilares da agilidade (transparência, inspeção e adaptação), é importante usar ao máximo os irradiadores de informação na etapa de **inspeção**, para manter todos alinhados sobre o andamento das ações e para que possíveis mudanças sejam realizadas de forma mais ágil. Um quadro *Kanban* com o portfólio de iniciativas pode funcionar muito bem nesse sentido.

O quadro *Kanban* pode até estar em um software comumente usado para a gestão de portfólio, inclusive contendo iniciativas ainda na fase de ideação, compondo um funil único e completo, e mantendo todos na mesma página sobre quais ações estão na fila, em execução e sendo entregues a nível organizacional (veja *case* da Yle, em MAARIT; SIRKIÄ; KANGAS, 2015).

A revisão das entregas e da sua efetiva comunicação internamente quanto aos benefícios obtidos, bem como dos resultados alcançados pelos produtos finais ou parciais, se torna um importante elemento no engajamento das equipes, que sentem os reflexos quase que imediatos de seu trabalho na organização e ficam estimuladas a contribuir cada vez mais.

Entretanto, faz-se necessário reportar os resultados à alta gestão, que nem sempre estará acompanhando de perto, mas vai querer saber das entregas realizadas e dos resultados alcançados. Deve-se focar, nesses casos, em modelos de relatórios *one page* (de uma página só), conforme Figura 29.8, que tragam elementos essenciais das entregas e o quanto estas agregaram valor ao negócio, fugindo dos relatórios extensos e focados somente em custo, prazo e escopo.

Figura 29.8. Exemplo de *one page status report*.
Fonte: elaborado pelo autor.

O resultado do período de execução servirá de insumo para a Reunião Estratégica que a empresa realiza com dada frequência, a qual poderá discutir pontos como: repriorização de projetos; cancelamentos de *Sprints*; novos projetos urgentes; e impactos financeiros.

Ainda não se pode deixar de discutir as lições aprendidas por meio da retrospectiva sobre o trabalho realizado, com vistas a alcançar a melhoria contínua das equipes e das iniciativas, permitindo que tanto o ambiente quanto as entregas dos trabalhos se tornem cada vez melhores.

O mais importante para o *Agile* PMO (ou AMO) dentro desse contexto de transformações é que essa estrutura deve assumir um protagonismo quanto às mudanças, credenciando-se para liderar o processo na organização. Com isso, deixa-se para trás a visão tradicional, burocrática e de comando e controle, em prol de uma versão adaptável às necessidades da empresa, capaz de compreender o mundo VUCA e trazer os resultados estratégicos esperados.

Referências

ARNOLD III, Archibald V. **Strategic Visioning:** what it is and how it's done. Carlisle Barracks, PA: U.S. Army War College, 1991, End notes.

CRUZ, Fábio. **PMO Ágil:** Escritório Ágil de Gerenciamento de Projetos. Rio de Janeiro: Brasport, 2016.

HILL, Gerard M. Evolving the Project Management Office: a competency continuum. **Information Systems Management**, vol. 21, n. 4, 2004, p. 45-51.

HUSSER, Philippe. **The High Impact PMO:** how agile project management offices deliver value in a complex world. CreateSpace, 2017.

KNIBERG, Henrik; IVARSSON, Anders. **Scaling Agile @ Spotify with Tribes, Squads, Chapters & Guilds.** Oct. 2012. Disponível em: <https://blog.crisp.se/wp-content/uploads/2012/11/SpotifyScaling.pdf>. Acesso em: 02 set. 2019.

MAARIT, Laanti; SIRKIÄ, Rami; KANGAS, Mirette. Agile Portfolio Management at Finnish Broadcasting Company Yle. **Scientific Workshop Proceedings of the XP2015**, May 2015. Disponível em: <https://www.researchgate.net/publication/283258171_Agile_Portfolio_Management_at_Finnish_Broadcasting_Company_Yle>. Acesso em: 02 set. 2019.

OSTERWALDER, Alexander; PIGNEUR, Yves. **Business Model Generation:** inovação em modelos de negócios. Rio de Janeiro: Alta Books, 2011.

PMO GLOBAL ALLIANCE. Site. Disponível em: <https://www.pmoga.com/pt/>. Acesso em: 02 set. 2019.

PMO VALUE RING. Site. Disponível em: <https://www.pmovaluering.com/en/>. Acesso em: 02 set. 2019.

30. *Extreme Programming* (XP)

Tatiana Escovedo

O XP foi criado em 1997 por Beck, Ward, Cunningham e Jeffries em um contexto empresarial (e não acadêmico). O método consiste, resumidamente, em codificar com menor ênfase nos processos formais de desenvolvimento e com maior ênfase na engenharia ágil de software, além de valorizar a automatização de testes e ser flexível para mudanças de requisitos, valorizando o *feedback* do usuário e a qualidade do código. O objetivo principal do XP é a criação de software de alta qualidade, eliminando desperdícios e orientado a pessoas (WILDT et al., 2015). É composto por um conjunto reduzido de práticas de desenvolvimento que se organizam em torno de quatro valores básicos inter-relacionados: *feedback*, comunicação, simplicidade e coragem, detalhados a seguir.

Feedback

O XP utiliza ciclos curtos de *feedback* que possibilitem aos usuários solicitar funcionalidades e aprender rapidamente sobre elas através de software funcionando. Para tal, é necessário priorizar poucas funcionalidades a serem implementadas de cada vez e simplificá-las à medida do possível. Ao apresentar a funcionalidade ao usuário rapidamente, ele pode detectar eventuais falhas o mais cedo possível, quando sua correção tende a ser mais barata (TELES, 2005).

O *feedback* deve acontecer a todo momento, possibilitando o aprendizado constante. Os ciclos de *feedback* curtos buscam assegurar que pouco trabalho seja efetuado e concluído de cada vez, seguindo adiante apenas se o resultado estiver correto. Caso sejam apontadas falhas, é necessário que a equipe de desenvolvimento providencie sua correção antes de iniciar o desenvolvimento de outras funcionalidades. Devido ao escopo do trabalho ser reduzido, as falhas tenderão a ser corrigidas com maior rapidez, uma vez que menos coisas podem dar errado.

Comunicação

Em projetos de software, cabe ao usuário comunicar suas necessidades e ao desenvolvedor comunicar as considerações técnicas da solução e a velocidade de construção. Com frequência, equívocos no processo de comunicação causam desentendimentos ou compreensão incorreta de algum aspecto do projeto (TELES, 2005).

É necessário envolver os usuários no processo, priorizando a comunicação face a face (que é mais eficiente), fazendo com que se tornem e se sintam parte integrante da equipe de desenvolvimento. Preferencialmente, todos devem estar presencialmente no mesmo local, para que todos tenham acesso rápido e direto, e o fluxo de informações seja acelerado.

Nesse contexto, a quantidade de pessoas envolvidas influencia a qualidade da comunicação. Os projetos que utilizam XP idealmente têm um número reduzido de participantes (frequentemente menor que uma dúzia de pessoas) (BECK, 1999). Quanto maior a equipe, maior a dificuldade de as pessoas saberem o que os outros estão fazendo e maior a chance de sobreposição, duplicação ou interferência no trabalho do outro.

Simplicidade

Quanto mais simples é o sistema, menos é necessário comunicar sobre ele, o que leva a uma comunicação mais completa (BECK, 1999). Assim, para que uma equipe de desenvolvimento possa trabalhar com iterações curtas, é necessário focar em um pequeno escopo de funcionalidades no início de cada iteração e implementá-las completamente dentro de um curto prazo de tempo. O objetivo dessa estratégia é concentrar esforços apenas no essencial para implementar as funcionalidades da iteração, evitando generalizações que ainda não se mostrem necessárias e a criação de funcionalidades que ainda não foram solicitadas pelos usuários (TELES, 2005), entregando somente o que gera valor.

Dessa forma, em projetos que utilizam XP, os desenvolvedores buscam implementar as funcionalidades priorizadas para cada iteração com a maior qualidade possível, mas focando apenas no que é claramente essencial. A ideia por trás disso é que "se você mantiver o sistema suficientemente simples o tempo todo, qualquer coisa que você coloque nele será inserido facilmente e na menor quantidade de lugares possível" (JEFFRIES; ANDERSON; HENDRICKSON, 2000).

238 Jornada Ágil e Digital

Em vez de os desenvolvedores tentarem prever quais funcionalidades o usuário possivelmente solicitará e desperdiçar tempo no seu desenvolvimento, eles buscam simplificar o sistema, tornando-o mais fácil de ser alterado no futuro. A estratégia é adiar a inclusão de qualquer funcionalidade até que ela realmente seja priorizada e solicitada pelo cliente, pois cada fragmento de código eleva a complexidade e é uma parte que pode falhar.

Coragem

No livro "eXtreme Programming – Práticas para o dia a dia no desenvolvimento ágil de software", Daniel Wildt, Dionatan Moura, Guilherme Lacerda e Rafael Helm destacam que "um verdadeiro time XP é composto de indivíduos corajosos que confiam em suas práticas, bem como nos seus colegas de time. A coragem faz-se ainda mais necessária nos momentos de crise" (WILDT et al., 2015). Para tal, é necessário ter confiança nos mecanismos de segurança utilizados para proteger o projeto – como, por exemplo, o controle de versão de código –, tendo consciência de que problemas irão ocorrer, mas as redes de proteção utilizadas pela equipe podem ajudar a reduzir ou eliminar as consequências desses problemas.

Para proteger o cliente, que teme não obter o que pediu ou ainda pedir a coisa errada, o XP adota iterações curtas – normalmente de uma a três semanas – e fixas – todas com a mesma duração –, sendo possível avaliar ao final de cada iteração se a equipe implementou o que foi pedido e se o que foi pedido realmente fazia sentido (TELES, 2005). Novamente, como se trabalha sempre com um conjunto reduzido de funcionalidades, os erros ocorrem em menor quantidade, facilitando suas correções e evitando que a equipe invista muito tempo em funcionalidades incorretamente solicitadas pelo cliente.

O *feedback* constante faz com que o cliente saiba exatamente o que está acontecendo no projeto. Ao receber funcionalidades entregues pela equipe de desenvolvimento com frequência em prazos curtos, o cliente passa a ter diversas oportunidades de avaliar o trabalho da equipe com base em *feedback* concreto: software executável. Assim ele pode decidir se continua ou não a utilizar aquela equipe ou se é preferível trocar (TELES, 2004).

A cada início de iteração o planejamento geral do projeto é revisado e atualizado com base em informações mais recentes. Isso significa que o processo de planejamento é contínuo e busca incorporar o *feedback* recebido, permitindo a elaboração de planos com maiores chances de acerto, no início de cada iteração. Além disso, no processo de priorização, o cliente pode incorporar novas decisões de negócios de forma natural (BECK; FOWLER, 2000). Assim, o desenvolvimento é realizado de forma iterativa e incremental.

Para mitigar riscos de quebrar alguma funcionalidade que vinha funcionando corretamente e detectar erros rapidamente, o XP adota a prática de desenvolvimento orientado a testes, aumentando a confiança dos desenvolvedores durante a programação. Os desenvolvedores criam testes automatizados, executados toda vez que um novo código é adicionado ao sistema. Caso algum deles falhe, a correção é providenciada imediatamente. Também para aumentar a confiança dos desenvolvedores e possibilitar aprendizado contínuo, o XP utiliza a programação em pares. Como vantagens dessa prática, podemos citar a possibilidade de contar com a ajuda imediata de um colega e o estabelecimento de um processo permanente de inspeção de código.

Finalmente, o XP divide claramente as responsabilidades por decisões técnicas e de negócio. O cliente tem soberania nas decisões de negócio, decidindo quais funcionalidades devem ser implementadas e em que ordem. Já os desenvolvedores têm autoridade e responsabilidade nas decisões técnicas, e estimam os prazos para implementação. Essa divisão de responsabilidades aumenta a confiança, uma vez que ajuda a lidar com o medo de ter que cumprir prazos impossíveis impostos por pessoas que não possuam a qualificação técnica para estimar o esforço de um determinado trabalho (BECK; FOWLER, 2000).

Para possibilitar a concretização desses valores, o XP utiliza diversas práticas, sendo algumas delas detalhadas a seguir.

Cliente presente

Consiste em trazer o cliente para fazer parte da equipe de desenvolvimento, colocando-o fisicamente próximo dos desenvolvedores. Isso facilita a comunicação entre o time, diminui o tempo de *feedback*, tornando-o contínuo, e aumenta a confiança entre os integrantes da equipe.

Muitas vezes, entretanto, o cliente não tem possibilidade de estar presente e dedicado ao projeto todo o tempo. Assim, recomenda-se que se tente maximizar o valor das comunicações realizadas utilizando, por exemplo, reuniões virtuais. Porém, nas reuniões de planejamento é importante que o cliente esteja presente fisicamente.

240 Jornada Ágil e Digital

Jogo do planejamento

Assegura que a equipe esteja sempre trabalhando no mais importante, a cada momento do projeto. O tempo disponível é dividido em *releases* (geralmente com duração de meses), e cada *release* é composta de diversas iterações, que, por sua vez, são divididas em tarefas. A cada *release*, um conjunto coeso de funcionalidades é priorizado pelo cliente, implementado dentro das iterações e disponibilizado para uso dos usuários ao término da *release*. Ao final de cada iteração, o cliente e os desenvolvedores avaliam as funcionalidades produzidas, permitindo a detecção de eventuais erros, e a equipe (cliente e desenvolvedores) reavalia as prioridades para as iterações seguintes.

As funcionalidades desejadas pelo cliente são representadas por histórias, escritas em um cartão ou *post-it*, e devem ser curtas o suficiente para que, em cada iteração, um pequeno conjunto destas seja priorizado e implementado. A cada história o cliente associa uma medida de valor, representando a sua importância para o negócio. Em seguida, o cliente define quais funcionalidades deseja na *release*. Os desenvolvedores, por sua vez, estimam quanto tempo será necessário para construir cada história e medem o progresso da equipe. As estimativas são feitas com base em experiências passadas.

O progresso é acompanhado por um quadro de acompanhamento diário, com o objetivo de determinar a velocidade da equipe em cada iteração e o esforço de implementação que cada história efetivamente consumiu.

O jogo do planejamento, de forma sucinta, consiste em escrever e estimar as histórias, planejar a *release* e as suas interações, que são quebradas em tarefas, que também têm seu esforço estimado pelo desenvolvedor responsável. Ao final de cada iteração, é feita uma análise para verificar a consistência do planejado com o realizado, gerando aprendizado para o time.

Stand up meeting (reunião diária em pé)

Consiste em uma breve reunião diária, no início do dia de trabalho, com o objetivo de alinhar os membros da equipe e compartilhar conhecimento. Nessa reunião, são informados os resultados obtidos no dia anterior e as atividades que serão realizadas no dia são priorizadas por toda a equipe. A *stand up meeting* é essencial para melhorar a comunicação da equipe e diminuir o tempo de *feedback*.

O conceito da *stand up meeting* é ser uma reunião focada e rápida, com cerca de 15 minutos. Para tal, ela é realizada com todos os participantes em pé, de forma a minimizar as chances de se tornar uma reunião longa e improdutiva. Cada participante responde a três perguntas, idealmente em cerca de 20 segundos cada:

- ✓ O que eu fiz ontem?
- ✓ O que eu irei fazer hoje?
- ✓ O que há de problemas ou impedimentos no meu caminho?

Essa reunião não deve ter o objetivo de dar *feedback* a um coordenador e nem de discutir tecnicamente as soluções, uma vez que seu objetivo é identificar problemas, e não os resolver. Idealmente, ela deve ter um horário fixo e ser realizada sempre no mesmo ambiente. Os participantes devem ser objetivos e saber ouvir os outros membros da equipe (WILDT et al., 2015).

Código coletivo e padronizado

Código coletivo significa que todos os códigos gerados pertencem à equipe, e qualquer membro pode melhorar qualquer coisa que for necessária. Além de programar em par com pessoas diferentes ao longo do processo, o desenvolvedor tem acesso a todas as partes do código (inclusive aquelas de cujo desenvolvimento ele não participou) e tem o direito de fazer qualquer alteração que considerar necessária (correção de erros ou melhorias) sem precisar pedir permissão (BECK, 1999). Essa prática envolve comunicação, colaboração e *feedback*, e garante que a equipe seja mais robusta por não depender de uma pessoa específica para fazer a correção em um trecho de código, além de possibilitar a correção mais rápida dos erros.

Para tal, é fundamental que a equipe construa testes automatizados, para permitir a detecção de erros sempre que um novo trecho de código for criado ou modificado. Além disso, é muito importante que os programadores codifiquem seguindo um padrão de código de comum acordo para facilitar que qualquer desenvolvedor entenda rapidamente qualquer trecho de código, simplificando a comunicação.

Programação em pares

Na programação em pares, dois desenvolvedores trabalham lado a lado em um único computador, continuamente colaborando no mesmo design, algoritmo, código e teste. Ela é utilizada por todos os desenvolvedores durante toda a duração de um projeto XP. Quando um programador desenvolve em par, ele trabalha junto com outro desenvolvedor, que faz uma inspeção imediata de todo o código que é produzido, reduzindo os erros a detectando problemas mais cedo.

A programação em par estimula o *feedback* e a comunicação, pois durante o desenvolvimento os programadores estão em constante diálogo, discutindo ideias, abordagens e soluções. Cada par se reveza entre o papel de piloto e copiloto: o piloto programa e o copiloto acompanha e revisa, favorecendo o aprendizado constante, a gestão do conhecimento, a revisão constante do código e o aumento da concentração e do foco no trabalho.

Referências

BECK, Kent. **Extreme Programming Explained:** embrace change. Upper Saddle River: Addison-Wesley Professional, 1999.

BECK, Kent; FOWLER, Martin. **Planning extreme programming**. Upper Saddle River: Addison-Wesley Professional, 2000.

JEFFRIES, Ron; ANDERSON, Ann; HENDRICKSON, Chet. **Extreme programming installed**. Upper Saddle River: Addison-Wesley Professional, 2000.

TELES, Vinícius Manhães. **Extreme Programming:** aprenda como encantar seus usuários desenvolvendo software com agilidade e alta qualidade. São Paulo: Novatec, 2004.

TELES, Vinícius Manhães. **Um Estudo de Caso da Adoção das Práticas e Valores do Extreme Programming**. Rio de Janeiro: UFRJ/IM. Dissertação (Mestrado em Informática), 2005.

WILDT, Daniel et al. **eXtreme Programming**: práticas para o dia a dia no desenvolvimento ágil de software. São Paulo: Casa do Código, 2015.

31. *Big data* com *DevOps*

Fabiana Ravanêda Vercezes
Augusto Mello
Mathias Brem Garcia

Não podemos pensar em jornada digital sem abordar um conceito tão discutido nos dias de hoje: *big data*. Mas afinal o que é o *big data*?

O *big data* consiste em conjuntos de dados massivamente volumosos e complexos. Na verdade, o software tradicional de processamento de dados é inadequado para lidar com eles. O termo *big data* foi usado pela primeira vez em 1997, entretanto, o nome começou a ser usado oficialmente em 2005, quando Roger Mougalas, da O'Reilly Media, publicou um artigo mencionando o tema.

O conceito de *big data* foi definido inicialmente por 3Vs, mas a literatura mostrou que seu conceito pode ser expandido para 5Vs **(Figura 31.1)**, representados pelos seguintes conceitos:

- ✓ **Volume:** relacionado à grande quantidade de dados gerados.
- ✓ **Variedade:** as fontes de dados são muito variadas, o que aumenta a complexidade das análises.
- ✓ **Velocidade:** devido ao grande volume e à variedade de dados, todo o processamento deve ser ágil para gerar as informações necessárias.
- ✓ **Veracidade:** está ligada diretamente ao quanto uma informação é verdadeira.
- ✓ **Valor:** este conceito está relacionado ao valor obtido com esses dados, ou seja, com a "informação útil". É o objetivo conclusivo dos demais Vs – gerar valor agregado.

Os desafios do *big data* incluem a captura de dados, o armazenamento de dados, a análise de dados, a pesquisa, o compartilhamento, a transferência, a visualização, a consulta, a atualização e a privacidade de informações.

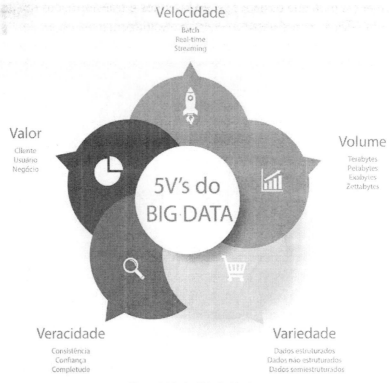

Figura 31.1. Os 5Vs do *big data*.
Fonte: adaptado de NICK, 2019.

Você deve estar se perguntando: mas o que *big data* tem a ver com o *DevOps*?

O *DevOps* usa ciclos de desenvolvimento mais curtos, maior frequência de implementação e lançamentos mais confiáveis – juntamente com um alinhamento próximo aos objetivos de negócios.

Por exemplo, no setor de saúde, a maioria dos projetos hoje está lidando ou precisa lidar com *big data*, que está mudando rapidamente e precisa ser publicado rapidamente (quase em tempo real), de uma forma consumível para as partes interessadas.

Com o objetivo de aumentar a velocidade na qual os dados precisam ser inseridos em uma variedade de fontes de dados – *mainframes*, sistemas de gerenciamento de banco de dados relacional (RDMBS) e arquivos simples para destinos em uma coleção de utilitários de software *open source*, onde precisam ser transformados e publicados –, os padrões de integração e implantação contínua DevOps (CI/CD) precisam ser adotados (MUNIZ et al., 2019). O *big data* precisa dos conjuntos certos de ferramentas para que os dados sejam inseridos e transformados rapidamente, e testados minuciosamente para fornecerem o valor comercial esperado.

E foi então que, em 2015, Andy Palmer introduziu ao mundo um novo termo: o *DataOps*.

O *DataOps* é uma operação de dados e é o mais recente método de operações ágeis do coletivo de profissionais de TI e *big data*. Ele funciona em práticas e processos de gerenciamento de dados, o que melhora a precisão de análises, velocidade, automação, incluindo acesso a dados, integração e gerenciamento. Também ajuda no gerenciamento de dados com metas para esses dados. O *DataOps* combina os controles de desenvolvimento ágil, *DevOps* e processo estatístico e os aplica na análise de dados **(Figura 31.2)**.

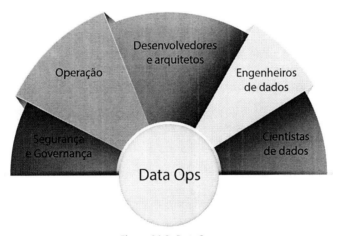

Figura 31.2. *DataOps*.
Fonte: adaptado de MAPR TECHNOLOGIES, 2017.

Em termos de funcionamento, segundo Andy Palmer, *DataOps* é uma combinação de *Data + Operations*, como suporte a um ciclo de vida iterativo para fluxo de dados:

- ✓ **Construir**: é uma topologia de projeto de *pipelines* de fluxo de dados repetíveis, flexível, usando ferramentas de configuração em vez de codificação rígida. Equipes multifuncionais constroem topologias de fluxo de dados adaptáveis e repetíveis.
- ✓ **Executar**: *pipelines* de execução do sistema *on-edge* e também execução de um *pipeline* no *cluster* de escalonamento automático ou no ambiente de nuvem (em várias nuvens e no local).

246 Jornada Ágil e Digital

✓ **Operar:** o *continuous monitoring* gerencia o desempenho do fluxo de dados. Monitora *pipelines*, coleta métricas, cumpre os SLAs.

✓ **Proteger:** proteção de dados feita por ferramentas *DataOps* integradas com acesso não autorizado, armazenamentos de dados, sistemas autorizados e autenticação. Lida com dados confidenciais e fornece metadados para sistemas de governança.

A implantação do *DataOps* define que os testes de dados e os testes lógicos devem ser realizados de forma automatizada por ferramentas específicas todas as vezes que uma alteração for realizada por um membro do *Data Analytics*. Entendendo que:

✓ Os testes lógicos cobrem o código em um *pipeline* de dados.

✓ Os testes de dados cobrem os dados à medida que passam na produção.

O manifesto *DataOps* <https://www.dataopsmanifesto.org/> destaca alguns pontos importantes na implantação do *DataOps:*

Controle de versão

Como existem muitas etapas até que se consiga transformar os dados brutos em informações úteis para os interessados, deve-se colocar todas as etapas no controle de versão. Esses dados devem ser atualizados e conectados de alguma forma até que o objetivo final de produzir uma saída de dados analíticos seja alcançado.

A ramificação e a fusão, também conhecidos como *branch & merge*, são ferramentas que possibilitam que o time *Data Analytics* faça qualquer tipo de alteração nos mesmos arquivos de código-fonte, garantindo uma maior produtividade. Com isso, cada membro da equipe controla o espaço do ambiente de trabalho, testando programas, fazendo alterações e assumindo riscos.

Mesmo que as equipes de análise de dados tenham ferramentas no *laptop* para o desenvolvimento e usem vários ambientes, as ferramentas de controle de versão permitem o trabalho em uma cópia privada de código enquanto se coordena com outros membros da equipe.

Reutilização dos componentes de dados e utilização de *containers*

No *DataOps*, a equipe de análise se movimenta de maneira mais rápida, porque usa ferramentas com foco na automação e otimização. São elas: reutilização dos componentes de análise de dados e utilização de *containers*, que significa executar o código do aplicativo em plataformas como o Docker.

Utilização de parâmetros

Os parâmetros permitem codificar para generalizar e para operar em uma variedade de entrada, assim como respondê-la. Parâmetros são utilizados para a melhoria da produtividade. Nesse estágio, usa-se o programa para reiniciar em qualquer ponto específico.

Cultura *DataOps*

O *pipeline DataOps* deve gerar valor ao negócio do cliente.

Um dos dez sinais de maturidade em *Data Science*, elencadas no livro "Ten Signs of Data Science Maturity" (2016), é a cultura *DataOps*!

O *DataOps* é, de fato, orientar-se para a cultura dos dados. Daí, nesse contexto, o *DevOps* seria como um subproduto utilizado pelo *DataOps* – ou melhor, equipes que trabalham juntas! –, pois teremos a aquisição de dados por meio dos softwares internos de uma corporação – com toda a beleza da orquestração de testes e *deploys* automatizados – e, depois, a esperteza do *DataOps* em abarcar dados estruturados e outros não estruturados e gerar grandes *insights* ao usuário final.

Princípios do *DataOps*

Esses são os princípios do *DataOps*, segundo o manifesto publicado em <https://www.dataopsmanifesto.org/>, que foi desenvolvido pela comunidade e indústria de profissionais e empresas do segmento:

1. Satisfazer continuamente o seu cliente
2. Trabalho de análise analítica de valor
3. Abraçar a mudança
4. É um esporte em equipe
5. Interações diárias
6. Auto-organização
7. Reduzir o heroísmo
8. Refletir
9. Análise analítica é código
10. Orquestração
11. Fazer tudo ser reproduzível
12. Ambientes descartáveis
13. Simplicidade
14. Dados analíticos como manufatura

15. A qualidade é primordial
16. Monitorar a qualidade e o desempenho
17. Reutilizar
18. Melhorar os tempos dos ciclos

Pipeline DataOps

Ainda no contexto do *DataOps*, é possível notar que a principal etapa que diferencia um *pipeline* tradicional de CI/CD de *DevOps* para o de *DataOps* é o fato de o principal processo passar a ser a orquestração, pois trata-se de diversas ferramentas e códigos de múltiplas linguagens com dados em diferentes estágios de maturidade, velocidade de processamento e disponibilização e de tecnologias de armazenamento diferentes. A orquestração dessas cadeias torna-se o centro de todo o processo. Assim como uma cadeia de *DevOps* é composta por: desenvolver, compilar, testar, colocar em produção e executar o software, em uma cadeia de *DataOps* temos que: experimentar, desenvolver, orquestrar, testar, colocar em produção, orquestrar e monitorar, tal como referenciado em "DataOps CookBook", desenvolvido pela consultoria DataKitchen:

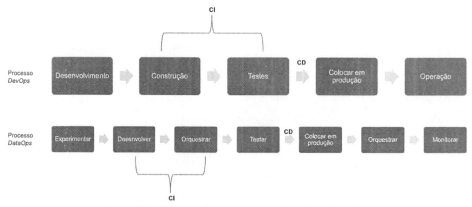

Figura 31.3. Comparação dos processos *DataOps* e *DevOps*.
Fonte: adaptado de BERGH; BENGHIAT; STROD, 2019.

Segundo esses princípios e os esquemas da figura anterior, é possível representar o ciclo de vida das aplicações analíticas, como já referido anteriormente, conforme os descritivos a seguir:

✓ **Experimentar (*Sandbox*):** processo de experimentação onde o cientista, engenheiro ou analista de dados poderá utilizar um *dataset* isolado do ambiente de produção para realizar seus testes, experimentações, estudos e análises, e assim partir para a etapa de desenvolvimento. Nesse aspecto, pode-se tratar esse ambiente como uma segregação física ou lógica da base de dados e das demais ferramentas.

✓ **Desenvolver:** após o processo de experimentação e testes durante a fase de *sandbox*, é hora de desenvolver o algoritmo definitivo que será posteriormente enviado para produção. Durante essa fase o desenvolvedor em questão terá de "versionar" os seus códigos e documentá-los para garantir que estes sejam futuramente mantidos ou entendidos pelos demais analistas de dados, bem como orquestrados na fase de subida para produção. Entenda como códigos aqui todos os programas SQL, Python, Scala ou mesmo arquivos de configuração como ferramentas de ETL e *Data Visualization*, tais como o *Tableau*, que é capaz de exportar suas configurações em arquivos XML ou JSON. Dica: lembre-se do manifesto *DataOps* (**"9. Análise analítica é código"** e **"11. Fazer tudo ser reproduzível"**).

✓ **Orquestrar:** como já aprendemos anteriormente, o ciclo de *DataOps* é complexo e depende de uma série de ferramentas, arquiteturas e ambientes. Sendo assim, a orquestração é o ponto-chave desse processo. Esta é fase em que se organiza a sequência de tarefas a serem executadas e as ações que devem ser realizadas em caso de falhas. Tradicionalmente, em grandes corporações, essa orquestração costuma ser realizada por ferramentas de mercado da BMC, como o tão famoso CONTROL-M. Com o recente crescimento do software *open source*, temos diversas tecnologias para esse fim. As principais delas desenvolvidas para a gestão de fluxos de *big data* são Apache Oozie e Apache Airflow, que serão citados aqui posteriormente. Voltando ao ponto central, esta é a fase de colocar em linhas nossos processos. A ferramenta em questão fará a chamada para a ingestão de dados, transformação, limpeza dos dados, preparação do *dataset*, execução do modelo, carga dos dados escorados em uma base, e assim as ferramentas de *report* e *data visualization* serão capazes de exibir os modelos escorados. Outro cenário seria, após a execução dos modelos, estes serem refletidos para uma API. De toda forma, essa cadeia necessita de um maestro, como em uma orquestra: alguém que organize os diferentes instrumentos para realizar uma bela sinfonia.

✓ **Testar:** uma vez orquestrados os processos, é necessário garantir que essa orquestração esteja correta. Mesmo que cada um dos processos tenha passado por testes unitários, é necessário salientar que a ordem como eles são executados ou a cadeia de erros e tomadas de decisão que são feitas pela orquestração desses processos necessitará de um teste integrado. Esta é a etapa onde são executados os testes integrados antes da entrada em produção. Para isso, é preciso definir um alvo, preferencialmente valores ou indicadores de negócio que sejam mensuráveis antes e depois, para que o processo utilize esses determinados valores como métrica de sucesso da orquestração e assim os testes integrados tenham seus respectivos gabaritos.

250 Jornada Ágil e Digital

✓ **Colocar em produção**: passados os testes integrados, é hora de colocar tudo em produção. Para isso, existem diversas abordagens possíveis. Como em um fluxo de *DevOps* tradicional, é possível trocar o fluxo atual pelo novo, como em um teste A/B ou sobrescrever os atuais fluxos. Tratando-se do fluxo de *DataOps*, existem diversas aplicações e códigos em um só fluxo, por isso é necessário avaliar caso a caso a melhor abordagem, sendo necessário "versionar" os códigos e avaliar para as ferramentas de ETL e de *data visualization* qual será a abordagem possível e adequada para o fluxo de *deploy*.
✓ **Orquestrar**: orquestrando novamente, sim – esta etapa volta a ser realizada, uma vez que o fluxo já está em produção.
✓ **Monitorar**: aqui a nossa tradicional telemetria será a telemetria do fluxo de dados. Uma vez em produção, o monitoramento desses fluxos torna-se obrigatório para aferição da qualidade dos dados, da velocidade de entrega e da garantia dos processos de negócio. Nesse ponto não falamos apenas sobre os aspectos pertinentes à execução dos *pipelines* que estão sendo gerados e a velocidade, mas também sobre a veracidade e qualidade dos dados. É através desse monitoramento que será possível identificar inconsistências ou desvios nas informações apresentadas de maneira proativa, diminuindo assim o impacto em possíveis frentes de negócio.

Caso de uso de *DataOps* no mercado financeiro

Baseado no ciclo anterior, será ilustrado como foi trabalhada cada uma das fases levando em conta o cenário de um caso real do mercado financeiro brasileiro.

Tecnologias utilizadas

✓ Cloudera Manager Enterprise
✓ HDFS
✓ Spark 2
✓ Oozie
✓ HUE
✓ Hive
✓ Impala
✓ HBase
✓ Solr
✓ Yarn
✓ StreamSets
✓ SAS Guide
✓ SAS Miner
✓ Anaconda Desktop

- ✓ Anaconda Enterprise
- ✓ QlikSense
- ✓ OpenShift
- ✓ Ansible
- ✓ GitLab

Experimentar (*Sandbox*)

- ✓ Base de dados no Hive com acesso via Spark e Impala e o respectivo diretório no HDFS com espaço limitado em 15 TB para que os cientistas de dados possam selecionar os dados necessários nas bases produtivas e realizar seus estudos e cruzamentos sem impactos no ambiente produtivo ou mesmo concorrência com os demais processos e alterações:
  - sandbox_data_science_ds_maria (HIVE)
  - /user/hive/warehouse/sandbox_data_science_ds_maria (HDFS)
- ✓ Uma vez selecionados os dados e realizados os primeiros tratamentos via SQL ou Spark (Scala e Python), os dados são separados em um *dataset* para posteriores estudos ou extraídos para ferramentas como QlikSense, RStudio e Anaconda Desktop. O que facilita muito todo o processo de experimentação é o Hue (*Hadoop User Experience*), que já provê acesso ao Hive, Impala e Oozie, além de gerar gráficos básicos de barras e linhas para análises mais simples. Com isso, os usuários podem realizar suas consultas e experimentações em uma única interface e sem a necessidade de interação com outras áreas.

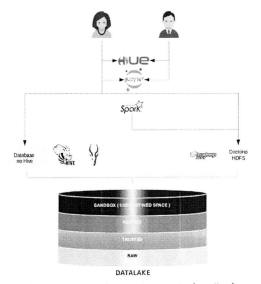

Figura 31.4. *Case* de experimentação (*sandbox*).
Fonte: elaborado pelo autor.

Desenvolver

Uma vez realizados os experimentos e concluídos os testes de hipóteses, o analista de dados em questão desenvolverá com maior acurácia e foco na segurança, na performance e na mitigação de erros o algoritmo, a integração, a visualização ou o modelo que será submetido futuramente em produção. É nesse momento que o cientista de dados ou analista de negócios busca pelo engenheiro de dados para que ambos desenvolvam a solução em conjunto pensando na arquitetura e nas demais integrações necessárias com o ambiente. Por exemplo:

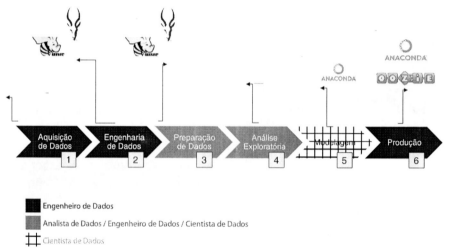

Figura 31.5. Fluxo de testes de hipóteses e responsabilidades no *DataOps*.
Fonte: elaborado pelo autor.

A fim de garantir o controle de versão e futura automação do processo produtivo, a IDE de desenvolvimento já se encarrega de "versionar" os códigos, mas, não sendo automático em outras soluções, isso fica a cargo dos desenvolvedores. No caso em questão, foi utilizado o GitLab como plataforma de versionamento integrada ao Jupyter.

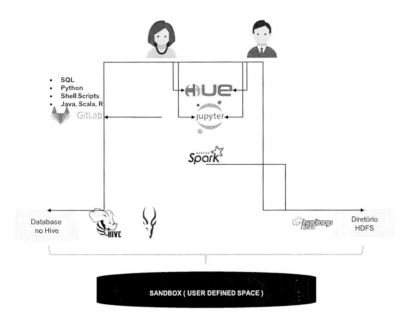

Figura 31.6. Desenvolvimento.
Fonte: elaborado pelo autor.

Orquestrar

Uma vez concluída a etapa de arquitetura e desenvolvimento, é hora de orquestrar as rotinas e montar a sequência de passos no Oozie, orquestrador da distribuição do Cloudera, que é utilizado em produção no caso em questão. Vale a pena entender um pouco mais sobre as ferramentas disponíveis nesse segmento. Atualmente o Apache Airflow é a ferramenta do momento, a moda quando se fala em orquestração de processos de *big data*. O nosso caso será utilizando o bom e velho Apache Oozie, que foi lançado e empacotado com a maioria das distribuições de Hadoop do mercado. Para entender um pouco mais sobre como funciona essa solução, veja um diagrama de um *workflow* de exemplo:

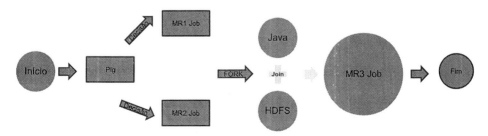

Figura 31.7. *Workflow* exemplo.
Fonte: adaptado de SAKR, 2013.

Mesmo com tanta praticidade, a ferramenta Oozie ainda prescinde dos princípios anteriormente citados, podendo ser mantida, gerada e configurada totalmente via código XML, linhas de comando e REST API.

Nessa etapa é possível invocar os *jobs* de MapReduce, Spark ou mesmo *queries* SQL, bem como invocar quaisquer outros comandos Linux (um mundo de opções). É nessa parte que colocamos os nossos *scripts* que invocam rotinas de ingestão do StreamSets, por exemplo.

Testar

Feita a orquestração do processo, é hora dos testes, que deverão ser executados a cada execução do *pipeline*. Para isso, são geradas métricas de negócio, que em nosso caso de uso já foram geradas e são simples de resolver, uma vez que o próprio mercado financeiro já possui conceitos para batimento de valores, desvios e regras que facilitam e muito os nossos testes. Com base nessas regras, foram implementadas travas nas ingestões, transformações e geração de bases de dados através do StreamSets, que é uma ferramenta fantástica e totalmente *open source*. O StreamSets possui recursos como:

- ✓ *Data Rules*
- ✓ *Metric Rules*
- ✓ *Data Drift Rules*

Essas regras foram feitas para auxiliar no tratamento da qualidade de dados e tomar ações rápidas para o *pipeline*, iniciar um alerta ou mesmo invocar outras rotinas automatizadas, como as rotinas já criadas em outros *pipelines* via Oozie.

Com esses recursos, é possível aplicar regras estatísticas para o controle do fluxo contínuo de dados e tomar ações como enviar um e-mail ou para mensagem em um canal do Slack (ferramenta de comunicação que pode ser usada entre os times), por exemplo, já que possui chamadas de *webhook* para casos como esse. Ainda indo mais além, em casos de erro é possível não só avisar, mas também invocar rotinas de manutenção, pois um *webhook* também poderia acionar rotinas do Apache Oozie, que é totalmente mantido e gerenciado via REST API.

Referências

BERGH, Christopher; BENGHIAT, Gil; STROD, Eran. **The DataOps Cookbook**: methodologies and tools that reduce analytics cycle time while improving quality. Cambridge, MA: DataKitchen, 2019. Disponível em: <https://www.datakitchen.io/content/DataKitchen_dataops_cookbook.pdf>. Acesso em: 02 set. 2019.

GE, Mouzhi; BANGUI, Hind; BUHNOVA, Barbora. Big Data for Internet of Things: a survey. **Future Generation Computer Systems**, vol. 87, Oct. 2018, p. 601-614. Disponível em: <https://www.sciencedirect.com/science/article/pii/S0167739X17316953?via%3Dihub>. Acesso em: 02 set. 2019.

GROBELNIK, Marko. **Big-Data Tutorial**. July 04, 2012. Disponível em: <http://videolectures.net/eswc2012_grobelnik_big_data/>. Acesso em: 02 set. 2019.

GUERRA, Peter; BORNE, Kirk. **Ten Signs of Data Maturity**. Sebastopol: O'Reilly, 2016. Disponível em: <https://www.oreilly.com/data/free/files/ten-signs-of-data-science-maturity.pdf>. Acesso em: 09 set. 2019.

HILBERT, Martin; LOPEZ, Priscila. The World's Technological Capacity to Store, Communicate, and Compute Information. **Science**, vol. 332, n. 6025, 01 Apr. 2011, p. 60-65. Disponível em: <https://science.sciencemag.org/content/332/6025/60>. Acesso em: 02 set. 2019.

HUE. **New Apache Oozie Workflow, Coordinator & Bundle Editors.** Apr. 02, 2015. Disponível em: <http://gethue.com/new-apache-oozie-workflow-coordinator-bundle-editors/>. Acesso em: 02 set. 2019.

MAPR TECHNOLOGIES. Best Practices: Implementing DataOps with a Data Science Platform. **SlideShare**, 08 nov. 2019. Disponível em: <https://www.slideshare.net/MapRTechnologies/best-practices-implementing-dataops-with-a-data-science-platform/14>. Acesso em: 02 set. 2019.

MUNIZ, Antonio et al. **Jornada DevOps**: unindo cultura ágil, Lean e tecnologia para entrega de software de qualidade. Rio de Janeiro: Brasport, 2019.

NASCIMENTO, Rodrigo. Afinal, o que é Big Data? **Marketing por Dados**, 27 mar. 2017. Disponível em: <http://marketingpordados.com/analise-de-dados/o-que-e-big-data-%F0%9F%A4%96/>. Acesso em: 02 set. 2019.

NICK. The Data Veracity – Big Data. **Tech Entice**, Apr. 11, 2019. Disponível em: <https://www.techentice.com/the-data-veracity-big-data/>. Acesso em: 02 set. 2019.

256 Jornada Ágil e Digital

PINE II, B. Joseph; GILMORE, James H. Welcome to the Experience Economy. **Harvard Business Review**, July-Aug. 1998. Disponível em: <https://hbr.org/1998/07/welcome-to-the-experience-economy>. Acesso em: 02 set. 2019.

SAKR, Sherif. Oozie workflow scheduler for Hadoop. **IBM**, Nov. 19, 2013. Disponível em: <https://www.ibm.com/developerworks/library/bd-ooziehadoop/index.html>. Acesso em: 02 set. 2019.

THE DATAOPS MANIFESTO. Site. Disponível em: <https://www.dataopsmanifesto.org/>. Acesso em: 02 set. 2019.

XENONSTACK. **DevOps for Big Data Analytics – DataOps**. Nov. 17, 2018. Disponível em: <https://www.xenonstack.com/insights/what-is-dataops/>. Acesso em: 02 set. 2019.

32. SAFe e LeSS

Antonio Muniz
Guayçara Gusmon Gonçalves
Analia Irigoyen

SAFe

SAFe é sigla para *Scaled Agile Framework*, criado por Dean Leffingwell, escritor dos *best-sellers* "Agile Software Requirements" (2011) e "Scaling Software Agility" (2007) e cofundador da *Scaled Agile Academy*, mantenedora deste *framework*.

SAFe é um *framework* indicado para adoção ágil em escala, que traz consigo uma estrutura que contempla *Scrum*, *Lean*, *DevOps*, pensamento sistêmico e práticas de *Extreme Programming*, sendo recomendado para empresas que desejam trabalhar com agilidade, apesar do seu tamanho.

Segundo o site oficial do *framework*, o *SAFe® for Lean Enterprises* é uma base de conhecimento de princípios, práticas e competências comprovadas e integradas para *Lean*, *Agile* e *DevOps*. A versão mais recente, SAFe 4.6, introduz as **cinco competências essenciais** do *Lean Enterprise*, que são essenciais para alcançar e sustentar uma vantagem competitiva em uma era cada vez mais digital:

- ✓ *Lean-Agile Leadership* – Avançando e aplicando habilidades de liderança *Lean-Agile*.
- ✓ **Equipe e agilidade técnica** – Conduzindo práticas técnicas, incluindo qualidade integrada, desenvolvimento orientado a comportamento (BDD), testes ágeis, desenvolvimento orientado a testes (TDD) e muito mais.
- ✓ *DevOps* e *Release on Demand* – Criando o *pipeline* de entrega contínua e implementando *DevOps* e liberação e demanda.
- ✓ *Business Solutions* e *Lean Systems Engineering* – Criando os maiores aplicativos de software e soluções físicas cibernéticas.
- ✓ *Lean Portfolio Management* – Execução de visão de portfólio e formulação de estratégias, criação de portfólios, criação de visão, orçamentos enxutos e *guardrails*, bem como priorização de portfólio e *roadmapping*.

258 Jornada Ágil e Digital

Quando falamos de ágil escalado, não estamos nos referindo a vários times ágeis em uma empresa, onde cada um deles desenvolve um produto ou cadeia de valor diferente; mas, sim, quando temos a mesma cadeia de valor ou produto sendo trabalhada por vários times ágeis de maneira integrada e colaborativa, buscando o mesmo objetivo.

Dessa forma, antes de entender como o SAFe está estruturado, precisamos entender o que é uma **cadeia de valor**.

Cadeia de valor é um modelo composto por processos e atividades que geram valor e auxiliam na definição da estratégia competitiva para uma empresa. Esse sequenciamento permite a uma organização criar valor para os seus clientes, e o modo com que as atividades dessa cadeia são realizadas determina os custos e afeta os lucros da empresa.

O coração do SAFe é a ART, *Agile Release Train*: conjunto de times ágeis que é responsável pela integração e entrega dos incrementos de programa, citados no SAFe como PI (*Program Increment*) de modo sincronizado e cadenciado entre as equipes que o compõem. Uma ART é criada respeitando uma cadeia de valor.

Sua estrutura

O SAFe oferece uma estrutura que contempla todos os níveis: estratégico, tático e operacional:

1. **Operacional (*team*):** traz modelos de processos para equipes ágeis introduzindo *Scrum* e XP. Neste nível tratamos da construção de história e *enabler* (espécie de história, de caráter mais técnico, que não traz valor instantaneamente ao negócio, mas habilita a entrega de uma história de usuário que poderá agregar valor imediato). Nesse método, as *Sprints* do *Scrum* são chamadas de **iterações**, que são ciclos de entregas incrementais cadenciadas, onde encontramos um desenvolvimento ágil focado em qualidade. Encontramos papéis como *Scrum Master*, *Product Owner* e *Developer Team*.
2. **Programa (*Program*):** reúne esforços de vários times ágeis, que são integrados para produzir entregas maiores, que, dessa forma, irão proporcionar um maior valor para a organização. Essas entregas são estruturadas em forma de *features*. Aqui já inserimos a cultura *DevOps*, através de uma esteira de desenvolvimento e integração das entregas produzidas pelos times, chamada de *Continuous Delivery Pipeline*, composta pelas etapas de *Continuous Exploration*, *Continuous Integration* e *Continuous Deployment*.

3. **Portfólio:** neste nível, os programas são alinhados à estratégia de negócio e às intenções de investimento. Traz a ideia de ritos integrados, como a *demo*. O *Lean* é muito utilizado, dentro do planejamento orçamentário, no gerenciamento da carteira de projetos e na engenharia e arquitetura de sistemas. É introduzido o conceito de *value stream*, que é a cadeia de valor de onde são extraídos os épicos a serem desenvolvidos, bem como *capabilities*. O cronograma tão presente na metodologia cascata (*waterfall*) cede espaço para o chamado *roadmap* de entregas.

Os papéis

Enquanto o *Scrum* é composto apenas pelo *Scrum Master* (SM), *Product Owner* (PO) e *Developer Team* (*Dev Team*), que podem ser encontrados no nível mais operacional, o SAFe traz muitos outros papéis estratégicos, como: *Epic Owners* e *Enterprise Architect*, que estão no nível de programa; *Solution Architect, Management Solution* e *Solution Train Engineer* (STE), que estão voltados para soluções integradas da(s) cadeia(s) de valor (ART); e *System Engineer, Product Manager, Release Train Engineer* (RTE), *Business Owners*, encontrados no nível de portfólio.

Esses diversos papéis compõem a estrutura desse *framework* de ágil escalado e são criados a partir de nove princípios.

Os princípios

> *A impressão de que "nossos problemas são diferentes"*
> *é uma doença comum que aflige a administração em todo o mundo.*
> *Eles são diferentes, com certeza, mas os princípios que ajudarão*
> *a melhorar a qualidade do produto e do serviço são de natureza universal.*
> W. Edwards Deming

A construção de softwares em grandes empresas utiliza, muitas vezes, milhões de linhas de código, combinando interações de hardware, cruzando com várias plataformas simultâneas e tendo que respeitar rígidos requisitos não funcionais. Tudo isso em um cenário onde as organizações estão cada vez mais sofisticadas. Esses sistemas cada vez estão maiores e mais complexos, devido a fusões, aquisições, crescimento multinacional, etc. Essa rapidez no crescimento faz parte da solução, porém também integra o problema.

260 Jornada Ágil e Digital

O SAFe pode trazer soluções adequadas para esses cenários e tem como base nove princípios inspiradores que guiam o desenvolvimento de produtos, através do pensamento sistêmico e de lições aprendidas. Esses valores estão distribuídos por toda a estrutura proposta pelo *framework* e são citados a seguir:

- ✓ Princípio 1 – Adotar uma visão econômica.
- ✓ Princípio 2 – Aplicar *systems thinking*.
- ✓ Princípio 3 – Assumir variabilidade; preservar opções.
- ✓ Princípio 4 – Construir de forma incremental com ciclos de aprendizagem rápidos e integrados.
- ✓ Princípio 5 – Marcos básicos dos objetivos de valor dos sistemas de trabalho.
- ✓ Princípio 6 – Visualizar e limitar o WIP, reduzir o tamanho dos lotes e gerenciar o tamanho das filas.
- ✓ Princípio 7 – Aplicar cadência, sincronizar com o planejamento entre domínios *cross*.
- ✓ Princípio 8 – Desbloquear a motivação intrínseca dos colaboradores do conhecimento.
- ✓ Princípio 9 – Descentralizar a tomada de decisão.

LeSS

Larman e Vodde (2008) ressaltam que escalar *Scrum* não é criar um ou mais *frameworks* específicos com novas estruturas e papéis e deixar o *Scrum* ser executado somente pelos times. Nesse sentido, o LeSS, ou "*framework* para escalar o *Scrum* em grandes escalas", tem como premissa escalar o *Scrum* em todos os níveis.

Para que seja possível entender o LeSS é importante que sejam entendidos os seus principais componentes estruturais, são eles:

- ✓ Princípios
- ✓ Estruturas (definidas pelas regras)
- ✓ Guias
- ✓ Experimentos de LeSS

Princípios e estruturas

Larman e Vodde (2008) afirmam que a estrutura do LeSS é definida somente pelas regras do *Scrum*, mas como essas regras são minimalistas e muitas vezes não respondem como aplicar o LeSS em um contexto específico, os dois autores criaram os princípios do LeSS para apoiar no correto entendimento dessas regras. São eles:

- ✓ **Escalar *Scrum* é o *Scrum*:** não é um novo *Scrum* ou uma melhoria do *Scrum*. O LeSS explica como aplicar o propósito, os princípios, regras, elementos já existentes no *Scrum* em um contexto de grande escala, da maneira mais simples possível.
- ✓ **Transparência:** deve ser baseada em itens ("feitos") tangíveis, ciclos curtos, o trabalho em time, as fundamentações comuns e a coragem (sem medo de errar).
- ✓ **Mais com menos:** o LeSS não cria mais funções, processos ou artefatos; este *framework* adiciona mais responsabilidades nos papéis do *Scrum*, ou seja, fazer mais com menos, simplificando ainda mais o processo.
- ✓ **Foco no produto:** o LeSS leva em conta que existe somente um *Product Backlog* e uma *Sprint*, isto é explicado pela expectativa de entregas de valor pelo cliente e não de artefatos técnicos que não são o software propriamente dito.
- ✓ **Foco no cliente:** é importante que um incremento de software entregue em uma *Sprint* represente soluções de problemas reais de clientes agregando valor. Além disso, é esperado que exista a redução de desperdícios e do tempo de espera, aumentando o número de *feedbacks* com o cliente.
- ✓ **Melhoria contínua até que se alcance a perfeição:** este princípio seria a seguinte meta de perfeição proposta pelos autores (2008): "criar e entregar um produto quase o tempo todo, praticamente sem custo, sem defeitos, que encante os clientes, melhore o ambiente e torne as nossas vidas melhores".
- ✓ **Pensamento enxuto:** o sistema criado para entregar software deve ter como base o pensamento enxuto do *Lean* (*Go See* ou *Go to Gemba*). Neste princípio Larman e Vodde (2008) incluem a melhoria contínua e a valorização das pessoas, que devem ser sempre respeitadas.
- ✓ **Pensamento de sistemas:** ver, entender e otimizar todo o sistema (melhorias chamadas globais) e usar a modelagem de sistemas para explorar e conhecer a dinâmica do seu sistema. Evitar ao máximo as melhorias locais que possuem o foco na eficiência ou produtividade de indivíduos e equipes individuais. Muitas vezes, as melhorias locais afetam e podem prejudicar o sistema, por isso a importância de entender e obter a visão global do sistema para detectar de forma precisa quais melhorias impactam e tornam mais eficiente o sistema como um todo.
- ✓ **Controle de processo empírico:** inspecionar e adaptar de forma continuada tudo, como por exemplo: o produto, os processos, os comportamentos, o design organizacional e as práticas dos times. Isso permite que melhorias sejam incluídas no sistema e que o próprio *feedback* contínuo permita que, ao existir um erro, o ajuste seja feito tão rápido quanto.

✓ **Teoria de filas:** o principal objetivo deste princípio é permitir o entendimento da teoria das filas e como sistemas com filas se comportam (considerando ambientes inovadores) e aplicar esses conceitos no gerenciamento do tamanho das filas, nos limites de trabalho em andamento (WIP), nos pacotes de trabalho, na variabilidade, entre outros.

LeSS *framework*

Segundo o artigo "Why LeSS?" (LESS, s.d.), o escalonamento do *Scrum* usando o LeSS deve iniciar por um entendimento profundo do *framework Scrum* pela equipe e por todos que serão envolvidos no escalonamento.

Para que a empresa possa iniciar o desenvolvimento ágil utilizando o *Scrum*, é requerida uma profunda mudança na estrutura organizacional, já que os papéis são mandatórios e exercem funções que são bem diferentes do ciclo tradicional (veja detalhes no capítulo sobre *Scrum*).

Dois *frameworks* de escalonamento ágil

Segundo Larman e Vodde (2014), o LeSS possui dois *frameworks* diferentes para que seja possível escalar o *Scrum*, e a maior parte dos elementos de escala do LeSS está focada em direcionar todas as equipes para o produto inteiro, em vez de cada equipe ver sua parte, ocasionando perda de valor no desenvolvimento do produto.

Esses dois *frameworks* dependem exclusivamente do número de times *Scrum* existentes na empresa:

✓ **LeSS:** até oito equipes (de oito pessoas cada).
✓ **LeSS *Huge*:** até algumas milhares de pessoas em um mesmo produto.

O artigo "Why LeSS?" (LESS, s.d.) define explicitamente que o LeSS é uma extensão da versão do *Scrum*, já que mantém íntegras muitas das práticas e ideias do *Scrum* que funcionam dentro de um só time, são elas:

✓ 1 Product *Backlog* (porque é para um produto, não para uma equipe),
✓ 1 definição de pronto para todas as equipes.
✓ 1 incremento potencialmente entregável de um produto ao final de cada *Sprint*.
✓ 1 *Product Owner*.

SAFe e LeSS **263**

✓ Múltiplas equipes multifuncionais completas (sem equipes de um único especialista).
✓ 1 *Sprint*.

Nesse sentido, no LeSS **todas** as equipes estão em **uma** *Sprint,* comum a todos os times, para entregar um incremento **único**.

O que é diferente no LeSS?

Sim, segundo LESS (s.d.) existem algumas extensões de práticas no LeSS para que seja possível o escalonamento do *Scrum*, são elas:

✓ *Sprint Planning* **1**: além do *Product Owner*, todos os componentes dos times participam desta cerimônia. Como pode ser uma reunião com muitas pessoas, neste momento, deve ser permitido que os membros das equipes se autogerenciem para decidir sobre como irão dividir os itens do *backlog* do produto. Nesta cerimônia, os membros da equipe também discutem a estratégia de integração e como compartilhar e cooperar entre os times, principalmente quando existem itens do *backlog* que possuem dependência entre si.
✓ *Sprint Planning* **2**: é realizada de forma independente (e geralmente em paralelo) por cada equipe. Muitas vezes, para facilitar a coordenação e o aprendizado entre duas ou mais equipes, as equipes são mantidas na sala, mas em espaços diferentes.
✓ *Daily Scrum*: é realizada de forma independente por cada equipe, embora seja uma boa prática alguém do Time A observar a reunião diária do Time B, para aumentar o compartilhamento de informações.
✓ **Coordenação**: a coordenação é feita pelas técnicas: Apenas Fale, Comunique-se no Código, Viajantes, Espaço Aberto e Comunidades.
✓ **PBR Geral (***Product Backlog Refinement***)**: pode haver uma reunião curta e opcional de refinamento do *backlog* do produto (PBR) que inclua o *Product Owner* e todos os times, da mesma forma que acontece no início da *Sprint* (*Sprint Planning* 1). O objetivo principal é decidir quais equipes são capazes de implementar quais itens e, portanto, selecionar esses itens para a PBR que será feita por cada time mais tarde. Também pode ser visto como uma chance de aumentar o alinhamento com o *Product Owner* e todas as equipes.
✓ **Refinamento do *backlog* do produto (PBR)**: o único requisito obrigatório no LeSS é o PBR único feito por cada time, o mesmo que existe no *Scrum* quando temos um só time. Mas uma variação comum e útil, segundo os autores, é a

PBR de várias equipes, onde duas ou mais equipes estão na mesma sala juntas, com o objetivo de aumentar o aprendizado e a coordenação.

✓ *Sprint Review*: Além do *Product Owner* e todos os membros dos times, os clientes/usuários relevantes e outras partes interessadas também participam desta cerimônia. Para esta fase de inspeção (*Review*) do produto entregue, devido à grande quantidade de pessoas envolvidas, é possível realizar a cerimônia como se fosse um "bazar" ou "feira de ciências": uma grande sala com várias áreas, cada uma composta por membros do time, onde os itens desenvolvidos pelas equipes são mostrados e discutidos.

✓ **Retrospectiva geral**: esta é uma nova cerimônia que não existe no Guia do *Scrum*, e a sua finalidade é explorar o aprimoramento do sistema como um todo (melhorias globais), em vez de focar em uma única equipe (melhorias locais). A duração máxima é de 45 minutos por semana de *Sprint*. Inclui o *Product Owner*, *Scrum Masters* e representantes de cada equipe (considerando sempre um rodízio).

Referências

BERNARDO, Kleber. O que é SAFe? **Cultura Ágil**, 13 mar. 2015. Disponível em: <https://www.culturaagil.com.br/o-que-e-safe/>. Acesso em: 02 set. 2019.

DEVMEDIA. **Extreme Programming**: conceitos e práticas. Disponível em: <https://www.devmedia.com.br/extreme-programming-conceitos-e-praticas/1498>. Acesso em: 02 set. 2019.

LARMAN, Craig; VODDE, Bas. **Practices for Scaling Lean & Agile Development**: large, multi-site & offshore product development with large-scale Scrum. Upper Saddle River: Addison-Wesley Professional, 2010.

LARMAN, Craig; VODDE, Bas. **Scaling Lean & Agile Development**: thinking and organizational tools for large-scale Scrum. Upper Saddle River: Addison-Wesley Professional, 2008.

LESS. **Why Less?** Disponível em: <https://less.works/less/framework/why-less.html>. Acesso em: 10 out. 2019.

LEAN INSTITUTE BRASIL. Site. Disponível em: <https://www.lean.org.br/>. Acesso em: 02 set. 2019.

LEFFINGWELL, Dean. **Agile Software Requirements**: Lean requirements practices for teams, programs, and the enterprise. (Agile Software Development Series) Upper Saddle River: Addison-Wesley Professional, 2011.

LEFFINGWELL, Dean. **Scaling Software Agility**: best practices for large enterprises. Upper Saddle River: Addison-Wesley Professional, 2007.

LESS. **LeSS Framework.** Disponível em: <https://less.works/less/framework/index.html>. Acesso em: 02 set. 2019.

MJV. **Scaled Agile Framework:** o que é e como funciona o SAFe. 01 jul. 2019. Disponível em: <https://www.mjvinnovation.com/pt-br/blog/scaled-agile-framework-safe/>. Acesso em: 02 set. 2019.

RUNRUN.IT. **Adote o Scaled Agile Framework (SAFe) e eleve sua gestão ágil a um nível organizacional.** Disponível em: <https://blog.runrun.it/scaled-agile-framework/>. Acesso em: 02 set. 2019.

SAFE. Site. Disponível em: <https://www.scaledagileframework.com/#>. Acesso em: 02 set. 2019.

SAFE. **Welcome to Scaled Agile Framework® 4.6!** Disponível em: <https://www.scaledagileframework.com/about/>. Acesso em: 02 set. 2019.

VENTURA, Plínio. Épico, Feature e User Story (Épico, Funcionalidade e História do Usuário): o que são e como se relacionam estes três artefatos no contexto de um product backlog. **Até o Momento**, 24 maio 2019. Disponível em: <https://www.ateomomento.com.br/epic-feature-e-user-story/>. Acesso em: 02 set. 2019.

PARTE V. *FRAMEWORKS*, FERRAMENTAS E TÉCNICAS PARA APOIAR A JORNADA DIGITAL

33. *Lean startup*

Raphael Boldrini Dias
Rodolfo Fernandes Colares de Amorim

O que é ser *Lean*?

De forma bem resumida, podemos definir *Lean* como a cultura/arte de reduzir desperdícios, construindo algo pequeno, mas com valor agregado, avaliando e medindo o desempenho, aprendendo com os resultados obtidos, facilitando a tomada de decisões. Tudo isso em ciclos curtos, a fim de não perder as oportunidades e poder, conforme as palavras do livro "A Startup Enxuta" (RIES, 2012), perseverar, desistir ou pivotar com o rumo do projeto.

Quando falamos sobre gerenciamento de projetos, logo nos vem à cabeça a pirâmide das restrições. Era assim, basicamente, que tratávamos os projetos de TI: equilibrando custo, prazo, escopo e qualidade (vide Figura 33.1). Isso pode gerar um desperdício gigantesco na forma preditiva de levantar os dados logo no início do projeto, pelo esforço de gerenciar esse "equilíbrio", pois as mudanças irão acontecer e são inevitáveis, causando aumento no custo e no prazo já definidos.

Para podermos dizer que um projeto foi um sucesso é preciso que todo o escopo tenha sido entregue, dentro do prazo e que o *budget* não tenha estourado. Contudo, somente isso não garante que iremos agradar o cliente; o eco na comunicação é muito grande entre o início e a entrega do projeto, perdendo *feedbacks* importantes que nos guiariam ao caminho certo da construção do produto.

A proposta do livro "A Startup Enxuta" (2012) é justamente mostrar o processo de validação de uma ideia, construindo um MVP (*Minimum Viable Product*), uma versão pequena do produto que seja possível validar uma hipótese de negócio e a cada rodada desse ciclo (construir-medir-aprender) temos a oportunidade de saber se estamos no caminho certo.

Figura 33.1. Pirâmide das restrições.
Fonte: adaptado de PAULUS, s.d.

Estamos trabalhando agora não mais com a visão de projeto, mas com a visão de produto, e a cada pequena nova hipótese construída estamos visando a maximização do valor. Isso se encaixa perfeitamente com o *mindset* de agilidade, e com ele buscamos satisfazer o cliente com entrega contínua e adiantada de software com valor agregado. Esse mesmo software funcionando é a medida primária de progresso, sabendo que a simplicidade é essencial.

Um exemplo de gatilhos (uma dor ou *insight*) para a imersão no método da *startup* enxuta

Com a inquietação pós-reunião em uma grande emissora, Gustavo Caetano, mineiro, formado em Publicidade e Marketing, teve uma sacada para uma oportunidade de problema a ser resolvido. Comerciais já aprovados para veiculação precisavam ser transformados em fitas Betamax para então serem enviados às emissoras. Faz sentido? Todo o retrabalho de conversões em digital/analógico/digital, pois era a maneira que os motoboys conseguiam transportar o negócio. E por que era feito desse jeito? "Porque sempre foi assim", respondeu o diretor da emissora. Bingo! Era hora de uma mudança de *mindset*.

Munido com as informações colhidas e com seu modelo de negócios reinventado (pivotado), o time criou um produto mínimo viável (MVP), basicamente tendo como molde um grande *player* de compartilhamento de vídeos, somente alterando suas cores, delimitado por *features* específicas para validação da hipótese (qualquer clique fora do planejado poderia arruinar a apresentação). Gustavo se lançou na demonstração da solução. A emissora achou incrível, enxergou valor, percebeu que aquele MVP já faria diferença e, assim como os outros principais grupos de mídia do país, fechou acordo.

Contextualizados pela ascensão da Samba Tech, líder em gestão e distribuição de vídeos *on-line* na América Latina e também uma das mais inovadoras, sigamos para o método que contribuirá na sua jornada.

Visão, validação e experimentação

No mundo das *startups* não é habitual nos utilizarmos da premissa de que qualquer caminho serve se você não sabe para onde quer ir. É preciso ter foco no direcionamento, no caminho a ser tomado, caminho este que está intimamente ligado com a sua visão de negócio, tendo o método da *Startup* Enxuta como facilitador para encontrar o caminho mais rápido para essa realização. E como podemos facilitar essa jornada já que, segundo Eric Ries (2012), uma das maiores autoridades do movimento de *startups* e autor do método, estas são organizações criadas em situações de extrema incerteza, buscando um modelo de negócios escalável e repetível? A metodologia contribui com a eficiência, minimizando tempo, custos e esforços, entendendo as hipóteses e obtendo validação dos usuários, clientes e do mercado, através de experimentação rápida e constante.

Ainda segundo o autor, as crenças de que o produto vai dar certo, do que gostaríamos de ver acontecer (mesmo que não existam provas do potencial sucesso), são suposições denominadas de "saltos de fé".

Uma estratégia bem definida consiste de um modelo de negócios, produto, tamanho e visão de mercado, com mapeamento de *players* concorrentes, potenciais parceiros e *personas* (personagem fictício do seu cliente ideal). O produto refinado de uma *startup* é a saída de toda essa engrenagem, que deve estar alinhada com a visão de negócio. O objetivo não é realizar uma entrega como um todo, mas ir realizando entregas menores, recorrentes, capturando valor e aprendendo com o cliente. Havendo necessidade de mudança no percurso com base na validação ou não da hipótese, realizamos os *pivots* (pivotamos), que são o redirecionamento do negócio, as grandes viradas estratégicas, segundo Ries (2012). Mais relevante do que o aprendizado em si, é a constância dessas validações. Elas devem fazer sentido, continuarem válidas. "Somente" trabalhar duro não é garantia de sucesso. Estamos efetivamente resolvendo uma dor da nossa *persona*? Seus clientes em potencial (*leads*) estariam dispostos a pagar? Se estivermos despendendo esforços no desenvolvimento de um produto ou serviço que ninguém quer, potencializaremos o desperdício.

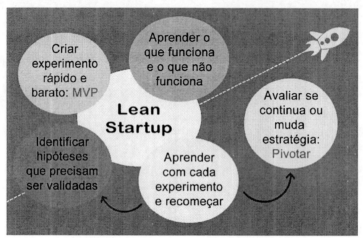

Figura 33.2. Visão geral da *Startup* Enxuta.
Fonte: adaptado de MUNIZ, 2019.

Análogo ao cenário supracitado, Tallis Gomes participava de um evento de empreendedorismo e, junto com seu time, tinha a ideia de criar um aplicativo que sinalizasse ao usuário sobre a proximidade do ônibus que aguardava, com monitoramento em tempo real. Ao longo do evento, ele foi demovido da ideia por um especialista, que comentou sobre um grande *player*, nada menos que o Google, já estar desenvolvendo uma iniciativa similar. E agora, que rumo tomar? Findado o primeiro dia de evento, deparou com um problema. Chovia muito naquela véspera de feriado. Solicitou então um táxi por uma cooperativa. Após quase uma hora de espera, ainda sem previsão e rezando por um carro, veio a ideia: e se o *app* fosse para localizar táxis e não ônibus? Grande sacada! Ele não conseguiu um táxi naquela noite, mas conseguiu pivotar o seu negócio. Nascia assim a **Easy Taxi**. O negócio deu certo, escalou e posteriormente foi vendido para a Cabify.

As pessoas atualmente compram de tudo na internet, incluindo calçados. A Zappos já antevia esse cenário, tinha essa percepção, mas precisava validar se efetivamente seria viável vender sapatos *on-line*, se existia essa demanda. Com a premissa de terem um experimento mais rápido e barato possível, os fundadores tiraram fotos de sapatos em várias lojas físicas e criaram anúncios na grande rede de computadores.

Se um pedido fosse concretizado, eles compravam o sapato e efetuavam o envio. E assim os pedidos começaram a chegar. Hipótese validada. Esse foi o pensamento de cientista, aprendendo o que funciona e o que não funciona com o seu produto mínimo, de baixo custo, que entrega valor ao cliente, gera insumos para realimentar, melhorar e continuar testando os fatores críticos de sucesso. A Zappos se tornou um fenômeno, sendo adquirida pela Amazon.

No mesmo segmento e também visando a validação de uma ideia, a brasileira Netshoes testou uma versão mais barata para divulgação dos seus produtos, criando um miniestúdio em caixa de madeira com fundo branco para fotografá-los, analisar demanda e ofertá-los na internet, com imagens bem mais atrativas do que as que comumente circulavam à época. Um exemplo de ciclo de *feedback* contínuo, como veremos adiante. É considerado um *case* de sucesso nacional.

Ciclo construir-medir-aprender

Eureca! A *Startup* Enxuta se utiliza de ciência para obter os melhores resultados, balizada na experimentação da maneira correta, considerando o aprendizado validado. Engatilhado por uma hipótese, seja ela de marketing, monetização e precificação, modelo de negócios ou outra qualquer, conduzimos esse ciclo de iteração e *feedback* contínuos através do ciclo construir-medir-aprender (Figura 33.3).

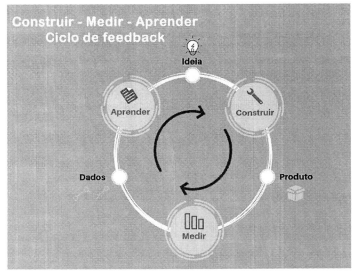

Figura 33.3. Ciclo de *feedback* construir-medir-aprender.
Fonte: adaptado de RIES, 2012.

O ciclo deve estar sempre rodando. Valide e construa seu produto com o cliente e não para o cliente. Analise toda a evolução do ciclo e se a medição endossa a hipótese tratada. Se está alinhada, perseveramos; caso contrário, expurgamos o que deve ficar fora do plano, minimizando desperdício. O ponto-chave é a validação constante.

O Airbnb começou testando o aluguel de um espaço com três colchões infláveis, uma vez que os hotéis estavam cheios em decorrência de um evento na cidade. Produto/serviço validado, e o que deveria ser uma complementação de renda se tornou um negócio bilionário. Evoluíram com o aprendizado, identificaram *in loco* a necessidade de melhoria da qualidade das imagens dos apartamentos, que geravam pouco engajamento do público, e, já na semana seguinte, conseguiram dobrar o faturamento. Os fundadores rodaram o ciclo diversas vezes, construíram, mediram, aprenderam, receberam investimentos, escalaram o negócio e o ciclo continua em movimento, pois ele é a base de sustento para o método.

Integrações e *insights*

Por ser uma organização humana desenvolvendo um novo serviço ou produto, em um ambiente incerto, o método da *Startup* Enxuta só trará resultados se formos adaptáveis e ágeis. Lance rápido e experimente rápido. Temos uma nova forma de trabalho, mas ainda com desafios inerentes ao percurso (Figura 33.4).

Figura 33.4. O caminho da *startup*.
Fonte: adaptado de RIES, 2012.

As organizações perceberam que precisam realizar entregas com mais qualidade e celeridade, através de práticas inovadoras para o mundo exponencial e complexo. Por enxergarem valor nos resultados do método, um horizonte de possibilidades se abre com o estilo *startup*.

Sendo adaptável e flexível, a *Startup* Enxuta também possibilita a integração com outros métodos e ferramentas, como o *Design Thinking* (endereçado no Capítulo 36) e as metodologias ágeis, rodando de maneira complementar, como pode ser visto no exemplo a seguir, representado pela Figura 33.5.

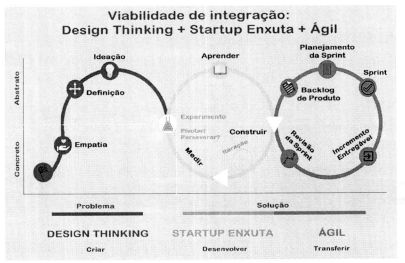

Figura 33.5. Viabilidade de integração de métodos.
Fonte: adaptado de GARTNER, 2017.

Essa combinação concede aos seus praticantes maior vantagem competitiva, alavancada por abordagens mais enxutas e experimentação, como desdobrado pelo Gartner (2017):

✓ *Design Thinking* – Coloca as pessoas no centro do desenvolvimento do produto, trazendo a perspectiva do cliente para o coração do processo de inovação.
✓ **Ágil** – Satisfazer o cliente através de entrega contínua e adiantada de software com valor agregado.

Ainda mais interessante do que utilizar métodos e ferramentas e visitar o Vale do Silício ou outros centros de inovação globais é entender que a virada de chave (mudança de *mindset*) necessária rumo à transformação ágil e digital deve começar a partir de você, caro leitor.

Referências

CAETANO, Gustavo. **Pense Simples:** você só precisa dar o primeiro passo para ter um negócio ágil e inovador. São Paulo: Gente, 2017.

COSTA, José Eduardo. **Sem limites:** do pequeno comércio de sapatos ao maior e-commerce esportivo da América Latina. São Paulo: Gente, 2017.

GARTNER. **Enterprise Architecture and Technology Innovation Leadership Vision for 2017.** Gartner, 2017. Disponível em: <https://www.gartner.com/binaries/content/assets/events/keywords/enterprise-architecture/epaeu17/enterprise_architecture_and__tech-innovation.pdf>. Acesso em: 02 set. 2019.

GOMES, Tallis. **Nada easy:** o passo a passo de como combinei gestão, inovação e criatividade para levar minha empresa a 35 países em 4 anos. São Paulo: Gente, 2017.

PAULUS, George. Como melhorar prazos e custos simultaneamente. **GP3**, s.d. Disponível em: <https://www.gp3.com.br/artigo/262-como-melhorar-os-prazos-e-os-custos-ao-mesmo-tempo/>. Acesso em: 02 set. 2019.

MUNIZ, Antonio. Videoaula Jornada Ágil Digital: mindset inovador para um mundo complexo. Udemy, 2019.

RIES, Eric. **A startup enxuta:** como os empreendedores atuais utilizam a inovação contínua para criar empresas extremamente bem-sucedidas. São Paulo: LeYa, 2012.

RIES, Eric. **O Estilo Startup:** como as empresas modernas usam o empreendedorismo para se transformar e crescer. São Paulo: LeYa, 2018.

SALOMÃO, Karin. De desempregado a bilionário: a vida do CEO do Airbnb. **Exame**, 20 out. 2017. Disponível em: <https://exame.abril.com.br/negocios/de-desempregado-a-bilionario-a-vida-do-ceo-do-airbnb/>. Acesso em: 02 set. 2019.

34. *Lean inception*

Eduardo Paula Escovar
Guayçara Gusmon Gonçalves
Mayra de Souza Machado
Paulo Caroli

O método

A *Lean Inception* é um *workshop* colaborativo para a descoberta do MVP (*Minimum Viable Product*), o mínimo viável do produto desejado, sendo uma forma de evitar o desperdício de tempo e dinheiro com funcionalidades que provavelmente não serão utilizadas pelo usuário final. O método é efetivo na identificação das funcionalidades básicas necessárias ao produto para que ele agregue valor e possa ser disponibilizado aos usuários – para, em seguida, receber *upgrades* de acordo com os *feedbacks* deles.

O advento da transformação digital tem levado as empresas a buscar métodos mais dinâmicos, como a *Lean Inception*, para a descoberta e criação de produtos que encantem os usuários.

O principal idealizador da *Lean Inception*, Paulo Caroli[16] (2018), encontrou, através do conceito do Produto Mínimo Viável, a oportunidade de gerar valor para o cliente através de ciclos curtos de entregas incrementais. Isso, somado ao *mindset* colaborativo, à comunicação transparente e ao design centrado no usuário, gera o alinhamento entre a equipe para elaborar produtos de sucesso!

No site Caroli.org, ele explica em detalhes a diferença de *Inception* e de *Lean Inception*. Primeiro surgiu a *Inception* – vinda do RUP (*Rational Unified Process*) e adaptada para métodos ágeis, na qual o foco era gerar o plano de *release* completo do produto. A *Lean Inception* veio posteriormente; nela as atividades de *inception* foram enxugadas (*Lean*), pois se falava apenas do planejamento de entrega do MVP, e não no ciclo completo do produto.

---

[16] <https://www.linkedin.com/in/paulocaroli>.

278 Jornada Ágil e Digital

A vantagem da *Lean Inception*, como o próprio nome sugere, foi enxugar desperdícios, primeiramente nos dias que o time estava alocado para participação do *workshop de inception*; e, em segundo lugar, deixando de construir um produto por completo, mas focando no MVP para validar a hipótese de negócio e construir o produto certo, o que reduz significativamente o tempo de projeto, antecipando a geração de valor para o cliente.

Colaboração é a chave para o aprendizado

A *Lean Inception* é um *workshop* colaborativo. Para que ela obtenha sucesso, é preciso reunir os interessados na construção e elaboração do produto: os *stakeholders* do negócio, o time de desenvolvedores e os representantes dos usuários.

Com o trabalho colaborativo há possibilidade de objetivação, devido aos pensamentos e ideias estarem em formação, pois, quando comunicados e compartilhados, podem ser discutidos, examinados e aperfeiçoados como se fossem objetos externos (SALOMON; PERKINS, 1998). Assim, a 'cultura de coletividade' promove um ambiente de troca de experiência e, consequentemente, de aprendizagens, proporcionando um incremento nesses parâmetros. Quando instaurada, as pessoas envolvidas nessa cultura passam a reconhecer o que sabem, o que os outros sabem e o que todos não sabem – atitudes que resultam na busca de superação dos limites do grupo (ARAÚJO, 2004).

Também é importante que os participantes tenham poder de decisão, de forma que sejam capazes de encerrar discussões improdutivas e impasses que possam se estender e fazer com que se perca um tempo desnecessário para o assunto.

Cada pessoa a integrar o *workshop* deve contribuir na identificação dos problemas e necessidades que precisam ser atendidos, bem como na sugestão de solução daquela demanda de negócio, sendo totalmente necessária a conexão total dos participantes com o assunto conduzido. O foco é um fator essencial: quando todos estão na mesma sinergia, as ideias fluem e as possíveis soluções emergem.

Nesse sentido, durante o processo da *Lean Inception* há muita gestão do conhecimento, onde o conhecimento tácito é explicitado por todos os envolvidos. O conhecimento explícito pode ser formulado e transferido por meio de livros, manuais ou linguagem formal. Já o conhecimento tácito é inarticulado, difícil de expressar e tem um caráter pessoal relevante (NONAKA; TAKEUCHI, 1997). O desenvolvimento de software faz uso intenso de conhecimentos tanto tácitos, ou pessoais, quanto explícitos, ou formalizados (AURUM; DANESHGAR; WARD, 2008). As metodologias ágeis costumam trabalhar bem o conhecimento tácito, transmitido de pessoa a pessoa (KAVITHA; AHMED, 2011).

O conhecimento de uma organização é formado a partir do conhecimento dos seus membros, manifestados de forma verbal ou por comportamentos e atitudes, e pode aumentar à medida que é armazenado e compartilhado. Esse é um conceito associado às organizações que aprendem (SENGE, 2006). A aprendizagem organizacional é a aquisição de conhecimentos, habilidades, valores, convicções e atitudes que acentuam a manutenção, o crescimento e o desenvolvimento (GUNS, 1998).

Segundo Senge (2006), a organização que quer aprender a reaprender deverá dominar cinco disciplinas: domínio pessoal; modelos mentais; visão compartilhada; aprendizagem em equipe; e pensamento sistêmico. Contudo, para que os colaboradores se sintam seguros em disseminar o que sabem, deve haver um ambiente de abertura e confiança (STEVENS; HSU; ZHU, 2012).

As dinâmicas

Para o desenvolvimento de uma ideia sobre o MVP, utilizamos diversas práticas e ferramentas de criação colaborativa, sendo algumas delas:

- ✓ O *kick-off*, com dinâmicas quebra-gelo e de integração, para que o time se conheça; posterior a isso é mostrado o objetivo daquela *Lean Inception*, agenda de atividades distribuídas nos dias do *workshop* e envolvimento da equipe. Também são feitos acordos, geralmente relativos ao comprometimento individual com o grupo de trabalho.
- ✓ Usamos as atividades "Visão do Produto" e "É-Não é-Faz-Não-Faz" para começar o detalhamento do produto a ser entregue.
- ✓ Então fazemos uma descrição das *personas* envolvidas no processo de desenvolvimento ou de uso do produto criado.
- ✓ Depois fazemos um *brainstorming* para identificar as funcionalidades. Em seguida, passamos o resultado dessa atividade por uma revisão técnica, de negócio e de UX (*User Experience*), para depois validar as funcionalidades revisadas dentro das possíveis jornadas dos usuários.
- ✓ Feito isso, construímos um sequenciador e preenchemos o *Canvas* MVP.

Cada técnica, prática ou conceito descrito anteriormente possui um detalhamento no livro do Caroli, "Lean Inception" (2018), que citamos nas referências deste capítulo.

O time todo é envolvido em todas as atividades, dessa forma, todos podem colaborar com ideias para o produto, sendo que cada um dos *insights* é analisado rapidamente por todo o grupo e apenas os essenciais (candidatos ao MVP) são levados à frente.

Resultados

O principal resultado da utilização da *Lean Inception* é a diminuição do tempo hábil para a primeira entrega de valor de produtos digitais, algo essencial para empresas que atuam no setor de tecnologia. A consequência dessa agilidade é a economia de recursos financeiros e de tempo, uma vez que as empresas respondem rapidamente aos anseios de seu público-alvo e necessitam de menos investimentos para isso.

Outra vantagem é que todos saem desse grupo de trabalho compartilhando a mesma ideia sobre o que será o produto, sabendo as hipóteses a serem validadas ou as necessidades que serão atendidas, o que é preciso para construí-lo; bem como restrições e itens que ficarão fora do escopo do projeto. Quando existe essa clareza e transparência entre todos os envolvidos, tanto negócio quanto TI, e todos estão comprometidos trabalhando pelo mesmo propósito, o trabalho flui melhor, surgem menos impedimentos e há menor probabilidade de falha de comunicação.

A principal saída de uma *Lean Inception* é um plano de *release* do MVP identificado pelo time. Isso não significa que o MVP é o ponto final do desenvolvimento do produto. Após sua finalização e entrega, seguimos com o fluxo de melhoria contínua, identificando outras necessidades do cliente a fim de evoluir o produto em questão.

Contudo, o MVP prioriza o essencial para a primeira geração de valor, auxiliando na criação e entrega de um produto que possa ser utilizado o mais rápido possível, com a quantidade necessária de funcionalidades para uma boa experiência do cliente.

Dificuldades em um ambiente não ideal

O grande problema são empresas que não têm as mínimas condições para a execução do *Lean Inception*. Dentre as várias falhas detectadas, as mais comuns são:

1. Dificuldade em encontrar um lugar físico adequado que comporte todos os envolvidos.

2. Falta de engajamento, foco e comprometimento das pessoas do time durante as sessões do *workshop*.

Essas dificuldades ocasionam o atraso na finalização da *Lean Inception*, e o principal motivo apontado pelos envolvidos é a superalocação de atividades do dia a dia.

Por isso, dizemos que a facilitação de uma *Lean Inception* se inicia antes da efetiva condução do *workshop*; começa na sua preparação, através da reserva das agendas dos envolvidos e do ensinamento do real valor desse grupo de trabalho.

Assim como todas as etapas, métodos e práticas da agilidade, esta é mais uma que também necessita do aculturamento organizacional. O papel do *Agile Coach* pode ajudar muito nessa etapa.

Como aplicar

Paulo Caroli escreveu um livro com a sequência de como executar uma *Lean Inception*. Nele é possível encontrar o detalhamento das práticas e dinâmicas citadas e a sugestão de calendário de atividades dos dias em questão. Explica também a importância de cada papel e os **resultados** esperados. A seguir, descrevemos como executar *Lean Inception* na prática conforme descreve Paulo Caroli em seu livro e é praticado nos *workshops*. A Figura 34.1 representa a agenda proposta no livro "Lean Inception" (2018) pelo autor Paulo Caroli para este *workshop*.

Figura 34.1. Agenda proposta para *workshops* de *Lean Inception*.
Fonte: cedida por CAROLI, 2018.

Lean Inception na prática

Mayra de Souza Machado
Paulo Caroli

Contexto

Existem muitas vantagens em realizar uma *Lean Inception*, o alinhamento entre as pessoas por meio da colaboração. As pessoas, em dinâmicas colaborativas, internalizam normas, hábitos, expectativas, habilidades e entendimentos, apresentando maneiras singulares de conhecer, decidir o que é importante saber e entender a realidade (SCHWABER, 2004). De acordo com pesquisas da antropologia, linguística e ciência organizacional, existem mecanismos que potencializam o aprendizado em ambientes de colaboração, mostrando que as pessoas passam a compartilhar memórias, conhecimentos ou modelos mentais como resultado do trabalho em conjunto. Com isso, atingem significados e representações comuns, que podem ser mais complexos e ricos do que aqueles elaborados individualmente (JEONG; CHI, 1997).

Ações realizadas

Devem ser pensados os momentos pré, durante e pós *Lean Inception*. A seguir, a Figura 34.2 demonstra os momentos da *Lean Inception* e itens a serem tratados em cada um deles.

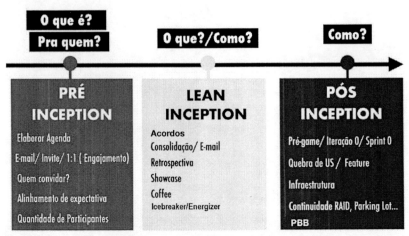

Figura 34.2. Etapas do *Lean Inception*.
Fonte: cedida por CAROLI, 2018.

Como *trainer* e facilitadora de *Lean Inception*, a Mayra tem algumas dicas e sugestões para apoiar a sua organização:

✓ Faça um pré-*Inception* no período que antecede a sua *Lean Inception* de cinco a 15 dias. O tempo depende da quantidade de pessoas, das informações, da magnitude do produto e da maturidade da organização com *Lean Inception*. Nesse período, tipicamente acontecem reuniões de alinhamento entre PO (*Product Owner*), PM (*Product Manager*), UX (*User Experience*), *stakeholders* e o time que irá desenvolver o produto, para assim verificar se é o momento para realizar uma *Lean Inception* (deve estar claro o que querem do produto e para quem será o produto), elaborar a agenda, definir as pessoas participantes, fazer uma reunião de alinhamento entre as partes e áreas envolvidas e elaborar o e-mail com informação sobre a Agenda (no livro o Paulo Caroli fala da campanha de e-mails). Reserve a mesma sala para todos os dias.

✓ Tenha a presença de *stakeholders* na *Lean Inception*. Este papel é importante tanto para trazer informação (visão estratégica) quanto para dar transparência ao processo de desenvolvimento desde o início. É o papel mais difícil para se ter agenda por cinco dias, sendo assim, agende uma conversa na pré-*Inception* para informar a importância do seu papel na *Lean Inception*. Se a pessoa só tiver um dia, convide-a para participar do primeiro dia, que tem foco em negócios. Convide-a para as consolidações diárias (faça *invites* separados da agenda e da consolidação/*showcase*), faça consolidação com fotos para enviar por e-mail para as pessoas que não estiveram presentes no dia convidando-as para a próxima consolidação e lembrando do *showcase* no último dia da *Lean Inception*. Faça de tudo para essas pessoas irem na sua *Lean Inception*, pois o alinhamento tem de ser em todos níveis, do operacional ao estratégico.

✓ Faça os acordos iniciais da *Lean Inception*, para que as pessoas não utilizem *notebook* durante as atividades colaborativas. Promova o momento do *break* do e-mail (no período da manhã e da tarde), são 10 a 15 minutos para as pessoas lerem seus e-mails ou resolverem situações fora da sala.

✓ Diariamente realize uma retrospectiva, algo simples: que bom! (o que foi muito bom), que pena! (o que não foi bom) e que tal? (são ideias para o próximo dia). É uma forma de ter uma melhoria contínua durante a facilitação.

✓ O *coffee break* é importantíssimo, e atividades imersivas consomem muita energia das pessoas, assim, café e alguns *snacks* ajudam a reenergizar, pois é normal ter quedas de energia nas pessoas.

✓ Fotografe todo o processo e se possível filme as consolidações e o *showcase*, para ser a documentação da *Lean Inception*.

✓ Faça gestão visual (Figura 34.3) utilizando o máximo de *templates* para registrar o que está passando pela cabeça de todas as pessoas. Exemplo: RAID (mapeando durante a *Lean Inception* riscos, suposições/premissas, questões e dependências), *parking lot*, agenda *burnup*, etc.

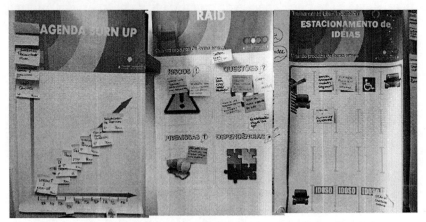

Figura 34.3. Gestão visual em um *workshop Lean Inception* dado pelos autores.
Fonte: elaborada pelos autores.

✓ Utilize *post-its* para DESTAQUE. Use cores diferentes de *post-it* para destacar o momento de interação com o produto na jornada do(a) usuário(a), para funcionalidades que são usadas por mais de uma *persona* e para identificar as funcionalidades com fator UAU.
✓ Observe os comportamentos disfuncionais durante a *Lean Inception*, pois algumas pessoas têm muito para contribuir, mas estão com receio de falar para todo mundo o que estão pensando. Ao observar alguém fazendo algum gesto ou expressão facial/corporal de desaprovação, vá lá conversar com a pessoa e saber o que ela realmente está pensando.
✓ Coletar *feedback* após a *Lean Inception*. Metrifique como foi o processo para cada pessoa, o que impactou e quais são os pontos de melhoria. Isso o apoiará no processo de melhoria na sua facilitação.
✓ Se não consegue fazer na sua organização uma *Lean Inception* de cinco dias, pode reduzir. Segue uma sugestão de agenda para três dias (Figura 34.4).

	Segunda	Terça	Quarta
MANHÃ	Introdução	*Trade-offs*	Sequenciamento de Funcionalidades
	Kick-off		
	Mapeamento do fluxo atual	Jornadas do usuário	
	ALMOÇO		
TARDE	Visão do Produto	Funcionalidades	Canvas MVP
	Objetivos do Produto		
	Personas	Nivelando das Funcionalidades	**Showcase**
	Consolidação	**Consolidação**	

Figura 34.4. Sugestão de agenda *Lean* para *workshop* de três dias dado pelos autores.
Fonte: elaborada pelos autores.

✓ Quando tenho três dias para uma *Inception*, o que faço de diferente é elaborar as funcionalidades após a jornada do usuário. Isso agiliza o processo. Um ponto a ser observado nesta agenda menor é que existe uma perda na quantidade de tempo de validação, pois na agenda de cinco dias se faz o *brainstorming* das funcionalidades, na agenda de três dias não. Após a jornada do usuário, na agenda de cinco dias, validamos em qual passo foi utilizada aquela funcionalidade. É um momento muito importante, pois se criam novas funcionalidades ou eliminam algumas que já tinham sido criadas, e na *Inception* de três dias se perde esse momento. Junto se perde o aprofundamento em cada atividade, mas, como o Caroli diz: "é melhor do que não fazer nada!". O melhor é ter os cinco dias, mas com três dias já se consegue estar melhor do que não fazer nada.

✓ Quando o produto já existe, realizo a atividade "Mapeamento do fluxo atual" em qualquer momento do ciclo de vida de um produto, até se for legado. Você pode realizar uma *Lean Inception* para alinhar, mapear e definir novas funcionalidades para o produto. O objetivo é que as pessoas fiquem alinhadas sobre o produto e também reflitam sobre o que precisa ser melhorado no produto, pois se você tem uma casa de um andar e vai construir um segundo andar, o que você faz? Tem de melhorar a estrutura da casa de um andar, e isso precisamos fazer com um produto. Essa atividade foi uma adaptação de uma dinâmica de retrospectiva e ajudou a mapear dívidas técnicas do produto.

Mapeamento do fluxo atual

O objetivo desta atividade é fazer com que as pessoas fiquem alinhadas com relação ao produto já existente, entendendo seu fluxo atual e levantando o que precisa melhorar, adicionar, excluir e manter no produto. Normalmente o que estiver no campo adicionar, excluir e melhorar serão tarefas, que podem ser trabalhadas junto ao desenvolvimento do MVP 1, 2, n, para ser realizado paralelamente com as novas funcionalidades.

Duração: 1h a 2h
Materiais: *post-its*, *flipchart*, canetas *sharpie*
Etapas da atividade:

- ✓ Peça para o Time fazer o mapeamento com *post-its* no *flipchart* do fluxo atual do produto. Pode ser algo mais técnico (nível de arquitetura, pois este produto terá de suportar novas funcionalidades[17]). Normalmente alguém já tem algo pronto do produto; caso já exista, poderá apenas projetar o fluxo do produto no datashow/TV. Com isso, já reduz 40 minutos ou mais da atividade.
- ✓ Desenhe no *flipchart* quatro quadrantes e escreva: manter, adicionar, melhorar e excluir.
- ✓ Revise o fluxo com todas as pessoas olhando, pergunte se tem algo para alterar/incluir no fluxo.
- ✓ Faça um momento para cada quadrante, olhando para cada etapa no fluxo e pergunte:
  - O que temos de **manter** no produto?
  - O que podemos **adicionar** no produto?
  - O que podemos **excluir** no produto?
  - O que devemos **melhorar** no produto?

Em cada um desses momentos, peça para as pessoas escreverem e colarem *post-its* no quadrante do *flipchart*.

No momento da revisão das funcionalidades e do sequenciador de funcionalidades, poderemos puxar os *post-its* como se fossem funcionalidades. Faça alguma diferença (cor do *post-it*) para saber o que são atuações no produto atual e o que são novas funcionalidades. Ou poderá colocar MVP *Canvas* no campo resultado esperado, em que se espera fazer durante o MVP n tais melhorias no produto. Ou apenas mostrar

---

[17] Leia o post "Arquitetura sem um estado final" (CAROLI, 2017).

o *flipchart* com os quadrantes manter, adicionar, melhorar e excluir no *showcase*. Fazendo isso, será muito boa essa transparência para todas as pessoas envolvidas saberem o que o produto está precisando para que fique cada vez melhor. Uma ação que você pode fazer é perguntar, de cada item levantado, qual valor para o negócio ($), para o(a) usuário(a) (<3) e o nível de esforço (E); isso poderá apoiá-lo na priorização dos itens.

Referências

ARAÚJO, Elaine S. A aprendizagem e o desenvolvimento profissional docente sob as luzes da perspectiva histórico-cultural. **Encontro nacional de didática e prática de ensino**, v. 12, Curitiba, 2004, p. 3507-3518.

AURUM, Aybüke; DANESHGAR, Farhad; WARD, James. Investigating Knowledge Management practices in software development organisations – an Australian experience. **Information and Software Technology**, vol. 50, n. 6, May 2008, p. 511-533. Disponível em: <http://www.sciencedirect.com/science/article/pii/S095058 4907000602>. Acesso em: 02 set. 2019.

CAROLI, Paulo. **Arquitetura sem um estado final**. 23 out. 2017. Disponível em: <https://www.caroli.org/arquitetura-sem-um-estado-final/>. Acesso em: 03 set. 2019.

CAROLI, Paulo. **Direto ao Ponto:** criando produtos de forma enxuta. São Paulo: Casa do Código, 2015.

CAROLI, Paulo. **Lean Inception:** como alinhar pessoas e construir o produto certo. São Paulo: Editora Caroli, 2018.

CAROLI.ORG. Site. Disponível em: <https://www.caroli.org/>. Acesso em: 02 set. 2019

GUNS, Bob. **A organização que aprende rápido:** seja competitivo utilizando o aprendizado organizacional. São Paulo: Futura, 1998.

JEONG, Heisawn; CHI, Michelene. T. H. Construction of shared knowledge during collaborative learning. **Proceedings of the 2nd International conference on Computer support for collaborative learning**, Toronto, 1997.

KAVITHA, R. K.; AHMED, M. S. Irfan. A knowledge management framework for agile software development teams. *In:* **2011 International Conference on Process Automation, Control and Computing**. IEEE, 2011, p. 1-5.

288 Jornada Ágil e Digital

NONAKA, Ikujiro; TAKEUCHI, Hirotaka. **Criação de conhecimento na empresa:** como as empresas japonesas geram a dinâmica da inovação. Rio de Janeiro: Campus, 1997.

SALOMON, Gavriel; PERKINS, David N. Individual and social aspects of learning. **Review of Research in Education**, vol. 23, n. 1, 1998. Disponível em: <http://enlearn.pbworks.com/f/Salomon+%26+Perkins+(1998).pdf>. Acesso em: 10 out. 2019.

SCHWABER, Ken. **Agile Project Management with Scrum.** (Developer Best Practices) Redmond, WA: Microsoft Press, 2004.

SENGE, Peter M. **The Fifth Discipline:** the art & practice of the learning organization. Rev. Ed. New York: Broadway Books, 2006.

STEVENS, David P.; HSU, Sonya. H. Y.; ZHU, Zhiwei. Managing tacit knowledge for a software development process: a case study. **Journal of Information & Knowledge Management**, vol. 11, n. 1, mar. 2012. Disponível em: <https://www.worldscientific.com/doi/pdf/10.1142/S0219649212500013>. Acesso em: 02 set. 2019.

35. Design Sprint

Antonio Muniz
Mayra de Souza Machado

O *Design Sprint* é um método que foi criado pelo designer Jake Knapp quando trabalhava no Google e aplica-se até hoje em todos os tipos de iniciativas, desde o aperfeiçoamento de mecanismo de busca até o *hangout*. No livro "Sprint" (2017), os autores destacam que o objetivo desse método é testar e aplicar novas ideias em apenas cinco dias.

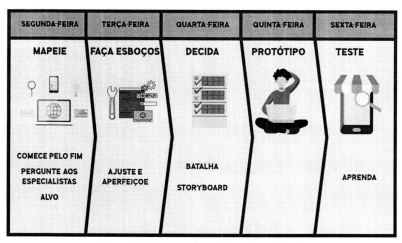

Figura 35.1. Resumo do *Design Sprint* original.
Fonte: adaptado de: KNAPP; ZERATSKY; KOWITZ, 2017.

A principal vantagem é que elimina o tempo de espera para o lançamento de um MVP (*Minimum Viable Product*), que pode demorar várias semanas ou meses, para descobrir se a ideia é boa ou não. O *Design Sprint* foca especificamente na validação da ideia com usuários e encurta o processo para 40 horas de trabalho.

Existem duas variações do modelo original, conforme descrito a seguir.

Design Sprint 2.0

Esse método foi proposto por Jonathan Courtney (2018) com duas mudanças em relação ao original:

1. Agenda com quatro dias (Figura 35.2).
2. Utiliza a equipe completa da *Sprint* por dois dias.

Figura 35.2. Resumo do *Design Sprint* 2.0.
Fonte: adaptado de COURTNEY, 2018.

Design Sprint 3.0

Esse método foi proposto por John Vetan (2019) com três mudanças em relação ao original:

1. Definir efetivamente o problema antes da *Sprint*.
2. Redução da agenda de cinco para quatro dias.
3. Refinamento de várias atividades principais para ajudar a equipe a progredir com sucesso o programa (ex.: conversa durante o processo, em vez do silêncio, como sugere o método original).

Figura 35.3. Resumo do *Design Sprint* 3.0.
Fonte: adaptado de VETAN, 2019.

As melhorias realizadas no *Design Sprint* 2.0 e 3.0 podem ser bastante úteis e sugerimos iniciar pelo modelo original para aumentar seu repertório e depois experimentar as novidades para avaliar os benefícios reais em suas iniciativas. A ideia é seguir o modelo *Shu-Ha-Ri*, que é usado nas artes marciais:

✓ **Shu:** "siga a regra".
✓ **Ha:** "quebre a regra".
✓ **Ri:** "seja a regra".

Após alguns anos realizando mais de 100 *Sprints*, os autores do método original reforçam que a preparação prévia é fundamental e disponibilizam um *checklist* que está disponível no livro "Sprint" (2017) e também no site <https://www.thesprintbook.com/>. Resumimos os principais pontos a seguir:

1. Escolha um grande desafio.
2. Encontre uma ou duas pessoas com papel definidor.
3. Recrute equipe multidisciplinar com até sete pessoas.
4. Conceda espaço na agenda para ouvir os especialistas quando necessário.
5. Escolha um facilitador experiente e competente.
6. Reserve cinco dias na agenda de todos (segunda a quinta das 10h às 17h e sexta das 9h às 17h).
7. Tenha uma sala exclusiva para os cinco dias.
8. Não permita distrações com *notebooks* ou celulares.
9. Defina e deixe claro o tempo para cada atividade.
10. Combine o almoço mais tarde para aproveitar a energia da manhã e evitar horário de pico nos restaurantes.

Dicas e sugestões adicionais (Mayra de Souza Machado):
1. Faça uma preparação do *Design Sprint*: coletar informações, preparar a agenda, mapear quem tem de participar, reservar sala, preparar recursos, fazer *invite*, conversar com as pessoas envolvidas e o que mais poderá auxiliá-lo durante o *Design Sprint*.
2. Defina a ferramenta para elaborar o protótipo antes, pois as pessoas que irão elaborar precisam saber, conhecer e usar no dia da elaboração do protótipo. Por ter um dia para criação, não dá para aprender.
3. A cada *Sprint* você aprenderá mais sobre seu cliente/usuário(a). Este é o melhor benefício.
4. Leia no início como uma diretiva primária as regras de *brainstorming* e cole na parede, pode ajudar a ter um ambiente e um processo mais fluidos.

5. Faça uso de *templates* visuais para registrar o que o time fala, pensamentos, ideias, entre outras coisas. Use *parking lot* e RAID.
6. Tenha um desafio de negócio, não de tecnologia (DIAS, 2018).
7. Selecionar e convidar mais de cinco pessoas usuárias/clientes para o último dia, pois acontece de faltar uma ou duas pessoas.
8. Antes ou no início do *Design Sprint* faça um momento de problematização e se aprofunde no público-alvo com *personas*.
9. Faça gestão do tempo à vista com a agenda *burnup*, usada na *Lean Inception*.
10. Você pode usar o *Design Sprint* antes ou depois da *Lean Inception*, antes para validar uma ideia e depois para elaborar a experiência do MVP 1.

Referências

COURTNEY, Jonathan. The Design Sprint 2.0: what is it and what does it look like? **Inside Design**, July 09, 2018. Disponível em: <https://www.invisionapp.com/inside-design/design-sprint-2/>. Acesso em: 02 set. 2019.

DIAS, Mateus Trasel. Design Sprint: 10 dicas para você inovar com sucesso. **InfoQ**, 06 mar. 2018. Disponível em: <https://www.infoq.com/br/articles/design-sprint-10-dicas-para-inovar-com-sucesso/>. Acesso em: 02 set. 2019.

KNAPP, Jake; ZERATSKY, John; KOWITZ, Braden. **Sprint:** o método usado no Google para testar e aplicar novas ideias em apenas cinco dias. Rio de Janeiro: Intrínseca, 2017.

VETAN, John. Design Sprint 3.0. **Design Sprint Academy**, Jan. 08, 2019. Disponível em: <https://medium.com/design-sprint-academy/design-sprint-3-0-1fb49b9889e2>. Acesso em: 02 set. 2019.

36. Design thinking

Antonio Muniz
Leandro Pena Barreto
Viviane Mathias

O *Design Thinking* é um dos métodos mais recomendados para desenvolver o *mindset* digital, visto que sua base está centrada nas pessoas e tem foco total em experimentação e colaboração.

Tim Brown, autor do livro "Design Thinking" (2018), destaca que essa é uma abordagem centrada no ser humano para a inovação que se baseia no *kit* de ferramentas do designer para integrar as necessidades das pessoas, as possibilidades da tecnologia e os requisitos para o sucesso do negócio. Pensar como um designer pode transformar a maneira como as organizações desenvolvem produtos, serviços, processos e estratégia, permitindo que todas as pessoas apliquem ferramentas criativas para lidar com uma vasta gama de desafios.

Considerando que o *mindset* digital tem que entender a real necessidade das pessoas, torna-se muito importante buscar a interseção da Desejabilidade + Viabilidade + Praticabilidade para a efetiva entrega de valor.

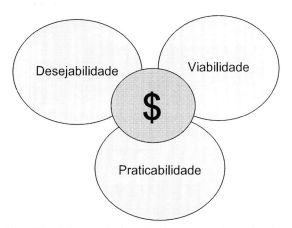

Figura 36.1. A interseção dos três pilares para entrega de valor.
Fonte: adaptado de BROWN, 2018.

A premissa básica do *design thinking* é que todos somos criativos e torna-se necessário um ambiente favorável para criar a cultura da inovação nas organizações, considerando que o erro faz parte do aprendizado e que o *feedback* rápido faz toda a diferença.

Toda inovação começa com um desafio, o famoso "como é possível?". Esta pergunta precede toda inovação. Como podemos melhorar a forma de nos comunicarmos? Como podemos melhorar a forma de criar uma nova solução? Como podemos criar uma nova percepção de valor de algum produto ou serviço?

Quando falamos em um novo produto ou serviço, sempre devemos pensar em como ele irá impactar positivamente nosso público-alvo, como iremos gerir, como iremos criar, quais serão os impactos que esse produto terá na vida ou no mercado, etc.

Aplicamos o *design thinking* quando queremos ter uma visão holística desde a descoberta até o primeiro produto ser lançado no mercado, com foco total no público interessado.

A ideia de aplicar essa técnica também serve como um norte bem estruturado de passos simples, porém incisivos, que irão guiar o pensamento para que entreguemos um produto ou serviço com qualidade para um público que tem uma dor em comum.

A *persona*

Uma das ferramentas que utilizamos no *design thinking* para apoio da imersão é a criação de uma pessoa, que chamamos de *persona*. Esta *persona* (espanhol para "pessoa") representa um público ou um grupo de pessoas que compartilham uma dor em comum.

Quando estamos definindo nosso público-alvo, costumamos criar uma *persona* com nome, idade, classe social e todas as informações relevantes para o nosso entendimento. Por exemplo: para criarmos uma solução para um público que se encontra em vulnerabilidade social, devemos dar ênfase na situação social real dessa pessoa, fazendo as perguntas certas: em qual o meio social que ela se encontra atualmente? Onde ela mora? Tem filhos para criar? Como ela chegou aqui? Todas essas perguntas norteiam nossa empatia, a fim de determinar qual seria a melhor solução para esse público-alvo. Essa é a uma forma simples de praticarmos a empatia. Uma vez que temos todas essas informações, nosso cérebro consegue se conectar melhor com o seu mundo e nos colocar no lugar da *persona*.

Design thinking **295**

Outro exemplo: se quisermos criar um software para deficientes visuais, devemos nos colocar no lugar deles e entender quais são os problemas comuns que enfrentam para conseguirmos entregar a melhor solução possível para eles. Para isso, é comum que essas pessoas participem ativamente nas dinâmicas ou _brainstorming_ justamente para que não apenas criemos uma solução com base em resultados de pesquisas ou achismos. Por isso a empatia é importante: devemos literalmente entrar em seu mundo, sentir o que sentem e como sentem.

Praticando a empatia

Para que o produto seja incisivamente certo para aquele grupo de pessoas, é necessário praticarmos a empatia com esse grupo, ou seja, devemos sentir as dores que eles sentem nos passando por eles.

Quem pratica a empatia tem menos chances de se ofender ou de ofender o próximo, porque consegue entender que existe um universo de particularidades além do seu universo particular. Conhecer e respeitar os anseios dos outros é a chave para praticar a empatia de forma correta, bem como se colocar nos pés da pessoa ou grupo de pessoas as quais iremos direcionar nossos esforços, para entender com plenitude suas dores e anseios.

Para entender melhor, você certamente conhece ou conheceu alguém que diz "meu maior defeito é ser sincero demais". A frase por si só indica que ela pensa apenas em si própria e não liga para o sentimento da outra pessoa e, agindo dessa forma, serve de consolo a si própria com a mensagem de que no final das contas realmente quer dizer "eu sou assim mesmo e não vou mudar".

Pois bem, essa pessoa certamente nunca se colocou no lugar da outra pessoa para entender que cada um é um ser diferente. Cada um tem seus anseios, felicidades, dores, vontades e motivações, e é isso que nos torna especiais e únicos. Entender isso é peça fundamental para entender que o que é bom para você pode não ser bom para a outra pessoa.

Entender a empatia é uma peça fundamental para planejar como o seu novo produto/ serviço será recebido pelo público-alvo. Você precisa não só ir a campo, mas também deve sentir o que essa outra pessoa sente.

As fases do *design thinking*

Para melhor aplicarmos a técnica, é necessário entendermos suas etapas, a fim de determinarmos onde fazer o quê. Apresentamos a seguir os estágios propostos por VIANNA (2012).

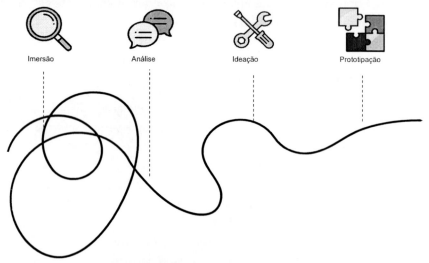

Figura 36.2. Fases principais do *design thinking*.
Fonte: adaptado de VIANNA, 2012.

Imersão

O processo de imersão é dividido em duas fases: preliminar e em profundidade.

Esses passos servem basicamente para colocarmos em prática a empatia com a *persona*. É a fase na qual entendemos melhor o mundo e fazemos os ajustes necessários.

Imersão preliminar
Nesta etapa, vamos realizar entrevistas exploratórias para definirmos o escopo inicial de trabalho e também definir seus limites.

Aqui, vamos entender melhor o mundo da *persona*, suas dificuldades atuais, dores, anseios e desejos. Tudo isso para entregarmos a melhor solução possível.

Imersão em profundidade
Tendo uma ideia do que queremos, onde estamos e aonde queremos chegar, aqui usamos algumas técnicas para nos aprofundar no problema.

Esta é uma parte fundamental para praticar a empatia, pois é com ela que vamos entender melhor as dores do nosso público-alvo. Com essa prática, podemos entender melhor quais são os sonhos e as ambições das pessoas, como elas agiriam frente a determinada dor ou problema.

É aqui que normalmente sabemos se a solução para esse problema em comum está aderente à *persona* criada ou se devemos ajustar algum outro ponto para que essa solução seja a mais aderente possível à dor da *persona* criada.

Análise e síntese

Com base nas ideias criadas na etapa anterior, é hora de analisar o que faz sentido aplicar ou não e sintetizar em grupos solucionadores. Aqui uma ideia pode se fundir em outra e novas ideias podem surgir, é perfeitamente normal.

Ideação

Agora é hora do *brainstorming*. Nesta etapa devemos reunir as pessoas envolvidas na solução e propor todas as ideias que vierem na cabeça, sem filtro ou censura alguma. Aqui nenhuma ideia é descartada, isso porque as maiores soluções acontecem onde menos esperamos.

Prototipação

Nesta etapa, vamos criar um protótipo para aplicarmos a solução. Uma outra ferramenta bastante usada nesta etapa é o *Business Model Canvas* (OSTERWALDER; PIGNEUR, 2011), que nos ajudará a estruturar a solução, o seu público-alvo e os processos envolvidos para conseguirmos entregar a solução proposta de forma estruturada e com uma visão holística. Esse protótipo servirá como primeira versão da solução, sendo modificado ao longo dos próximos passos.

Nesse modelo, teremos a visão desde as parcerias estratégicas até a entrega da solução proposta para o nosso público-alvo e como será nossa fonte de receitas, podendo até ter uma previsão de retorno e custos envolvidos.

Ao final, devemos analisar os resultados obtidos através dos protótipos criados anteriormente. A ideia aqui é falhar rápido para aprender rápido. Analisar os resultados, alterar o que não foi como o esperado e tentar novamente.

Hoje em dia, esta técnica é muito usada, principalmente em *startups*, para criar um produto ou serviço de forma rápida e eficiente com um *time to market* rápido e desperdício zero. Dizemos zero porque a ideia é: mesmo se falhar, nós aprendemos com o erro. Há empresas que aprimoram sua técnica usando conceitos de *Fail Wall* (quadro de falhas, um *Kanban* das falhas dos times), como o modelo Spotify, para futuros aprendizados; ou seja, assim como na natureza, nada se perde, tudo se transforma.

Segundo Tim Brown, a primeira parte das atividades deve focar no pensamento divergente para gerar muitas ideias, pois o mais importante é a quantidade de ideias diferentes. Na segunda parte deve-se fazer escolhas com o pensamento convergente. Esse processo é apresentado na figura a seguir.

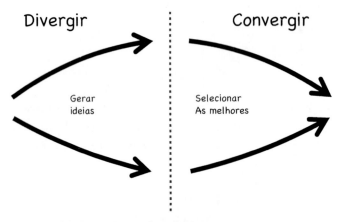

Figura 36.3. Pensamento divergente e convergente.
Fonte: adaptado de BROWN, 2018.

Uma interpretação muito usada para exemplificar a diferença entre o pensamento divergente e convergente é a visão do duplo diamante:

1. A etapa inicial de cada diamante (Descobrir e Desenvolver) é divergente, com foco em gerar muitas ideias.
2. A etapa seguinte de cada diamante (Definir e Entregar) é convergente, com foco em selecionar as melhores opções. Observe essa dinâmica na figura a seguir:

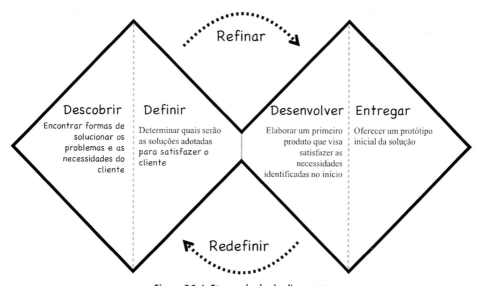

Figura 36.4. Etapas do duplo diamante.
Fonte: adaptado de DESIGN COUNCIL, s.d.

- ✓ **Descobrir:** refere-se ao início do projeto, onde olhamos o mundo de uma maneira nova, buscando *insights*.
- ✓ **Definir:** o objetivo é entender todas as possibilidades identificadas na fase de descoberta. O que mais importa? Em qual devemos agir primeiro? O que é viável?
- ✓ **Desenvolver:** o objetivo é criar soluções, protótipos e testes. Esse processo de tentativa e erro ajuda no refinamento das ideias.
- ✓ **Entregar:** o produto ou serviço é concluído, produzido e lançado.

Apresentamos a seguir uma proposta com os objetivos de cada estágio para a execução do *design thinking*, considerando diversas metodologias e experiências dos autores. É importante reforçar que esse processo é criativo e iterativo, ou seja, as ideias são desenvolvidas, testadas e refinadas várias vezes, com o descarte contínuo das ações menos aderentes.

300 Jornada Ágil e Digital

Tabela 36.1. Objetivo de cada estágio para execução do *design thinking*.
Fonte: os autores.

Estágio	Objetivo
Imersão	**Total empatia sob a ótica das pessoas,** indo ao local onde as coisas realmente acontecem (*Gemba*)
Análise	Agrupar as informações obtidas na imersão para **entender padrões que ajudem a decifrar o problema**
Ideação	***Brainstorm* de ideias inovadoras** e ambiente seguro para estimular a criatividade e gerar soluções que resolvam a real necessidade das *personas* identificadas
Prototipação	Escolher **algumas ideias para validar** se resolvem os problemas que foram observados nas *personas*
Testes e aprendizado	**Experimentar os protótipos** e validar os resultados para prosseguir com a iniciativa ou adaptar o plano (pivotar)

Case agendamento eletrônico

Viviane Mathias

Estávamos estudando uma hipótese de solução para auxiliar beneficiários da empresa ABC a realizar agendamento de consultas médicas.

Foram necessárias diversas entrevistas para entender os principais problemas das secretárias e médicos no processo de agendamento de consultas. Analisamos também o perfil de cada um deles para gerarmos uma hipótese de solução aderente.

O desafio é que não tínhamos acesso à agenda do médico e não poderíamos construir uma nova plataforma de agendamento, já que, em nosso processo de descoberta, ficou claro que médicos e secretárias já trabalham com diversas plataformas sistêmicas e não teriam interesse em trabalhar com mais uma. Além disso, descobrimos que quase 50% dos consultórios ainda utilizavam agenda de papel, isto é, não estariam disponíveis soluções digitais.

Realizamos entrevistas também com beneficiários, para que entendêssemos quais variáveis eram importantes para eles. Por exemplo: quais especialidades médicas teriam interesse em marcar consulta, quanto tempo estavam dispostos a esperar a confirmação da consulta, qual a distância máxima até o consultório que estariam dispostos a se deslocar, entre outras coisas.

Design thinking **301**

A partir dessas informações, elaboramos uma hipótese de solução que se baseava em um modelo de negócio que se assemelhava a um leilão, isto é, o beneficiário iria solicitar uma consulta, nós dispararíamos essa solicitação para vários médicos, e a consulta era automaticamente confirmada pelo primeiro que aceitasse.

Convidamos para o teste algumas clínicas referenciadas nas cinco principais especialidades que beneficiários demonstraram interesse: cardiologia, endocrinologia, oftalmologia, dermatologia e ginecologia. Todas as clínicas selecionadas estavam localizadas em um raio de 2 km da sede da empresa ABC.

Nossa proposta era testar todo o processo apenas com formulário do Google e disparos de e-mail automático.

O primeiro passo foi enviar um e-mail para em torno de 450 colaboradores da empresa ABC informando que estavam participando de um piloto e que, caso estivessem precisando agendar consulta em uma das especialidades citadas, deveriam apenas preencher um formulário com o *link* que estava logo abaixo. Nesse formulário era necessário inserir algumas informações como nome, especialidade solicitada, intervalo de datas e horários que tinham disponibilidade para ir à consulta e o telefone de contato.

Essa solicitação era enviada para o e-mail cadastrado das secretárias com as informações da solicitação de consulta preenchidas pelo beneficiário.

Formulário de solicitação de agendamento: usando Google Forms + Google Spreadsheet + Google Apps Script

- ✓ O formulário capturava as solicitações de agendamento.
- ✓ As respostas eram salvas no Google Spreadsheet.
- ✓ Utilizando o Google Apps Scripts, para cada solicitação de agendamento era enviado um e-mail para as secretárias da especialidade selecionada.
- ✓ Cada e-mail continha um *link* com uma chave específica para aquela solicitação de agendamento.
- ✓ ao clicar no *link*, a secretária era direcionada para uma página de confirmação de horário[18].

---

[18] Página de confirmação de horário: Usando Google Spreadsheet + Google Apps Script.

302 Jornada Ágil e Digital

A secretária consultava a agenda do médico, no formato que já utilizava normalmente, e, caso tivesse disponibilidade, ela aceitava a consulta e era feito um disparo automático para o beneficiário. O tempo máximo para que elas aceitassem era de 24h corridas. Caso não tivesse agenda disponível, a secretária poderia sugerir um horário alternativo.

Caso nenhuma secretária tivesse aceitado a consulta no horário inicial solicitado pelo beneficiário, enviávamos após 24h um e-mail para o beneficiário com todos os horários alternativos sugeridos pelas secretárias, dando a oportunidade que eles aceitassem uma das opções.

- ✓ A planilha, usando Google Apps Script, continha um página HTML que era disponibilizada para a secretária (pelo *link* enviado no e-mail).
- ✓ Caso a solicitação de agendamento já tivesse sido aceita por outra secretária, uma mensagem de "Agendamento já realizado" era exibida.
- ✓ Caso contrário, ao abrir a página, a secretária conseguia visualizar os detalhes da solicitação de agendamento.
- ✓ Caso tivesse horário disponível para o período solicitado, a secretária confirmaria o agendamento, preenchendo a data e o horário.
- ✓ Um e-mail de confirmação era enviado para o beneficiário, contendo as informações do agendamento e da clínica.
- ✓ Neste e-mail, também era encaminhado um arquivo .ics com o evento, que poderia ser adicionado ao programa de calendário do beneficiário.
- ✓ Caso não tivesse agenda disponível, a secretária poderia sugerir um horário alternativo.
- ✓ Após 24h, encaminhávamos um e-mail (automaticamente) para o beneficiário contendo todos os horários alternativos. Cada horário alternativo continha um *link* único.
- ✓ Ao clicar neste *link*, o beneficiário aceitaria a sugestão e um e-mail de confirmação era enviado para a secretária cujo horário fora escolhido.

Fizemos o teste por duas semanas e das 100 consultas solicitadas, conseguimos agendar 70, atingindo uma efetividade de 70%.

Métricas

Cada clique e cada submissão de dados eram medidos e *taggeados*; assim, conseguimos extrair métricas de utilização. Seguem as principais:

✓ **Secretária** – Tempo para Visualizar Solicitação de Agendamento (chegada do e-mail para a secretária até o clique no *link* de detalhes da solicitação de agendamento).

✓ **Secretária** – Tempo para Efetuar Agendamento (chegada do e-mail para a secretária até confirmar agendamento).

✓ **Secretária** – Período do dia em que as secretárias fazem a leitura dos e-mails.

✓ **Secretária** – Quantidade de secretárias que visualizaram a solicitação.

✓ **Beneficiário** – Tempo para aceitar uma sugestão de horário alternativo.

Dessa forma, conseguimos validar todo o processo de forma muito rápida e acompanhar as principais métricas de sucesso do modelo gastando muito pouco.

Referências

ARNOLD, John E. **Creative Engineering:** promoting innovation by thinking differently. Kindle Edition, 2017.

BROWN, Tim. **Design Thinking:** uma metodologia poderosa para decretar o fim das velhas ideias. Rio de Janeiro: Alta Books, 2018.

DESIGN COUNCIL. **What is the framework for innovation? Design Council's evolved Double Diamond.** Disponível em: <https://www.designcouncil.org.uk/news-opinion/design-process-what-double-diamond>. Acesso em: 02 set. 2019.

ENDEAVOR. **Design Thinking:** ferramenta de inovação para empreendedores. 27 jul. 2015. Atualizado em: 24 ago. 2018. Disponível em: <https://endeavor.org.br/tecnologia/design-thinking-inovacao/>. Acesso em: 03 set. 2019.

INNOVATION TRAINING. **How to Create Personas for Design Thinking:** four steps to building products with your users in mind. Disponível em: <https://www.innovationtraining.org/create-personas-design-thinking/>. Acesso em: 02 set. 2019.

KNIBERG, Henrik. Spotify engineering culture (part 1). **Spotify Labs**, Mar. 27, 2014. Disponível em: <https://labs.spotify.com/2014/03/27/spotify-engineering-culture-part-1/>. Acesso em: 02 set. 2019.

KNIBERG, Henrik. Spotify engineering culture (part 2). **Spotify Labs**, Sep. 20, 2014. Disponível em: <https://labs.spotify.com/2014/09/20/spotify-engineering-culture-part-2/>. Acesso em: 02 set. 2019.

MJV. **Como funciona a fase de Imersão do Design Thinking.** 06 nov. 2015. Disponível em: <https://blog.mjv.com.br/como-funciona-a-imersao-no-design-thinking>. Acesso em: 03 set. 2019.

MJV. **Design Thinking.** Disponível em: <https://www.mjvinnovation.com/design-thinking/>. Acesso em: 03 set. 2019.

OSTERWALDER, Alexander; PIGNEUR, Yves. **Business Model Generation:** inovação em modelos de negócios. Rio de Janeiro: Alta Books, 2011.

VIANNA, Maurício et al. **Design Thinking:** inovação em negócios. Rio de Janeiro: MJV Press, 2012.

37. *Customer Experience* (CX)

Victor Gonçalves Pereira

Descobrindo valor

Comumente encontramos serviços digitais que, de um modo geral, se posicionam no mercado entregando baixa qualidade e não agregam valor para os consumidores. Esse é um contexto decorrente de diversos fatores, que vão desde modelos de negócios que não geram valor, estratégias equivocadas, até times sem qualificação. Contudo, a economia do século XXI destaca um fator que é constantemente esquecido e passa a determinar a preferência do consumidor, aumentando sua lealdade por uma marca dentre tantas outras com produtos e serviços semelhantes: as experiências humanas.

Na economia da experiência os elementos de todo desenvolvimento empresarial, isto é, a forma como as empresas criam e entregam valor, como elaboram e executam suas estratégias de marketing e vendas, e como gerenciam as suas finanças e operações, passam a ser orientados pela mente do consumidor e seus desejos inconscientes, ansioso por relações consistentes, boas histórias e experiências memoráveis.

Uma empresa digital (ou não) pode ter diversos motivos que justifiquem sua razão de existir, como o lucro e *market share*, porém, em linhas gerais, **todas elas devem criar e entregar algo de valor que as pessoas querem ou precisam a um preço que elas estão dispostas a pagar, de maneira que satisfaça as necessidades e as expectativas do cliente, gerando lucro suficiente para que os proprietários mantenham as operações.** E por mais que este seja o mantra do sucesso empresarial, alcançar esse patamar é um desafio cada vez mais intenso devido às empresas não entenderem o ponto de vista do consumidor e suas reais necessidades em um mundo cada vez mais VUCA e pós-normal.

Uma pessoa não compra um produto ou um serviço porque precisa daquele bem ou benefício direto; ela precisa das emoções desencadeadas pelas reações químicas que ocorrem em seu cérebro quando entra em contato com o que está sendo ofertado.

306 Jornada Ágil e Digital

Produtos e serviços são apenas componentes racionais que embalam parte do contexto que satisfaz os desejos inconscientes dos seres humanos, escondidos em sua identidade, crenças e experiências.

A economia da experiência

A experiência do cliente pode ser definida como aquele momento percebido singularmente, de forma consciente ou não, pelo cliente em todos os pontos de contato com uma marca. Estamos falando do resultado da percepção que o cliente possui sobre um serviço ou produto.

Embora este seja um tema em voga (segmentado para a experiência do usuário, cuja relação é específica para as interações homem computador – IHC), a experiência do cliente já é algo discutido há quase vinte anos, como apresentado pela *Harvard Business Review* no artigo "Welcome to the Experience Economy", publicado em 1998 por B. Joseph Pine II e James H. Gilmore. No artigo, os professores de Harvard exploram o progresso da economia em quatro estágios:

- ✓ **Commodities**: um estágio econômico com baixo ou nenhum diferencial competitivo e baixíssimo valor de venda, visto que a oferta é endereçada a um mercado transformador, ou seja, um conjunto de atores que vão industrializar ou transformar artesanalmente uma matéria-prima para que possa fazer sentido no mercado consumidor. Como exemplos de ofertas dessa economia temos as *commodities* agrícolas, como o trigo.
- ✓ **Bens de consumo**: neste estágio já existe um certo grau de transformação da *commodity*, fazendo com que o consumidor perceba algum valor e pague alguma quantia mais elevada em função da utilidade. Nesse caso, falamos da farinha de trigo, que, embalada, com um rótulo e facilmente encontrada em mercados ou mercearias, passa a ter utilidade nas atividades finais do mercado de massa, como, por exemplo, para fazer um bolo. Dessa forma, o produto passa a ter maior relevância para o usuário, que paga proporcionalmente o valor daquele bem.
- ✓ **Serviços**: atualmente a economia mundial tem se sustentado em serviços, sendo tudo aquilo que, associado ou não a um produto, só acontece a partir de ações que beneficiem o cliente. Como serviço podemos exemplificar o bolo pronto sendo servido em uma cafeteria. Perceba que o produto existe (bolo), mas o cliente pagará um pouco mais por aquele momento, visto que o bolo já está pronto e que alguém irá fatiá-lo e servi-lo. Este é um estágio extrema-

mente focado em gerar benefícios para o cliente. E todo produto desencadeia um serviço associado – em nosso exemplo, o bolo é a prova desse fato.

✓ **Experiências:** devido às mudanças naturais do comportamento humano, o estilo de consumo mudou e com ele as intenções ao consumir algo. Diversos fatores influenciaram e continuam influenciando essas mudanças comportamentais, e hoje temos um mercado representado por indivíduos que querem ter histórias para contar e pessoas cada vez mais ávidas por experiências memoráveis. Um exemplo nesse cenário é a Disney, que representa um universo de sensações mágicas associadas a diversos tipos de serviços (alguns associados a produtos). Mas seguindo a linha do trigo, farinha e bolo para servir, podemos associar a esse momento uma festa de aniversário; um momento único que mexe com as emoções de crianças e adultos. A economia da experiência é caracterizada por marcas que entendem as verdadeiras motivações das pessoas e as convidam a fazer parte de sensações que serão guardadas (positivamente) pelo consciente e pelo inconsciente dos convidados.

Adotar uma postura voltada para a satisfação do convidado pode soar como um ideal romântico, mas considerá-la em todos os pontos de contato que o seu cliente possui com a sua marca (cada vez mais digital) tornou-se um diferencial crítico para a hipercompetitividade, em um mercado global hiperconectado. Uma boa gestão da experiência do cliente pode:

✓ Fortalecer a marca por meio de experiências diferenciadas, o que acaba por não precisar vender a marca; ela simplesmente se vende, ela simplesmente é comprada.
✓ Fortalecer a preferência do cliente (convidado), aumentando sua lealdade pela marca.
✓ Aumentar a receita com vendas incrementais de clientes (convidados) existentes e novas vendas a partir de recomendações.
✓ Menos custos operacionais, reduzindo a perda de clientes e o esforço para reconquistá-los.

Obviamente, nem tudo são flores, e esse novo cenário econômico sugere um conjunto de desafios que devem ser superados para se implantar o conceito de *Customer Experience Management* (CEM) em uma empresa. Classificamos esses desafios em duas vertentes: uma "intraorganizacional", que está associada ao *design* organizacional, a mudanças processuais e aspectos culturais – em suma, está relacionada com o preparo da empresa para agir de forma diferente e então obter resultados diferentes (e melhores). E a segunda vertente seria um nível "interorganizacional". Relaciona-se

308 Jornada Ágil e Digital

com a gestão da experiência do cliente de fato. Em ambos os casos falamos aqui de uma cultura centrada em clientes.

No fim das contas, criar uma experiência integrada de canais (e não se preocupar apenas com a interface de um único serviço digital), ter uma visão única do cliente independentemente da jornada que ele utilize e mensurar o retorno sobre a experiência se tornam o cerne de uma cultura centrada em clientes.

Guestologia

A palavra "usuários" está relacionada àquele que tem o direito de uso de algo. Em paralelo com os quatro estágios da economia, estaria mais ligado aos produtos e não necessariamente possui uma relação financeira com o objeto de uso. Há conexão direta também com a economia baseada em serviços, que pode ser exemplificada por sistemas de interface digital, como *apps* e sites. Em um sentido mais abrangente, é a pessoa para quem o produto ou serviço é concebido e que explora, ao menos, uma das suas funções para extrair benefícios para si próprio.

Com a crescente oferta de serviços disponíveis em produtos digitais, o termo "usuário" ganhou destaque e se estabeleceu quase que exclusivamente para esse contexto.

Dessa forma, áreas de estudo com a "experiência do usuário", do inglês *user experience* (UX), emergiram; no entanto, muitas vezes sob uma ótica viciada e direcionada para um único contexto. Atualmente, ao se falar sobre UX no Brasil, relaciona-se o termo diretamente ao envolvimento emocional de uma pessoa em relação à utilização de um sistema, quando na verdade esse conceito poderia ser mais amplo e ser considerado (como acontece em alguns casos), por exemplo, para serviços de seguros de saúde ou de automóveis, independentemente da utilização de um sistema digital.

As projeções sobre o contexto do "usuário" se tornaram limitadas quando comparadas às oportunidades de mercado em diversos formatos e tamanhos, e mais uma influência vem do *hype* das *startups*, que, normalmente embasadas em tecnologia, destacam a importância da entrega de experiências positivas no uso de sistemas por parte de seus usuários.

A guestologia, abordagem da Disney para lidar com clientes, parte do princípio de que os serviços não são capazes de transportar o usuário/consumidor para uma realidade que transcenda suas expectativas. E com o consumidor se tornando cada vez mais

Customer Experience **309**

exigente, a alternativa para as empresas reconquistarem seus clientes e garantirem um espaço em seus corações e nas suas mentes está na entrega de experiências. E para isso o cliente passa a ser um "guest", um ator convidado a vivenciar momentos mágicos e inesquecíveis.

Quando você é convidado para uma comemoração, diversas emoções são desencadeadas em seu corpo, e uma delas é a satisfação de que da outra parte (do anfitrião) houve uma lembrança sobre você, o que sugere (na maioria dos casos) uma representação simbólica de importância em relação a sua pessoa. Na economia da experiência o princípio é o mesmo; o cliente quer se sentir importante e valorizado, afinal está cansado das promessas que não se realizam. Torná-lo legitimamente importante é tratá-lo como *guest* ou convidado. Esse é o desafio para os produtos de sucesso na era digital.

Construindo a experiência

Como vimos anteriormente, comprar ou usar algo está relacionado a prazer, que se trata de uma emoção agradável ligada à satisfação de uma vontade, de uma necessidade, do exercício harmonioso das nossas atividades vitais. Normalmente, o prazer aparece em nossas vidas uma vez que se tenha satisfeito de maneira plena alguma das necessidades básicas do nosso organismo – por exemplo, a sede com alguma bebida, a fome a partir de uma comida saborosa ou qualquer outra necessidade que é boa e não deve ser considerada como básica. De toda forma, reporta uma situação de satisfação plena para, por exemplo, a alma ou o intelecto; como é o descanso para resistir ao sono e a fadiga; o sexo para a libido; o entretenimento para o aborrecimento; conhecimentos científicos ou não científicos para a satisfação da ignorância; a curiosidade e o desenvolvimento do espírito e diversos tipos de artes para satisfazer a necessidade de cultura.

A busca incessante por prazer, inerente à condição humana, faz com que nós consumidores afirmemos que a experiência como um todo em um contexto de compra e aquisição seja um fator decisivo no momento de escolha de um produto ou serviço.

Para isso, uma importante atividade dos profissionais que desejam construir produtos digitais capazes de capturar, de fato, a atenção plena do consumidor e ajudá-lo a resolver suas necessidades e atingir seus objetivos é o mapeamento da jornada do consumidor.

Jornada do *guest*

A jornada do consumidor (*customer journey*) é uma ferramenta de mercado imprescindível para aqueles que desejam inovar na criação de um serviço a partir da ótica do consumidor. Sua linguagem e seus componentes, como serão vistos adiante, pertencem à lógica do design de serviços. Contudo, convidamos o leitor a interpretar os componentes da jornada do consumidor com a lógica do *customer experience*, a começar pelo nome da ferramenta – *guest journey*.

Sobre a ferramenta...

A jornada do *guest* é uma representação visual da história da relação desse consumidor com a organização, serviço, produto ou marca, ao longo do tempo e através de diversos canais. Essa história é contada a partir da **perspectiva do cliente** e destaca todos os pontos de contato que caracterizam essa interação, conhecidos por *touchpoints*.

Serve para...

Ter um *overview* simplificado de toda essa interação entre empresa e consumidor. Seu maior benefício é permitir que se analisem todos os **pontos de contato**, oferecendo incontáveis *insights* de como melhorar a experiência do consumidor, tornar um serviço mais eficiente e estreitar o relacionamento consumidor X empresa.

Como aplicar...

Apesar de poder ser aplicado de diversas formas, usualmente uma jornada do *guest* possui alguns componentes padronizados, como:

- ✓ **Consumidor/*Guest***: aquele que interage com o serviço.
- ✓ **Demais atores/Elenco:** aqueles que interagem com o consumidor tornando a experiência mais prazerosa possível. São membros da execução do serviço. Em um restaurante poderia ser um garçom, por exemplo.
- ✓ **Canais/Palco:** local e contexto em que acontece a interação. Exemplo: restaurante, WhatsApp, site, loja, etc.
- ✓ ***Touchpoints*:** é tudo com que o *guest* se relaciona na jornada de interações previstas no serviço.
- ✓ **Emoções:** identificação dos estados emocionais do *guest* em cada interação. Exemplo: ansiedade, frustração, felicidade, etc.

Não existe uma única forma de aplicar a jornada do *guest*, crie seu padrão! Contudo, recomendamos que separe aquilo que acontece no serviço que possui alta visibilidade, isto é, aquilo que o cliente vê acontecendo, daquilo que não possui visibilidade.

São aquelas ações que ocorrem nos bastidores e que acontecem para satisfazer o cliente, como, por exemplo, o preparo de um prato em um restaurante, o serviço de higienização de um banheiro em um estabelecimento, etc.

É útil para...
Gerar o entendimento de como o consumidor deve ser tratado através de todos os canais e todo o fluxo de objetivos que deseja cumprir com a sua marca.

Referências

DISNEY INSTITUTE. **O Jeito Disney de Encantar os Clientes:** do atendimento excepcional ao nunca parar de crescer e acreditar. São Paulo: Saraiva, 2012.

KALBACH, Jim. **Mapeamento de Experiências.** Rio de Janeiro: Alta Books, 2017.

OLIVEIRA, Sidnei. O Mundo VUCA da Geração Millenials. **Exame,** 02 jan. 2018. Disponível em: <https://exame.abril.com.br/blog/sidnei-oliveira/o-mundo-vuca-da-geracao-millennials/>. Acesso em: 03 set. 2019.

PINE II, B. Joseph; GILMORE, James H. Welcome to the Experience Economy. **Harvard Business Review,** July-Aug. 1998. Disponível em: <https://hbr.org/1998/07/welcome-to-the-experience-economy>. Acesso em: 02 set. 2019.

38. Orientação a produto

Umberto Reis

We cannot solve our problems with the same
level of thinking that created them.
Albert Einstein

Como já vem sendo detalhado ao longo de vários capítulos deste livro, vivemos um momento especial. Como nunca antes em nossa história, o impacto das novas tecnologias vem transformando aceleradamente todos os nossos hábitos. É a tão falada "transformação digital", que atinge todas as pessoas e todas as organizações.

Serviços e produtos de todas as naturezas passaram a se apresentar de forma digital. Ou seja, o que em um passado recente acontecia de forma "analógica" (por exemplo: através de contatos presenciais ou através de ligações telefônicas) agora ocorre de forma digital através de aplicativos que estão sendo executados em diversos dispositivos, como *smartphones*, *wearables* e mais recentemente através de assistentes de voz.

Os exemplos são os mais diversos: o Kindle colocou na palma da mão os livros e as livrarias; o Airbnb, o TripAdvisor e o Booking.com, entre outros, colocaram toda a jornada de planejar e adquirir uma viagem dentro de um aplicativo *mobile*; o Uber e demais aplicativos de mobilidade revolucionaram nossa forma de se locomover; os aplicativos financeiros de bancos tradicionais e *fintechs* mudaram nossa relação com as agências bancárias e com os nossos gerentes de conta.

Esses são apenas alguns casos que vivemos em nosso dia a dia. Mas são milhares as experiências que ou estão em alguma etapa do seu processo de transformação ou que já estão bem estabelecidas digitalmente. Mas todas possuem uma característica em comum: são soluções digitais que inevitavelmente colocaram um software à frente do produto ou do serviço que está sendo oferecido para seu cliente.

Orientação a produto **313**

Dessa forma, as organizações passaram a deparar com um novo desafio: não basta ter produtos ou serviços finais de excelente qualidade se eles não estiverem vestidos de um produto digital igualmente competente. Nessa nova era, mesmo que o seu produto seja completamente físico, a primeira experiência do seu cliente será inevitavelmente digital.

Essa nova realidade traz à tona a necessidade das organizações olharem de uma forma diferente para seus sistemas e também para a relação entre suas áreas de negócio e suas áreas de tecnologia. Se no passado conseguíamos esconder deficiências tecnológicas e de sistemas atrás de uma linha de frente "analógica" de primeira qualidade, com pessoas bem treinadas em suas lojas e pontos de serviços e *call centers* com excelentes níveis de serviço, na era digital a linha de frente passou a ser o seu sistema. Não vai adiantar aumentar o número de posições de atendimento nem o número de lojas. A nova realidade exponencial pressupõe a entrega de uma experiência digital de excelência. A partir de agora, o seu produto digital será o primeiro e provavelmente o principal ponto de contato com o cliente, consequentemente ele não pode ser negligenciado.

Com isso, precisamos cuidar desse novo tipo de produto que passa a fazer parte do portfólio de todas as organizações. Não podemos mais falar apenas de projetos de tecnologia. Agora precisamos passar a cuidar dos nossos novos produtos digitais. Sob o ponto de vista tecnológico, também precisamos estar "orientados a produtos".

Antes da era digital, o relacionamento entre unidades de negócio e suas respectivas áreas de tecnologia era dividido em dois principais conceitos: as evoluções ou projetos de desenvolvimento, onde novos requerimentos eram definidos e implementados, e a sustentação ou manutenção, que respondia pela continuidade da operação existente, garantia a manutenção de níveis de serviço e executava a correção de erros. Dessa forma, tipicamente um grupo cuida de fazer o novo enquanto outro grupo mantém o parque existente em funcionamento.

Nesse período, as organizações evoluíam suas soluções com uma abordagem que conhecemos como "orientada a projetos". Esse ainda é o principal modelo vigente na maioria daqueles que não nasceram digitais, não importa se utilizam metodologias *waterfall* ou metodologias ágeis – o conceito de evolução ainda é baseado na entrega de um conjunto de novos requerimentos responsáveis por uma mudança relevante: seja um novo negócio, uma ação de redução de custo ou mesmo a digitalização de uma importante cadeia de valor para o cliente.

314 Jornada Ágil e Digital

O principal ponto que precisa ser observado é que, nesse modelo, o foco é o projeto, suas entregas, seu cronograma e seu modelo de orçamento. O foco não está prioritariamente relacionado em como evoluir as aplicações para entregar os benefícios estabelecidos. Tipicamente, se estabelece uma equipe para o projeto e não uma equipe para a aplicação que será alterada ou construída. Um efeito colateral típico é o complexo processo de transição entre o período de projeto, enquanto existe uma equipe dedicada para a criação do novo, para o período de sustentação, onde outra equipe passa a absorver essas novas implementações com o objetivo de garantir níveis de serviço e correção de erros. Outra característica marcante nesse modelo é que o ciclo de vida administrado é o do projeto, e dificilmente é inserida uma discussão sobre o ciclo de vida da aplicação ou como estamos chamando o ciclo de vida do produto digital.

Quando o modelo é a orientação para projetos, tipicamente as aplicações ficam em segundo plano. Por isso é tão comum nessas organizações existir uma grande sobreposição de aplicações com responsabilidades parecidas. Como o centro da discussão não é sobre a evolução das aplicações para um determinado objetivo, e como não existe a consciência de que a linha de frente passará a ser as aplicações e suas funcionalidades, muitas vezes é feita a opção de duplicar determinado escopo em uma nova tecnologia ou novo contexto sem fazer o correto desligamento ou construir evoluções necessárias nas soluções atuais, o que acaba aumentando a complexidade do parque tecnológico como um todo.

Outro efeito colateral desse modelo é o impacto na formação das equipes. Quando o projeto é o foco, o time é construído para o projeto. Ao término do projeto o time é reestruturado para outro projeto e assim por diante. Essa característica dificulta o aprofundamento do conhecimento em determinado conjunto de aplicações e funções de negócio.

No entanto, precisa ficar claro que os projetos são necessários, continuam e continuarão fazendo muito sentido em qualquer tipo de organização, sejam elas nativas digitais ou não. O ponto principal é que o novo contexto baseado em "produtos digitais" demanda uma nova abordagem de trabalho com base em uma nova estrutura de equipes atuando com um foco centrado nesses produtos e sua evolução. Dessa forma, a estruturação de projetos dentro das organizações que adotam a orientação a produto precisará se adaptar. Os projetos devem passar a ser discutidos a partir dos produtos digitais que são impactados dentro de uma estratégia de negócio da organização. De uma forma simplista, pode-se imaginar que os projetos passam a coordenar a evolução de produtos digitais interconectados, entendendo o momento de cada um em seus respectivos ciclos de vida e garantindo o correto alinhamento entre diversas equipes para atingir os objetivos definidos dentro de parâmetros de resultados, escopo, prazos, custos e qualidade. O importante aqui é ficar claro que obviamente não estamos declarando o fim dos projetos, mas apenas sugerindo uma nova forma de pensar sobre eles dentro do mundo da tecnologia.

Esse novo modelo, que estamos chamando de "orientação a produto", traz algumas mudanças substanciais. Primeiro, precisamos entender que um produto possui um ciclo de vida próprio. Ele é criado (em um conceito ágil, utilizando uma primeira versão como um MVP), é evoluído (preferencialmente seguindo uma dinâmica de evoluções contínuas para endereçar as necessidades dos clientes de forma rápida) e é aposentado ou substituído quando sua responsabilidade deixa de fazer sentido para o cliente. O orçamento precisa ser trabalhado de forma alinhada com esse ciclo de vida e não mais apenas para os projetos. Segundo, não deveria existir a separação entre equipe de desenvolvimento e equipe de sustentação. Logo, não existe transição entre período de projeto e período de manutenção. A mesma equipe precisa responder pelo ciclo de vida de produto. Dessa forma, mesmo que existam alterações nos integrantes dos times, certamente será um time muito mais estável quando comparado com o modelo orientado a projetos. A consequência é o contínuo aprofundamento do conhecimento da equipe sobre as responsabilidades desse produto digital do qual são responsáveis e o inevitável aumento de senso de propriedade.

Quando olhamos para o desafio de implantar de forma efetiva os conceitos de *DevOps*, como explorado no livro "Jornada DevOps" (2019), é nítido que essa nova organização orientada a produtos cria um ambiente muito favorável para aproximar o desenvolvimento da operação. No limite, essa separação simplesmente poderá não mais existir e toda a equipe do produto se verá responsável por desenvolver e ao mesmo tempo manter e operar o produto. O conceito de responsabilidade sobre o código desenvolvido passa a ser a única possibilidade, o único paradigma existente.

Ao mesmo tempo, a exposição de uma equipe por mais tempo ao mesmo problema fará com que a performance individual de cada integrante e consequentemente a performance do grupo aumente de forma significativa. Não podemos ignorar que o fator de maior influência no rendimento de um time é sua intimidade com as tecnologias utilizadas e seu conhecimento sobre o problema a ser resolvido. É essa combinação poderosa que em última instância cria equipes diferenciadas, acima da média. Com o conceito de "orientação a produto" criamos times mais estáveis que irão ao longo do tempo superar em muito a performance daqueles focados em projetos e montados de forma *ad hoc*. Metodologias ágeis são ferramentas importantes e necessárias nesse

316 Jornada Ágil e Digital

novo mundo, mas o fundamento para uma performance de referência é a solidez do conhecimento na base da organização.

Com times estáveis, responsáveis por um produto digital, também criamos um terreno fértil para estabelecer um pensamento *Lean* com mais consistência. Uma vez que a equipe passa a ser responsável por todo o ciclo de vida do produto, inclusive pela solução de problemas, as ações de PDCA passam a fazer muito mais sentido para cada indivíduo e irão impactar diretamente no dia a dia de cada um. Quando temos responsabilidades segmentadas entre um grupo que constrói o novo e outro que mantém o atual, dificilmente esse tipo de atividade será priorizado entre todos os envolvidos. Agora, com todos possuindo o mesmo senso de propriedade sobre o produto, qualquer melhora obtida será facilmente percebida. Da mesma forma, o combate a desperdícios passa a ser elemento-chave na busca de melhores resultados, o que, alinhado a uma compreensão efetiva da necessidade do cliente, permitirá que se entregue primeiro o que traz mais valor e que qualquer ponto de desperdício na cadeia de entrega seja entendido e rapidamente eliminado.

Sobre esse contexto favorável para o *DevOps* e para o pensamento *Lean*, também fica muito mais clara a definição de papéis que são fundamentais em métodos ágeis como o PO (*Product Owner*), que precisa responder pelo detalhe funcional do produto e suas especificações, e o PM (*Product Manager*), que precisa responder pela estratégia do produto alinhada com a visão da organização. Esses papéis bem definidos são absolutamente essenciais para garantir que os times tenham a compreensão correta sobre a reponsabilidade do produto no qual trabalham, tanto no âmbito estratégico quando no âmbito operacional. Através desses papéis bem definidos e corretamente implementados, toda a equipe terá acesso a *benchmarks* de mercado, conhecerá detalhadamente os concorrentes e estará muito mais conectada com as verdadeiras necessidades dos clientes. O fluxo dessas informações dentro das equipes fortalecerá o senso de propriedade e estimulará o time a ter uma performance cada vez melhor. Essa necessidade de evolução constante, uma vez interiorizada pela equipe, abre o espaço necessário para que o aprendizado contínuo seja de fato aplicado. Essa é a base de qualquer método ágil: garantir o aprendizado em conjunto de forma rápida e contínua. Não é simples, mas certamente é mais fácil de ser implantado em um ambiente "orientado a produto" em função de todos os fatores que exploramos até agora.

É importante ficar claro que não existe apenas uma forma de trabalhar e que todo o contexto organizacional é muito complexo. Cada organização possui uma cultura e um conjunto específico de desafios. Cada mercado é diferente, alguns mais estáveis, outros mais dinâmicos, alguns mais suscetíveis a uma digitalização intensa, outros sentem menos esse impacto ao longo do tempo, ou irão se transformar em outro ritmo.

Os pontos que foram apontados ao longo dessa breve introdução ao tema "orientação a produto" são reflexões úteis para quem está efetivamente buscando maximizar os resultados dos paradigmas do *DevOps* e do *Agile* dentro de atividades de desenvolvimento de tecnologias para um mundo digital. A constatação é que esses dois temas, para serem escalados verdadeiramente, atingindo o potencial exponencial que observavamos em empresas como Amazon, Netflix e Spotify, precisam estar acompanhados de um novo modelo de trabalho, que coloca os sistemas, as aplicações, ou seja, o **software** responsável pelos produtos digitais no centro da discussão.

Referência

MUNIZ, Antonio et al. **Jornada DevOps:** unindo cultura ágil, Lean e tecnologia para entrega de software de qualidade. Rio de Janeiro: Brasport, 2019.

39. Utilização do *canvas*

Evandro Dias Henriques
Gisele Feitoza da Rocha[19]

Canvas: a origem

O mundo dos negócios passou décadas sem que houvesse uma forma simples e clara de estruturar uma ideia de negócio e explicá-la em um *pitch*. Imagine a dificuldade dos empreendedores em estruturar uma ideia em um plano de negócios engessado. Foi através dessa dor que o suíço Alexander Osterwalder, em sua tese de doutorado em 2004, "The Business Model Ontology – A Proposition In A Design Science Approach", na Universidade Lausanne, na Suíça, deu início a um feito que mudaria de vez a forma como empreendedores, por meio de uma estruturação gráfica, modelam soluções para problemas do mundo real utilizando um design *Lean* com um diagrama. No mundo dos negócios isso foi considerado um divisor de águas na forma de apresentar, sobretudo na forma de validar as hipóteses no mundo real.

De 2004 em diante, Osterwalder, em parceria com o Dr. Yves Pigneur, que também possui doutorado pela Universidade de Namur, na Bélgica, deram sequência à criação de vários modelos de *canvas*, como o *best-seller* internacional "Business Model Generation" (2011).

Canvas: derivações

Atualmente existem diversas derivações do método simples e direto criado por esses dois doutores no mundo dos negócios para que seja possível tirar as ideias do papel. Embora o *canvas* modelagem de negócios tenha derivação em dois outros *canvas*, o de mapa da empatia e a cadeia de valor, não iremos aqui abordar suas conceituações. Porém, como já citado e até mesmo referenciado neste livro em outros capítulos, existem várias derivações para praticamente cada necessidade. Como exemplo, podemos citar: *canvas* de vendas, *canvas* do marketing, *canvas* para campanhas de

---

[19] Contato: Evandro (<evandro.henriques@gmail.com>) e Gisele (<gisele.feitoza@gmail.com>).

marketing, *canvas* de marketing digital, *canvas* pessoal, *canvas* de inovação, *lean canvas*, *startup canvas*, *canvas validation board*. Enfim, há uma grande variedade de modelos disponíveis na internet aplicáveis a cada necessidade.

Canvas de projeto e algumas dicas

Uma outra forma de utilizar o *canvas* dentro das organizações é o *canvas* de projeto (*Project Model Canvas*) proposto por Finnochio (2016). Nele os gestores de projetos e sua equipe discutem as questões propostas de um projeto, por exemplo. Naturalmente, à medida que a equipe responde a essas perguntas, a composição do *canvas* vai ficando mais clara. A discussão saudável entre os membros da equipe é muito importante, e esse momento deve ser aproveitado ao máximo (Figura 39.1).

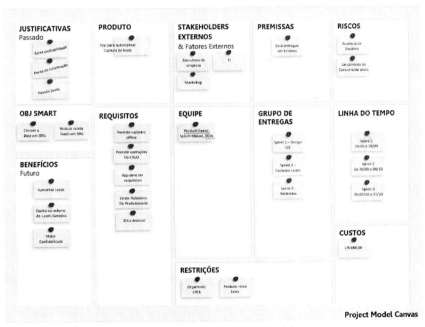

Figura 39.1. Estruturação do *Project Model Canvas*.
Fonte: adaptado de FINOCCHIO JUNIOR (2016).

A prática é facilitada quando membros da equipe estão no mesmo local fisicamente, dedicados e focados no objetivo colaborativo. Alguns materiais como *post-its*, canetas e fitas crepe podem ser usados. O tamanho e a cor dos materiais, por exemplo, podem ser adaptados de acordo com a necessidade, o contexto e o local onde eles serão colocados. Entretanto, para os *post-its* seria interessante usar quatro cores ou mais para diferenciar, priorizar e até mesmo destacar alguns pontos no *canvas*.

É importante destacar que a criação de um *canvas* deve ser realizada em equipe, preferencialmente multidisciplinar e de forma colaborativa. A necessidade de uma equipe multidisciplinar permite uma visão ampliada sobre os diversos aspectos que estão sendo discutidos.

Referências

FINOCCHIO JUNIOR, José. PM Canvas é a Prototipação do Plano de Projeto. **PM Canvas**, 08 nov. 2016. Disponível em: <http://www.pmcanvas.com.br/2016/11/08/pm-canvas/>. Acesso em: 03 set. 2019.

OSTERWALDER, Alexander. **The Business Model Ontology**: a proposition in a design science approach. Ecole des Hautes Etudes Commerciales de l'Université de Lausanne. (Tese de Doutorado – Docteur em Informatique de Gestion). 2004. Disponível em: <http://www.hec.unil.ch/aosterwa/PhD/Osterwalder_PhD_BM_Ontology.pdf>. Acesso em: 03 set. 2019.

OSTERWALDER, Alexander; PIGNEUR, Yves. **Business Model Generation**: inovação em modelos de negócios. Rio de Janeiro: Alta Books, 2011.

40. Transformações exponenciais

Harold Schultz Neto

Imagine uma jovem de 18 anos que começa a se destacar nas redes sociais. Logo estão em torno dela milhões de outras jovens buscando o mesmo propósito que ela: ficar mais belas dentro de um padrão que faz sentido para si. Aproveitando o impacto da sua mensagem, a jovem resolve criar uma marca de cosméticos: tudo é terceirizado e alavancado via meios digitais, e com apenas 20 anos ela comanda uma empresa que fatura US$ 800 milhões!

Esse é o poder tecnológico que está diante de nós. Ao sabermos aproveitar a abundância de recursos disponíveis, temos a oportunidade de criar negócios que crescem exponencialmente.

Para entender como chegar lá, a primeira mudança de *mindset* que precisamos é trocar as lentes da lógica da escassez para a lógica da abundância.

A lógica da escassez funciona no seguinte ciclo:

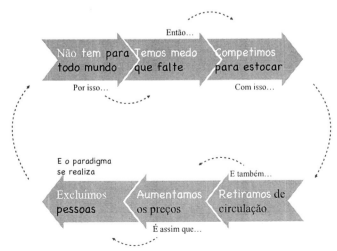

Figura 40.1. Lógica da escassez.
Fonte: adaptado de ISMAIL; VAN GEEST; MALONE, 2015.

Já a lógica da abundância funciona da seguinte maneira:

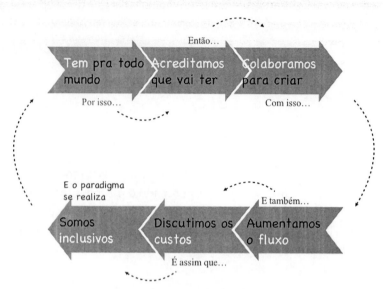

Figura 40.2. Lógica da abundância.
Fonte: adaptado de ISMAIL; VAN GEEST; MALONE, 2015.

Sendo assim, modelos de negócios tradicionais se baseiam na escassez, onde o valor é derivado de um produto ou serviço que está em oferta limitada. No entanto, as tecnologias exponenciais estão gerando uma abundância de tudo – da informação à energia –, e o principal desafio enfrentado por todas as indústrias é encontrar novos modelos de negócios que funcionem em prol da abundância.

No caso real citado, da Kylie Cosmetics, sua fundadora tem usado a abundância de conexões nas redes sociais para gerar vendas, além de alavancar a abundância de produtores de cosméticos em países em desenvolvimento para produzir suas linhas de beleza.

Organizações exponenciais

O conceito de organizações exponenciais surgiu em 2014 a partir do livro homônimo de autoria de Salim Ismail, Michael Malone e Yuri Van Geest (lançado no Brasil em 2015). Segundo os autores, a organização exponencial é aquela cujo impacto é desproporcionalmente grande – ao menos dez vezes maior – se comparado aos seus pares por conta do uso de novas técnicas organizacionais que alavancam as tecnologias exponenciais.

Ao longo do livro falamos sobre muitas dessas técnicas organizacionais, como CX, *Design Thinking*, *DevOps*, e agora vamos focar no entendimento do que faz uma organização se tornar exponencial. A figura a seguir apresenta os atributos das organizações exponenciais (ExO):

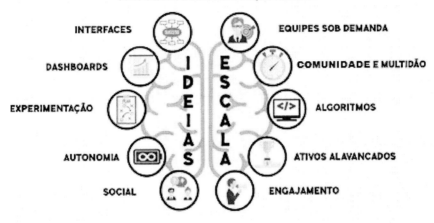

Figura 40.3. Atributos das organizações exponenciais.
Fonte: adaptado de ISMAIL; MALONE; VAN GEEST, 2015.

Veja alguns exemplos desses atributos aplicados a empresas de crescimento exponencial:

- ✓ **Propósito de transformação massiva (PTM)**: parte essencial de toda organização exponencial, o propósito motiva, engaja e é de amplitude global. Bons exemplos são o Google ("organizar a informação do mundo") e SpaceX ("humanos como espécie interplanetária").
- ✓ **Equipes sob demanda**: Uber usa a abundância de motoristas ociosos como parte de sua equipe sob demanda. O mesmo faz a Peloton Cycle (um dos maiores *cases* exponenciais) com seus instrutores de aulas de *bike on-line*.
- ✓ **Comunidade e multidão**: o Github cresceu justamente por conta do seu apelo comunitário e o compartilhamento de tecnologia entre seus membros. Já a Lego usa campanhas de *crowdsourcing* para gerar novos produtos a partir das criações de seus membros.

- ✓ **Algoritmos:** o que dizer das recomendações da Amazon ou dos filmes do seu interesse no Netflix? Além disso, algoritmo também deve ser entendido como processos internos bem mapeados.
- ✓ **Ativos alavancados:** o Airbnb usa espaços ociosos como locais de hospedagem. O mesmo faz o YouTube, que usa ativos de provedores de armazenamento externos para manter seus vídeos, uma atividade-chave do seu negócio.
- ✓ **Engajamento:** a criação de reações como o curtir foi um dos principais recursos para o crescimento vertiginoso e consequente domínio de mercado do Facebook. Vemos também iniciativas como *ranking*, estrelas e outros recursos em uma grande variedade de soluções.
- ✓ **Interfaces:** como seria possível controlar milhares de eventos rodando ao redor do mundo? O TEDx conseguiu esse feito fazendo uso de uma interface muito clara com seus organizadores, que através de *feedback* são monitorados. O mesmo faz a Apple com seus desenvolvedores de *apps*.
- ✓ *Dashboards*: controlar os resultados de 6,3 milhões de vendedoras só é possível para a Natura através do uso de visualização de dados em tempo real. O Alibaba usa grandes quantidades de dados e visualizações para tomar as melhores decisões de ofertas.
- ✓ **Experimentação:** na Amazon as equipes celebram as falhas, mas para que isso seja possível há uma forte cultura de *lessons learned*, assim a empresa gera diversos experimentos e inova constantemente.
- ✓ **Autonomia:** a partir da expansão de um dos *games* de maior sucesso dos anos 90, a Valve lançou um dos maiores *games* de todos os tempos. Graças à sua gestão horizontalizada, as equipes tiveram autonomia para fazê-lo.
- ✓ **Social:** muitas empresas têm abandonado o e-mail em troca de ferramentas de mensagem instantânea, como fez o Buzzfeed. A abundância de informação e a velocidade de competição exigem formas mais rápidas de comunicação.

Exceto o MTP, não há obrigatoriedade de ter todos os atributos. Na realidade, a empresa mais exponencial já medida foi o Github, que possui oito atributos bem construídos e que acabou se refletindo em sua venda por US$ 7,5 bilhões com apenas 10 anos de existência. Considera-se que empresas com quatro ou mais atributos bem construídos são potencialmente organizações exponenciais.

Transformação exponencial

Agora que você já sabe que o cérebro reptiliano é avesso a mudanças, também sabe que não será fácil aplicar os atributos das organizações exponenciais. É muito comum que grandes iniciativas de mudança gerem reações do que chamamos de "Sistema Imunológico Corporativo", que busca garantir que o negócio atual se mantenha em funcionamento. Isso é ótimo, porém vivemos uma mudança de era que demanda transformações em todos os níveis. Necessitamos de equilíbrio entre a transformação e manutenção do *status quo*.

O processo de transformação exponencial de 10 semanas apresenta uma proposta de solução para esse problema ao dividir os participantes do processo em dois *squads*: um *squad* chamado de *core* (central) cuida de iniciativas de inovação incremental, cujo objetivo é melhorar o modelo de negócios atual, e um *squad* chamado de *edge* (borda) trabalha com iniciativas de inovação disruptiva para criar novos modelos de negócios baseados na abundância e eventualmente causar a disrupção da própria organização.

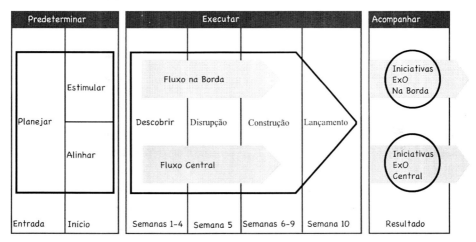

Figura 40.4. Transformação exponencial em dez semanas.
Fonte: adaptado de ISMAIL; VAN GEEST; MALONE, 2015.

Inspirado no *design thinking* e nos princípios do *Lean startup*, os *squads* iniciam o projeto compreendendo mais sobre o PTM criado na fase de preparação. São identificados os dados necessários para captar a abundância de mercado do determinado PTM e as tecnologias exponenciais que serão capazes de fornecer e refinar esses dados. Feito isso, determinam-se quais atributos das ExO são possíveis de serem alavancados para gerar um crescimento exponencial.

Na semana 5 acontece o momento de disrupção, onde as equipes apresentam aos *sponsors* internos as ideias geradas. Nesse momento são apresentados o PTM das iniciativas, os atributos ExO que serão utilizados e o *Business Model Canvas*. Para cada fluxo (*core* e *edge*) escolhem-se três iniciativas para continuar no processo.

326 Jornada Ágil e Digital

Da semana 6 até a 9, o objetivo das equipes é construir protótipos realistas das soluções finais e aplicar os atributos das ExO através de testes rápidos em ambientes controlados.

Na décima semana as equipes apresentam os resultados dos protótipos e os *sponsors* devem determinar os recursos que serão alocados para continuidade dos projetos, assim como avaliar os projetos que não trouxeram os resultados esperados, optando pela descontinuação ou pivotagem.

Para as iniciativas *core*, o objetivo é avaliar a capacidade dessas iniciativas de deixar a organização mais adaptável à disrupção externa, evitar ameaças e/ou aproveitar oportunidades. Já para as iniciativas *edge* avaliam-se os projetos do ponto de vista de potencial de disrupção e formação de novos mercados.

Referências

PALAO, Francisco; LAPIERRE, Michele; ISMAIL, Salim. **Transformações Exponenciais**: evolua sua organização (e transforme o mundo) com um ExO Sprint de 10 semanas. Rio de Janeiro: Alta Books, 2019.

DIAMANDIS, Peter H.; KOTLER, Steven. **Abundância**: o futuro é melhor do que você imagina. Rio de Janeiro: Alta Books, 2018.

ISMAIL, Salim; MALONE, Michael S.; VAN GEEST, Yuri. **Organizações exponenciais**: por que elas são 10 vezes melhores, mais rápidas e mais baratas que a sua (e o que fazer a respeito). Rio de Janeiro: Alta Books, 2015.

PARTE VI. COMO EFETUAR AS MUDANÇAS NECESSÁRIAS PARA A JORNADA ÁGIL E DIGITAL

41. Os modelos de gestão de mudança e a importância das pessoas

Rafael Targino
Cleiton Luis Mafra

A cultura tornou-se o álibi, o bode expiatório para tudo que está errado.
Mas quem pode consertá-la? Somente todas as pessoas. (...) Não se trata
de programas de muitos milhões de dólares e muitos anos de duração; são
pequenos passos que qualquer um pode dar a qualquer momento, os pequenos
passos que marcam o início de uma grande mudança.
Margaret Heffernan

Toda jornada começa com um primeiro passo, e o processo da jornada ágil e digital não é diferente. Precisamos liderar um processo de mudança que tire a organização da situação atual e a coloque em um novo patamar de negócios digitais e efetividade. Esse movimento não é trivial. Como vimos ao longo do livro, é preciso de mudança de cultura, transformações organizacionais e adoção de novos *frameworks*, ferramentas e técnicas mais apropriadas para a gestão de uma organização no século XXI.

Nesse ponto, antes de tudo, é bom entender o momento que a empresa está vivenciando:

- ✓ **Empresas ameaçadas** sentem o efeito de não terem começado o processo de transformação ágil e digital no passado e já sofrem as consequências da perda de mercado e/ou perda de receitas para concorrentes. E o pior, já têm a percepção de que o seu modelo de negócio atual não será rentável por muito tempo.
- ✓ **Empresas incomodadas** são aquelas que, apesar de ainda não sentirem os efeitos negativos em suas receitas e mercado, já sabem que precisam se revitalizar, mudar o seu *mindset* e buscar novos modelos de negócio.
- ✓ **Empresas acomodadas** ainda não perceberam todo o processo de transformação digital e mudança tecnológica discutidos nos capítulos 1 e 2 deste livro. Por conta disso, ainda não possuem o entendimento de que precisam mudar a forma como fazem as coisas e a forma como entregam valor para seus clientes.

330 Jornada Ágil e Digital

Existe um quarto tipo de empresa, aquela que está **liderando o processo de transformação ágil e digital** e fez o seu dever de casa há alguns anos ou já nasceu com um novo *mindset*. Essas empresas estão agora colhendo os frutos de modelos de negócio mais digitais, formas de trabalho mais ágeis e adaptação constante ao que o cliente precisa.

Para estas últimas, o foco está em manter e evoluir as práticas que estão dando certo. Para os demais tipos de empresas, é necessária uma faísca para iniciar todo o processo de transformação necessário para adaptar a empresa à nova era que está surgindo, conforme comentamos no Capítulo 3.

A importância das pessoas em um processo de mudanças

John P. Kotter, em seu clássico livro "Liderando Mudanças" (2017), descreve os oito passos para realizar mudanças eficazes e duradouras. O primeiro passo fala sobre a importância de gerar um **sentido de urgência** em todas as pessoas da organização. O sentido de urgência é vital para fazerem as pessoas perceberem os seus comportamentos atuais, questionarem o *status quo* e estarem mais suscetíveis às mudanças que virão.

O envolvimento das pessoas é parte fundamental em qualquer processo de mudança. Sem o engajamento delas, as iniciativas terão muita dificuldade de florescerem. Porém, como vimos na Parte II do livro, mudar o *mindset* requer esforço. Particularmente, no Capítulo 5 vimos que o nosso cérebro reptiliano é estruturado para ter o menor gasto possível de energia. Entretanto, fazer parte de um processo de mudança é basicamente ter que sair da sua atual zona de conforto e aprender novas maneiras de fazer o trabalho.

Outro modelo de mudança que tem bastante foco nas pessoas é o modelo ADKAR, de Jeffrey M. Hiatt (2006). Esse modelo apresenta uma sequência de cinco estágios pelos quais individualmente as pessoas passam durante um processo de transformação. O primeiro estágio é o da **Consciência** (*Awareness*) da necessidade da mudança e dos motivos para ela estar acontecendo. O segundo estágio é o **Desejo** (*Desire*) de mudar. O terceiro estágio é quando as pessoas atingem o **Conhecimento** (*Knowledge*) para que a mudança ocorra. O quarto é quando elas adquirem as **Habilidades** (*Ability*) necessárias para realizar a mudança nas atividades do seu dia a dia. E o quinto e último estágio é o **Reforço** (*Reinforcement*) constante para manter a sustentabilidade dos procedimentos que foram modificados.

Os modelos de gestão de mudança e a importância das pessoas **331**

Todas as pessoas passam por esses cinco estágios de forma sequencial, cada um ao seu tempo, durante um processo de mudança. Daí a importância de nos preocuparmos em mapear e lidar com cada um desses estágios para que a mudança seja efetiva e realmente institucionalizada dentro da empresa.

Os irmãos Heath também destacam em seu livro a importância de convencer as pessoas em um processo de mudança. Para eles, existem três pontos de influência com os quais precisamos nos preocupar: o lado racional, o lado emocional e o ambiente (HEATH; HEATH, 2010). Segundo os autores, quando decidimos promover um processo de mudança, não basta apenas incentivar o lado emocional do nosso cérebro (com as emoções) ou apenas o lado racional (normalmente, com os números). É preciso convencer ambos.

Usando uma metáfora do **elefante** e do **condutor**, eles explicam que a motivação emocional (o elefante) é muito poderosa, mas é fugaz, dando lugar à inércia em pouco tempo. Em contraste, o lado racional (o condutor) tende a perder tempo decidindo os prós e contras de agir. Mudanças bem-sucedidas são aquelas que conseguem aliar os estímulos para colocar o elefante em movimento em conjunto com o planejamento e direcionamento correto que só o condutor pode dar.

Por fim, os autores destacam a importância de preparar o **caminho** que o elefante e o condutor percorrerão. É preciso ter um bom ambiente que favoreça a mudança e dispare os gatilhos necessários para que os novos comportamentos aconteçam. Esse ponto foi tratado com maiores detalhes no Capítulo 14, quando discutimos como funciona o mecanismo de gatilho-rotina-recompensa para a introdução de novos hábitos.

Repare que os diversos modelos de mudança possuem vários pontos em comum. Ambos trazem a urgência (Kotter) e consciência (ADKAR) como um passo essencial para iniciar o processo de mudança. Porém, ao contrário do ADKAR, que posiciona os estágios de forma sequencial, os irmãos Heath destacam a importância de atingirmos os lados emocional e racional simultaneamente (o elefante e o condutor).

Referências

HEATH, Chip; HEATH, Dan. **A Guinada**. Rio de Janeiro: Best Business, 2010.

HIATT, Jeffrey M. **ADKAR**: um modelo para mudança em negócios, governo e em nossa comunidade. Fort Collins, CO: Prosci Learning Center Publications, 2006.

KOTTER, John P. **Liderando mudanças**. Rio de Janeiro: Alta Books, 2017.

42. Uma abordagem ágil para mudanças

Rafael Targino
Cleiton Luis Mafra

O coração da mudança são as emoções.
John Kotter

De maneira geral, existem duas grandes formas de executar um processo de mudança. A **abordagem revolucionária ou disruptiva**, também conhecida no contexto da disciplina *Lean* por *Kaikaku*, e a **abordagem evolucionária**, da mudança contínua, conhecida por *Kaizen*.

Na primeira, as mudanças são feitas de forma abrupta, sucedendo vários pontos de modificação de uma só vez na empresa. Pessoas são realocadas de áreas e departamentos; novos papéis são criados e outros são extintos; procedimentos são alterados; processos são modificados e muitas vezes novas ferramentas são introduzidas. Basicamente, todos na organização, ao mesmo tempo, precisam se readaptar à nova forma de trabalho.

Na segunda abordagem, as mudanças são feitas aos poucos, introduzidas de forma gradual, muitas vezes através de projetos menores e controlados, conhecidos como "pilotos". A mudança ocorre em uma pequena parte da empresa, alterando a rotina de alguns funcionários, muitas vezes apenas em parte do seu dia de trabalho. Ao longo do tempo são avaliados os resultados das mudanças, observadas as reações das pessoas e gerados diversos aprendizados e *insights* que serão utilizados em novos ciclos de mudança.

Não existe uma abordagem para mudança mais certa que a outra. Tudo vai depender do contexto e do momento pelo qual a sua empresa está passando. As duas abordagens são usadas com sucesso (e também com fracassos) ao longo de vários processos de mudanças organizacionais. Porém, como bons agilistas, e na ausência de um motivo muito forte para a abordagem disruptiva estilo *big bang*, nossa preferência recai para um processo de mudança mais voltado para a experimentação. De forma evolutiva, pequenos experimentos de mudanças podem ser feitos, testados, avaliados e adaptados para os próximos ciclos de experimentação. Nesse ponto, usamos uma adaptação do ciclo construir-medir-aprender, discutido no Capítulo 33 sobre *Lean Startup*.

Essa abordagem também é sugerida por Jason Little em seu livro "Lean Change Management" (2014). Na sua proposta, Little adapta o processo construir-medir--aprender do *Lean Startup* para experimentos-*insights*-opções. Tudo começa coletando ideias e *insights* usando reuniões no estilo *Lean Coffee*. Essas várias ideias irão gerar um conjunto de opções que podem ser vistas como hipóteses que trarão benefícios e terão um custo e um impacto na organização. Por último, você escolhe uma das opções para realizar um experimento e verificar se a hipótese foi validada ou não.

Analisando o contexto e identificando as principais insatisfações

Antes de começar qualquer mudança, você precisa entender o contexto atual da organização, como ela funciona e principalmente as principais causas de insatisfação das pessoas.

No Capítulo 26 sobre o método *Kanban* fomos apresentados ao STATIK, uma abordagem para a introdução do *Kanban* na organização. Alexei Zheglov (2018) produziu um *canvas*, chamado de STATIK A3, que mapeia os principais elementos do STATIK, entre eles as insatisfações internas e externas.

Inspirados no STATIK A3 e usando a estrutura dos quatro domínios da agilidade da Knowledge21 (TOLEDO, 2014), sugerimos que as insatisfações sejam mapeadas, através de conversas, entrevistas e depoimentos das pessoas, em um *canvas* na forma de uma matriz que cruza as insatisfações internas e externas com cada um dos quatro domínios da agilidade: negócio, cultural, organizacional e técnico (Figura 42.1).

CANVAS DE INSATISFAÇÕES NOS 4 DOMÍNIOS

INSATISFAÇÕES QUE MOTIVAM A MUDANÇA	NEGÓCIO	CULTURAL	ORGANIZACIONAL	TÉCNICO
INTERNO (Equipe, Área, Departamento, Diretoria, Organização)				
EXTERNO (Mercado, Clientes, Sociedade...)				

Figura 42.1. *Canvas* de insatisfações nos quatro domínios da agilidade.
Fonte: adaptado de TOLEDO (2014) e ZHEGLOV (2018).

Analisando a concordância e suporte das pessoas em relação a mudanças

O próximo passo é mapear todos os envolvidos no processo de mudança, conforme o seu nível de concordância com o que precisa ser modificado e o seu grau de influência no ambiente da mudança.

Savage et al (1991), em artigo sobre a gestão de *stakeholders*, propôs uma matriz que ficou muito conhecida por cruzar o potencial de ameaça de um *stakeholder* a um determinado projeto e o potencial de cooperação que este poderia ter.

Com base na matriz de Savage et al, elaboramos um *canvas* para mapear a situação dos principais envolvidos no processo de transformação que irá se desenrolar (Figura 42.2).

Para cada posição do quadrante existe uma estratégia específica que deverá ser utilizada para lidar com os envolvidos no processo de mudança.

MAPEAMENTO DOS ENVOLVIDOS NA MUDANÇA

Envolvidos na mudança		Opinião em relação à mudança	
		A FAVOR	CONTRA
Influência no ambiente da mudança	**ALTO**	**Tipo:** PATROCINADOR **Estratégia:** envolver, ter apoio público	**Tipo:** RESISTENTE **Estratégia:** convencer, negociar, colaborar
	BAIXO	**Tipo:** PROPAGADOR **Estratégia:** incentivar, fazer junto	**Tipo:** INCONVENIENTE **Estratégia:** observar, monitorar, defender

Figura 42.2. *Canvas* de envolvidos na mudança.
Fonte: adaptado de SAVAGE et al, 1991.

A estratégia principal é maximizar a participação dos que foram classificados como patrocinadores por conta do seu alto grau de influência na organização e da sua predisposição para que a mudança ocorra. E, complementarmente, o objetivo seria minimizar ou eliminar os riscos dos envolvidos que foram classificados como resistentes. Para esses, a principal abordagem é a aproximação, para entender suas dores, tentar ganhar a sua confiança e mostrar, de preferência de forma prática, como as alternativas podem ser benéficas. Nesse ponto, é muito útil utilizar a comunicação empática e entender os seus motivadores intrínsecos, como vimos em mais detalhes nos capítulos 9 e 12, respectivamente.

Conquistando os primeiros adeptos

A análise dos envolvidos no processo de mudança ajudará a identificar as primeiras pessoas que se engajarão ativamente na transformação que está sendo proposta na empresa. O papel dos primeiros adeptos é fundamental, pois eles fornecem a segurança necessária ao restante das pessoas de que a mudança é boa e é possível.

O conceito dos primeiros adeptos foi introduzido pela primeira vez por Everett M. Rogers, em 1962, na curva de adoção de novas tecnologias (ROGERS, 2003). Posteriormente, essa curva foi bastante popularizada a partir da introdução do conceito de "cruzando o abismo", de Geoffrey Moore (2014).

336   Jornada Ágil e Digital

A curva de adoção sugere que quando um novo produto é lançado ele é utilizado primeiramente por uma pequena parcela de pessoas, os chamados inovadores, que representam aproximadamente 2,5% das pessoas. Depois a adoção do produto é estendida para mais uma parcela do público, os primeiros adeptos, que representam 13,5% do total. Nesse ponto, ocorre o abismo que Moore discute em seu livro. Muitos produtos não conseguem ganhar tração e não aumentam o seu mercado, caindo no abismo. Ao não conseguir atrair um público maior para o produto, ele morre e precisa ser descontinuado.

Os produtos que conseguem cruzar esse abismo desfrutam de toda uma jornada de sucesso, com a tendência de aumentar o seu público para a próxima fatia, chamada de maioria inicial e que representa mais 34% das pessoas. Continuando a trajetória de crescimento, em seguida, mais 34% do público é atingido – a chamada maioria tardia.

Esse raciocínio também é muito válido para os processos de mudanças. É através dos primeiros adeptos que conseguiremos cruzar o abismo e alcançar a maioria inicial. Precisamos engajar os primeiros adeptos e dar todo o suporte para que eles influenciem o restante da organização de forma a suceder a institucionalização das iniciativas propostas.

Priorizando os primeiros experimentos

Mas por onde devemos começar um processo de mudança?

Essa é uma dúvida frequente que ocorre quando atingimos esse ponto. Uma abordagem relativamente simples, mas bem poderosa, é começar o processo de mudança pelos pontos que causarão mais impacto e, por outro lado, possuem um esforço relativamente mais fácil.

Matrizes que cruzam o valor *versus* o esforço são muito comuns em processos de tomada de decisões. Sendo assim, as insatisfações que mapeamos inicialmente são trazidas para essa matriz e são classificadas sob três perspectivas: impacto, esforço e cooperação dos envolvidos (Figura 42.3).

Vale lembrar que o posicionamento das insatisfações nos eixos X e Y da matriz é sempre dependente um do outro. Por isso, a cada insatisfação que seja incluída na matriz, o seu posicionamento deve ser sempre comparado em relação às insatisfações mais próximas. Ou seja, essa insatisfação tem maior impacto que aquela? E o esforço? É menor ou maior que as demais?

✓ **Impacto:** qual o grau de impacto que a resolução daquela insatisfação causará na organização como um todo. Impactará muitas pessoas de vários departamentos diferentes? Resolverá uma dor muito grande? Resolverá um problema com o qual atualmente se gasta muita energia? Será possível economizar recursos financeiros?

✓ **Esforço:** para resolver uma insatisfação podem existir diversas alternativas de solução. Nesse ponto, não estamos ainda definindo como será resolvida a insatisfação, porém, de forma relativa, qual será o esforço necessário para resolver o descontentamento? Como estamos fazendo medidas relativas umas das outras, determinaremos o nosso melhor palpite se a resolução de uma determinada insatisfação gerar mais ou menos esforço que as demais.

✓ **Cooperação dos envolvidos:** esta dimensão adicional é representada pelas "bolinhas" que são associadas a cada insatisfação. Como a solução das insatisfações envolve a participação de um ou mais envolvidos, cada cor representa um grau de cooperação que será encontrado na sua resolução. Se os envolvidos forem mais patrocinadores e propagadores, a classificação será verde; se eles forem resistentes, será vermelha; se for inconveniente, será amarela.

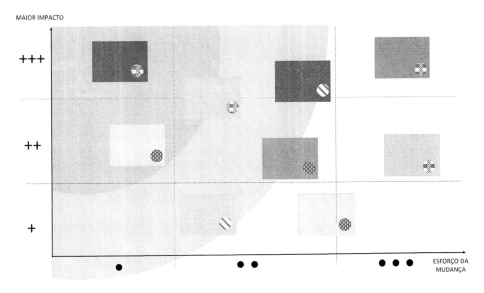

Figura 42.3. Matriz de priorização das insatisfações (esforço x impacto x cooperação).
Fonte: elaborado pelos autores.

As áreas circulares mais escuras na matriz de priorização representam as insatisfações que poderiam ser objeto dos primeiros experimentos e que gerariam ganhos rápidos.

Executando os experimentos e avaliando os resultados

Chegou o ponto em que a mudança será efetivamente realizada. Como dito anteriormente, realizamos as mudanças com base em experimentos. No método *Lean Startup*, existe um *canvas* muito utilizado chamado *Validation Board* (LEAN START-UP MACHINE, s.d.). Esse *canvas* possui três campos para mapear as hipóteses do problema, do cliente e da solução. E esses campos são repetidos no quadro para representar os novos experimentos que surgem a partir dos *pivots* (evoluções) dos experimentos anteriores.

Com base nesse *canvas*, elaboramos uma versão mais orientada a mudanças representando uma insatisfação, as pessoas envolvidas e as possíveis soluções que iremos experimentar para resolver o problema (Tabela 42.1). Repare que esses campos podem ser mudados do primeiro experimento para o segundo, do segundo para o terceiro e assim por diante. Isso é necessário porque a execução do experimento irá gerar a validação ou não de nosso entendimento anterior. Assim, não há problema nenhum em evoluirmos nossa definição da insatisfação e das pessoas envolvidas, assim como a própria solução.

Tabela 42.1. *Canvas* de experimentação.
Fonte: adaptado de LEAN STARTUP MACHINE, s.d.

Hipóteses	Primeiro experimento	Segundo experimento	Terceiro experimento
Insatisfação			
Pessoas envolvidas			
Soluções			
Suposições principais do experimento		Suposições invalidadas	Suposições validadas

Os demais campos deste *canvas* servem para mapear as suposições que foram consideradas antes do experimento acontecer e a validação ou não dessas mesmas suposições após o experimento. No final da primeira rodada de experimentos, todos os aprendizados serão coletados para definir o que deu certo, o que não funcionou e o que pode ser adaptado para o próximo experimento.

A mudança não precisa ser dolorosa

Processos de mudança costumam ser penosos nas organizações, mas não precisam ser. Grande parte do motivo disso acontecer é porque as mudanças são realizadas de cima para baixo. As ferramentas apresentadas neste capítulo podem e DEVEM ser utilizadas em conjunto com as pessoas envolvidas nas mudanças, cocriando e colaborando com o entendimento dos problemas que estão sendo enfrentados e com as possíveis soluções que poderão ser empreendidas. Compartilhar e cocriar são o ingrediente secreto de qualquer transformação.

Na Parte III do livro fomos apresentados a diversas disciplinas fundamentais para uma eficaz condução de um processo de mudança: a segurança psicológica; a comunicação empática; a inteligência emocional; as motivações intrínsecas; a gamificação de bons comportamentos; a criação de ambientes seguros para as pessoas exprimirem seus pensamentos e darem *feedbacks*, etc. Tudo isso é essencial para produzir o efeito de *buy-in*, de comprometimento e engajamento que precisamos gerar para as pessoas "cruzarem o abismo" e a mudança ser efetivamente institucionalizada.

No final do dia, tudo se resume a mudar o comportamento das pessoas. E isso não é uma tarefa fácil. Dá trabalho. Mas é uma atividade extremamente gratificante. Como diria Robin Sharma em sua famosa frase: "a mudança é difícil no começo, confusa no meio e linda no final".

Referências

KOTTER, John P.; COHEN, Dan. **O Coração da Mudança.** Rio de Janeiro: Alta Books, 2017.

LEAN STARTUP MACHINE. **Validation Board.** Disponível em: <https://www.leanstartupmachine.com/validationboard/>. Acesso em: 03 set. 2019.

LITTLE, Jason. **Lean Change Management**: innovative practices for managing organizational change. Montreal: Happy Melly Express, 2014. 180 p.

MOORE, Geoffrey A. **Crossing the Chasm:** marketing and selling disruptive products to mainstream customers. 3rd. ed. (Collins Business Essentials) New York: HarperBusiness, 2014.

ROGERS, Everett M. **Diffusion of Innovations.** 5th. ed. New York: Free Press, 2003.

SAVAGE, Grant T. et al. Strategies for Assessing and Managing Organizational Stakeholders. **Academy of Management Executive**, vol. 5, n. 2, 1991.

TARGINO, Rafael. SGRio 2019 – Uma Abordagem Lean para Mudanças. **SlideShare**, 02 jul. 2019. Disponível em: <https://www.slideshare.net/rafaeltargino2/sgrio-2019-uma-abordagem-lean-para-mudanas>. Acesso em: 03 set. 2019.

TOLEDO, Rodrigo de. Até onde vai a agilidade? **Knowledge21**, 02 ago. 2014. Disponível em: <https://www.knowledge21.com.br/blog/ate-onde-vai-agilidade/>. Acesso em: 03 set. 2019.

ZHEGLOV, Alexei. Time to Update the STATIK A3. **Connected Knowledge**, Apr. 05, 2018. Disponível em: <https://connected-knowledge.com/2018/04/05/time-to-update-the-statik-a3/>. Acesso em: 03 set. 2019.

43. Como alcançar a sua transformação com Toyota *kata*

Carlos Eduardo Baldissera
Fábio Trierveiler
Guilherme Villanova
Thiago de Assis Roque

O que é *kata*?

Kata (形) é um conceito utilizado nas artes marciais que consiste em um conjunto de movimentos de ataque e defesa. Nas artes marciais, eles utilizam esse conceito por meio da prática corpórea, para que os movimentos, seguindo um padrão, se tornem naturais na pessoa que está praticando, tal qual diversas ações do dia a dia, como: lavar louça, comer, dirigir, etc.

Para Rother (2010), *kata* é um processo de trabalho de repasse de conhecimento que considera condições alvo a serem alcançadas. Em síntese, *kata* é a forma de fazer algo.

Mas por que utilizar o *kata* como um modelo de evolução? Rother (2010) descreve que muito se tem pesquisado e existem diversas bibliografias que fornecem uma lista de práticas e princípios organizacionais utilizados pela Toyota. Embora tais práticas e princípios estejam corretos, não são utilizáveis pelas empresas, uma vez que são resultado da rotina de pensamento dos membros daquela organização.

O motivo dessas práticas e princípios organizacionais não serem implantados com sucesso se dá em decorrência da lacuna existente entre as práticas e o dia a dia. Logo, esse hiato pode ser preenchido pelo Toyota *kata*, utilizando-se do *kata* de *coaching* e do *kata* de melhoria. Para melhor entender como a Toyota consegue manter essa cultura, deve-se olhar não a organização em si, mas as pessoas. Nesse ínterim, devem ser analisados os padrões de trabalho e comportamento e como eles são replicados de pessoa para pessoa sem haver perda dentro do processo.

De acordo com Conrad Soltero e Patrice Boutier (2012), seguem os sete *katas*, quais sejam:

342 Jornada Ágil e Digital

- ✓ **Kata de melhoria (*improvement kata*)**: o *kata* de melhoria, também chamado de *Kaizen*, é um dos *katas* mais conhecidos. Este *kata* é bastante difundido em diversas literaturas que tratam de práticas e culturas *Lean*. O *kata* de melhoria, de forma resumida, visa implantar um processo orgânico de melhoria contínua na empresa.
- ✓ **Kata de coaching (*coaching kata*)**: o *kata* de *coaching* dentro da Toyota é tratado como um mentor que auxiliará os times ao longo de uma rotina de *coaching* e acompanhamento para atingir os seus objetivos.
- ✓ **Kata de treinamento (*nested job instruction kata*)**: o *kata* de treinamento não consiste necessariamente em dar treinamentos constantes, mas em capacitar os instrutores que treinarão os times e os novos colaboradores. Por consequência, padroniza-se o modelo de aprendizagem, e os próprios instrutores passam a realizar este processo de forma efetiva.
- ✓ **Kata de resolução de problemas (*problem-solving kata*)**: o *kata* de resolução de problemas é focado, como o próprio nome sugere, na resolução de problemas de forma sistêmica e orgânica. Ensina e incentiva os colaboradores a investigar as falhas encontradas em seu processo e resolver de forma definitiva.
- ✓ **Kata de relações no trabalho (*job relations kata*)**: *kata* de relações no trabalho também pode ser considerado o *kata* de cultura. Ele foca nas relações entre as pessoas como colaboração e conciliação e traz ferramentas de resolução de problemas interpessoais e as fundações para bons relacionamentos.
- ✓ **Kata de segurança no trabalho (*job safety kata*)**: o *kata* de segurança concentra-se em manter um ambiente seguro aos colaboradores. Dependendo do contexto, pode-se considerar um *kata* flexível por possibilitar o uso dos outros dois *katas*: *kata* de melhoria (*Kaizen*) e *kata* de resolução de problemas.
- ✓ **Kata de métodos de trabalho (*job methods kata*)**: o *kata* de métodos de trabalho foca em identificar os processos atuais, analisá-los, melhorá-los, sempre buscando entregar o produto ou serviço com maior qualidade em um menor tempo possível ao cliente.

Para Rother (2010), o *kata* de melhoria e o *kata* de *coaching* são os responsáveis por grande parte do que impulsiona a Toyota como uma organização adaptável e em melhoria contínua. Desse modo, nos próximos tópicos serão explorados de forma detalhada esses dois *katas*.

O *kata* de melhoria (*improvement kata*)

O *kata* de melhoria é um modelo de como fazer a melhoria contínua ser uma capacidade sistemática e tem como objetivo mudar nossos hábitos mentais para que nossas capacidades sejam evoluídas. Praticar o *kata* de melhoria desenvolve o domínio da melhoria contínua, adaptabilidade e inovação. Rother (2010) propõe quatro passos do *kata* de melhoria, são eles:

1. **Defina qual é o desafio.** O primeiro passo é definir o desafio, para assim agir. O desafio deve estar alinhado com a visão no médio e longo prazo da organização para o cliente.
2. **Entenda qual é a situação atual.** De forma minuciosa, analise os fatos e dados de onde você está agora.
3. **Estabeleça a próxima condição-alvo.** Uma condição-alvo descreve um estado futuro desejado, define onde você quer estar posteriormente. Descreve uma combinação de atributos que você quer, em uma data específica no futuro. Uma condição-alvo funciona como um par de óculos que o ajuda a focar no que precisa fazer.
4. **Navegue na condição atual até a condição-alvo.** O *kata* de melhoria incorpora uma rotina sistemática e iterativa para navegar pelo caminho obscuro e imprevisível entre a condição atual e a condição-alvo. Conduzindo os ciclos PDCA como experimentos rápidos, os times aprendem conforme evoluem para alcançar sua condição-alvo e adaptam-se com base no que estão aprendendo.

A figura a seguir representa as quatro etapas do *kata* de melhoria:

Figura 43.1. Quatro etapas do *kata* de melhoria.
Fonte: adaptado de ROTHER (2017).

O *kata* de *coaching* (*coaching kata*)

O *kata* de *coaching* é a forma pela qual se ensina o *kata* de melhoria. O *coach* (mentor) tem a responsabilidade de direcionar o aprendiz (mentorado) pela caminhada em busca do aprendizado. Como nas artes marciais, um mentor experiente guia e influencia o seu aprendiz a praticar os novos movimentos e comportamentos. A presença do mentor fortalece a prática do caminho de forma eficiente e eficaz para o processo de mudança de mentalidade e domínio das novas competências.

O *coach* deve se certificar de que o aprendiz está seguindo e aplicando todos os passos do *kata* de melhoria e deve ajudá-lo a determinar condições-alvo que serão motivadoras e que trarão resultados para a organização e aprendizado para o aprendiz.

A figura a seguir representa a relação entre o *kata* de melhoria e o *kata* de *coaching*.

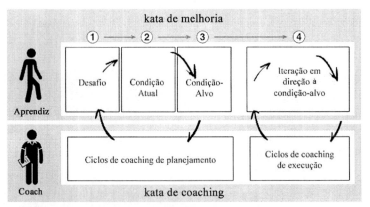

Figura 43.2. Relação entre o *kata* de melhoria e o *kata* de *coaching*.
Fonte: adaptado de ROTHER (2017).

O *kata* de *coaching* é formatado para suportar, ensinar e ajudar o aprendiz pensando no *kata* de melhoria, de forma cíclica. As abordagens do *kata* de melhoria e *coaching*, aplicadas à solução de problemas de forma constante, ao longo do tempo, tornam-se um hábito voltado à melhoria contínua.

Como utilizar o Toyota *kata* em sua transformação e jornada ágil

Como visto anteriormente, *kata* de melhoria e *kata* de *coaching* apoiam a evolução de forma consistente em busca de um objetivo. Nós, os autores, utilizamos esses *katas* em nosso dia a dia e identificamos alguns passos necessários que auxiliam nessa jornada.

Isso não quer dizer que o Toyota *kata* funciona somente dessa maneira, mas em nossa experiência e em nossa jornada foi a melhor forma de tirarmos todo o proveito dessa incrível ferramenta.

Definindo o objetivo

O primeiro passo é definir o objetivo. Este ponto está diretamente ligado à visão estratégica da empresa.

Toda e qualquer jornada em busca da melhoria sempre obterá melhores resultados se estiver intimamente ligada à estratégia da empresa. Nesse passo, os executivos precisam definir os objetivos empresariais e, para tanto, podem usar qualquer ferramenta ou método – por exemplo, o *Hoshin Kanri* (utilizado na Toyota).

O *Hoshin Kanri* define metas mensuráveis, como o aumento da satisfação do cliente. Este objetivo, a título de conhecimento, é mensurável, pois permite medir a satisfação atual dos seus usuários, identificar quais os pontos falhos e promover melhoria em buscas desses objetivos.

Vale a pena frisar que ao definir muitos objetivos a evolução pode ficar lenta, uma vez que as pessoas não terão foco, pois tentarão atingir todos os objetivos ao mesmo tempo.

Definindo os desafios

Nesta fase, os *coaching katas* devem envolver as pessoas que farão os *katas* de melhoria. Os *coaches* deverão entender o que deve ser feito e por consequência definir objetivos executáveis por aqueles que farão os *katas* de melhoria.

Continuando o exemplo com o objetivo "aumento da satisfação do cliente", os *coaches* buscarão identificar os problemas existentes, como: quais são as reclamações dos clientes e as definições do que deve ser feito para diminuí-las.

Neste caso fictício, o problema de satisfação do cliente pode estar ligado ao problema de qualidade ou usabilidade. Os *katas* deverão entender o que desencadeia esses problemas e sugerir os objetivos de como "aumentar a cobertura de testes automa-

346 Jornada Ágil e Digital

tizados" ou ainda "envolver o cliente na definição e priorização das funcionalidades (*features*) a serem desenvolvidas".

Lembrando que definir um objetivo mensurável, como "ter 90% do código-fonte coberto por testes automatizados", é de suma importância.

Desdobrando em objetivos menores

Esta não é uma fase obrigatória, mas auxilia muito no direcionamento das equipes, principalmente quando a equipe não tem a maturidade para realizar o *kata* de melhoria de forma sistêmica.

Nesta fase os *coaches* definem diversos objetivos menores, para que as equipes possam alcançá-los em um determinado espaço de tempo. Seguindo o exemplo já mencionado, foi delineado como desafio "ter 90% do código-fonte coberto por testes automatizados".

Neste caso, os *coaches* definem *katas* menores, como: "ter 10% do código-fonte coberto por testes automatizados", "ter 20% do código-fonte coberto por testes automatizados" e assim por diante, para que os times por meio da evolução atinjam os seus resultados de forma contínua.

Definindo a situação atual, fechando os acordos e os ciclos de *feedback*

Aqui chegou o momento de os times entrarem em ação! De início, é necessário entender a situação atual deles.

É importante, nesse momento, o alinhamento entre os *coaches* e o time de melhoria. Para entender a situação atual pode ser realizada uma entrevista, pesquisa de campo ou extração de dados de ferramentas utilizadas no dia a dia. O importante é o time ter a visibilidade do seu cenário atual (quais os problemas que necessitam ser trabalhados).

Em seguida, são definidos os planos de ação com o auxílio do *coach*, para que as ações a serem realizadas estejam direcionadas a resolver os problemas identificados e também tenham alinhamento com os objetivos da empresa (*Hoshin Kanri*).

Nesse momento, são realizados os ciclos de *feedback* que ocorrem para o time analisar os planos, avaliar se estão na direção certa e acordar novos planos.

O ciclo de análise da situação atual, acordos, melhoria e *feedback* ocorre até o time atingir o desafio ou até os executivos da corporação entenderem que os objetivos empresariais foram, de fato, atendidos.

> **Dica: o tempo de avaliação de cada ciclo é definido com os times e de acordo com a estratégia da empresa. Sendo assim, não existe regra definida para o ciclo de *feedback*.**

O próximo passo será definir um novo objetivo empresarial, avaliar a situação atual, propor melhorias, etc., isto é, um grande ciclo PDCA que ocorre até se tornar um ciclo sistêmico e orgânico na empresa.

Conclusão

O Toyota *kata* é a grande diferença entre a Toyota e as demais empresas que tentam implantar as práticas e os princípios organizacionais da Toyota. Tornar sistêmico o fluxo de melhoria faz com que a organização sempre realize sua autoanálise, identifique os seus *gaps*, se adapte e busque a melhoria contínua.

Um grande problema para empresas que não têm essa cultura é a resistência, que comumente se apresenta em todos os níveis hierárquicos. Os indivíduos têm a capacidade de se adaptar, mas também tendem a se acostumar com a situação atual.

Uma excelente forma de quebrar essa resistência é a gamificação de todo o processo, onde a cada ciclo de *feedback* sugere-se uma comemoração com todos os envolvidos, para premiar e reconhecer essas pessoas mediante a sua evolução no modelo.

Empresas que têm tido sucesso na implantação dos princípios e da cultura da Toyota têm um processo de Toyota *kata* gamificado, algumas em formato de desafio empresarial e outras em formato de evolução por equipe.

Em suma, o grande diferencial é a cultura – cultura de melhoria contínua e adaptabilidade que esses dois *katas* trazem. Afinal:

Quem se limita não muda, quem não muda
não se transforma, quem não se transforma não evolui.
Erasto Meneses

Referências

ROTHER, Mike. O que é Kata? **Lean Institute Brasil**, 28 ago. 2012. Disponível em: <https://www.lean.org.br/artigos/198/o-que-e-kata.aspx>. Acesso em: 03 set. 2019.

ROTHER, Mike. **Toyota Kata:** gerenciando pessoas para melhoria, adaptabilidade e resultados excepcionais. Porto Alegre: Bookman, 2010.

ROTHER, Mike. **The Toyota Practice Guide:** practicing scientific thinking skills for superior results in 20 minutes. New York: McGraw-Hill Education, 2017.

SOLTERO, Conrad; BOUTIER, Patrice. **The 7 Kata:** Toyota Kata, TWI, and Lean Training. Boca Raton, FL: CRC Press, 2012.

WIKIPÉDIA. **Kata (artes marciais).** Disponível em: <https://pt.wikipedia.org/wiki/Kata_(artes_marciais)>. Acesso em: 03 set. 2019.

44. O papel do *Agile Coach* e do engenheiro *DevOps*

Guayçara Gusmon Gonçalves
Wesley Soares de Oliveira
Mônica Domingues de Arruda Cachoni

A rapidez com que as organizações precisam responder às mudanças, sejam elas de caráter econômico, tecnológico ou de negócio, dentro de um mercado altamente competitivo, leva essas empresas à adoção de métodos ágeis de forma desorientada, focando apenas em uma entrega mais rápida de projetos, a fim de se destacar no *time--to-market* para seus clientes reais ou potenciais, antecipando o valor esperado por eles.

Contudo, essa iniciativa autônoma, muitas vezes pautada por um pouco de conhecimento no assunto, começa a gerar o resultado oposto: caos nas entregas, times desmotivados e falta de qualidade dos produtos, levando ao questionamento da efetividade dos métodos ágeis.

Escolher uma abordagem ágil, conhecer o ferramental sugerido por ela e impor que o time trabalhe nessa nova forma pode não funcionar como o esperado. Isso porque, de modo geral, a agilidade se traduz em processos **empíricos** e **contraintuitivos**.

- ✓ Conforme nosso dicionário da língua portuguesa Aurélio, **empirismo** é um modo de aprendizado baseado na consolidação de percepções e conhecimentos de uma pessoa adquiridos apenas pela prática, associada à sua experiência e aos seus sentidos. Já **intuição** é a capacidade de uma pessoa entender ou pressupor coisas que não dependem de um conhecimento empírico (prático) ou de conceitos racionais.
- ✓ Se métodos ágeis são **contraintuitivos**, estamos dizendo que esse modo de se trabalhar é dependente de um conhecimento empírico e racional; em outras palavras, apenas se aprende agilidade na prática e seu primeiro contato acaba se chocando com uma linha de raciocínio aprendida durante toda uma vida – o *waterfall* ou cascata (PMI, 2017) –, fazendo com que a aceitação do novo modelo de trabalho se torne muito mais difícil.
- ✓ Então voltemos na provocação: por que não daria certo a implantação de métodos ágeis em uma iniciativa autônoma ("da noite para o dia") em uma

empresa em transformação, mesmo conhecendo sua teoria? Porque, diferentemente de uma arquitetura de processos cascata, não é simples apenas ler sobre o assunto e forçar um time que não vê valor e importância nisso a trabalhar em uma direção oposta ao que se teve como certo durante toda uma vida profissional.

"Gerar valor" significa incorporar fundamentos que só podem ser gerados quando o indivíduo enxerga a devida importância daquilo que se quer passar. Por isso o Manifesto Ágil (2001), que é o guia da agilidade, traz quatro itens nomeados **valores**. Só se consegue adotar agilidade efetivamente se for gerado valor naqueles que irão trabalhar nesse formato. Agilidade não é teórica e prescritiva, ela é experimental e totalmente prática.

Então, quando falamos em transformação ágil, uma empresa necessita ser inicialmente guiada por um profissional que saiba trabalhar o *mindset* para que o time enxergue valor nas práticas que serão aplicadas, quebrando antigos paradigmas, reconstruindo experiências, removendo impedimentos e trabalhando preconceitos. Esse profissional é o *Agile Coach*.

A unicidade do trabalho do *Agile Coach* está em despertar nas pessoas a vontade de fazer o ágil acontecer. Sendo assim, ele precisa fazer com que elas reconheçam valor nas práticas que aplicam no dia a dia.

De acordo com Instituto Brasileiro de *Coaching* (IBC): "*coaching* é o processo de desenvolvimento humano, pautado em diversas ciências como: psicologia, sociologia, neurociências, programação neurolinguística, e que usa de técnicas da administração de empresas, gestão de pessoas e do universo dos esportes para apoiar pessoas e empresas no alcance de metas, no desenvolvimento acelerado e em sua evolução contínua".

No processo de *coaching* descrito, o único aspecto que se diferencia em uma transformação ágil organizacional é que, na empresa, o *coaching* exercido engloba a mentoria. Ou seja, o *Agile Coach* irá identificar o melhor caminho a seguir de acordo com a estratégia da empresa, definir quais melhores práticas adotar e a partir disso trabalhar pessoas para que atinjam o objetivo delineado, sempre despertando o valor através das técnicas de *coaching* mencionadas na definição pela SBC.

O entendimento das práticas, a aceitação do propósito e o profundo aprendizado são os maiores valores que podem ser gerados no ofício de ser um *Agile Coach*.

A transformação de *mindset* não é um processo rápido e seu tempo deve ser respeitado.

Após ser plantada a primeira sementinha de aculturação da agilidade, o terreno está fértil para cultivarmos o *DevOps*, que nutre uma cultura colaborativa e que também alimenta a ideia de alcançar uma qualidade maior nas entregas em um curto espaço de tempo, porém trazendo ferramental com um viés mais técnico integrando os times de desenvolvimento e operações.

Métodos ágeis não estão restritos ao desenvolvimento de software, diferentemente de práticas *DevOps*; esta já pode ser considerada uma das principais diferenciações dos papéis de *Agile Coach* e engenheiro *DevOps*: a atuação do primeiro é muito mais ampla do que a atuação do segundo.

O engenheiro *DevOps* surge para extinguir a barreira criada entre quem implementa a solução e quem faz a sustentação desse sistema, seja em um viés de infra ou de codificação. *DevOps* é a cultura que vai integrar esses dois mundos enquanto entrega valor com velocidade e qualidade maiores para o cliente.

O Manifesto Ágil, criado em 2001, foi construído por desenvolvedores de sistemas e posteriormente difundido para outras áreas, sendo que a maioria das práticas *DevOps* já era executada desde essa época, com *Extreme Programming*: entregas pequenas e contínuas, testes de aceite, integração contínua, refatoração, programação em pares, propriedade coletiva sobre o código, padrões de codificação, etc. O que evoluiu com o tempo foram as ferramentas auxiliares a tais práticas.

É esperado que esse papel, além de ser especialista no ferramental, também seja generalista a ponto de estender essa filosofia enquanto une as diversas áreas de TI, como *sysadmin*, programadores, arquitetos de soluções, operações, infra, gestores de projetos, analistas de qualidade, etc.

Atualmente, o sucesso de uma empresa está relacionado diretamente com a entrega de um produto com qualidade que atenda à necessidade dos seus clientes, pois estima-se que o maior desperdício de tempo, e consequentemente de dinheiro, se dá após a implantação e disponibilização de um produto; isso ocorre pela falta de visibilidade do processo de desenvolvimento como um todo, maximizando a possibilidade de uma falha e diminuindo a velocidade de resolução de um problema. Geralmente essa sequência de fatos se dá pela ausência de um papel que tenha essa visão geral do processo.

352 Jornada Ágil e Digital

Conforme mencionado antes, nesse papel, o engenheiro *DevOps* tem a clareza dos assuntos envolvidos em uma atividade, bem como a integração de desenvolvimento e operações, pois a partir disso se torna viável criar novas funcionalidades, atualizar o produto ou corrigir algum tipo de defeito em tempo hábil de gerar valor para o cliente, mantendo a estabilidade do ambiente.

Traduzindo um trecho de um *post* que Igor Kantor (2018) escreveu, um engenheiro do DevOps é "alguém que entende o ciclo de vida de desenvolvimento de software e traz ferramentas e processos de engenharia de software para resolver desafios clássicos de operações".

Logo, muitas indisponibilidades sistêmicas são resultado de mudanças que não tiveram seu tratamento de maneira transparente entre todos os impactados, direta ou indiretamente, por causa da falta de informação ou até mesmo uma falha de comunicação entre eles. Ser um engenheiro *DevOps* é muito mais do que entender processos de uma organização, isso implica ter um *mindset* colaborativo na entrega de um produto.

Esse profissional precisa conhecer a maneira mais eficiente de prover um *pipeline* consistente para a organização, que seja estável desde o ambiente desenvolvimento até o ambiente produtivo, diminuindo riscos, automatizando testes e garantindo a melhor performance para uma atualização ou melhoria.

Conseguimos ser ainda mais enfáticos na complexidade dessa função ao dizermos que não existe engenheiro *DevOps* júnior, tamanhas são a amplitude de sua atuação e a qualificação técnica necessária.

Manter o ambiente estável é o grande desafio, por isso é fundamental ter a operação mais próxima ao dia a dia. Prover melhorias nos processos e garantir a estabilidade de uma alteração é obrigatório quando se considera uma equipe de engenharia *DevOps*, pois é necessário o conhecimento de algumas ferramentas de automação, infraestrutura como código, refatoração e cultura colaborativa, sendo um profissional multidisciplinar, atuando diretamente na causa-raiz de um determinado problema e provendo a melhoria contínua.

Isso posto, e entendidos ambos os papéis, é possível ver as similaridades, mas também as diferenças de cada um deles. Uma empresa tradicionalmente hierárquica com gerenciamento de projetos cascata pode aderir a algumas práticas de *DevOps*

O papel do *Agile Coach* e do engenheiro *DevOps* **353**

sem ter sua essência ágil. Exemplificando: podemos ter uma organização que, embora opte por fazer um único *deploy* em ambiente produtivo após meses de análise e construção, possa utilizar programação em par para aumentar a qualidade, bem como a integração contínua em ambiente de desenvolvimento para diminuir o risco de erros durante o *merge*. Essa prática não a torna uma empresa ágil.

Da mesma forma que uma organização pode optar por um desenvolvimento incremental e iterativo, com times estáveis, comunicação frequente e transparente, visão de MVP (*Minimum Viable Product*), realizar cerimônias como *planning*, *retrospective* e *daily*, mas não praticar a essência *DevOps*, tendo equipes que projetam *versus* times que suportam o software totalmente segregadas e com frequentes falhas de comunicação entre elas.

Métodos ágeis não são prescritivos. Logo, uma empresa que contrata um dos dois profissionais descritos neste capítulo não deve esperar que eles tragam uma receita ou *script* para que a agilidade seja incorporada. Ambos irão trabalhar a cultura e adaptar técnicas, ferramentas e práticas que, depois de serem executadas, agreguem valor e, consequentemente, melhorem suas entregas, promovendo a organização ao patamar desejado que seus clientes enxerguem como destaque de concorrência.

Sendo assim, não existe um melhor papel para a promoção da agilidade; existe o papel mais adequado circunstancialmente. Para uma transformação ágil completa, os dois papéis são necessários e se completam. Quando levantamos uma empresa do *waterfall* para o ágil, o mais ideal é que o *Agile Coach* trabalhe essa ruptura de crenças e transformação de *mindset* através dos seus métodos de trabalho. Sedimentados os valores trazidos pela agilidade, o engenheiro *DevOps* complementa essa nova concepção, propiciando um amadurecimento no completo ciclo de desenvolvimento de sistemas.

Se um dos princípios dos times ágeis é a colaboração, a melhor maneira de exemplificar isso já é por meio do trabalho conjunto desses papéis, em vez de optar por um trabalho segregado; afinal, ambos compartilham da mesma cultura e dos mesmos valores, mesmo que com olhares diferentes, visando conquistar o mesmo objetivo: entregar valor ao cliente de forma antecipada.

Case: *coach* para mudança de *mindset* de um time para melhoria de qualidade

Mônica Domingues de Arruda Cachoni

Minha jornada na área de testes começou oficialmente dois anos atrás, quando fui convidada para atuar como engenheira de qualidade. Mas em uma sucinta análise da minha experiência, noto que sempre fui focada em qualidade de software. Quando atuei na área metroviária fiz um simulador de trens; na área de aviação, um simulador de aviões de caça, pois era muito caro subir um avião para testar. Já fui passear na Disney e consegui "quebrar" um brinquedo – ao sair morrendo de medo, vem a coordenadora da área e me fala: "congratulations, I have been testing this for so long and....". Após os parabéns recebidos, recebi um brinde e pude ir novamente no brinquedo.

Fui designada para um trabalho de analisar testes regressivos, mas não entendia direito o sentido daquele trabalho e nem o resultado final que este poderia trazer. Depois de alguns meses resolvi me aprofundar mais em T, qualidade e mundo ágil. Comecei a estudar também entrega contínua e esteira de desenvolvimento.

O projeto era dividido em aproximadamente 30 projetos menores, divididos em *squads* em três países com fusos horários diferentes. Trabalhávamos com um ambiente de desenvolvimento no qual um *commit* errado bloqueava todo o time, e a situação era mais complicada quando o *commit* era feito por times com fuso horário diferente ou ainda por um time que era o cliente, pois era necessário uma conversa prévia para resolver o problema, fosse essa resolução um retorno para a versão anterior ou uma correção do problema.

Montamos uma esteira com testes unitários e testes fim a fim para cada *commit* de um desenvolvedor. Os testes foram estabilizados e a esteira implementada. Uma vez com o novo sistema, estávamos muito empolgados considerando que não teríamos problemas nos ambientes de desenvolvimento, uma vez que os testes não iriam mais permitir que erros bloqueantes fossem inseridos. Os testes mínimos que deveriam ser executados por cada *commit* de uma nova *feature* tinham sido selecionados cuidadosamente e adicionados à esteira *DevOps*, o que fazia sentido para o projeto e traria entregas mais precisas para o cliente, gerando um retorno com um valor agregado.

Para nossa surpresa, a primeira semana foi um desastre, com a possibilidade de cancelamento do projeto. Muitos *commits* bloqueados, *pull requests* sem serem "mergeados", atraso nas entregas das *Sprints* e uns 100 desenvolvedores querendo matar o analista de qualidade. Um *merge* que antes demorava 10 minutos agora poderia demorar até uma hora, e isso não era aceitável para ninguém.

Nesse momento fui selecionada para analisar o que realmente fazia sentido. Todos os dias eu analisava os *logs* de todos os *pull requests* abertos. Alguns erros eram do desenvolvedor, outros falta de atenção na leitura de *logs*. Houve o caso de um desenvolvedor que não aceitava que a alteração que ele tinha feito estava em um fuso horário totalmente maluco, mas foi necessário "subir" uma versão com o código dele, agendar um horário e mostrar que o erro acontecia para que ele aceitasse que o problema não estava nos testes, e sim no código que ele queria colocar no sistema.

Passada a crise inicial da demora aparente do novo projeto, onde cada desenvolvedor acreditava que era um tempo infinito, uma vez que todos queriam mover sua atividade no *board* da *Sprint*, alguns começaram a entender que, sim, demorava um pouco mais o *merge*, mas erros eram bem mais difíceis de acontecer naquele ambiente. Aquelas manhãs que passavam esperando um outro desenvolvedor de outro país acordar para decidir o caminho a tomar na solução de um problema aconteciam bem raramente.

Foram quatro meses para a transformação e aceitação de todos. Depois de muita conversa, uma boa comunicação foi definida e os times ficaram engajados e motivados.

Conhecer o todo e o valor do projeto trouxe confiança, senso de participação e motivação. Todo profissional se sente muito mais motivado quando consegue visualizar o propósito do que está fazendo.

Houve momentos de desmotivação, erros e vontade de desistir ao longo dessa trajetória, mas a persistência superou e o resultado foi muito bom para todos.

Referências

CAROLI, Paulo. **Direto ao Ponto:** criando produtos de forma enxuta. São Paulo: Casa do Código, 2015.

GONÇALVES, Guayçara Gusmon. AGILE COACHING: muito mais sobre PESSOAS do que sobre PROCESSOS. **TI Especialistas**, 17 set. 2018. Disponível em: <https://www.tiespecialistas.com.br/agile-coaching-muito-mais-sobre-pessoas-do-que-sobre-processos/>. Acesso em: 03 set. 2019.

MARQUES, José Roberto. Coaching – Conceito e Significado. **Instituto Brasileiro de Coaching**, 14 jul. 2018. Disponível em: <https://www.ibccoaching.com.br/portal/coaching/coaching-conceito-significado/>. Acesso em: 03 set. 2019.

KIM, Gene; DEBOIS, Patrick; WILLIS, John; HUMBLE, Jez. **The DevOps Handbook:** how to create world-class agility, reliability, and security in technology organizations. Portland: IT Revolution Press, 2016.

KANTOR, Igor. **How To Become a DevOps Engineer In Six Months or Less**. June 03, 2018. Disponível em: <https://medium.com/@devfire/how-to-become-a-devops-engineer-in-six-months-or-less-366097df7737>. Acesso em: 03 set. 2019.

BECK, Kent et al. **Manifesto para o desenvolvimento ágil de software**. Disponível em: <https://www.manifestoagil.com.br/>. Acesso em: 02 set. 2019.

PMI. **Um guia do conhecimento em gerenciamento de projetos:** Guia PMBOK. 6.ed. Newtown Square, PA: Project Management Institute, 2017.

PMI; AGILE ALLIANCE. **Guia Ágil.** Newtown Square, PA: Project Management Institute, 2017.

Sobre os coautores

Aline Marinho Lima
Apaixonada por agilidade e suas ramificações, Aline Lima atua com gestão de projetos há mais de 13 anos, em diversos segmentos. É organizadora da Comunidade *Agile* Minas e atualmente é *Agile Master* no Banco BMG, focada no desenvolvimento das equipes, na busca de soluções e na entrega de valor.

Ana Paula Gomes Soares
Consultora *Agile Coach*, atuando em TI há mais de 10 anos. É palestrante e mestranda em Gestão de Inovações. Especialista *Kanban* e *trainer* na UNIAGIL. Criadora da Certificação *Lean Agile Coach*, onde ensina técnicas testadas para produzir mais resultado com menos esforço e com mais felicidade na carreira. Autora da "Roda Ágil", um *assessment* para ajudar equipes ágeis a evoluírem em meio à transformação digital.

André Luis Guilhon Chaves
Analista de dados, desenvolvedor Python, espírita, apaixonado por desafios, *big data* e por ambientes colaborativos.

Augusto Mello
Cofundador da comunidade Power BI Talks do Rio de Janeiro, certificado Microsoft como Educador Inovador Microsoft, entusiasta *DevOps*. Passou pela Prefeitura do Rio de Janeiro, onde atuou na coordenação de Carnaval de Rua e era responsável pela elaboração da logística e do mapeamento operacional dos blocos. Atualmente está na IBM como *Business Analytics*.

Bárbara Cristina Palma Cabral da Conceição
Especialista em Qualidade Ágil e Testes de Software com mais de 15 anos de experiência em TI, grande parte com *Agile Testing*. Já atuou direta e indiretamente com as seguintes empresas/softwares: Unimed Florianópolis, Governo de SC, Tractebel,

Eletrosul, Celesc, Ceran, CPFL, SSP-SC, Pleno Card, Clear Priority, Lollapalooza, CPqD, Resultados Digitais, Caixa Econômica, TheAA e Amido. Entusiasta da cultura ágil, *DevOps* e automação de testes. Apaixonada por comunidades, organizadora e palestrante voluntária, mentora em qualidade e blogueira.

Bruna Martins Grellt

Curiosa e comunicativa por natureza, estudante de Análise e Desenvolvimento de Sistemas, adora desafios, principalmente aqueles que a tiram da zona de conforto. Possui enorme paixão por ajudar e entender a dor do cliente. Profissional na área de TI há aproximadamente sete anos exercendo projetos de implementação de *cloud computing* e atuando na cultura de *customer success* voltada à fidelização do cliente na plataforma na Adentro Cloud Solutions em Porto Alegre.

Bruno Brochado Ribeiro

Gerente de projetos, agilista, *coach* de liderança e desenvolvimento pessoal. Apaixonado pelo comportamento humano e tudo que permeia a sua interação com a tecnologia da informação. Pai do Biel, da Tais e casado com a Taty, tem como um dos maiores valores a família. Ajuda pessoas a alcançar todo o seu potencial através do autoconhecimento e autodesenvolvimento. Nas horas vagas, fotografia subaquática e praia, afinal, nada melhor para um bom carioca.

Bruno de Oliveira Jardim

Formado em administração com pós em gestão de projetos e certificação PMP. Possui 14 anos de experiência no mercado de Seguros. Escritor, poeta, músico por *hobby* e um inconformado por natureza.

Carlos Eduardo Baldissera

Atua na área de TI há mais de 10 anos. Recentemente, teve a oportunidade de participar de grandes projetos, sendo que alguns deles foram premiados em âmbito nacional por suas inovações. Entusiasta dos métodos ágeis, é CSM e *Kanban Professional* I. Apaixonado por tecnologia e métodos que proporcionem a melhoria de processos. *Personal* e *Professional Coach* formado pela Sociedade Brasileira de *Coach*. MBA em análise de processos de negócio e graduação em análise e desenvolvimento de sistemas. Atualmente é *Lean Agile Coach* e trabalha com agilidade desde 2015.

Carolina Fratucci Vilas Boas

Profissional com mais de 12 anos de experiência na área de TI, palestrante e organizadora de comunidade. Militante ativa na difusão de conhecimento, já atuou em diversas empresas, bancos, consultorias, *e-commerces*, etc. Agilista apaixonada, vem focando nos últimos seis anos em projetos ágeis e treinamentos.

Cláudia Renata Dana Christof

Gerente de projetos e serviços de TI. Sua paixão é ajudar pessoas a atingir os seus propósitos, torná-las apaixonadas pelo que fazem, valorizar ideias e ações, motivar, surpreender. O engajamento e a alta performance, dentro das organizações, são frutos do empoderamento dos seus colaboradores. Como líder, quer ser o exemplo e a inspiração.

Cleiton Luis Mafra

Especialista em gestão de mudanças e no método *Kanban*, atua como *Enterprise Agile Coach* na Resultados Digitais e ajuda as pessoas a aprender o método *Kanban* na prática. Em quase 20 anos de experiência, já ajudou várias empresas a passarem por mudanças, desde *startups* até grandes empresas, e quer divulgar esses aprendizados para que mais empresas tenham sucesso e criem equipes de alta performance.

Cristiane de Almeida Costa Simons

Team Lead de Canais Digitais no Itaú, palestrante e facilitadora de *Design Thinking* e *Design Sprint* na comunidade Organizações Exponenciais Brasil. Como entusiasta de tecnologia, encontrou por meio do compartilhamento e da aplicabilidade de novas ideias uma forma de aprimorar seus conhecimentos.

Eduardo Paula Escovar

Formado em Engenharia de Computação (UNICEP-SP) e Pós-Graduado em Gestão Empresarial pela FGV-SP. *Certified Lean Inception Facilitator*. Atualmente trabalha como *Agile Coach* na Abu Consultoria.

Evandro Dias Henriques

Apaixonado por empreendedorismo e intraemoreendedorismo, possui grande experiência com alguns fracassos obtidos em sua jornada. Hoje possui vasta experiência em diversos mercados e modelos de negócios com empresas de portes variados. Tem investido tempo em estudo de competências comportamentais como foco de desenvolvimento pessoal e profissional. Possui 24 anos de experiência no mercado privado e no terceiro setor com consultoria, pré-venda, processos corporativos, gestão de grandes projetos, programas estruturantes e acredita na força da cooperação entre equipes para atingir resultados. Com propósito de vida definido, busca incentivar a todos que encontrem seu verdadeiro propósito. Possui MBA em Gestão Estratégica em TI, *DevOps*-M e EMPRETEC. Seus olhos brilham para gestão de produtos digitais com todas as técnicas, estratégias, ferramentas que auxiliam no processo criativo.

Fabiana Ravanêda Vercezes

Especialista em *Business Intelligence* pela PUC-Rio, com certificação internacional em *big data* pelo MIT e certificada pela Microsoft como Educador Inovador (MIE). Vasta experiência em BI, *big data* e *analytics* em grandes empresas. Atualmente é uma das responsáveis pelo núcleo de Inteligência de Dados e *Analytics* na Icatu Seguros. Professora de pós-graduação em BI, ciência de dados e *big data*. Adora se comunicar, fazer *networking*, trocar informações e experiências. Nos últimos anos tem se dedicado fortemente em compartilhar conhecimento através de trabalhos voluntários como palestrante, organizadora e facilitadora em eventos de TI no Rio de Janeiro. Idealizadora da iniciativa #JuntosSomosMaisTI.

Fábio Trierveiler

Personal & Professional Coach formado pela Sociedade Brasileira de *Coaching*, Especialista em Engenharia de Projetos de Software (UNISUL) e em Qualidade e Engenharia de Software (UNIVALI), Bacharel em Sistemas de Informação (UFSC), Técnico em Eletrônica (CEFET/SC), atua com desenvolvimento ágil de software desde 2008. No momento atua em *Lean* e *agile coaching* e nas melhorias dos métodos de trabalho voltados principalmente aos processos técnicos (manutenção evolutiva e corretiva), engenharia de software, indicadores, capacitação contínua, com ênfase nas boas práticas do mundo de desenvolvimento *Lean* e ágil de software, SAFe e método *Kanban*, com experiência em empresa de grande porte (+2000 pessoas). Também é professor do MBA em Gestão Ágil de Projetos do SENAI de Santa Catarina, onde ensina aos alunos quais ferramentas e práticas que um *Agile Coach* deve seguir em uma transformação *Lean-Agile* na organização.

Fernanda Belmont Reis

Auxiliar Jr. Administrativo (Governança de TI focada em ITIL/Gestão *Lean IT*/*DevOps*) na SulAmérica, aprendendo mais a cada dia. Graduada em Letras Português/Inglês (ISAT-SG). Apaixonada por livros.

Gisele Feitoza da Rocha

Agilista, cofundadora da *startup* weAgile, apaixonada por pessoas e gestão de projetos. Possui 17 anos de experiência profissional em projetos de tecnologia. Trabalhou para grandes consultorias como Deloitte e Ernst & Young e atuou como gerente responsável pelos projetos de tecnologia da Arena Pantanal para a Copa do Mundo

Sobre os coautores **361**

de 2014. Atualmente Gisele é agilista na Claro Brasil, voluntária do PMI de São Paulo e ministra treinamentos abertos e *in-company* sobre agilidade.

Guayçara Gusmon Gonçalves

Agilista apaixonada pela interação de pessoas com as práticas ágeis. Atualmente trabalha como *Agile Coach* no maior banco da América Latina e faz parte da sua transformação ágil. *Leader Coach* e *Certified Agile Coach* (CAC), é formada em Processamento de Dados (FATEC-SP), especialista em Projetos de Sistemas (FATEC-SP) e certificada em gestão de projetos (PMP) e modelos ágeis (CSM, CSPO, SAFe *Agilist*, SAFe POPM, *DevOps*-P) e facilitadora de *Management* 3.0.

Guilherme Villanova

Pós-graduado em Gestão de Equipes de Alto Desempenho, Pós-graduado em Gerenciamento de Projetos pela FGV, *Personal & Professional Coach* formado pela Sociedade Brasileira de *Coaching* e Graduado em Sistemas de Informação. Adicionalmente, possui as certificações KMP I, KMP II, CLF, CSM, CSPO, CSD, ASF, LCM, SFPC, PMP, *Management* 3.0, PDA *International*, MCTS em *Microsoft Certified Technical Specialist Project* e *Personal & Professional Coaching*. Trabalha com projetos e desenvolvimento de software há mais de 18 anos, com atuação em diversos setores, governamentais e empresas privadas, com ampla experiência em transformação ágil (avaliação, implantação e sustentação), gestão de projetos ágeis, as boas práticas de gestão de projetos do *PMBOK® Guide* e desenvolvimento de sistemas. Atua como *Lean-Agile Coach* em uma das maiores empresas de desenvolvimento de software do Brasil na condução da transformação *Lean-Agile* em times *IT* e *Non-IT*, apoiando a mudança de *mindset*, gestão de pessoas, *coaching* de times, processos e ferramentas, facilitação de treinamentos e facilitação de *Lean Inception*, impulsionando agilidade efetiva e eficaz em todos os níveis da organização.

Harold Schultz Neto

ExO Coach & Ambassador da OpenExO, *Head* de Inovação do NRG Hub e professor da Digital House e EDEVO. Adora se conectar com diferentes redes de conhecimento e está empenhado no projeto da jornada empreendedora com jovens em vulnerabilidade.

Isabel Ribeiro Coutinho de Palma

Agile Coach, Facilitadora *Management* 3.0, instrutora de treinamentos com foco em agilidade na Carbono Consultoria & Treinamentos. Possui 13 anos de experiência na área de tecnologia, sendo os últimos seis com foco em gestão e motivação de pessoas. Certificações: CSM, KMP I, CLF, M3.0 e *Leader Coach*.

362 Jornada Ágil e Digital

Jaqueline Ferreira
Agilista, Líder e Especialista de Projetos com experiência em gestão, negócio, qualidade, pessoas e processos.

Joana Carrasco Teixeira Lopes
Engenheira da computação, apaixonada por infraestrutura e entusiasta *DevOps*. Encantada com o relacionamento interpessoal e eterna amante da tecnologia. As metodologias ágeis a encantam a cada dia. É uma eterna aprendiz com sorriso no rosto.

Jorge Fernando Damasio Leite
Desenvolvedor. Acredita que a tecnologia é uma ferramenta para potencializar a capacidade das pessoas de fazer as coisas de uma forma incrível, única ou otimizada, quando engajadas pelo mesmo propósito.

José Pinto Rodrigues Júnior
Empreendedor, Mentor, Professor, *Agile Coach*, além de Diretor Executivo da Gespro Treinamento e Consultoria. Com mais de 16 anos de experiência em consultorias e gestão, atuando em projetos nacional e internacionalmente, em segmentos diversos. Mestrado em Administração, com MBA em Gerenciamento de Projetos, Pós-Graduado em Projetos de Redes e Graduado em Administração. Certificado em PMP, ASM, PMO-CP, PACC, M30, CLF, CI-ASP, SFC, DEPC e ITIL® V3.

Leandro Pena Barreto
Engenheiro de software e especialista em vendas. Ama ajudar, aprender e compartilhar conhecimento com as pessoas. Nas horas vagas se aventura na corrida de rua.

Lucas Tito
Agilista, *Scrum Master* CSM® e M.SC. Apaixonado por agregar valor à vida das pessoas.

Marquiano Okopny
Bacharel em Sistemas de Informação (UnC-SC) e Pós-Graduado em Gestão e Governança de TI (SENAC-SP). Profissional com mais de 15 anos de mercado. Professor e apaixonado pela cultura ágil. Certificado *Scrum Master*, SAFe, *Agile Coach*, *Lean Inception* e *DevOps*. Acredita que a tecnologia é um meio de gerar valor e criar oportunidades.

Mateus Angelo Brasil Rocha
Agilista e agente de mudança cultural, passando por indicadores e métricas ágeis. Ao longo de 12 anos de experiência, atuou em projetos tradicionais como gerente de projetos e programas, mudando seu próprio *mindset* para projetos de transformação

ágil desde 2012. É coordenador de materiais de *Management* 3.0 no Brasil, além de facilitador do tema. Ama colaborar com a comunidade e acredita que o melhor modo de manter profissionais engajados é através de empoderamento, conhecimento, propósito e felicidade.

Mathias Brem Garcia

Bacharel em Sistemas de Informação pelo SENAC com MBA em Internet das Coisas pela USP, profissional de TI com nove anos de experiência em empresas de grande e médio porte em diferentes setores: tecnologia (Inter.net, Catho), mercado financeiro (Santander, Itaú, Porto Seguro, Cielo, Elo), entretenimento (Cinemark), serviço e consultoria (Semantix, Everis), assumindo diferentes posições com resultados consistentes como generalista, gestor e especialista em banco de dados, *big data* e plataformas de dados. Trabalhou como consultor e posteriormente liderou a criação das áreas de *big data* em Elo e SulAmérica com times de até 40 pessoas, tendo como principal desafio mudar o modelo de trabalho de integrações de dados através da cultura *DevOps*. Atualmente é *Head* de Engenharia de Dados na SulAmérica e fundador da Rox Partner, *startup* de *big data* e IoT com mais de 32 clientes em todo o Brasil. Possui certificações em Hadoop (Cloudera), MySQL (Oracle) e DB2 (IBM). <https://www.linkedin.com/in/mathiasbremgarcia/>.

Mayra de Souza Machado

Enterprise Coach, Lean-Agile Coach, Facilitadora e *Trainer Lean Inception, Design Sprint* e *Management* 3.0, idealizadora da AÇÃO e *Trainer Agile School*. É Engenheira de Produção (PUCRS), *Professional & Self Coaching* (IBC), *Professional Agile Coach* (PACC) e tem especializações de KMP I, PBB, *Scrum Product Owner*, FMEA de processos, auditoria, organizações orgânicas, *Kanban, Design Sprint* e *Visual Thinking*. Possui uma jornada profissional de 15 anos de experiência em gestão de pessoas, treinamentos e reengenharia de processos, gestão de produtos e qualidade. Atuou no Grupo ZAP com transformação de cultura organizacional e na ThoughtWorks junto com Paulo Caroli em facilitações de *Lean Inception* e apoiou o desenvolvimento de novas pessoas facilitadoras. Exerceu os papéis de *Agile Coach*, Analista de Negócios, *Coach* e Facilitadora de práticas ágeis.

Meny Aparecida S. Ribas

Estudar sobre os impactos do uso de novas tecnologias e processos em tempos de *mindset* digital e o poder das pessoas para uma cultura organizacional colaborativa é o que mais gosta de fazer. Possui formação em Administração e Mestrado em Engenharia de Produção. Atualmente coordena o curso de Gestão de Projetos no Ensino a Distância da PUC Minas.

Mônica Domingues de Arruda Cachoni
Engenheira elétrica, formada pelo Centro Universitário FEI, Mestranda em Ciência da Computação pela Unicamp e atua como Engenheira de Testes na InMetrics em São Paulo. Apaixonada por estudar e corridas de rua.

Paulo Caroli
Principal consultor da ThoughtWorks Brasil e cofundador da AgileBrazil, Paulo Caroli possui mais de vinte anos de experiência em desenvolvimento de software, passando por várias empresas no Brasil, Índia, EUA e América Latina. Em 2000, ele conheceu a *Extreme Programming* e, desde então, concentrou sua experiência nos processos e práticas de *Agile* e *Lean*. Ingressou na ThoughtWorks em 2006 e ocupou os cargos de *Agile Coach*, *Trainer* e Gerente de Projetos. É bacharel em Ciência da Computação e mestre em Engenharia de Software, ambos pela PUC-Rio. Autor de "Direto ao ponto: uma receita para criar produtos magros" e "Retrospectivas divertidas: atividades e ideias para tornar as retrospectivas ágeis mais atraentes". Leia mais em <www.caroli.org>.

Priscilla Parodi
Começou em TI aos 11 anos de idade, quando recebeu seu primeiro certificado na área e desde então nunca mudou de foco. Aos 17 anos iniciou o curso de Sistemas de Informação na USP e aos 18 anos foi contratada pela IBM como programadora, onde também atuou em gestão de projetos, pré-vendas e *advocacy* de IBM Cloud por mais de cinco anos, sendo reconhecida nacional e internacionalmente. Hoje é a voz e a representante da Elastic – a empresa por trás dos projetos populares de código aberto Elasticsearch, Kibana, Logstash e Beats – para a América Latina.

Rafael Targino
Rafael Targino é especialista em disseminar o *mindset Lean* e ágil para a transformação de pessoas e organizações. Atua no design organizacional centrado em times ágeis autônomos suportados pelos *frameworks Scrum* e *Kanban*. Realiza mudanças através da abordagem *Lean*, implantando as disciplinas de gestão de produtos, *Management* 3.0, *business analytics* e métricas ágeis. Atualmente trabalha na Governança Brasil S/A, empresa de produtos ERP. É Mestre em Engenharia da Computação pela COPPE/UFRJ. É Professor de Pós na PUC-Rio. Palestrante frequente desde 2014 em eventos como TDC, SGRio e Agile Brazil (+30x). Coordena trilhas no TDC desde 2016 (+10x). É organizador do *meetup* Agile Beer e ministra treinamentos abertos e *in-company* sobre agilidade no site <http://mentoriascrum.com.br>.

Raphael Boldrini Dias

Empreendedor e Consultor de TIC. Apaixonado por tecnologia, inovação, empreendedorismo, *startups* e todo o seu ecossistema. Graduado em TI, pós em Administração da Qualidade e Extensão em Engenharia e Gestão de Processos de Negócios. Certificado em *Management* 3.0, CLF, DEPC, ITIL®, COBIT®, ISO 20000, *Green IT Citizen*, MCSE, MCSA, MCTS, SFC, dentre outros. *Exponential, made to be!*

Raphael Cunha

Cristão, Economista, *Coach*, Professor, Palestrante. Criativo, Carismático, Disruptivo, Questionador. Especialista na arte da influência, acredita que família é o principal ministério do ser humano, ama servir ao próximo e encorajar pessoas a realizar seus sonhos e atingir a alta performance.

Rinaldo Pitzer Júnior

Atua no projeto e no desenvolvimento de soluções, especialmente *backends* utilizando Java e Java EE. Ajuda desenvolvedores Java a produzir código de alta qualidade para que entreguem ótimas soluções. Autor do canal RinaldoDev no YouTube. OCJP e PSM-I.

Rodolfo Fernandes Colares de Amorim

Rodolfo Colares, o Único de seu Nome, nascido na Floresta de Pedra, *Kanbanizador* e Aculturador de Times, o Evidenciador de Problemas, o Facilitador e Condutor de Cerimônias, Renascido em Voo, Agilizador dos *Khascatianos* e *Coach Pragmatis*, Senhor dos Treinamentos, Palestrante dos 7 Reinos, Quebrador de Paradigmas e membro da Escola de Agilidade.

Rodrigo Moutinho

Desenvolvedor Java e entusiasta *DevOps*. Ajuda pequenas equipes a automatizarem seus projetos diminuindo a dependência de um único desenvolvedor.

Sandra Mathias Guilhon Chaves

Agilista por paixão; *Scrum Master*, Analista de Requisitos/Negócios e Analista Funcional ERP Oracle por experiência; certificada em *Product Owner* e *Scrum Master*. Como facilitadora, estimula a comunicação eficaz entre as pessoas na equipe. Nas horas vagas, dança para ajudar a liberar o pensamento criativo.

Simone Maria Muniz de Melo

Mestre em Educação pela UFJF, Pedagoga e Professora. Fascinada por buscar novos conhecimentos e compartilhá-los com os demais. Pensa que a interação e a troca de experiências nos faz transcender nessa existência que se chama vida: presente de Deus!

Talita Martins Moreira

Analista de Sistemas, agilista e apaixonada por criatividade, inovação e foco em pessoas. Acredita no acolhimento e na empatia como chaves para despertar e potencializar as habilidades humanas.

Tatiana Escovedo

Cientista de Dados, Engenheira de Software e Agilista apaixonada por ensinar e aprender. Doutora em Inteligência Artificial, Mestre em Engenharia de Software, Bacharel em Informática, Professora da PUC-Rio e Analista de Sistemas da Petrobras. Nas horas vagas é bailarina e pensa em maneiras de mudar o mundo.

Thiago de Assis Roque

Formação KMP pela *Lean Kanban University*, Certificado PMP pelo PMI e *Personal & Professional Coach* formado pela Sociedade Brasileira de *Coaching*, com conhecimento de ferramentas de análise comportamental (PDA e DISC). Atua com desenvolvimento de software desde 2010. Atuou na função de Analista de Sistemas, Desenvolvedor PL/SQL/Java/Integrações (*Service Bus*), Líder de Equipe, Gerente de Projetos e *Scrum Master* pela Accenture Brasil em projetos bancários atendendo a clientes de grande porte como Santander, Citibank, Nextel e Sicredi. Atualmente trabalha como *Lean-Agile Coach* e nas melhorias dos métodos de trabalho voltado principalmente aos processos técnicos (evolutiva e corretiva), engenharia de software, indicadores, capacitação contínua, com ênfase nas boas práticas do mundo de desenvolvimento *Lean* e ágil de software, SAFe e método *Kanban* na Softplan, que conquistou o GPTW SC em 2017 e GPTW BR em 2018.

Umberto Reis

Superintendente da SulAmérica Seguros.
LinkedIn: <https://www.linkedin.com/in/umberto-reis-5916b71a/>.

Vanesa Bustamante

Empreendedora e intraempreendedora, palestrante, *head* de transformação digital no maior grupo segurador independente do Brasil e colaboradora do livro: "Jornada DevOps: unindo cultura ágil, Lean e tecnologia para entrega de software com qualidade", publicado pela Brasport em 2019. Atua no mercado de tecnologia há mais de 20 anos, com vasta experiência comprovada por passagens em instituições bancárias, mercado segurador e de prestação de serviços. É apaixonada por gente e procura fazer a diferença na vida das pessoas trazendo ferramentas que auxiliem no desenvolvimento pessoal e profissional. Eterna estudante, é formada em Tecnologia de Processamento de Dados, possui MBA Internacional em Gestão Empresarial e

Inovação e é formada em *Coaching* Emocional pelo Instituto Augusto Cury. Atualmente está cursando pós-graduação em Gestão de Pessoas como foco em Carreira, Liderança e *Coach*, um MBA em Transformação Digital e está participando da escrita do seu segundo livro. Argentina, 43 anos, fotógrafa amadora e aventureira.

Vanessa Tchalian Ferreira Martins
Psicóloga, atua na área de RH e acredita no conceito de Andragogia como aliada ao desenvolvimento humano. Certificada em análise comportamental, grafologia, PPA-DISC e testes expressivos de personalidade. Admiradora da cultura ágil para melhor interação entre pessoas e processos, fonte enriquecedora de conhecimento.

Victor Gonçalves Pereira
Diretor de Inovação da AddTech e diretor acadêmico do Acaddemy, Membro da Federação Mundial dos Estudos do Futuro, especialista em *Design Thinking* pelo MIT, Gestão Estratégica pela Copenhagen Business School, autor e professor da FGV. Seu principal *hobby* é explorar inovações nos quatro cantos do mundo, o que motivou a criação do Serviços pelo Mundo, iniciativa que apresenta inovações em serviços nos mais de 20 países que conheceu.

Viviane Mathias
Product Manager da Medicina Conectada, formada em enfermagem pelo Centro Universitário São Camilo, com MBA em Gestão Empresarial e entusiasta de soluções inovadoras para melhorar a saúde das pessoas.

Wagner Cruz Drumond
Engenheiro/Administrador/*Practitioner* PNL/Idealizador do ConaGP, ConAGILE e Potencializada Mente. Empreendedor Digital. Propósito: impactar vidas, fazendo com que elas sejam melhores que elas mesmas todos os dias e assim obtenham melhores resultados.

Wellington Borel
PO Digital na RDU de Transformação Digital na SulAmérica, CEO/*Founder* da *startup* MeLeva. Sua missão de vida e profissional é tirar ideias do papel. Empreendendo há mais de sete anos no ecossistema de *startups*, foi acelerado pelo Inovativa Brasil, considerada uma das maiores aceleradoras de *startups* do Brasil e também pelo StartupRio, juntamente com a FAPERJ. Nessas acelerações pôde experimentar mentorias e profundo conhecimento de *Lean Startup* e *Design Thinking*. Está no seu sangue o processo de cocriação, a empatia e a facilitação para tirar ideias do papel.

Wesley Soares de Oliveira

Formado em Ciências da Computação pela UNG e Pós-Graduado em Projeto e Desenvolvimento de Sistemas pela Mackenzie, certificado *DevOps*-P, *DevOps*-M e *Management* 3.0. Trabalha com TI desde 2009, sempre voltado mais para o ambiente bancário. Teve a oportunidade de trabalhar nos dois maiores bancos do país e atualmente trabalha no maior banco da América Latina. Dedica boa parte do seu tempo buscando novidades na tecnologia para conseguir adaptar as oportunidades que vê no dia a dia.

Material Complementar

Este é QR Code com o *link* para o material complementar do livro, como artigos, videoaulas, exemplo de código no Github, eventos da comunidade, *workshops*, etc.

Acompanhe a BRASPORT nas redes sociais e receba regularmente informações sobre atualizações, promoções e lançamentos.

 @Brasport

 /brasporteditora

 /editorabrasport

 /editoraBrasport

Sua sugestão será bem-vinda!

Envie uma mensagem para **marketing@brasport.com.br** informando se deseja receber nossas newsletters através do seu e-mail.